新世纪高等学校教材

心理学系列教材

（第4版）

心 理 学

XIN LI XUE

程正方　高玉祥　郑日昌　编　著

（按写作顺序排列）

北京师范大学出版集团
BEIJING NORMAL UNIVERSITY PUBLISHING GROUP
北京师范大学出版社

图书在版编目(CIP)数据

心理学／程正方等编.—北京：北京师范大学出版社，2003
年修订（2015.3 重印）
（心理学系列教材）
ISBN 978-7-303-00298-6

Ⅰ.①心… Ⅱ.①程… Ⅲ.①心理学 Ⅳ.① B84

中国版本图书馆 CIP 数据核字（1999）第 62559 号

营销中心电话	010-58802181 58805532
北师大出版社高等教育分社网	http://gaojiao.bnup.com
电 子 信 箱	gaojiao@bnupg.com

出版发行：北京师范大学出版社 www.bnup.com
　　　　　北京新街口外大街 19 号
　　　　　邮政编码：100875
印　　刷：北京中印联印务有限公司
经　　销：全国新华书店
开　　本：170 mm × 230 mm
印　　张：24.5
字　　数：395 千字
版　　次：2009 年 5 月第 4 版
印　　次：2015 年 3 月第 25 次印刷
定　　价：35.00 元

策划编辑：周雪梅　　责任编辑：周雪梅
美术编辑：高　霞　　装帧设计：高　霞
责任校对：李　菡　　责任印制：陈　涛

前　言

　　本书从 2003 年第 3 版出版至今已逾五年，累计 21 次印刷共计三十多万册，深受各类院校本科、专科学生、成人夜大培训学员及报考教育硕士的考生等广大读者的欢迎与厚爱。

　　近年来，我国的经济、教育、心理学科又有了快速的发展，心理学的理论与应用研究取得了许多新的成果。为了适应本校公共心理学课程教学的改革与发展，以及分校应用心理学品牌专业建设和心理学团队建设的需要，应广大读者的要求与师范与非师范人才培养的需求，我们在听取各方面的意见、总结教学经验的基础上，吸收了国内外新的研究成果，特对本书进行第三次修订。这次修订仍然保留了原书的总的以普通心理学知识为线索，紧密联系青少年的心理特征，突出教育、教学和社会应用实际的特点，删减了部分不适的内容，增加了一些新的知识与应用的内容，从而突出了本书的应用性、科学性、知识性、系统性与可读性。使其更加适应 21 世纪心理科学与应用心理学发展的需求。同时修订了书后的练习与考试题库及答案，便于学员练习、复习与应用。

　　本书第一章至第八章、第十章由程正方教授修订，第九、十一、十二章由高玉祥教授修订，第十三章至第十五章由郑日昌教授修订，全书修订由程正方教授统稿。

　　书中引用了国内外同仁的研究成果与资料，在此特致以谢意。有失误与不妥之处，恳请广大读者指正。

作者于 2008 年 9 月修订于

北京师范大学心理学院

北京师范大学珠海分校教育学院

目 录

第一章　绪　论

　　心理学是一门从哲学中独立出来的既古老又年轻的科学。正如德国心理学家艾宾浩斯所说："心理学有一个悠久的过去，但却只有一段短促的历史。"早在公元前五六世纪，我国古代思想家和教育家孔子在《论语》一书中，对人和人之间的心理差异、学习中的心理问题、德育心理和教师心理等，作了很多有价值的论述。稍后（公元前4世纪），古希腊哲学家亚里士多德（Aristotle）写了《论灵魂》《论自然机能》两部有关心理学问题的著作。后来中外哲学家、思想家等对心理学问题都有过许多重要的论述。但是，心理学真正走向科学的道路，成为一门独立的实证性、理论性、应用性很强的科学，始于1879年德国的哲学家与心理学家冯特在莱比锡大学创立第一个心理实验室，至今已有129年的历史。

　　虽然科学的心理学已经走过了一百多年的发展历程，今天已经逐渐成为一门实证性、理论性、应用性很强的科学，在各个领域得到广泛应用，形成了结构、机能、联想主义、行为主义、格式塔、精神分析、人本主义及认知心理学等不同的流派和思潮，已成为一门十分重要的科学。但是，由于心理学独立发展的历史不太长，而人的心理活动又是直接看不见、摸不着的、复杂的精神现象，"人心难测与人心叵测"，在不同的发展时期，人们曾经对它产生过一些误解。有的认为它玄虚奥妙，深不可测，无法认知；有的曾诬蔑它是"伪科学"，并把它列为"禁区"；有的由于缺乏科学知识，往往又把它和相面、测字、算命、看手相等迷信、巫术联系在一起；有的虽然认为心理学是科学，但是还仅仅把它当做装饰品或调味品，理论与应用的研究还不能适应当今社会发展的需要。

为了使初学者对心理学有个正确的认识，在这章绪论里有必要对心理学的科学性质与研究对象、心理学的发展简史与主要流派、心理学的任务与主要研究领域及理论实践意义，以及心理学的研究方法等，作简要介绍。

第一节　心理学研究的对象

任何一门科学都有自己的研究对象。它们都要揭示特定领域的事物或现象本身所固有的规律与本质特性，从而达到认识客观规律、掌握与运用客观规律、提高人的活动效率、为社会实践服务和促进社会发展的目的。心理学也不例外。

心理学研究的对象是什么呢？心理学研究的对象是极其复杂的心理现象与心理活动，广义而言包括人的心理，也包括动物的心理；包括个体心理，也包括社会团体心理；包括正常的心理，也包括不正常的病理与变态心理；包括有意识的清醒状态的心理，也包括无意识的模糊不清的心理活动；包括内隐的心理现象，也包括外显的行为活动。

普通（或基础）心理学研究的对象主要是人的心理现象（或心理活动）。因此，我们可以将心理学定义为研究人的心理发生和发展规律的科学。

人的心理现象是大家熟悉的，它是宇宙间最复杂而又奥妙的现象之一，恩格斯把它誉为"地球上的最美的花朵"[①]。熟悉的东西虽然不一定被人理解，但只要经过科学的研究，它最终能够被人所认识理解并掌握它的规律。

---

① 马克思恩格斯选集．第 3 卷．北京：人民出版社，1973．462

根据迄今为止科学心理学的发展历程，经过科学研究与人们对心理学对象的分析，人的心理现象主要包括既有区别而又紧密联系的心理过程和个性心理两个方面。这两方面的内容在具体人身上通过实践活动可以得到生动的表现。

一、心理过程

心理过程指心理活动的动态过程，即人脑对客观现实的反映过程。心理操作的加工程序与时间进程，心理事件的相互作用和相互转化的发展过程。在心理学上，心理过程是心理活动的过程，可见心理过程与心理活动这两个术语一般是通用的。通常把认识（认知）活动、情绪情感活动和意志活动（即知、情、意）统称为心理过程。

认识是人的最基本的心理活动过程。人具有自觉地认识世界的能力，而认识过程就是人脑对客观对象的属性及其规律的反映。是人们认知客观对象、掌握客观规律、获取知识和运用知识的过程。

例如我们路过一家商店，在品种丰富的水果架上，陈列着一种不认识的水果，老远看到它有特殊的颜色、形状和大小；走上前去嗅到一种清香的气味；用手去触摸，感到它表皮是光滑还是粗糙，是软还是硬；用嘴尝一尝时又能品尝是酸还是甜的味道。所有这些形、色、味、香、光滑、粗糙、软、硬、味道等，都是客观物体（水果）的各种不同属性。人分别利用眼、耳、鼻、舌、身等各种不同感官能直接反映物体的个别属性叫做感觉。感觉是其他认识活动的基础，是最简单的认识过程。

在反映个别属性的基础上，我们还能通过感官及经验的作用，进一步进行加工，把该物体的多种属性联合（整合）起来，形成对物体的整体认识。例如我们认识到某一个物体是一个"苹果""菠萝""香蕉""橙子"或者"梅子"等，这就是知觉。感觉和知觉常常是紧密地联系在一起的，统称为感知过程，是其他高级与复杂认识活动的基础。

人们感知过的事物还能够以经验的形式在头脑里留下痕迹，必要时我们能回忆起它的形象、特征及名称，当它再作用于感官时，我们还能够产生熟悉之感。这种将感知过的经验贮存在头脑中，必要时还能提取出来的过程，叫记忆。例如，当你去探望自己的启蒙教师时，常常能回忆起幼年的情景，想起老师的某些教诲，很快辨认出当年留影照片上的同学及其名字等。这种人脑对过去经历过的事物的反映就是记忆。

人不仅直接地感知事物，反映它的表面特征，还能间接地、概括地反映事物内在的运动规律与本质特征。例如机械师听机器响声可间接判断机器运转是否正常；医师摸脉观舌苔，可断定人患什么病；教师观察学生外部神态、表情和动作，可以了解其内心世界的活动状态；以及人的进行高级的思考活动、解答问题、战略决策、创造发明等。这些都是思维活动。

人们不仅在头脑中能再现经历过的事物形象，在此基础上还能利用这些经验与形象，创造新事物的形象。文学艺术家塑造典型艺术形象的过程；方志敏在《可爱的中国》遗著中，对革命胜利后新中国美好生活情景的描绘；我国人民对实现四个现代化宏图的展望；青少年对未来的幻想和理想等，这类心理活动都叫想象。

感觉、知觉、记忆、思维、想象等都是人脑对客观事物的反映，统称为认识过程或认识活动。

人在认识世界的时候，不是冷漠无情、无动于衷的，而是充满着情感色彩，有着鲜明的态度体验。例如，教师对学生的喜爱与学生对老师的信赖和崇敬；人民对祖国、共产党、社会主义制度的认同与热爱，对敌人和社会丑恶现象的憎恨；人们对事业成功的欢乐与喜悦，对工作受挫折的忧愁沮丧等，都是人对客观事物所持的态度体验，是情绪、情感的不同表现形式。

人不仅能够认识世界，还能够能动地改造世界。在改造现实的过程中，人总是具有自觉的目的和动机，有实现目标的坚定的信念和决心，有战胜困难与挫折、实现目标的顽强毅力与胆识。这种自觉地确立行动的动机与目的，并据此调节支配行动，努力克服困难以实现目标的心理过程就是意志。意志是人的心理（即意识）的能动性的具体体现，它是人所特有的一种心理活动形式。

认识、情感、意志是人的统一心理过程的三个不同的方面，它们的活动规律既可以进行分析的研究，也可以在人的行为活动或实践活动中将它们统一起来，构成互相联系、互相制约、相互影响的整合关系。比如，一个教师"教书育人"，帮助、教育与转化后进学生的过程，就包含有这三个心理过程及其规律的运用。了解情况，分析原因，正确认识教育对象及其主客观环境，这是认知过程；在职业生涯中能培养良好的情绪与感情，由消极厌烦冷漠变为积极同情喜爱，对学生有深厚热爱的感情，对教育工作有认真负责的态度，这是情绪与情感过程；确定目标，制订教育计划措施，下决心克服困难，排除障碍，不怕反复，耐心地做好转化工作，这是意志过程。在统一的心理过程中，认识是基础，情感和意志是行为的动力过程，它们是相互促进、相互影响的。一方面，人的情绪和意志受认识活动的影响；另一方面，人的情绪和意志也影响着认识活动。积极的情绪与情感、锐意进取的意志行动又能反作用人的认识活动；相反，消极畏难的情绪与情感，委靡不振精神状态就会阻碍人的认识活动。再者，情绪和意志也是密切联系、相互作用的。情绪既可以成为意志行动的动力，也可以成为意志行动的阻力，而人的意志也可以控制、调节自己的情绪活动。

将心理过程分为统一的认识、情感、意志三个不同的方面，这是"三分法"的观点。心理学界持这种看法的人占有相当的比例。我国老一辈心理学家潘菽提出了与此看法不同的"二分法"观点，将人的心理过程分为认识与意向两个不同的方面。他认为，人们在生活实践中的整个心理活动总是由认识活动和意向活动两方面所组成。认识活动是人们对客观世界的反映活动，人们对客观事物的感觉、知觉、想象、唤起、联想、思考等都是认识活动。意向活动是人们对客观世界作出的对待活动。人们对客观事物的注意、欲念、意图、情绪、谋思、意志等都是对待或处理客观事物的活动。①

二、个性心理

心理过程总是要在进行实际活动的具体个人身上表现出来的。它既有一般的共同的规律性，又带有个人的特点。我们不能脱离活生生的个人，不能脱离人的个性，孤立地研究心理过程。因此，人的个性心理是心理学研究的另一重要方面的内容。

"人心不同，各如其面。"由于每个人的遗传因素及其所处的社会环境、生活条件以及所受的教育不同，因此，人与人之间在心理、风格和面貌上存在着显著的个别差别，形成了个性心理的差异。人的个性心理的差异主要表现在两个方面：一是个性倾向性；二是个性心理特征。我们也可以在分析人的个性结构的基础上，将具有一定倾向性的、人的心理特性的总和定义为人的个性。

人的个性倾向性主要指人的意识倾向、态度倾向与行为倾向特性，个性倾向性是推动人进行活动的动力性特性，是个性结构中最活跃的因素。它决定着人对周围世界认识和态度的选择和趋向，决定着他追求什么，什么对他来说是最有价值的。它包括需要与动机、兴趣与爱好、理想与信念、价值观、人生观与世界观，等等。这是人的个性的动力结构系统。人有各种需要，如生理需要、安全需要、交往需要、成就需要，等等。个性是人

---

①　潘菽. 心理学简札. 北京：人民教育出版社，1984. 7～8

在活动中满足各种需要的基础上形成和发展起来的。需要是个性倾向性的基础，也是最活跃的心理要素。人与人之间在需要上有很大的差异，有的人在物质需要方面追求强烈，有的人则更注重精神方面的需要。人的一切活动，无论是简单的或是复杂的，都是在某种内部动力推动下进行的。这种推动人的行为活动，并使活动朝着一定方向，达成一定目标的内部动力，称为动机。有的人动机不纯，有的人动机高尚，也存在明显的差异。兴趣与爱好是人的需要的一种表现形式，每个人除有各自不同的兴趣爱好外，在兴趣的广度、稳定性和深厚程度上也存在着差异。价值观是一种调节支配人的行为，在个性中支配着人评价和衡量事物的好与坏、优与劣、对与错的心理倾向性。人生观与世界观是一个人对人生的意义、生命价值，以及整个世界的总的看法与观念，它决定着人的理想、信念与行为，处于个性倾向性的最高层次。它也制约和调节着人的需要、动机等个性倾向性成分。有的人信念模糊，有的人信念明确坚定；有的人有远大理想，有的人思想空虚、百无聊赖。所有这些都从不同方面显示着人的个性倾向性的差异。

个性心理的差异还表现在能力、气质及性格等方面。能力、气质、性格统称个性心理特征。个性心理特征是人的多种心理特性的一种独特的组合。它集中反映了一个人的整个精神面貌及其稳定性方面的类型差异。人的个性心理特征是在人们进行知、情、意等心理活动过程的基础上，经常表现出来的典型的、稳定的与他人又有区别的特性。

能力是直接影响人的活动效率并使人顺利完成某种活动的个性心理特征。人的能力有差异，在一般能力（即智力）方面，存在流体智力与晶体智力的个别差异，有的聪慧超常，有的平常，有的低下；在感知能力、观察力、记忆力、想象力以及逻辑思维能力方面都各不相同，存在智力结构类型的差异。在特殊能力方面，例如音乐、绘画、艺术表演、文学创作、机械操作、组织管理等能力，也都有更明显的差异。此外，能力还有表现早晚的差异（如有人智力早慧，有的则"大器晚成"）及能力的性别差异等。

气质就是人们平常所指的秉性、性情或脾气。有人活泼好动，有的则沉默寡言；有人性急，有的则是慢性子；有人暴躁，有的则性情温和；有人外向善交际，有的则内向孤僻，等等。这种表现在人的情绪与行为活动中的动力性方面的，带有先天遗传特性的个性特征，就是气质。了解人的气质类型的差异有利于因材施教与因人而异的管理，有利于人才选用与职业选择，有利于协调人际关系与调适人的身心健康。

性格是人稳定的态度体系与行为方式相结合而表现出来的个性心理特征。例如，心胸豪爽还是心地狭窄；谦虚还是骄傲；勤劳还是懒惰；诚实还是虚伪；勇敢献身还是怯懦怕死；热情友善还是冷漠无情；自尊、自傲、自负，还是自卑、自弃，等等。所有这些主要受社会环境与教育因素影响而形成的心理品质与特性方面的差异都是人的性格特征的差异。

自我即自我意识，是个人对自己自觉的认知系统。"人贵有自知之明"，自我意识是个性结构的核心成分，也是制约人的个性形成与发展的关键。它是由自我认识、自我情绪体验、自我意向（自我对待）构成的统一整体，是人的一种高级心理形态。是一种多维度、多层次的心理系统。自我认知方面有：自我观察、自我概念、自我认定、自我评价等；自我情绪体验方面有：自我感受、自爱、自尊、自重、自恃、自卑、自信、自负等；自我意向与调节控制方面有：自立、自主、自制、自强、自卫、自律等。自我意识的上述三种表现形式综合为一个整体，便成为个性的基础。自我使一个人的个性倾向性和个性心理特征等整合成统一的、稳定的、有差异的个性整体。

在人的心理生活与活动中，心理过程、个性心理倾向和个性心理特征是密切联系着的。心理过程和个性心理有机地组成人的完整的心理面貌，实现着人的心理生活。从人的心理现象的动态与稳态维度来看，心理过程、心理倾向和心理特征是既有区别而又密切联系的。它们构成了心理学研究对象的最基本的内容。

首先，人的个性心理倾向和心理特征是在心理过程进行中逐渐形成、发展和表现出来的；人的心理活动过程的某些特点往往是人的个性心理（含个性倾向与心理特征）的结构要素。也只有在心理活动过程中才能表现出人的个性心理的差异。

其次，心理过程的进行又要受人的个性心理倾向和心理特征的影响和制约。

最后，心理倾向和心理特征也是密切联系的。如果说心理特征是个人恒常的、稳定的特征，那么心理倾向则是可变的、流动的。个性心理特征又会影响心理倾向的性质。当然个人的心理特征也会随情境的变化、时间的变化和其他因素的变化而发生一定的变化，而不是一成不变的。

心理过程也好，个性心理也好，总是在个人的实践活动中形成和表现出来的。实践活动就一般意义来说，是主体与客体相互作用的过程。这一过程既包括客体向主观形态（映象）的转变，也包括主观形态通过活动向客观结果的转变。对活动过程与性质的分析有利于揭示心理活动的实质和规律。

第二节　心理学的发展简史

心理学是一门具有渊远历史但又很年轻的科学。早在古希腊时代及我国春秋战国时代就已经有了心理学的萌芽，但心理学被确立为一门独立的科学，还是在 1879 年冯特（W. Wundt，1832—1920）在德国创立第一个心理实验室才开始的。下面从三方面介绍心理学的发展历史。

一、心理学的哲学与科学背景

科学心理学的发展有两大源头或背景：其一是古代的哲学思想；其二是兴起于 18 世纪的生物、生理等科学的背景。

（一）科学心理学的哲学背景

在西方哲学思想和我国古代哲学思想中，对科学心理学的产生与发展影响最大的有如下几种：

其一，是古希腊博学多才的亚里士多德（Aristotle，公元前 384—前 322）在《论灵魂》中关于灵魂的实质、种类、功能及其与身体的关系的观点，以及他把心理功能分为认知（即指感觉、意象、记忆、思维等）和动求（包括情感、欲望、意志、动作等）两大功能的观点。他强调感觉经验对认识活动的重要性。"无论什么进到我们的精神里都要通过感官。"他把理性分为被动理性和主动理性，认为被动理性是身体的功能；人的身体死亡，则被动理性消灭。主动理性是人体外来的；人死时它不会死，仍归到世界的理性中去。这反映了他的心理学思想动摇于唯心论与唯物论之间。

其二，是 17 世纪法国哲学家笛卡儿（R. Descartes）用反射概念解释动物行为和人的某些无意识行为，以及关于身心关系的思想和他对理性和天赋观念的重视等，对现代心理学的产生与理论发展有重要影响。笛卡尔是二元论者，认为身和心是两种截然不同的本原。人的身体像一部机器，其结构和行动均可用机械原理来说明，从而他提出了反射的概念。而心则是自由的，是感知、思维和意志的主体。他认为，身和心可以互相影响，即所谓身心交感作用，身心交感地点在脑内的松果腺。这就是笛卡尔的身心交感理论。他强调真理性知识的天赋观念，认为人的某些知识、道德、宗教、数学等，不是由经验得到的，是先天赋予的，这是他理性主义观念的集中体现。

其三，17世纪英国哲学家洛克（J. Locke）倡导经验主义，反对理性主义的"天赋观念"，及其认为人的记忆来自观念联想的思想。他强调人类的一切知识均来自后天经验，他认为人的心灵犹如一块"白板"，不分善恶，其后来的一切改变，完全决定于后天的经验。后来发展为联想主义。他把观念分为由感觉得来的观念和由反省得来的观念两种，并认为它们最初都是简单观念，而复杂观念是由简单观念借助联想而形成的，从而为日后的联想心理学奠定了基础。18～19世纪詹姆斯·穆勒（J. Mill）、约翰·穆勒（J. S. Mill）、培因（A. Bain）等人的联想主义思潮对现代心理学的发展，尤其对现代学习、记忆和思维的理论产生了更深远的影响。现代心理学中，个体发展的许多问题上存在遗传决定与环境决定论之争，其本质上是理性主义与经验主义的争论。

其四，中国有着悠久的、灿烂的历史和极其丰富与优秀的文化遗产。现代心理学虽然是由西方传入的，但是，我国古代思想家早就有过许多关于心理问题的论述。例如，战国时代荀况论述的"形具而神生，好恶、喜怒、哀乐臧焉"（《荀子·天论》），认为先有身体而后有心理，心理依附于身体。早就认识到心理是身体的一种机能。汉代桓谭以烛火为喻说明形神的关系："气索而死，如火烛之俱尽矣。"王充（27—99）在《论衡·论死》中发展了桓谭的观点，认为精神为血脉所生，"人死血脉竭，竭而精气灭。"南北朝时范缜（450—515）在《神灭论》中，更进一步提出"形者神之质也，神者形之用也"。"形存则神存，形谢则神灭。"他们都认为先有身体后有心理，心理是身体的机能。后来，清代王清任（1768—1831）更明确提出"灵机、记性不在心在脑"（《医林改错》上卷）的科学论断。我国先秦时期著名的思想家孔子、孟子、荀子等人关于人性的本质、人性和环境相互关系的论述，对我国古代教育思想和心理学思想的发展，也产生过非常重要的影响。

（二）科学心理学的生物学与实验生理学背景

达尔文发表于1859年的《物种起源》一书中提出了生物进化论的思想及遗传、环境、个别差异、适应等观念，对后来心理学的研究及理论发展有重要的影响。

19世纪中叶，生理学已发展成为一门独立的科学，特点是神经生理学和感官生理学的发展，对科学心理学的诞生，产生了重要的影响。柏林大

9

学教授缪勒（Johannes Miiller，1801—1858）首倡了神经特殊能量说及神经细胞之间电化作用产生神经冲动的观点，主张大脑的功能是分区的，人类对外界刺激之所以能够感觉，能够辨别，就是因为不同的神经传导具有特殊的能量。后来，缪勒的弟子赫尔姆霍丝（Hermann Von Helmholtz，）用实验证实了神经特殊能量说，用青蛙的运动神经测量了神经传导的速度是 90 英尺/秒。为实验心理学的发展奠定了方法论基础。他同时还提出了视觉的三色说和听觉的共鸣说理论。1861 年，法国医生布洛卡发现了大脑皮层语言运动区的位置；1869 年，英国神经学家杰克逊发现了大脑皮层中央沟前负责运动，中央沟后负责感觉的机能界限；1870 年，德国生理学家弗里茨用电刺激法研究大脑功能，发现动物运动行为是由大脑额叶某些区域支配的。这些研究既加深了人们对大脑机能分区的认识，也强化并拓宽了心理现象的生理机制的研究。

二、科学心理学的诞生

以生物学为媒介，哲学与生理学结合，便使哲学的心理学独立而形成科学的心理学。科学心理学诞生的标志是 1879 年德国的哲学家、心理学家冯特在莱比锡大学创立世界上第一个心理实验室，系统从事心理物理学的实验而开始的。因而冯特被誉为实验心理学之父或心理学之父。

冯特对创立科学的心理学有如下贡献：首先冯特是 19 世纪后期集生理心理学之大成者，他于 1874 年出版的《生理心理学原理》，有人评价它如同"学术史上的心理学独立宣言"；其次他创立了第一个心理实验室，并首创了系统而科学的实验方法来研究人的心理现象；其三冯特研究心理内容是从研究意识开始的，并认为意识是由许多不同的元素构成的，因而成为构造主义心理学派别的奠基人。

三、心理学的主要派别

19 世纪末到 20 世纪 20～30 年代，在心理学独立的初期，心理学家们对心理学研究的对象及其性质在理论观念上产生了尖锐的分歧，从而出现心理学派别林立的状况，构造主义、机能主义、行为主义、完形派（也称格式塔学派）、精神分析学派等是其主要代表派别；20 世纪 30 年代之后各派别出现了互相吸收、相互补充的局面，对立状况缓和而整合趋势加强了，于是新的心理学思潮在 20 世纪 50 年代之后相继产生，人本主义心理学、认知心理学、神经心理学是主要代表。

（一）构造主义心理学

冯特是该派别的创始人，而其弟子铁钦纳（E. B. Titchener，1867—

1927）是著名代表。他的学术活动开始是对神经组织的研究，然后研究生理、实验心理，晚年研究社会心理和哲学。1879 年，他创建心理实验室，对感觉、知觉、注意、反应时间、联想等过程进行研究。冯特的心理学体系，见于他的《生理心理学原理》，他认为心理学是研究直接经验，即意识的科学。其研究方法是采用实验内省法（即让被试报告自己在变化的实验条件下的心理活动，然后由心理学家考察被试经验中所引起的变化）。冯特认为人的经验可以分为各种元素。并把人的经验具体分为感觉、意象和激情状态三种元素。认为感觉是知觉的元素，意象是观念的元素，激情是情绪的元素，而所有复杂的心理现象都是由这些元素构成的。心理学的任务是用实验内省法分析出意识过程的基本元素，发现这些元素如何合成复杂心理过程的规律。因此，他的理论体系也被称为心理化学。后来，他的弟子铁钦纳继承和发展了这种心理学理论体系，并命名为"构造心理学"。该派别因为在研究对象与研究方法上，受到心理学界其他观点的反对，于 20 世纪 20 年代之后逐渐衰落。

（二）机能主义心理学

其创始人是美国著名心理学家詹姆斯（W. James，1842—1910），代表人物有杜威（J. Deway，1859—1952）和安吉尔（J. Angell，1869—1949）。他们也主张研究意识，并把它看成川流不息的"意识流"过程，而不是静态的个别心理元素的集合。他们强调心理学应该研究意识的功能和目的，而不是它的构造。并认为意识的作用就是使有机体适应环境。这一学派推动了美国心理学面向实际生活过程和应用方向发展，使心理学广泛应用于教育、工业、临床等领域。在研究方法除内省法外，也采用了观察、测验及问卷调查等方法。

（三）行为主义心理学

1913 年，美国心理学家华生（J. Watson，1878—1958）发表了《从一个行为主义者眼光中所看的心理学》一书便宣告行为主义心理学的诞生。行为主义的重要特点是：

1. 华生提出，心理学是行为的科学，而不是意识的科学。强调心理学作为一门科学只能研究可观察到的行为，心理学的研究对象是人类和动物行为，而较简单的动物行为比复杂的人类行为更具有根本性。

2. 华生认为只有直接观察到的东西才能成为科学研究的对象，只有客观的方法才是科学的方法，反对内省法，主张用实验方法来研究心理学。

3. 心理学研究的目的，是寻找预测和控制行为的途径，提出了行为主义的"刺激—反应"（S—R）行为模型，强调个体行为不是与生俱来的，而是受环境影响产生的。

华生的极端行为主义观点虽然没有被人们全盘接受，但是，他所倡始的方向却在美国得到广泛的传播，并成为一个重要的心理学派别而固定下来，使20世纪60年代前的心理学几乎成了行为主义的天下。华生的行为主义心理学思想形成初期在很大程度上受巴甫洛夫条件反射学说的影响；到20世纪30年代中后期，其极端的纯客观取向，受到批评并产生新行为主义的理论，托尔曼（E. C. Tolman）、斯金纳（B. F. Skinner）等人是其代表。20世纪50～60年代后虽逐渐衰落，但其研究方法的客观性，以及对当代心理学的行为训练与改造、心理治疗与咨询的作用仍很重要。

（四）完形心理学（或格式塔心理学）

美国出现行为主义心理学的同时，德国也产生了格式塔心理学派别。格式塔心理学的创始人有魏太默（M. Wertheimer，1880—1943）、柯勒（W. Kohler，1887—1967）和考夫卡（K. Koffka，1886—1941）。格式塔（Gestalt）在德文中含义是"整体"，或称"完形"，"整体大于部分之和"代表了这一学派的基本精神和宗旨。他们认为，每一种心理现象都是一个格式塔，都是一个"被分离的整体"。整体不等于部分的总和，整体不是由若干元素组合而成的，相反，整体乃先于部分而存在并且制约着部分的性质和意义。他们坚决反对对任何心理现象进行元素的分析，并把冯特的构造心理学称为"砖块和灰泥的心理学"。他们认为集知觉而成意识时，不是知觉简单相加，另外还增加了一层心理组织，所以知觉的心理组织才是重要的。他们提出了知觉中的许多组织原则，试图解决格式塔的生理基础与心理规律问题。格式塔心理学很重视实验方法，其在知觉、学习、思维等方面进行了大量的实验研究，提出了知觉的组织原则与认知学习的理论。魏太墨在其《创造性思维》一书中把格式塔原理应用于人类的创造性思维。他认为，学生在解决问题时之所以产主迷惑不解，是由于没有把问题的细节方面与问题的整个情境结构联系起来考虑（即出现了缺口，不能完形）；一旦把问题看成是一个有意义的整体（完形），就会产生顿悟，问题也就解决了。

（五）精神分析学派

这是奥地利精神病医生弗洛伊德（S. Freud，1856—1939）创立的一个学派。其理论主要源于治疗精神病的临床经验，他重视对人类异常行为的分析，强调心理学主要应研究无意识现象。他认为人类个体和社会的行为，都根源于心灵深处的某种动机，其中特别是性欲的冲动以无意识形式支配人，并表现在人的正常和异常行为之中。这种欲望或动机受到压抑，是导致精神疾病的重要原因。所谓精神分析是指一种临床技术与方法，它通过释梦、自由联想和宣泄等方式，发现病人潜在动机并达到治疗疾病的目的。他的人格或人性观念主要有：人格动力观是用潜意识、欲望、生死本能来解释人类行为的内在动力；人格发展观是用口腔期、肛门期、性器期、潜伏期、性征期以及认同恋母情结等来解释个体心理发展的过程；人格结构观是用本我、自我、超我来解释并以冲突、焦虑、防卫等概念来说明三个"我"之间的复杂关系。弗洛伊德重视动机的研究和无意识现象的研究并首创精神分析治疗方法是有贡献的。但他夸大了无意识的作用，并把它与意识的作用对立起来，以及他的泛性主义特点是错误的。其后继者的理论增加了社会条件、文件、人际关系等因素行为的解释，被称为新精神分析学派。

（六）人本主义心理学

这是由美国心理学家马斯洛（A. Maslow，1908—1970）与罗杰斯（C. Rogers，1902—1987）于20世纪50年代创造的。这是继行为主义、精神分析之后的心理学第三势力。人本主义心理学强调研究健康人的心理或者健康的人格；强调研究人类中出类拔萃的精英；强调人的潜能和价值，人性美好；强调环境和人体自我概念对行为的作用。他们把人看做是自己命运的主人，是一种积极的人性观，其注重人的独特性，认为人的行为主要受自我意识的支配，要想充分了解并解释人的行为，就必须考虑到人们都有一种指向个人成长的基本需要。该学派不仅仅了解人性，而且主张改善环境以利于人性的充分发展，从而达到自我实现的境界。这种人性观为心理咨询与治疗领域孕育了一套新的人本主义思路与方法。该理论方向虽是正确的，但不能用实验来证明，而是采用思辨方法，有一定的困难与局限性。

（七）认知心理学

认知心理学不是某人独创的，而是吸取了各派的合理成分，兼容并蓄逐渐演化而成的。早期认知心理学是以瑞士著名心理学家皮亚杰（J. Piaget）为代表，于20世纪20～30年代就揭示了儿童思维发展的规律。20世纪60年代以来，由于计算机科学迅猛发展迫切需要了解人的心理活动规律，实验心理学方法以及信息加工技术的发展，使心理学界出现研究认知过程的潮流，在知觉、记忆、言语和问题解决等领域中出现了一些新的理论。1967 年美国心理学家奈塞尔（U. Neisser）发表了《认知心理学》论著并指出：认知是指感觉输入受到转换、简约、加工、储存、提取和使用的全过程。该书出版标志了现代认知心理学的诞生。

认知心理学家采用信息加工观点，把人看作是信息加工系统，通常用模型来表示人类心理过程和结构。模型是由感觉系统、记忆系统、控制系统和反应系统构成的，每个系统与其他系统相联系执行这些操作。感觉系统接收环境提供的输入信息，并对刺激的基本特征加以提取和组合。已编码的物理刺激便进入记忆系统，与记忆中的信息相比较、相匹配。控制系统决定着一个系统怎么发挥作用。它主要处理目标和达到目标的计划，决定目标的先后次序，监督当前目标的执行。反应系统控制着人这个信息加工系统的全部输出，从运动动作到言语和表情。上述四个系统都以不同的方式相互作用着。来自环境的信息通过相应的感觉系统达到长时记忆，但它是否能存入长时记忆则依赖于它是否受到工作记忆的加工。这种加工又依赖于控制系统的当前目标。同时记忆也为控制系统所安排的优先目标提供输入。控制系统的状态会导致采取什么行为反应的决策。这种信息激活反应系统的输出又成为环境刺激的一部分，并向感觉系统提供输入信息。

现代认知心理学除了应用心理学的一般研究方法外，还发展了特有的研究方法如计算机模拟等。认知心理学从狭义而言即指以信息处理为主题的心理学；从广义而言即指包括记忆、理解、想象、思维等行为与心理过程在内的心理学；现代认知心理学以信息加工观点研究内部心理活动的规律除认知过程外，还包括情感、意志、个性心理特征以及教育心理、社会心理等方面的规律。

（八）神经心理学

这是从生理心理学分化出来的一个专门研究大脑神经生理功能与个体行为及心理过程之关系的科学。神经心理学的研究目的，主要了解大脑的整体及其不同部位，在个体表现某种行为或从事某种心理活动时，会发生怎样的变化，从而揭示心理活动的神经生理机制。其中生理心理学是揭示生理现象与问题引起心理变化的机制与规律；心理生理学是揭示心理现象与问题引起生理变化的规律。这不只是一种研究心理学的技术发展，更是一种解释行为与心理过程的神经心理学理论，有很重要的理论与应用意义。

第三节　心理学的研究任务

任何一门科学都有自己的特殊任务，而科学任务的确立又主要是依据该科学研究对象的特点及实践需要来确定的。心理学作为一门独立的科学也有其基本任务和各分支领域的特殊任务。

一、心理学的基本任务

心理学的研究对象既然是人的心理现象，那么心理学的基本任务就是为了预测、了解、指导、控制和调节人的心理与行为活动的生理机制、心理事实与规律。主要包括以下内容：

首先，心理是脑对客观事物的反映，因此，心理学应科学地揭示与说明人的心理是怎样由客观事物引起和怎样在人的头脑中进行活动的规律。也就是说，心理学既要研究心理活动对客观事物的依存性，也要揭示客观事物如何引起脑的活动而产生心理活动的生理机制。

其次，探讨人的认识、情感和意志是怎样产生、发展和完善起来的，揭示人的认知与情意活动有哪些活动规律。

再次，阐明人的个性心理有哪些差异以及这些差异形成的原因，同时还探讨人的良好个性品质的特点及其形成、培养与调适应遵循的心理规律。

还有，探讨人的心理过程与个性心理的关系，研究人的个性怎样影响心理活动、心理活动如何调节人的行为活动的规律，即研究心理活动是怎样反作用于并指导人们变革现实的。

总之，通过以上问题与课题的研究，达到明确与确定心理事实、揭示人的心理机制与实质、掌握人的心理规律、提高实践活动的效率、促进人的心理健康发展的目的。

二、心理学的分支

现代心理学的研究已深入到人类实践的各个领域，心理学的任务也越来越广泛。目前，心理学已经发展成复杂的、有许多分支的科学。心理学的主要研究领域包括理论心理学、应用心理学两大类和心理的生理机制、感知、教育与学习、发展、个性与个别差异、情意与动机、社会心理、异常或变态心理与行为、心理咨询与治疗八大研究主题。

（一）理论心理学领域

普通心理学。它是研究一般正常人的各种心理现象及其一般规律的科

15

学。按专题内容不同，还可分成感觉心理学、知觉心理学、记忆心理学、思维心理学、情感心理学、个性（或人格）心理学等，这是心理学的入门学科和主干。

在普通心理学基础上，属于横断面的理论心理学分支主要有：

变态心理学。研究人的各种异常心理现象类型及其形成的原因，从而为心理咨询、诊断与治疗提供科学依据。

缺陷心理学。研究有心理或生理缺陷的人的心理活动的特点和规律，以及缺陷的补偿作用。可细分为智力落后儿童心理学、聋哑人心理学、盲人心理学等。

属于纵向发生、发展方面的理论心理学分支有：

比较心理学。研究心理现象种系发生形式，探讨心理活动种系演化和发展过程及其规律。其中包括动物心理和人类心理的比较，以及动物心理之间的比较。动物心理学是其中更细的分支。

年龄及发展心理学。它是研究人的心理现象从出生到衰老过程发生、发展和衰退的基本规律。重点揭示人的心理的发展趋势与各个年龄发展阶段的特点和规律。其中包括婴幼儿心理学、儿童心理学、青年心理学、成年心理学、老年心理学等。

属于研究方法和不同方向的理论心理学分支有：实验心理学、心理统计、心理测量、心理学史、社会心理学、生理心理学和神经心理学等。

（二）应用心理学领域

属于应用心理学分支的有：

教育心理学。它是研究教育过程中的有关教师如何教、学生怎样学、教与学互动的心理活动规律的科学。它主要探讨理解和掌握知识、形成技能、发展智力和个性、培养道德品质的心理规律等。其中包括学习心理、教学心理、学科心理和德育心理及教师心理等。

工业心理学。它主要研究工业生产及企业管理的有关心理学问题，探讨工业生产中的人机系统、人际关系以及人的劳动心理特点和规律，以便改进生产条件，保障生产安全，充分调动人的积极性，从而提高生产效率。按研究的内容和对象不同，该心理学又衍分出包括工程心理学、劳动心理学、企业管理心理学、人事心理学、广告和消费心理学等。

医学心理学。它研究病人的心理活动，探讨心理因素在疾病发生、发展、诊断、治疗及预防中的作用。其中包括病理心理学、临床心理学、心理咨询与治疗、心理预防和心理卫生等。

军事心理学是研究军事活动中人的心理活动规律的科学。它主要研究战斗时人的行动、指挥员与下属的相互关系、士气、心理战，以及掌握军事技术等方面的心理学问题，为提高部队战斗力服务。它包括指挥员心理学、战士心理学、军事工程心理学等。

司法心理学也叫法制心理学。它研究人们在法制活动中的心理现象，主要包括在立法、刑事犯罪与诉讼活动、民事法律、社会治安管理、法制宣传及实现其他法律活动过程中的心理学问题。它包括犯罪心理学（刑事心理学）、罪犯心理学、诉讼心理学、侦缉心理学、审判心理学、惩治或劳动教养心理学等。

运动心理学也叫体育心理学。它研究人在体育运动、训练、竞赛活动中的心理特点和规律，要提高体育运动成绩，运动心理学的成果对于教练员与运动员是极为重要的。

此外，还有文艺心理学、商业心理学、民族心理学、军事心理学和运动心理学等，在此就不一一列举。

第四节　心理学是师范院校学生及其未来职业生涯的必修课

教师是塑造人类灵魂的工程师，肩负着培养年轻一代的光荣使命。各类师范院校是培养未来师资的摇篮。在各类师范院校开设公共心理学课，向学生传授心理学知识，使他们了解人的心理发生发展的基本规律，这对于培养合格的人民教师是非常必要的。心理学不仅是师范生的一门重要的必修课，对所有大学生在校学习期间及未来的职业生涯来说，也是重要的和终身的必修课程。对师范生来说，学习心理学有如下几方面的意义。

一、有助于树立辩证唯物主义的世界观

因为心理学研究心理现象的生理机制，探讨人的心理过程和个性心理形成的规律，科学地阐明人的心理活动对生活条件的依存关系，所以学习和掌握心理学知识，便于人们正确地认识人的心理现象的实质，自觉地同唯心主义偏见作斗争。它有助于师范生树立辩证唯物主义和历史唯物主义的世界观，"使人们不得不拒绝主观主义而接受唯物主义。"（《列宁全集》，第1卷，人民出版社，第396页。）科学地认识人的生命与人生的价值，为每个大学生及其未来的职业生涯必须具备的坚定正确的世界观、人生观和

价值取向奠定坚实的基础。

心理学不仅有重要的哲学理论意义与价值，而且心理学的研究对邻近的社会科学与自然科学，如文学、艺术、法学、政治学、经济学、数学、物理、化学等，也有一定的理论意义。因为这些学科和心理学一样都要研究人，研究人的心理，研究人对某个领域规律的掌握与应用，研究人与环境的各种关系，只不过研究的侧面有所不同。心理学的研究成果必然有助于人们深入地认识各自的研究对象及其规律。这对大学生学习各专业的知识，形成科学的职业观也有重要的指导意义。

二、明确各专业活动应具备的心理品质，有利于自我教育与良好个性发展

思想决定行为，行为产生习惯，习惯决定人的个性与性格，性格又往往会决定人做事的风格与命运。因此，师范专业与各不同专业院校的学生都应该自觉地理解做一个合格的教师或不同的从业人员所必须具备的思想与行为、习惯与性格、心理品质与个性，加强这方面的修养，促进良好个性的形成。心理学可以帮助教师或不同的从业人员进行自我观察、自我反省、自我分析与评价，认识自己在心理品质上的特点（优点和缺点）及产生的原因，找到自己同做一个理想教师或不同从业人员的目标之间的差距，明确努力方向，推动和促进自我教育，有利于教师或不同从业人员优良心理品质的形成。

三、掌握心理规律，有利于提高教育教学质量与办学效能

心理学所揭示的有关人的认识、情感、意志以及个性心理的规律；分析与揭示人的终身发展趋势及各个不同年龄阶段学生心理的发展特点、优势与关键期；研究与揭示教育、教学过程的心理活动规律及其理论，等等。这些知识对于教育和教学内容的正确确定，对于科学教学方法的选择，都提供了心理规律的依据。只有掌握和了解学生心理活动的特点和规律，才能自觉地实施有效的教育内容与措施，从而达到预期的教育、教学目标。比如，怎样在教育过程中充分调动学生学习的自觉性与积极性，激发学生的学习动机？怎样因材施教才能够使学生领会、理解、掌握、巩固和灵活运用所学的知识，并形成技能技巧，以发展学生的智力？怎样使学生学会创造性的学习方法（发现法、探究法等），培养其创造性的能力与品质？怎样减轻与调整学生负担过重的问题，怎样组织学生的科技和业余文艺体育活动，培养学生广泛的兴趣和爱好，促进学生健康发展？怎样进行道德品质教育、培养学生良好的个性品质、怎样做好后进生的转化及不良品德的

矫正？怎样在学校开展心理健康教育、如何开展心理咨询活动、怎样促进学生身心健康发展？怎样坚持以人为本，发挥领导的核心作用与教师教和学生学的双主体功能，提高办学与教育教学的效能等，都离不开心理学的知识与心理规律的应用。所以，心理学也是教育学与管理学科的一门基础学科。

四、有利于自我心理调节，保持个人的身心健康发展

人的心理活动、心理状态、心理品质与个性心理特征同人的身心健康状况、疾病发生及身心疾病的发生有密切关系。许多实验与临床案例表明：一个人如果长期忧愁、悲伤、焦虑、压抑或恼怒，可能导致精神分裂、肠胃病、溃疡病、妇女病、癌症等多种疾病。这类疾病的医学名词为"心因性疾病"。在治疗这类疾病时，除用药物治疗外，心理治疗与心理咨询起着极为重要的作用。当今，我们处在改革开放和社会高度发展的时代。社会生产力得到高度发展的同时，人们的生活节奏不断加快，竞争的心理压力不断加大，职业倦怠与心理问题也不断增强，在高危人群中，心理疾病与自杀比例也在增加。在大学生中，面临学习、交友、恋爱、职业与社会适应等多方面的压力，心理疾病与自杀现象的发生也是高校管理与教育中不容忽视的问题。因此，大学生学习心理学知识，学习与掌握一些心理咨询、心理调节与心理保健的方法，帮助学生进行自我心理调节，不仅有利于自身的心理保健，也可以预防某些心理性疾病在自己身上发生，即使发生，也能得到及时发现与尽早尽快咨询治疗。这些对大学生的身心和健康成长与发展，对他们将来的社会适应与职业生涯发展也是很重要的。

第五节　心理学的研究原则与方法

科学的方法是完成科学研究任务的手段。科学研究对象的不同，决定了科研原则和方法的不同，心理学是研究人的心理现象的科学，因而具有一些特殊的研究原则和方法。

一、心理学的研究原则

辩证唯物主义与历史唯物主义的哲学观是指导科学心理学研究的理论基础，在这一理论基础的指导下，心理学研究的基本原则是：

（一）客观性原则

人的心理是人脑对客观现实的反映，人的心理是客观现实在人脑中的

主观映象。这个关于人的心理实质的观点表明人的心理活动对客观现实和对脑这个特殊的物质实体的依存性。任何心理现象都是由客观刺激所引起，通过个体内部的一系列生理、心理的变化而表现在行为上。通过对刺激变量、机体变量和反应变量三者之间内在关系进行考察与研究。研究各种变量（主要是自变量与因变量）之间，在量上或质上可能发生变异的原因或特征。就可能客观地揭示各种心理现象与心理活动的过程与结构、产生与发展、关系与成因、品质与特征、形成与培养的规律。心理学研究的问题虽然很多，但它都要涉及刺激变量、机体变量和反应变量及其相互关系。因此，心理学的研究必须遵循客观性原则。在心理学的研究方法中，应该坚持实事求是的态度，避免唯心主义观点的影响与干扰，切忌采取主观臆测和单纯内省思辨的方法；切忌弄虚作假，主观拼凑材料，做虚假结论。应该从人与自然、人与社会环境间的互动关系出发，控制和改变一定的外部条件，来确定外部条件（即以一定方式呈现的某种刺激）与被试对这些刺激作出的回答（即心理、行为的变化）的关系，从而根据客观事实，真实的数据，来探讨人的心理活动的规律。

（二）实践性原则

人的心理活动不是孤立的、静止的，不是人脑对客观现实消极被动的反映，而是在实践活动中主观能动的反映。因此，心理学的研究除在实验室条件下进行外，更应在自然条件下，在人们真实的社会生活、社会实践活动（含职业、学习、沟通与交往）中进行。应重视社会实践对人心理活动影响的实验研究，揭示人的心理在社会实践活动中发展的总趋势与阶段特点；揭示人的心理与社会实践活动、自然与社会环境之间的关系；揭示社会实践活动与环境怎样影响人的心理，以及人的心理反作用环境，提高实践活动中工作与学习的效能，推进应用心理学的发展也有非常重要的意义。

（三）发展的原则

世界上一切事物都是运动、变化、发展的，心理现象也如此。这就要求心理学的研究应从人的心理史前发展、意识的萌芽与发展、个体从出生成熟到衰老的心理发展以及社会生活与自然环境和教育条件变化等不同方面，来揭示人的心理发生、发展与变化的规律。

（四）因果性原则

引起人的心理与行为变化发展的因素是多方面的，既有客观变量，也有原有知识经验、心理状态、心理水平及个性心理特征等主观变量。在科学研究中，既要注意客观条件的严格控制，避免自变量的混淆，也要注意被试主观因素对当前心理活动的影响，以便采用科学的设计方法，分析人的心理变化发展的条件与原因。

二、心理学的研究方法

心理学的发展与其研究方法的发展是分不开的。心理学独立以来，经常采用的基本方法有如下几种：

(一) 观察法

这是在自然条件下，实验者通过自己的感官或录音录像等辅助手段，有目的、有计划地观察被试的表情、动作、言语、行为等，来研究人的心理活动规律的方法。如达尔文的《一个婴孩的生活概述》[①] 和我国教育家陈鹤琴的《一个儿童发展的程序》[②] 的研究，就采用了这种方法。

由于观察的目的不同，观察的方法也就不同。从观察的时间分，有长期观察和定期观察。长期观察是在比较长的时间内进行有计划、有系统的观察。例如，教师可以在数月或若干年内，对某个中学生进行系统的观察，了解他在学校内外、课内外，在学习、社会公益劳动与实践活动、集体活动和日常生活中的各种表现，从而研究分析中学生的个性心理特点和心理规律。定期观察是按一定时间间隔持续进行的观察，每周一两次，每周一两个小时或几十分钟，到一定时期，对观察积累的材料进行整理分析。从观察的内容分，有全面观察和重点观察。全面观察即指对学生在一定时期内，全部的或某些部分的心理现象的观察。对学生进行个性鉴定，多采用这种方法。这种方法涉及的项目较多，因而需要的时间也比较长。重点观察是指在一定时间内只观察学生的某一种心理现象。如观察中学生上课时的注意特点或者集体活动中的心理特点等。

观察法是最基本的研究方法比较自然、真实、机动，不易受环境条件的限制，它是其他方法的基础。但是，这种方法的自变量不容易主动控制，变量中相关与无关，偶然与必然，表面与本质的内容易混淆，比较被动，有一定局限性。其效能往往取决于研究者的观察能力和水平。因此，由观察所发现的问题还需要其他研究方法配合作进一步研究。

---

① ［英］C.R.达尔文. 人类和动物的表情. 北京：科学出版社，1958
② 陈鹤琴. 儿童心理之研究. 北京：商务印书馆，1925

（二） 实验法

这是一种有严格控制的、特殊的观察形式，是有目的、有方向、严格地控制或创设一定条件（即控制无关变量，只让自变量起作用），来引起某种心理和行为（即因变量）的出现或变化，从而进行规律性探讨的研究方法。实验法可分为实验室实验和自然实验两种形式。

实验室实验是在特别创设的条件和设备下，借助专门仪器对被试进行实验的方法。例如，研究室内光线亮度对阅读效果有什么影响时，就可以采取这种方法。它一方面控制室内亮度的变化；另一方面测量在不同亮度下阅读的速度，通过对于实验结果的分析，便可以探求到最适于阅读的光线亮度。实验室实验方法较多地用于研究心理过程（感知、记忆、思维等）的活动规律和某些心理活动的生理机制，这种方法对于复杂的个性心理的研究，由于缺乏真实的社会生活与社会实践条件的影响，有一定的局限性。

自然实验法。这是在教育、教学、游戏、日常生活等自然条件下，有目的地创设条件来研究人的心理活动规律的方法。例如，研究评价（表扬或批评等）对激发学生学习积极性的作用的课题，可以在自然的教学条件下进行。选100名学生做被试，将被试随机地分成4组，做加法练习5天，每天练习15分钟。表扬组只给正面评价；受训斥组只给批评；忽视组可以间接了解评价；控制组不了解任何评价。最后检查学习效果，发现表扬组最好，批评组其次，控制组最差。自然实验法是儿童与教育心理学常采用的方法。这种方法兼有实验室方法和观察法的优点。其缺点是容易受无关因素的影响，不容易严密控制实验条件及自变量的影响；要精密地控制实验条件与无关变量，还需采用实验室实验。

（三） 心理测验法

测验法最突出的特点是能够数量化地研究人的心理发展水平与能力和个性特点，和其他方法配合使用，推动心理学研究向更精确与科学方向发展，它不仅是一种较常用的、有心理学特色的方法，而且，对人的心理品质、能力与个性的评定、人事测评与选拔、职业生涯的指导与发展、心理诊断、治疗与咨询有重要的工具性功能。

心理测验法使用先要制定一个标准化的测验工具（即测验量表）。标准化的测验工具必须有以下条件：①有高的信度（测验量表的可靠性或两次测验结果的一致性）；②有高的效度（测验结果的真确性或有校性）；③有常模（比较的标准）；④施测与评分的标准化。另外，在具体使用时，主持者必须受过专门的训练，施测过程与评分结果的解释要规范、谨慎、全面，不能偏颇、武断。

（四）调查法

这是研究者根据事先拟定的调查提纲或者言简易答的问题（问卷），直接访问被试或有关人员，将访问结果统计处理或文字总结，进行心理分析的一种方法。

根据形式不同，调查法可分为谈话法与问卷法两种。谈话法是一种口头调查，是通过主试和被试相互交谈，从中了解被试的某种心理活动的方法。问卷法是一种通过书面回答问题的方法，这种方法能扩大调查的范围，既可以在许多被试中同时进行，也可以借助邮寄的方式进行。诸如中学生的兴趣和爱好，理想和动机，以及家长管教子女的方式等，都可采用调查法进行研究。问卷调查法与心理测验法不同在于两种方法标准化的程度有区别。

此外，还有作品分析法和教育经验总结法。作品分析法是通过对学生的作品（日记、作文、绘画、作业、工艺制作等）进行分析来了解他的某种心理特点的方法。教育经验总结法是有目的地整理总结教育实践中那些行之有效的经验，并从中抽取和提炼出所包含的心理活动的规律的方法。

复杂的心理现象采用单一的研究方法很难达到理想的效果，需要多种方法配合使用，才可能揭示心理活动的规律。例如个案研究法（即典型调查法）是儿童心理研究中常常采用的方法。它就是综合地运用了观察、谈话、访问家长或教师、作品分析、自然实验等各种手段的一种综合性方法。

随着心理科学的发展，其方法也在不断发展，尤其是计算机技术的新进展，及新老方法在教学中的广泛运用，使现代心理学研究方法也出现了新的特点：课题选择的应用性与现场化；研究内容和方式的跨学科、跨文化的特点；研究方法的综合性与定性、定量化趋势；研究设计与数据处理的计算机化。

第二章
人的心理的实质

　　什么是人的心理？它的实质是什么？这是心理学要解决的一个根本问题。对这个问题历来有许多不同的看法。有的把心理看成是非物质的、至高无上的灵魂活动，是产生宇宙万物的本源，说什么"天下无心外之物"；有的把心理与物质、心理与生理看成相互平行、独立存在的两种实体；有的庸俗地认为人脑产生心理，如同肝脏分泌胆汁一样；有的则把人的心理比作一架机器，认为心理像照镜子一样，是脑对客观现实的机械反映；有的又把人和动物等同起来，忽视人的社会性本质。上述各种观点都不能正确揭示人的心理的实质。只有用辩证唯物主义与历史唯物主义的观点作为指导进行研究，才能对人的心理的实质做出科学的解释。根据这种观点，科学的心理学认为："人的心理是客观现实在人脑中的主观映象。"对于这一命题，我们可从心理是脑的机能与心理是客观现实的反映两个方面加以分析。

第一节　人的心理是人脑的机能

一、脑是心理的器官

人的心理到底由什么器官产生？在古代由于当时科学发展水平的局限，人们往往把心脏当做精神的器官，把精神活动称为心理活动。汉字中，与精神活动有关的字都带"心"部，如：思、念、想、怨、忿等，以及与思考有关的成语如"胸有成竹""满腹经纶""口蜜腹剑""心中有数""心直口快"等，都是和这种观点相关联的。我国古代哲学家孟轲曾说："心之官则思，思则得之，不思则不得也"，把心脏看成思考的器官。古希腊哲学家亚里士多德也认为心脏是思想和感觉的器官，而脑的工作，只是使来自心脏的血液冷静而已。

公元 2 世纪希腊的一位著名医生盖伦（C. Galen，130－200）开始把心灵的器官置于脑内，他已推测神经系统具有广泛的性能，把大脑视作精神的所在地，他辨别出感觉神经和运动神经，这个区分后来失传了，直到 19世纪才被再次发现。但脑如何产生精神，他还是一无所知。

直到 18 世纪前后，由于科学的发展和对于脑的知识经验的积累，人们才逐渐正确地认识到"脑是心理的器官"。

首先，人们在日常生活中发现了脑与心理活动的密切关系。如当人或动物的头部受到创伤时，精神活动也遭到破坏，出现不正常现象；当人处在睡眠、醉酒或药物麻醉状态时，心脏活动并未停止，也无重大变化，但是人的脑部活动却有很大变化，同时还影响精神状态的变化。

19 世纪以来，在临床方面，积累了越来越多的知识。

1861 年法国医生布罗卡（Broca，1824—1880）首先发现了大脑左半球额下回损伤，患者出现一种语言障碍——不能说话了，但仍能听懂别人说的话。这个部位被称作"布洛卡区"，这个区受损伤而造成的语言障碍就叫做"布洛卡失语症"——运动性失语症。人们由此推测布洛卡区就是专门控制说话机能的部位。

此后，人们又陆续发现，大脑额中回后部（接近中央前回手部代表区）损伤，导致"失写症"；在颞叶上方、靠近枕叶处，有一个言语听觉中枢（威尔尼克区），与理解口头言语有关，损伤这个区域将会引起听觉性失语症（即引起言语耳聋）；在顶枕叶交界处的大脑角回，还有言语视觉中枢，损伤这个区域将出现理解书面言语的障碍，产生视觉失语症或失读症（即看不懂文字）。这些大脑机能定位及其损伤症状的发现都说明，心理机能是直接依赖于人脑的功能。

与此同时，许多生理学家、医生、心理学家采用切除脑的手术、微电刺激脑、显微镜观察脑切片等科学实验方法，探讨脑的机能，取得了可观的成果。在 1823 年，德国生理学家弗罗伦（M. J. PFlourens）对切除大脑的鸽子进行观察发现，切除大脑后，它们失去了适应环境的能力，从而证明动物的复杂行为与大脑的机能有关。我国清代名医王清任通过解剖尸体得到大量资料，1830 年提出"脑髓说"，明确指出脑髓是心理的器官，脑髓通过经络与全身相联系。1870 年，弗里奇和希齐格（G. Fritsch & F. Hitzig）曾利用微电刺激的方法刺激脑的十字沟前回，发现动物不同部位的肌肉动作由不同的中枢控制。后用实验的方法研究一个被打破脑壳的士兵的大脑，发现了人的皮层"运动中枢"。1874 年，俄国生理学家贝兹在大脑皮层第五层发现了椎体细胞（被命名为贝兹细胞），这些细胞主要分布在中央前回，有支配运动的功能，随后在中央后回还发现了支配感觉的小颗粒细胞。

此外，俄国生理学家谢切诺夫（N. M. Сеченов）1863 年出版的《大脑反射》一书，以及他的学生巴甫洛夫（N. П. Павлов）1900 年提出的条件反射学说等，都说明了脑与心理活动的关系。

所有这些日常生活、临床经验与科学研究的发现实例都表明：脑是心理的器官，心理是脑的机能，"无头脑的思维"是不存在的。

二、人的神经系统的构造和机能

既然脑是心理的器官，是否大脑单独就能产生人的心理活动呢？不是的。大脑只是人的神经系统的最高级部位，离开了神经系统的低级部位，孤立的大脑是不能起作用的；同时低级部位也离不开大脑的控制和调节，人的神经系统是个完整的具有整合作用的系统。

（一）周围神经系统和中枢神经系统

人的神经系统分周围神经系统和中枢神经系统两大部分。

周围神经系统分布在人的全身。其中分布在头部的叫脑神经，共 12 对（即嗅、视、动眼、滑车、三叉、外展、面、听、舌咽、迷走、副、舌下神经）；分布在四肢和躯干部的称脊神经，共 31 对（即颈部 8 对，胸部 12 对，腰部 5 对，骶部 5 对，尾部 1 对）；另外，同肠胃等内脏、腺体器官相联系的还有植物性神经系统（即交感神经和副交感神经）。

周围神经主要是起传递信息和神经冲动的作用。根据它们所起的功能性质不同，又分传入神经和传出神经两种。传入神经（又称感觉神经）主要把感觉器官得到的信息，向中枢神经部位传递；传出神经（又称运动神经）主要把来自中枢部位的神经冲动向效应器官传递。

中枢神经系统是由脊髓和脑组成的。

脊髓是中枢神经系统的低级部位，位于脊椎管内，由中间的灰质（即细胞体与树突集中的部位）和外周白质（轴突——神经纤维集中的部位）构成。共分为 31 个节，每节有一对脊神经发出。脊髓的功能是：①它是低级反射中枢。感觉神经元将神经冲动传入脊髓后根，经过中间神经元不把它向上传入脑干和大脑，而直接传给脊髓前根的运动神经元，再至反应器形成反射，例如：膝跳反射、肘反射、跟腱反射等。②在感觉传入和运动传出时，起传递与联络作用，提供躯体与脑部之间神经双向传导的道路：来自躯干和四肢的刺激，经过脊髓到达大脑，大脑发出的指令，通过脊髓到达效应器。

脑由脑干、小脑、大脑两半球组成（见图 2-1）。

延脑与桥脑。与脊髓上端紧相连接的是延脑，这是脑的低级部位；延脑的上面是桥脑，其位于延脑与中脑之间，是中枢神经与周围神经之间传递信息的必经之处。延脑（包括桥脑背侧部分）是调节循环、呼吸、吞咽、呕吐等功能的基本生命中枢，桥脑是角膜反射中枢所在部位，它对睡眠具有控制与调节功能。

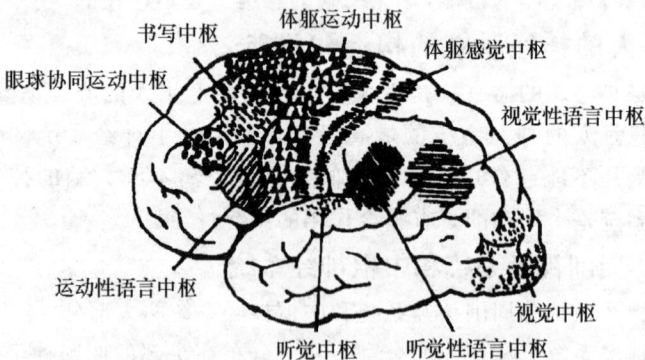

图 2-1　大脑皮层（外侧面）主要中枢

小脑位于延脑、脑桥的后部（见图 2-2），外面为灰质，深部为白质，由两个半球构成，是保持身体平衡和协调动作的中枢。

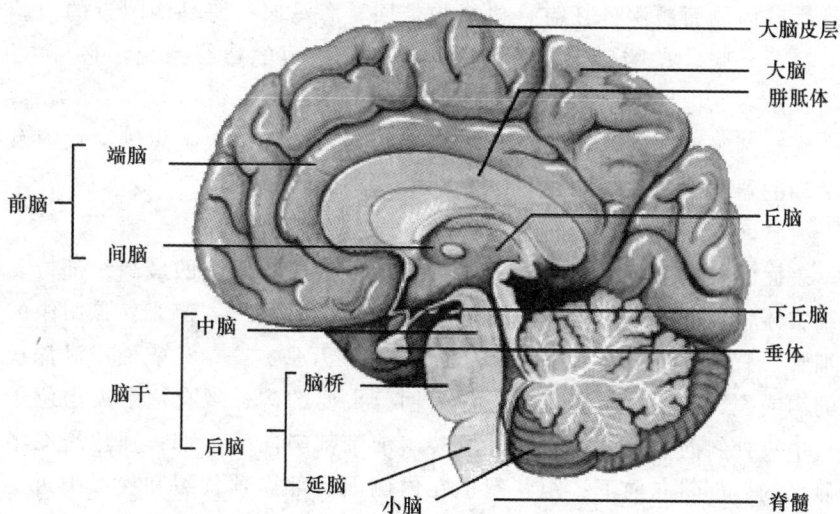

图 2-2　人脑部位图

中脑位于脑桥上部（见图 2-2），其腹部有一对纵行隆起部分，称为大脑脚；背部有两对隆起，上面一对隆起称上丘，下面一对隆起称下丘，合称四叠体。中脑的功能是支配眼球和面部肌肉运动，与姿势和随意运动有关，四叠体是光（视觉）、声（听觉）等探究反射的中枢。

间脑位于中脑上部（见图 2-2），其上部与大脑之两半球相连，主要分为丘脑、下丘脑两部分。丘脑是大脑皮层下的感觉中枢，它是传入神经的转换总站，除嗅神经外，其余传入神经都要在这里转换神经元；下丘脑是植物神经系统的高级部位，其对管制内分泌活动、维持体内新陈代谢平衡、调节体温及饥饿、渴、性等生理性动机有密切关系，是内脏活动与情绪反射的中枢。

延、桥、中又统称脑干。

网状结构，这是位于脑干的比较分散的神经核团和交叉成网状的短的突起构成的组织，其主要功能是调节控制觉醒、注意和睡眠等意识状态。从各感受器到大脑皮层的投射区，有传递特殊信息的"特殊传入系统"。特殊传入神经系统的兴奋经过脑干时，发出侧支沿"上行网状系统"弥散地投射到大脑皮层的广泛区域，起着提高脑皮层细胞兴奋水平的作用。另外，下行网状系统中的"下行助长系统"有增强运动的作用；"下行抑制系统"有抑制运动的作用。下行网状系统对传入神经冲动还行使"闸门或控制的作用"。

大脑内侧面最深处还有，包括扣带回、海马回、海马沟附近的大脑皮层，以及丘脑、丘脑后部、中脑内侧等部分组成的边缘系统。它与本能、情绪、学习、记忆活动有关系。

大脑两半球，这是脑的高级部位（见图 2-1），是人类思维、意识及智慧活动的器官。

大脑两半球主要由表面的灰质和深部的白质所组成。

表面的灰质部分又叫大脑皮层，这是中枢神经系统的最高级部位。它是细胞体较集中的、高度折叠的神经组织板，约厚 3～4 毫米。该组织的神经细胞，有规律地分为六层。其总面积约 22 万平方毫米，表面布满深浅不等的沟或裂，沟裂之间隆起部分称为回。主要的沟、裂有：中央沟位于上缘近中央处斜向前下方；大脑外侧裂由前下部斜向后上部；顶枕裂在半球内侧面的后部斜向前下；距状裂也在内侧面后部连顶枕裂和枕极附近。这些沟裂将大脑皮层分为四个叶：中央沟以前，外侧裂以上的区为额叶，是言语、智慧、计划与运动中枢；外侧裂以下的区为颞叶，是听觉中枢；顶枕裂向后的区为枕叶，是视觉中枢；外侧裂之上，中央沟与顶枕裂之间的区为顶叶，是躯体感觉中枢。

大脑半球的深部是白质，主要由轴突—神经纤维构成。白质主要起联结大脑左右两半球、半球内脑叶和脑叶之间、回和回之间、皮层和脑干、脊髓之间的作用。其中主要的神经纤维束有胼胝体（联结左右半球）和内束（联结皮层、脑干和脊髓）。半球深部也含有灰质，叫基底神经节，具有协调肌肉运动和维持姿势的作用。

苏联心理学家 A. P. 鲁利亚提出了"脑的三个基本机能联合区"。他指出：人的心理过程是复杂的机能系统，它并不定位于脑的狭小的、局限的部位，而是"机能联合区"整体协同的活动，每一个器官都有自己的作用。第一机能系统指网状结构、边缘系统等部位，是保证调节紧张度或觉醒状态的联合区（或系统）；第二机能系统指大脑皮层的视觉（枕觉）、听觉（颞叶）和一般感觉区（中央后回）及感觉联合区，是接受、加工和保存来自外界的信息的区域；第三机能系统指大脑皮层额叶（中央前回）的运动区、运动区前面的运动联合区和它前面的前额联合区是规划、调节和监督复杂活动的区域。

大脑功能的单侧化：近 30 年来，通过切断胼胝体（割裂脑左右半球的联系）的研究发现人的大脑两半球在功能上存在差异。大部分成人的语言功能（包括言语、阅读、书写、数字运算和推理等）主要在左半球执行；

而各种视觉空间、情绪、音乐、艺术和非语言刺激的加工，主要是右半球的功能。因各种原因而产生的大脑左半球的损伤，通常会破坏人的语言运动中枢与语言表达能力及逻辑推理能力；相反，大脑右半球损伤，则对语言影响不大，而对空间知觉、音乐与艺术欣赏、舞蹈与雕塑等能力破坏性大。研究还表明：这种单侧化差异不在刺激本身，而在于加工的性质。命名、命题、分析加工、推理等，左脑占优势；而右脑适合于整体、综合的知觉及动作。刚出生的婴儿其大脑结构与功能存在不对称现象，但一般认为单侧化功能是从出生到青春期之间逐渐形成的。近年来的研究还发现大脑两半球单侧化功能，并不是绝对的。右半球在语言理解中同样起重要作用，只是激活的水平低于左半球。

（二）神经元和神经

神经元（即神经细胞）是神经系统在结构和功能上的基本单位，如同筑建房屋的砖和瓦。人的大脑是由 140 亿～160 亿个神经元和大量具有支持与营养作用的胶质细胞组成的。

神经元是由细胞体和突起（见图 2-3）构成的。

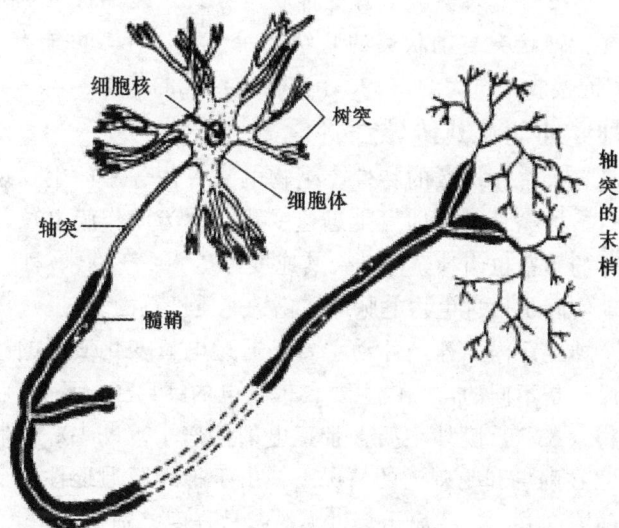

图 2-3 神经元模式图

每一个神经元的细胞体，在其形状和大小上是很不同的（有圆形、菱形和多角形等），其直径约为 5 微米～100 微米。胞体最多是细胞膜，内有细胞核，核与膜之间是细胞质。细胞体具有联络和整合输入信号并传出信号以及对整个细胞的营养作用。

突起分轴状突和树状突两种。

轴状突是神经细胞体一端伸出的一个细而长的突起，也叫神经纤维。其长度自 1 毫米至 1 米左右，直径为 10～20 微米。其末端是更细的权枝叫轴突末梢。一个神经元只有一根轴状突，有的有髓鞘，有的无髓鞘。轴状突主要作用是传输细胞体发出的信息，并通过轴突末梢再传给另外一组新的神经元。一根神经类似电话导线，是由 5 000～10 万根神经纤维组成的纤维束。

树状突是细胞体另一端延伸出的许多呈树权状的短而粗的突起。其功能是接受其他神经元输入的信号向胞体方向传递。

神经元的种类。依突起的数目不同分为：假单极、双极（即由一个轴状突与一个树状突构成）、多极（即由一个轴状突与多个树状突构成）神经元。依功能不同分为：传入（感觉）神经元，传出（运动）神经元和中间（联络）神经元。

神经元之间的联系。神经元之间没有原生质联系，仅仅是相互接触，其接触部位叫"突触"。"突触"有三种联结方式，即轴状突与细胞体、轴状突与树状突、轴状突与轴状突的联结。一个神经元，可能有 1 000～10 000 个突触，能接收来自大约 1 000 个其他神经元的信息。

（三）神经冲动及其传导

神经元具有兴奋和扩散的特性。生物电是人体普遍的生理现象，神经一端受刺激时，神经膜电位即发生迅速变化，称为动作膜电位，这是兴奋的标志。传导的兴奋也叫神经冲动，其速度可达 60～120 米/秒。

神经冲动实际是通过生物电脉冲和化学递质进行的。

在同一个神经元内，神经冲动主要是通过电位变化实现的。神经元的膜内外化学成分是不同的，膜内主要含带正电的钾离子（K^+）和带负电的大分子有机物（A^-），膜外主要含带正电的钠离子（Na^+）和带负电的氯离子（Cl^-）。在静息和受刺激的情况下，由于神经膜通透性能变化，以及膜内外离子的浓度差，这些离子流过膜的容易程度差别很大。

首先，在静息状态，膜对 K^+ 和 Cl^- 通透性是中等程度，对 Na^+ 通透性较低，对 A^- 无通透性。由于 K^+ 外流，Cl^- 内流，结果出现膜内是负电荷，膜外是正电荷，便产生电位差。膜电位约为负 70 毫伏时，出现"电—化学平衡"，这就是静息电位，也叫"极化"。

其次，在刺激影响下，即发生局部"去极化"，使膜的静息电位减小，在减小到临界水平时，膜对 Na^+ 通透性增加，由于电位差和离子浓度差，推动 Na^+ 向膜内弥散。当膜的极化发生倒转即膜内正电荷多于膜外时，出现"反极化"，构成动作膜电位的全部上升相。再有，当膜电位倒转为膜内比膜外约正 50 毫伏时，膜对 Na^+ 通透性回降，对 K^+ 的通透性又迅速增加，出现动作电位的下降相，这是"复极化"即还原为极化状态。所有这一切发生在约 1 毫秒时间内。

当膜电位第一次倒转（即膜内为正电荷）时，构成了神经的电信号。这种电信号沿着膜在所有方向上迅速传开，使毗邻区的膜去极化并造成该处膜电位倒转，接着又使下一部分膜电位倒转……这种扩布的动作电位就是神经冲动，它在神经纤维的全长上传输而不衰减（即按照"全与无"的原理传播）。

神经冲动在两个以上的神经元之间传递需借助电与化学递质双重信号来实现。当冲动到达神经末梢时，突触前膜的小泡释放一种化学递质，弥散着通过突触间隙，并对突触后膜（即另一神经元的膜）电位产生不同的影响。其中，兴奋性突触的突触前膜有圆形小泡，释放兴奋性递质去甲肾上腺素和乙酰胆碱等，导致后膜去极化，膜电位下降并产生冲动。而抑制性突触的前膜有扁形小泡，释放抑制性递质 γ—氨基丁酸和多巴胺，使后膜电位超极化变得更稳定，因而突触后细胞更难去极化，对冲动产生抑制性作用。

神经冲动在神经元之间的传递是单方向的。轴状突起传出信息的作用，树状突或胞体则起接受输入信息的作用。

三、神经系统的基本活动方式

脑产生心理绝非像肝腑分泌胆汁那样。神经系统的基本活动方式是反射，这也是心理现象的基本产生方式。

（一）反射和反射弧

"反射"的观念是"笛卡儿的天才赠品"。早在三百多年以前，他就认为反射是动物神经系统的基本活动。1863 年，俄罗斯生理学家谢切诺夫（N. M. Сеченов）出版《大脑反射》一书，破天荒地把反射概念推广到人脑的全部活动，他断定"有意识的和无意识的生活的全部活动，就其产生方式来说都是反射"。1900 年，俄罗斯生理学家巴甫洛夫（N. П. Павлов）提出条件反射学说，随后深入实验研究，进一步揭露了神秘的大脑两半球活动的某些真相和高级神经活动的基本规律。

什么叫反射呢？概括地说，它是有机体通过中枢神经系统对内外刺激所作的有规律的反应。例如：蚊虫叮人，感觉到痛痒，举手拍打；梅子放到嘴里，立即分泌唾液；交通指挥信号——红灯亮，行人、车辆立即停止前进，这些都是反射活动。人的一切行为，包括无意识的本能行为和有意识的高级智慧活动，单一的简单的活动和复杂的系列的行为等都具有反射性质。

无论是动物还是人的反射活动都是通过神经系统来实现的，实现反射活动的神经通路或神经机构叫反射弧。它包括感受器即感觉的神经纤维末梢、传入神经、神经中枢间的联系、传出神经和效应器（肌肉或腺体的传出神经纤维末梢）传出纤维末梢五个环节。前三个环节（即感受器、传入神经、神经中枢）是接受信息并进行分析的机构，叫分析器。后两个环节（传出神经、效应器）是执行机构。

效应过程并不是反射活动的简单终结。效应过程的结果及活动，同时也构成一种对有机体的刺激物。这种效应过程的传入神经冲动叫返回传入或反馈，这是有机体行为中普遍存在的事实。反馈，制约并调节整个反射活动，使人的行为活动更加精确、系统与完善。反馈联系也是反射弧的一个环节（见图 2-4）。

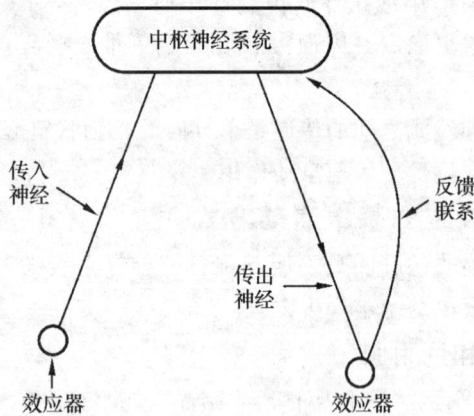

图 2-4 反射调节系统模式图

（二）无条件反射和条件反射

动物和人都具有一些不学而能、生来就会的从遗传获得的反射活动，如眨眼、吸吮、膝跳、呕吐反射等。巴甫洛夫称它为无条件反射。

无条件反射的神经通路是固定的联系，引起反射的刺激是具有生物意义的无条件性刺激，不需要后天的学习和训练，这类反射活动为人或同一种类的动物所共有，在中枢神经的低级部位就可以实现，也被称为本能的或种族的反射。

最基本的无条件反射类型有：食物反射、防御反射和性反射等。这些都是维持有机体的生存，排除危险，避免伤害以及延续后代所必需的反射活动。

条件反射是在无条件反射的基础上，经过后天训练和学习建立起来的反射活动。例如，人们按交通指挥信号行动，按铃声或哨声、号声作息，打过针的幼童再见到穿白工作服的人员产生惧怕情绪，以及吃过梅子的人能产生"望梅止渴""谈梅生津"等都属于这类反射。

条件反射的神经通路，类似于过去不能直接拨号的电话总机装置，是暂时接通的。其刺激物是无关刺激在无条件反射基础上，通过后天训练、学习获得的信号刺激物。只有网状神经组织的低等动物，虽然也能建立条件反射，但在高等动物身上，条件反射通常需要经过大脑皮层才能形成。条件反射的建立除以无条件反射为基础之外，在巩固的一级条件反射的基础上，还能够建立二级条件反射。例如，用强弱两种灯光训练动物建立起非常巩固的一级条件反射（吃食与停止吃食）之后，还可以训练动物当绿灯出现时，用强光来强化产生吃食行为，当红灯出现时，用弱光来强化产生停止吃食行为，建立起二级条件反射。在二级条件反射的基础上，还可能建立三级、四级以及语言信号的条件反射（即第二信号系统的条件反射）。先天的无条件反射和一系列后天形成的条件反射联合作用，才能使人和动物更加精确地、系统而完善地适应环境。

(三) 经典性和操作性条件反射实验

1. 巴甫洛夫的条件反射实验

巴甫洛夫所创立的条件反射学说及其实验，被称为经典性条件反射实验。他的实验是在有特殊设备的实验室内进行的。他通常用狗作被试，而把心理性的唾液分泌的数量作为研究的指标。对做实验用的狗的腮部先开一小口，并安一小漏斗，以便使唾液流到外面容易用"试管"搜集观察。待动物伤口愈合后再做实验。其步骤简述如下：

第一步，把食物喂到狗嘴里，狗立即分泌大量唾液，这是食物直接刺激引起的无条件反射，食物是无条件性刺激物。

第二步，让狗只听到铃声或只看见灯光，观察到狗在这时并不分泌唾液。这时的灯光或铃声是无关刺激物（条件反射还未形成）。

第三步，让无关刺激（铃声、灯光、节拍器响声、温度、机械刺激等）和无条件刺激（食物等）相继并同时发生作用（无关刺激必须略早一点出现），狗便分泌唾液。

第四步，这种相继并同时发生作用的过程，经过多次重复实验后，铃声或灯光不伴随食物而单独出现时，狗也同样分泌唾液。这就标志着条件反射已经建立起来。这时，原来的无关刺激物已变成食物的信号，被称为条件刺激物或信号刺激物。

条件反射形成的神经机制，是大脑皮层暂时神经联系接通的过程。这是无关刺激在脑皮层引起的弱兴奋区，被无条件刺激在脑皮层引起的强兴奋区吸引，二者之间形成了暂时神经联系。

巴甫洛夫把无关刺激和无条件刺激的结合过程称为"强化"。强化的次数越多，条件反射越巩固；长期不予强化，条件反射就会逐渐消退，已经建立的暂时神经联系也会中断。

2. 操作性条件反射实验

美国新行为主义心理学派主要代表人物，哈佛大学教授斯金纳（B. F. Skinner）曾设计一种"斯金纳箱"，对白鼠、鸽子及其他小动物进行过另一种类型的条件反射实验，被称为操作性或工具性条件反射。其实验研究方式如下：

斯金纳箱装置是在迷箱的一壁装一金属小杠杆，小杠杆与传递食物丸的机械相勾连，杠杆被压动，一粒食物就会滚进食盘。

挨饿一两天的白鼠被引进迷箱后，向四周探索，自由活动，当它偶然踏上杠杆时，有食物丸放出，于是吃到食物丸。当它再次按压杠杆时，第二颗食物丸又滚进食盘。经过多次偶然性的按压活动，并且每次都能吃到一粒食物丸，小动物按压活动就会愈来愈频繁，操作成功得到食物的概率不断增加。最后，小动物终于学会准确按压杠杆的操作活动，主动去取得食物。这标志动物的操作性条件反射活动已经形成并建立起来。

3. 操作性条件反射与经典性条件反射的异同

经典条件反射是刺激型条件反射。刺激在先，应答行为在后。强化物是同刺激相结合，使无关刺激变成条件（信号）刺激。强化作用主要是增强刺激—反应的联结作用。操作条件反射是反应型条件反射，操作反应发生在刺激之前，强化物是同反应相结合，强化作用主要是增加操作的强度（即操作发生概率）。强化是一个关键的变量。当一个操作之后，接着呈现强化刺激，那么操作的强度就增加；如果连续不予强化，操作就会逐渐消退。在强化过程中，练习虽然重要，但练习本身不能提高速率，它只是为进一步强化提供机会。除无条件刺激物可做强化物外，凡是能增强操作反应概率的刺激，均能做强化物。一个原来中立的刺激可以通过与一个强化物的反复联合而变成有强化作用的刺激，即后继强化物。后继强化物容易发生泛化，也可以形成分化。后继强化物同原始强化物的联合，可以引起各种不同的活动。

经典条件反射适用于被动的应答性行为，操作条件反射适用于操作行为（无须特定的激发性刺激）。操作行为较为主动与自然，是获得刺激的手段。

尽管两种类型的条件反射有所差别，但没有本质上的不同。操作性条件反射是经典性条件反射的进一步发展。这也说明巴甫洛夫创立的条件反射学说，具有普遍性的意义和价值。

（四）高级神经活动及其规律

巴甫洛夫条件反射实验的重要意义，在于它揭示了动物与人大脑大脑皮层的高级神经活动的特点及其规律。他所揭示的高级神经活动的主要规律有：

1. 两种基本神经过程

兴奋和抑制是高级神经活动的两个基本过程。兴奋过程是指神经活动同有机体的骨骼肌肉、内脏和腺体活动的激发及加强相联系的过程。阳性条件反射活动就是一种兴奋过程。抑制过程指神经活动同有机体的骨骼肌肉、内脏和腺体活动的减弱或停止相联系的过程。阴性条件反射活动就是一种抑制过程。

抑制的种类很多，可分为无条件抑制与条件抑制两大类。在实验中，陌生人突然出现，实验台上的动物唾液分泌减少或停止，就是一种因干扰引起的外抑制；当非常强烈的刺激引起反应量的减少或停止，就是一种超限抑制。这两种均属于不学而会的无条件抑制。此外，还有消退抑制（即一个阳性条件反射的信号刺激物，长期不予强化就逐渐消退，变成抑制性刺激物引起消退性抑制）、分化抑制（如对一个红色物体强化，建立起阳性条件反射，而类似的粉红色物体与它区别不予强化，形成阴性条件反射，就是分化抑制）、狭义的条件抑制（如对铃声强化，建立起阳性条件反射，而对铃声伴随节拍器的响声不予强化，形成的阴性条件反射就是狭义的条件抑制）、延缓抑制（如对一个刺激物出现立即强化，能够建立起阳性条件反射；而对一个刺激物出现后不是立即强化，而是延缓几秒钟再强化，就

出现先是抑制阶段，然后再兴奋的反应，前面的抑制阶段就是延缓抑制）
四种条件抑制。①

条件抑制也叫阴性条件反射。抑制不是神经活动的完全停止，它同样
是一种积极的神经活动过程。抑制过程具有保护区别刺激物强度与性质，
防止伤害性刺激，保护有机体的功能；还有分化与选择刺激物使有机体更
精确地识别与适应环境的作用。

2. 神经过程的运动规律

两种基本的神经过程，无时不在进行着相互联系和转化的有规律性的
运动。

扩散和集中是神经过程的基本运动规律之一。巴甫洛夫条件反射实验
表明：大脑皮层的兴奋和抑制过程，都不是停留在原发点上，而是沿着大
脑皮层扩散开来，然后又向原发点集中。神经过程的扩散和集中运动带有
波状性特点，由近及远，又由远及近；一般来说，"弱的兴奋过程倾向于扩
散，中等的兴奋倾向于集中，而很强的兴奋过程又倾向于扩散。"抑制过程
也如此，而且扩散的速度总是大于集中的速度。②

相互诱导是神经过程的另一基本规律。所谓相互诱导，即指一种神经
过程的发展，引起相反的神经过程。其中，由抑制过程导致兴奋过程的加
强是正诱导，如从睡眠状态到清醒过程就是这种诱导的例子。反之，由兴
奋过程导致抑制的发生是负诱导，超强刺激引起的超限抑制即属于这一类。
此外，从时间不同区分，还有同时性诱导和相继性诱导。如人们坐火车听
到车轮的单调刺激后，先是兴奋，过一会儿困倦入睡就是相继性负诱导；
而上课时，教室外面突然出现的响声，同时干扰与抑制了学生听课，这就
是同时性负诱导。

3. 大脑两半球的分析与综合机能

分析和综合是中枢神经系统不可分割的基本机能活动。分析是将整体
分成各个部分的过程，综合是将各个部分联系起来，整合成一个整体的过
程。这既是生理的也是心理活动的机能。

分化的形成，是分析活动的重要基础。分化活动指人或者动物，通过
训练能够把信号刺激和无关刺激区分开来，对信号刺激产生兴奋，对无关
刺激则产生抑制的过程。分析是整个分析器的活动，大脑半球特别是皮层
高级部位，进行着最精细的分析。

---

①② 伊凡·巴甫洛夫. 大脑两半球机能讲义. 戈绍龙译. 上海：文通书局，1953

暂时神经联系接通是大脑皮层综合机能的最基本形式。通过建立条件反射，可以把无关刺激同无条件刺激联系起来，使无关刺激变成信号刺激；还可以把个别刺激（信号）联合成复合刺激（信号）。另外，前面分析的大脑三个机能系统的整合活动，都是大脑半球综合机能的表现。

4. 大脑半球机能的系统性和动力定型

经过分析综合，大脑皮层可以把多种刺激按先后秩序或强弱的不同，组成一个复合刺激物系统；也可把有机体适应环境的反应，结合为复杂的系统的反应，这都是大脑皮层机能的系统性活动。

动力定型是机能系统性的最主要的表现形式。它是复杂的、巩固的条件反射系统，是对复合刺激物系统的比较巩固的刻板式的反应。当神经活动定型中的一个环节开始起作用时，其他环节立即自动地、重复地出现。

动力定型是有机体复杂行为的基础。从生理上讲，它是神经动力过程。从心理及行为上看，它是一种自动化的行为活动方式，即习惯、技能、熟练、技巧以及人的个性与行为特征等心理活动的神经机制。

5. 两种信号系统

巴甫洛夫两种信号系统理论进一步揭示了人类神经系统活动的特征与机能。

第一信号系统就是由具体事物或事物的属性（颜色、形状、大小、声响等）作为条件刺激物而建立的条件反射系统。这些具体刺激物称为第一信号刺激物，这是动物和人都具有的条件（信号）反射系统。

第二信号系统是由词和语言作为条件刺激物所建立起来的条件反射系统。这些词和语言是起第一信号的信号作用的，所以叫第二信号。第二信号系统的条件反射是人类所独有的。由于第二信号系统的产生，给人的高级神经活动和心理活动带来了新特点——更加抽象和概括性。

两种信号系统是相互协同活动的。第一信号系统的活动是第二信号系统形成的基础，反过来，第二信号系统又对第一信号系统起支配和调节的作用。在具体个人的身上，无条件反射、第一信号系统的条件反射、第二信号系统的条件反射，这三种反射活动可能同时出现，也可能交互出现。一般说，直接吃梅子流唾液是无条件反射；"望梅止渴"是属第一信号系统的条件反射；而听别人说梅止渴，就属于第二信号系统的条件反射了。

第二节　心理是客观现实的反映

心理是脑的机能，并不等于说脑本身就可以产生心理。人的心理是在社会实践活动中产生的，是人脑对客观现实的主观能动的反映。

一、反映、心理与意识的演化

心理是客观现实的反映这一命题，讲的是心理（即精神）与物质的关系。列宁曾明确指出："假定一切物质都具有本质上跟感觉相近的特性，反映的特性，这是合乎逻辑的。"① 反映，即对影响作出回答的能力，是任何物质形态所具有的特性。是不是所有物质都有心理呢？不是的。心理现象只是物质运动发展到一定阶段的产物。意识则是人脑的机能。下面就反映、心理与意识的演化过程作简要说明。

什么是反映？反映是物质之间相互作用，留下痕迹的过程。粉笔与黑板接触留下字迹；山石被河水长期冲洗变成卵石；氢气与氧气化合变成水；铁被氧化而生锈；向日葵被光照有向阳反映；草履虫趋向食物逃避电击；猩猩解决简单具体的问题；人的抽象逻辑思维活动等，都可以称作反映。

反映是物质的普遍属性，所有的物质都具有这种特性。但是，物质发展的水平不同，其反映形式是不相同的。随着物质形态从低级到高级的发展，物质的反映形式也相应地由低级向高级发展。没有生命的无机物质，只有机械的、物理的、化学的反映形式。由无机物发展到有生命的植物和单细胞动物阶段，就出现了新的反映形式——感应性。这是有机体是以自己活动或状态对外界的影响作出反应，是对直接的、有生物学意义刺激的反映形式。如植物对水分、肥料及阳光的趋向摄取，对有危害刺激的回避。又如单细胞原生物草履虫、变形虫等遇到细菌、藻类等营养物质，就伸出伪足将其裹入体内，经过一定的生化过程，同化为自己的组成部分；如果遇到有刺激，就缩回伪足向相反的方向运动。变形虫和草履虫等对不同刺激表现出不同的反应活动，这样它才能同周围环境保持平衡，以维持新陈代谢的正常进行。这些都属于这一类反映。一般来说，高级的反映形式中，往往包含有低级的反映形式，而低级的反映不具备高级反映的特点。常言说"木石无情"，无机物和有生命的植物与原生物，是没有心理反映的。

---

① 列宁. 唯物主义和经验批判主义. 人民出版社，1971. 81

　　神经细胞出现是动物心理产生的基础与条件，对信号刺激发生反映的能力，是动物心理反映形式发生的主要标志。神经细胞首先在腔肠动物（如水螅、水母等）身上出现。但它们的神经细胞呈散漫分布结成网状，没有一个占优势的神经中枢，故称为网状神经系统。还不能对信号刺激形成稳定的反应。特别是到了神经组织的无脊椎环节动物阶段，有机体才获得新的反映形式——感受性，也叫做感觉。这是最原始、最简单的心理反映形式，是把外界刺激物的个别属性反映成主观映象的过程。到了这级水平，有机体不仅对同生物意义相关的刺激，而且对无直接关系，只有信号意义的刺激开始有反映。一般认为，心理的起源要从环节动物算起，因为它们能建立起较为稳定的条件反射。环节动物（如蚯蚓、蚂蟥等）的神经系统已发展出梯形神经系统。以蚯蚓为例，已能对信号刺激形成稳定的反应。用蚯蚓作爬 T 形迷津实验，经过 120～180 次，可以条件反射。节肢动物（蝴蝶、蜜蜂、蚂蚁等）已经有了相当发达的专门化的感觉器官和相当发达的感觉机能。蜜蜂能辨别光谱中的黄色、蓝绿色、蓝色和紫外线；蚂蚁也能看见紫外线；蝴蝶是唯一能辨别红色的昆虫；昆虫已能区别甜、咸、酸、苦等滋味。虽然节肢动物（昆虫）有了一些复杂的本能行为，但是蝴蝶对香味与颜色、蜜蜂对颜色、蚂蚁对食物滋味的反映等仍然属于感受性这一级心理水平。

　　随着动物神经系统的演化发展，从水螅的网状神经，到软体和昆虫动物的节状神经，直到脊椎动物的管状神经，由于脑的产生，便出现高一级的反映形式——知觉。这是有机体对直接作用感觉器官的复合刺激和事物整体的反映。鱼类是低等的脊椎动物，虽然主要是借助于单一感觉来控制其本能行为，但也开始表现出对刺激物的各种属性进行综合反应的能力。鱼类已经能够同时依靠味、视、嗅等感受器来反映复合刺激，就属于知觉的反映形式。两栖类动物建立条件反射的能力虽然与鱼类不相上下，但两栖类动物的大脑半球已完全分开，其行为更加多样化，已能辨别物体的运动和形状。爬行类已过渡到陆地环境生活，它们出现了真正的大脑皮质，味觉、嗅觉、听觉，特别是视觉有了很大的发展。其行为方式极其多样，能够适应于地面、地下、树上、水中的不同环境的生活。鸟类有比较高的分析综合能力。它们能利用个体经验来适应环境，打破本能的刻板行为模式。后天学习在鸟类筑巢行为中已经起重要作用。哺乳动物是脊椎动物中身体构造最复杂、心理发展水平最高的动物。它们能够适应各种复杂的生活环境，它们的感受器（视、听、嗅、味、触觉等）有了高度专门化方向的发展。它们已经真正具有形状知觉和深度知觉的能力，还有相当发达的学习记忆能力。

到高等哺乳动物——灵长目阶段，由于大脑半球和皮层的进一步发展，心理反映的形式越来越复杂，水平也越来越高，具体思维能力也发展起来。这一阶段，动物能够解答一些较为复杂的问题，具体反映一些事物和事物之间的关系。例如：黑猩猩利用木棍从较远处取水果、糖块；能够搭木箱登高或者用水缸里的水灭火后取到香蕉、苹果；马戏团的小狗能解答简单的"数学题"等，都属于这一水平的反映。

到了人类阶段，心理发展又达到了新的水平（即意识）产生。动物心理演化到人的心理，劳动是具有决定意义的条件。劳动创造了人本身，劳动也创造了人的意识。劳动是从利用和制造工具开始的，而直立行走和手脚分工是人类劳动的必要前提，也是劳动的产物。在劳动中，由于彼此交流的需要，产生了有音节的言语。劳动和言语成为两个最主要的推动力，使动物的脑髓逐渐演化为人的脑髓，因而使人的心理（即意识）产生，并出现自觉性、目的性、计划性、第二信号系统、社会性和抽象逻辑思维等新的特点。可见，人的心理（即意识）是物质世界长期发展的产物，是心理发展的高级阶段。

二、心理对客观现实的依存性

什么是客观现实呢？就是指不依赖人的意志、思想和心理而存在的一切东西，既包括山川河流、花草树木、飞禽走兽等自然现象及工艺建筑等人造自然，也包括生产与经济建设、科学实验及阶级斗争等社会现象。这些是心理现象的源泉和内容。而心理的东西，"观念的东西不外是移入人的头脑中改造过的物质性的东西而已"。

最简单的心理现象，感觉、知觉的产生，离不开客观现实。颜色感觉是不同波长的光作用于视分析器的结果；声音则是物体振动压缩空气作用听觉器官而产生的；味觉是溶于水中的物质分子作用味分析器产生的。离开这些物质，感知觉不会产生。感觉的不同特性也主要是由物质的属性与神经系统的交互作用而决定的。

复杂的心理现象，思维活动和创造想象，观念和思想，同样依存于客观现实。马克思关于社会主义的思想观念，是在分析资本主义大生产和生产资料私人占有的矛盾基础上，提出来的解决这些矛盾的社会变革的思想。毛泽东思想、邓小平理论及"三个代表"重要思想则是马列主义与中国革命实践相结合，在不同时期的产物。拿学生理解数概念的思维活动来说，也是经历了先具体后抽象的过程，没有客观的具体事物和具体经验作基础，数概念则无法形成。还有，人的创造性思维及想象活动，如飞机和轮船的发明创造，也离不开鱼和鸟等原型的启发。

离奇古怪的思想，幻觉、做梦及梦游等，也是以现实为蓝本的。神话小说《西游记》中的孙悟空的形象，就是借助具有反抗精神的猴子形象来表达人的思想、情感和意志、愿望的。甚至，产生错觉或幻觉时，如有人把草绳当毒蛇，也必须有外界刺激和已有的心理状态、知识经验作基础。

此外，个人的行为习惯、兴趣爱好、情感意志、能力和性格等，也都是在实践活动中形成和发展起来的。离开社会实践活动，不会产生人的心理。国外的"感觉剥夺"实验发现：被剥夺者不久即变得烦躁，不能集中注意，意识混乱，错觉也开始发生。野兽哺育的幼童资料也证明：脱离现实，脱离人类社会的交往和实践活动，即便有健全的人的神经结构，心理也会变得畸形，心理只能停滞在野兽的水平上。1920年，在印度发现被狼哺育的两个女孩（后命名为卡马拉与亚马拉），小的约两岁，不久就死了，大的约八岁，一直活到1929年。她们刚被发现时，完全是狼的习性，返回到人类社会后，虽逐渐学会穿衣，在盘中用双手吃饭，可以直立，野性逐渐消失，喜欢与小孩在一起，并学会约一百来个词汇。但她的智力水平发展非常缓慢，直到死之前，仍停留在约四岁左右孩子的水平上。可见，人的正常心理功能是离不开人的社会实践的。

三、人的心理反映的主观性、能动性

人不是像镜子那样，消极地、被动地反映现实，而是在实践中积极地、能动地反映现实。人心理反映的能动特点主要表现在下列几方面：

首先，人的心理是客观现实的主观映象。人在反映客观现实的过程中，逐渐形成了具有丰富内容的主观世界（知识、经验、思想、观念等）和不同的心理状态和特征（动机和需要、兴趣和爱好、理想和信念、情感和意志、气质和性格以及能力等）。反过来，这些心理内容，状态和特点又影响和调节主体对现实的反映，从而表现出人的心理的主观性特点。由于每个人知识经验、目的动机、兴趣爱好、态度体验不同，因而对现实的反映也不一样。不同的人对同样的事物，以及同一个人在不同的条件、不同时间、不同阶段对同一事物反映都不一样。所以我们称人对现实的反映为主观映象。例如，同样是一株杨树或柳树，不同的人有不同的联想反映，农民觉得它可以遮阴或做建筑及家具材料；哲学家则慨叹"毁树容易成材难"的人生哲理；多情的诗人则吟出"唯有垂杨管别离"的诗句；雷锋心里想的

则是"宁作高山岩石之松，不作湖岸河旁之柳"。

其次，人的心理活动（即意识）对自己的行为，对实践活动有巨大的指导和调节作用。人不像动物那样消极被动地去适应环境，仅仅满足生物本能的需要，人能够积极地改造现实。人在从事某种变革现实的实践活动之前，已具有一定的心理水平，有主观映象，知识经验；有动机、需要、愿望；有自觉的活动目的、行动计划和克服困难的决心；再加上聪明才智和创造性的思维品质等，因而推动人们在物质生产、经济发展、科学技术、文化精神生活等各方面取得巨大成果，创造一个又一个的奇迹。

再次，人的心理也正是在变革现实过程中形成和发展起来的。由于每个人所处的环境和所受的教育不同，由于每个人参加不同水平的社会活动与实践，使人在心理方面的差异越来越大。例如加拿大心理学者布莱兹（W. E. Blatz）曾报告同卵五胞胎行为差异实例。老大严肃自信，老二有社交领导才能，老三很自得，老四反复无常，老五像小孩一样需要人照顾。另外，不同职业的实践活动，使人的心理品质和能力也产生巨大的差异，洗染工人对不同颜色的分辨，面粉工人对粗细鉴别，品尝技师对食品质量的评定能力，都是一般人赶不上的。人的心理活动（能力、心理品质、个性心理特征等）还存在年龄及性别特征上的差异。

四、人的心理反映的社会制约性

首先，人的心理具有社会性的特点。人的心理的社会性，表现为人区别于动物的共同特性（言语、劳动、抽象思维、社会交往）方面，脱离这些共同的社会特性，就不成其为人的心理；也表现为人与人相区别的个性方面。每个人，不是抽象的实体，而是具有活生生个性特点的人。脱离人的个性，也不成其为人的心理，正是这些共性与个性，才形成人的心理鲜明的社会性特征。

其次，人的心理具有自我意识的特点。自我意识也是社会性特点的具体表现。人本身不仅是客体，也是认识的主体。人既能认识客观世界，也能认识主体自身。人能够自我认识，区别主客体关系；能够自我判断和评估，辨别自己行为正确的程度；能自我体验自尊、自重、自信、自喜等感受；能够自我实现有目的、有计划、有方向地变革现实；还能自觉地进行自我锻炼和改造，有自我意向（自我要求、监督、反省、批评、控制等），在实践中不断提高自己的认识能力和心理水平。

第三章
感觉与知觉

第一节　感、知觉概述

一、什么是感觉与知觉

感觉是我们日常生活中常见的心理现象。如眼看颜色、形状；耳听声音；鼻闻香、臭；舌尝酸、甜、苦、辣；皮肤感受硬、软、凉、热、疼痛等。所有这些在刺激物的直接影响下，人脑对客观事物的个别属性的反映都叫感觉。如果没有客观刺激作为直接原因就不能产生感觉。

感觉是脑对客观事物个别属性的反映。事物的属性即指客观事物最简单的物理属性（如颜色、形状、大小、软硬、光滑、粗糙等）和化学属性（易挥发与易溶解的物质的气味或味道）以及有机体最简单的生理变化（疼痛、舒适、凉热、饥、渴、饱等）。任何一种感觉，都是脑对该事物个别属性的反映。

感觉是一种最简单的心理现象。它是单一分析器活动的结果。它是"意识与外在世界的直接联系"，是认识的起点。离开了对客观世界的感觉，一切高级的心理活动都难以实现，有机体将失去和周围世界的平衡，生命也难以维持。从这个意义上讲，可以说感觉是一切知识和经验的基础。正如列宁所说："不通过感觉，我们就不能知道任何实物的任何形式，也不能知道运动的任何形式。"①

客观事物直接作用于感官不仅产生感觉，而且还会引起知觉，即在人脑中产生对该事物整体的反映或事物间简单关系的反映。例如，有某一物体，人用眼睛看有黄的颜色、弯圆条的形状；用手触摸其表皮柔软，光滑度一般；用鼻子嗅有清香的水果气味；用嘴尝是甜味……于是人脑便把这些属性综合起来，形成该事物整体的映象并知道它是"香蕉"。这种对香蕉的整体反映就是知觉。人的知觉过程包括觉察（即感受与发现事物存在，但还不知道它是什么）、分辨（即区别事物或属性的过程）、确认（明确知觉的对象并给它命名，进行解释并归于一定范畴的过程）。它也是人们对信息进行"搜索、补充、组织、解释"的加工过程。

感觉和知觉是紧密联系而又有区别的心理过程。

知觉是在感觉的基础上产生的，但不是感觉数量上的简单相加。根据

---

① 列宁全集. 第14卷. 北京：人民出版社，1957. 319

认知心理学信息加工的观点，知觉是以感觉信息为基础，在知识经验的参加下，经过人脑的加工，对事物作出解释的过程。如果没有知识经验参加，就不可能有对客观事物整体形象的知觉。在图 3-1 中，有甲乙丙丁戊五个图形。其中每个图形的个别成分相似，由此引起的感觉也应该相似。但是，由于知识经验的作用，人们对甲图能作出正确解释，形成"人的面部图形"的知觉，而对其余四个图形因无这方面的经验，故不能正确解释。

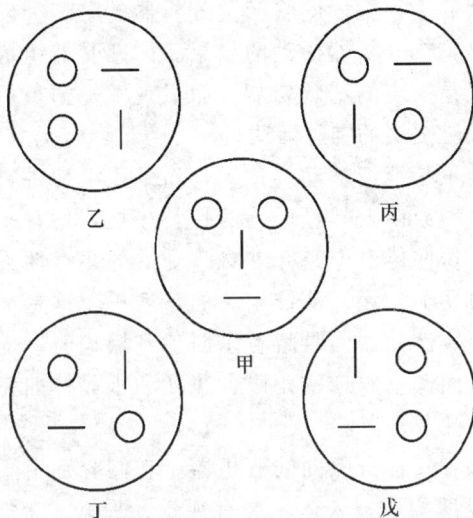

图 3-1　经验在知觉中的作用

知识经验在知觉中有以下重要作用。客观事物直接作用于感官，通常只是事物的部分属性起作用。由于经验的参加，可以回忆起过去作用过的其他属性，因而便于在人脑中形成对该事物的整体映象。如在黑夜，人用手触摸了某物体，立即能回忆起该物体的其他属性，并能进而叫出它的名称。经验还能帮助人区别不同事物的不同属性，从而能正确地理解事物（感知水平的理解）。例如人凭经验，用鼻子嗅，就能把液化石油气、汽油、煤油、酒精、白酒等区别开来，并断定它是什么液体。经验也影响知觉的丰富和深化，为理性认识奠定基础。

感觉与知觉是紧密联系在一起的。除新生儿和婴儿外，正常成人身上，纯粹的感觉形式是少见的，多数是以感知的形式出现。像人们早晨出门感觉冷，实际是一种"天气冷"的感知觉。又如人模糊地感到某一物体的"黑色"是感觉，当他清晰地感到"钢笔是黑色的"，就是一种简单关系的反映，已经是知觉的形式了。

二、感觉与知觉的生理机制

产生感觉的生理结构和机能是感觉的生理机制。这种感觉的生理机制又被称为分析器。

分析器包括反射弧的前三个环节（即感受器、传入神经、中枢神经）。感受器是接受某种刺激能量而产生神经兴奋的特殊结构。如视分析器的感光细胞，听分析器的毛细胞，皮肤触觉分析器的游离神经末梢等都是感受器。感觉的产生是整个分析器活动的结果。由感受器组成的感觉器官及传入神经的活动，只是初步的感觉功能，而主观感觉的最后形成则决定于中枢神经，特别是大脑皮层的神经活动。

分析器的活动不是消极被动的过程，而是积极地进行着反射性自动调节的过程。在感受器或传入神经通路的接替核处，均有来自高位中枢的传出神经纤维存在。这些传出神经纤维对感受器的兴奋性或者神经接替核的兴奋传导功能有着调节作用。从控制论的角度看，这是通过反馈作用来实现的一种自动调节。例如，当眼睛看东西感到模糊时，皮层便向视觉器官发出神经冲动，从而调整眼球的角膜、瞳孔和水晶体曲率，使之在视网膜上形成鲜明清晰的映象。

每一种感觉都有其各自不同的分析器。它们分别由不同的感受器、传入神经和中枢神经所构成。人体主要有视觉、听觉、味觉、嗅觉、皮肤感觉、机体觉、动觉和平衡觉分析器。

各种分析器不但是感觉的生理机制，而且也是知觉的生理机制。人的知觉过程往往是多种分析器同时或相继活动的结果。由于各分析器大脑皮层各中枢复杂的分析——综合活动，结果形成了复杂的暂时神经联系，因而人脑能对复合刺激物进行整体的反映（即知觉）。人身上存在各种"特征觉察器"（即把不同刺激模式分析或组成部分）；同时，在不同水平和层次上实现着对刺激性质的整合（即完成"特征捆绑"的过程）。

人的知觉不是一种消极的感应过程，而是一种积极的认识过程。现代生理心理学的研究证明，运动成分在知觉过程中起着重要作用。视知觉是以眼睛的积极探索运动为前提的，是视觉与运动成分协同活动的结果；听知觉也不是单纯听分析器的活动，还包括侧耳倾听，调节头的方向位置，闭目倾听等。复杂知觉过程是在脑的三种机能联合区共同参与下实现的。第一机能联合区（网状结构、边缘系统）保证大脑皮层的觉醒状态；第二机能联合区（大脑皮层的视、听和一般感觉区）对信息进行分析综合；第三机能联合区（大脑皮层额叶的运动区、运动前区、前联合区）调节有关的效应活动。由于这三方面的协同活动，保证了人们有效地进行积极的知觉活动。

第二信号系统在人的知觉过程中起着重要作用。知觉是比感觉更为复杂的信号活动，特别是人类的知觉，往往是两种信号系统协同活动的结果。第二信号系统使人的知觉具有随意的性质，并有助于对知觉对象的理解。

三、感受性及其变化发展

（一）感受性和感觉阈限

为判断一个人感觉能力的大小，我们需要研究刺激物与感觉能力间的关系。心理学上，人们把刺激物的大小，用感觉阈限（即刺激阈限）来表示；把主观感觉能力，用感受性来表示。那些刚刚引起主观感觉的最小刺激量，叫绝对感觉阈限，对这种最小刺激量的感觉能力叫绝对感受性。绝对阈限并不是一个单一的刺激强度值，而是一个统计学上的概念。在测量感觉阈限时，按照惯例，心理科学把有 50％ 的次数刚好被觉察到的刺激值定为绝对阈限。阈限是一个逐渐过渡的有无感觉之间的强度范围或界限。绝对感受性和绝对感觉阈限二者之间成反比关系，用公式表示是 $E = 1/R$（E 代表感受性，R 代表刺激阈限）。

引起主观感觉的刺激物的数量是经常变化的，但微小的变化并不总是被人发觉，只有增加或减少到一定限度时，才引起我们产生新的感觉。于是人们又把这种刚刚能引起我们产生新感觉的刺激物的最小差别量，称为差别感受阈限，而把这种感受与区别最小差别量（即最小变化量）的能力，叫差别感受性。二者也是反比关系。

18 世纪后半期，法国物理学家布格尔研究光感觉领域中的差别阈限时就发现原有光的强度不同，引起新感觉的差别阈限绝对值也不同。如 10 勒克斯的光，增加 0.1 勒克斯，就有新感觉，100 勒克斯则需增加 1 勒克斯，1 000 勒克斯则需增加 10 勒克斯……他用相对值表示，则差别阈限值与原有刺激量之间的比值，在很大的范围内是相当固定的常数值，即 0.01（1/100）。

1830 年，德国生理学家韦伯（E. H. Weber）在研究重量感觉时，也发现了同样的规律。后来，人们就把这种发现称为布格尔—韦伯定理。这一定理的数学公式是：$K = \Delta I / I$（其中 I 为原刺激量，ΔI 为差别阈限值，K 为常数）。研究表明：不同感觉的 K 值不同，光感觉的 K 值约为 1/100；声觉的 K 值约为 1/10；重量感觉的 K 值约为 3/100。

在韦伯定理的基础上，德国心理物理学家费希纳（G. T. Fechner）进一步研究了物理（刺激）量和心理（感觉）量之间的关系，他发现：在一定限度内，感觉的强度随着刺激强度（物理量）的增加而增加；刺激量按几何级数增加，而感觉强度（心理量）按算术级数增加。他用积分运算推导出，感觉与刺激的对数成正比，用公式表示为：$S = K\log R$。其中，S 是感觉的大小，R 为刺激强度的大小，K 是一个常数。这就是著名的费希纳定律，但它只适用于中等强度的刺激范围，太弱或太强的刺激则不适宜，也不会产生上述变化关系与结果。

（二）感受性的变化

各分析器的感受性会随条件和机体状态不同而发生起伏波动，这种量的起伏波动现象称感受性变化。引起感受性起伏变化的主要因素有以下几点：

（1）时间因素。即刺激物持续作用引起感受性暂时起伏波动。这种现象叫感觉适应。适应是较普遍的感觉现象。俗话说："入芝兰之室，久而不闻其香，入鲍鱼之肆，久而不知其臭。"说的就是嗅觉的适应现象。视觉的适应可分为暗适应和明适应两种。人们从明亮处进入已灭灯的电影院，开始什么也看不清，过一段时间，就能分辨物体的轮廓并逐渐看见物体，这是暗适应。离开电影院，到光亮处，开始时也是耀眼发眩，什么都看不清，稍过几秒钟就能看清周围的物体，这是明适应。暗适应是视觉感受性提高的过程，其适应的时间要长，一般需要30～40分钟；明适应是视觉感受性下降的过程，明适应在 5 分钟左右就能全部完成。因此，在黑暗条件下工作的人们，戴上红色眼镜，可以加快暗适应的进程，提高工作效率。肤觉的适应也特别明显，例如，人们在游泳的时候，开始觉得水是冷的，过一会儿就不觉得水冷了。相反，我们在热水中洗澡的时候，开初觉得水很热，过一会儿后，就觉得澡盆中的水不那样热了。味觉的适应也同样，人们由于连续地品尝，到后来感受性也会下降，觉得做出来的菜愈来愈不咸（或不甜）。听觉和痛觉的适应就不太明显了，痛觉的这一特性有重要的避险与疾病防疫功能。感觉适应时的规律是：通常微弱刺激的持续作用，能使感觉的阈限值下降，感受性上升；强刺激的持续作用，能使感觉的阈限值上升，感受性下降。感觉适应，能使人在不断变化的环境中精细地感知外界事物，调节自己的行为，与外界保持平衡。研究适应现象对生产实践也有重要意义。

（2）各分析器感受性之间的相互作用。某种分析器除接受适宜刺激，产生特殊感觉外，还对其他分析器的感受性产生影响，这就是分析器之间的相互作用。在日常生活中，人们常发现，牙疼可以因强烈的声音刺激而加剧，也可以压迫皮肤而减轻；机体觉（肚子痛等内部感受）对外部感觉（视、听等）也会产生不良的影响。实验研究证明：微弱声音能提高视觉的感受性，强烈噪音能降低色觉的差别感受性；视觉光刺激节奏性地一明一暗变化，也会引起对音调的感受出现波动现象。

在同一分析器内部，不同部分的感受性相互作用的实例也很多。如白昼不见繁星，闹市听不清人语；先吃糖后吃苹果觉得酸，先吃杨梅再吃苹果就觉得甜等。

一种刺激不仅引起一种感觉，同时还引起另一种感觉的现象，这就是联觉现象。如红色有温暖感觉，蓝绿色有冷感觉。

（3）有机体本身的机能状态。个人的意识倾向、情意与动机、知识经验、行为习惯与个性心理特征等，对当前的感受性也有明显的影响。通常，有机体处在疲劳、倦怠、焦虑和不健康状态下会降低感受性；而知识经验丰富，目的动机明确，个性倾向积极与正向的心理活动等则有利于提高感受性。例如，侦察人员在执行任务时，能感受到一般人所注意不到的细微声音、气味与痕迹；烟酒品尝技师在执行任务时，其积极的心态使自己的感受性远远要高于平常状态。

（三）感受性的发展

人的感受性不仅能在一定条件下起伏变化，而且能在长期实践活动的影响下，发生质的变化并逐步提高，不断地发展。人的感受性的发展依赖以下条件：

（1）社会生活条件和实践活动是感受性发展的基本条件。由于社会生活和交流的需要，人们对母语的语音分辨能力越来越精细敏感。长期的职业和实践活动，可以使人的感受性越来越提高，航空机械师能够精细地觉察机械失灵的响声；染色专家可区分 40～60 种黑色色调；烟、酒、茶品尝技师嗅觉和味觉的感受性的完善程度也是一般人难以相比的。

（2）有计划的练习可以提高感受性。有人做实验曾对不懂音乐的人进行听觉训练，以提高他们对音高的分辨能力。实验用 1/100 个半音为基本单位，第一次练习后，被试能区分 32/100 个半音；第二次练习后能区分 28/100 个半音；第三次练习后能区分 22/100 个半音；第四次练习后能区分 16/100 个半音。仅四次训练，感觉阈限值降低一半，感受性提高了一倍。

（3）感官的机能补偿作用。当某种分析器受到损伤之后，在社会生活与实践活动的影响下，其他未受损伤的分析器的感受性可以大大提高，起到机能补偿作用。例如，盲人的听觉、触摸觉；聋哑人的视觉、振动觉特别发达。苏联盲聋人斯科罗霍道娃（C. Скороходова）的触摸觉、嗅觉、振动觉、平衡觉等得到突出的发展，她用手握住说话的对方人的喉咙，便能透过振动觉认出该人，了解他的话。她写了一本厚 426 页的书——《我是怎样理解和想象周围世界的》，并获得过苏联科学院候补博士的学位。

第二节　感觉的种类

感觉的种类是根据分析器的特点以及它所反映的最适宜刺激物的不同而划分的。客观事物千差万别，不同的属性作用于不同的感受器，通过不同分析器的活动，便产生不同感觉。人体除通常说的视、听、嗅、味、肤五种感觉外，还有机体觉、平衡觉、动觉等（见表3-1）。下面重点介绍视觉与听觉等几种感觉。

表 3-1　感觉分类表

感觉的种类		适宜刺激物	分析器				特征与作用
			感觉器	传入神经	皮下中枢	皮层中枢	
外部感觉	视觉	波长为390～760毫微米的光波	视网膜层的杆体、锥体细胞	视神经	丘脑外侧膝状体	枕叶视区	主要外部感觉之一，是远距离感觉，有感色、明暗等作用
	听觉	16～20 000Hz的声波	内耳耳蜗的科蒂氏器	听神经	四叠体的下丘及丘脑内侧膝状体	颞叶听区	主要外部感觉之一，也是远距离感觉，能感音调高低、音响强弱与音色
	味觉	溶解于水的有滋味物质的化学特性	舌与咽部的味蕾	舌前2/3经面 N、舌后1/3经舌咽 N、咽部经迷走 N	丘脑后腹核内侧	颞叶前皮层	是与选择食物增加食欲有关的化学性感觉
	嗅觉	挥发性气味物质的化学特性	鼻腔上端嗅膜中的嗅细胞	嗅神经	梨状区、杏仁核、扣带回、海马回等	颞叶嗅区	是较远距离感觉，能辨安危，侦探环境、挑选食物，具防御和滋养功能
	皮肤感觉	触 物体机械刺激	触点	脊神经触觉纤维	丘脑外侧核	中央后回	最古老的感觉现象，它有认知世界、调节体温、适应环境和防卫机能
		热 高于生理零度之温度	热点	脊神经热觉纤维	″	″	
		冷 低于生理零度之温度	冷点	冷觉纤维	″	″	
		痛 物体伤害刺激	痛点	脊神经痛觉纤维	″	″	

感觉的种类	适宜刺激物	分析器				特征与作用
		感觉器	传入神经	皮下中枢	皮层中枢	
内部感觉 机体觉	内脏器官的活动变化	内脏器官壁上的游离神经末梢	植物性神经干、迷走N、交感N、和盆N	下丘脑内脏感觉中枢	额叶	具有周期性不随意性、定位不明显、有保护作用和维持生存的作用
运动感觉 动觉	肌肉的伸展状态和关节角度	肌梭、腱梭、关节小体	脊髓后索	丘脑接替核	中央前回	是一切活动与言语的基础；对动作起监督、保证、协调作用
运动感觉 平衡觉	人体位置变化（直线变速或旋转运动）	前庭器官	听神经前庭支	顶核、诸前庭核、上核等	颞叶听区之前的前外雪氏回	维持身体的平衡

一、视　觉

（一）引起视觉的适宜刺激

引起视觉最适宜的刺激物是电磁光谱中一定范围的可见光波（390～760 毫微米）。除此之外，长波方向的红外线与无线电波，短波方向的紫外线、8 光、伽玛射线等，肉眼均看不见，需要借助特殊的仪器才能发现。

光波有三种物理属性——波长、波幅与纯度。光作用视分析器引起视觉也具有三种心理属性——色彩（或色调）、明度（非彩色的黑白程度）、饱和度（色觉的明显度或纯杂程度）。

进入眼睛的"光"，除直接来自光源外，大都由物体反射而来。这种反射的强度与波长，既与光源有关，也与物体表面反射程度（反射系数）相关。

（二）眼睛构造与视神经通路

眼睛是视觉的器官。人的眼睛是一个直径约为 2.4 厘米的球体（见图3-2甲）。眼球壁主要分三层。最外层是起保护作用的巩膜层。该层前面 1/6 的球面是角膜，呈透明状态。第二层是脉络膜，前面有环状虹膜，虹膜中央为瞳孔。最里层是视网膜，该层又分感光细胞层、双极细胞层、神经节细胞层。视网膜层的神经节细胞虽然最先接触到光，但只能从间隙通过，而不能感受光。视网膜的感光细胞层视杆和视锥细胞才是视分析器的感受器，双极细胞与神经节细胞主要起传导作用。人体的视杆细胞（大约有 1.2 亿个）感受弱光；视锥细胞（大约有 600 万个）感受强光与颜色刺激；神经节细胞的轴突（神经纤维）排列成束，形成视神经束。

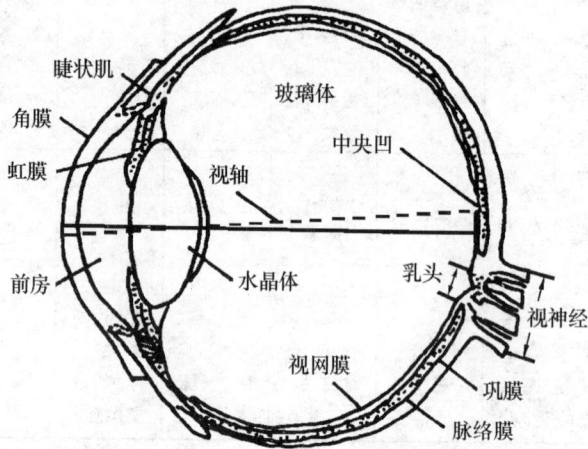

图 3-2甲　眼睛的构造

　　瞳孔正对的视网膜层的中央部分叫黄斑，它是视锥细胞集中的地方。距中央凹鼻侧 4 毫米处，是视神经乳头（盲点），既无视锥细胞，也无视杆细胞，没有感觉的功能。

　　角膜和虹膜的间隙叫前房；虹膜与水晶体的间隙叫眼后房，前后房都充满房水。水晶体是椭圆形透明的弹性球体。水晶体后面是胶状透明的玻璃体。房水液、水晶体、玻璃体起聚光和折光的作用，叫折光装置。瞳孔在一定限度内，起控制调节光量的作用。

　　感光过程是光能转化为神经能的过程。感光细胞的感光色素接受光刺激时，将产生一系列光化学反应，从而把光能转化为电能，并引起神经冲动。神经冲动的主要传导路线如下：光波→视网膜层的感光细胞（视杆、视锥细胞）→双极细胞→神经节细胞（其轴突形成束状视神经）→视神经交叉（鼻侧神经交叉、颞侧不交叉）→丘脑的外侧膝状体→枕叶的皮层视区。

　　神经生理学的巨大进展，提出了视觉感受野的理论。说明在视网膜的感光细胞和视觉系统高级部位的细胞（双极、神经节、外侧膝状体和枕叶皮层细胞）之间存在着复杂的投射关系。

　　视觉感受野指视网膜上的一定区域或范围，当它们受到刺激时，能激活视觉系统与这个区域有联系的各层神经细胞的活动。视网膜上的这个区域就是这些神经细胞的感受野。

研究表明，在哺乳动物的视觉系统中，神经节细胞和外侧膝状体细胞的感受野呈圆形，枕叶皮层细胞的感受野呈条形，皮层各层神经细胞的感受野的复杂程度也不同。视觉系统的高级神经元能对呈现在视网膜上的、具有某种特性的刺激物做出反应。这些高级神经元被称为特征探测器或觉察器。高等动物和人类的视觉皮层具有边界、直线、运动、方向、角度等特征觉察器。它保证了机体对环境中提供的视觉信息做出选择性的反应。例如，英文字母就是由垂直线、斜线、直角、锐角、连续曲线和不连续曲线等特征组成。神经系统的不同水平上存在着各种特征觉察器，它们分别对客体的各种特征做出反应，即能把客体分解为若干较小的特征。同时，神经系统又在不同的水平上对刺激特征进行综合（特征捆绑），进而实现对不同客体的认知。

列特文（G. Y. Lettvin）等人发现，蛙的神经节细胞至少有四种探测器：即边界探测器（对光与暗交界反应）、移动对照探测器（对一边的移动反应）、暗探测器（对光变暗反应）、正圆形边探测器（对小的圆的暗点迅速进入视野的物体反应）。感受野的形成、发展是和生活条件的影响紧密联系的。蛙靠捕捉活动的小虫为生，所以有小圆形与活动的探测器，而对不动的死小虫则不发生反应。

（三）视觉现象

1. 彩色视觉

彩色的感觉是由视觉刺激所具有的光线波长来决定的。人眼大约能分辨150多种光波，因而产生多种多样的彩色感觉，其中主要有红（760～640毫微米）、橙、黄（640～580毫微米）、绿（580～495毫微米）、蓝、靛（495～440毫微米）、紫（440～395毫微米）七种彩色感觉。

不同波长的光波的混合称色光混合。选择三种基本彩色（红、绿、蓝）按不同比例混合，可以得出眼睛能看见的一切颜色。色光混合的规律有：

（1）互补律，两种颜色混合产生白色或灰色，这两种颜色称为互补色。如红与青，绿与紫，蓝与黄等都是互补色。

（2）间色律，两种非补色混合，能产生一种新的、介乎它们之间的中间色。如红＋绿＝黄；红＋黄＝橙；红＋蓝＝紫；蓝＋绿＝青。

（3）代替律，不同颜色混合后产生的相同的颜色可以替代相混合的两种颜色。如黄光跟蓝光混合产生灰色，由其他色光混合而成的黄光再跟蓝光混合也产生灰色。

以上色光混合是相加混合。若用颜料来混合则是相减混合，其结果就不相同。因为颜料混合是部分光波吸收而产生的。如蓝颜料（反射蓝、绿，吸收红、橙、黄）与黄颜料（反射黄、绿，吸收红、蓝）相减后只有绿色颜料。

有关色觉的学说，被公认的有"扬—黑尔姆霍兹的三色说"和"黑灵的颉颃过程说"。

三色说假定在视网膜上有三种含不同感光色素的锥体细胞（即红、绿、蓝），每种锥体细胞兴奋则引起一种（红、绿、蓝）原色感觉；三种锥体细胞同等地受刺激而兴奋，则产生白色感觉；若按不同强度比率受刺激便产生各种色觉。

颉颃说认为色觉的基本要素是视网膜中的三种视素。颜色感觉是由视素的合成和分解形成的。光作用时，分解黑/白视素，产生白色感觉；黑暗条件，合成黑/白视素，产生黑色感觉。红光作用，分解红/绿视素，产生红色感觉；绿光作用，合成红/绿视素，产生绿色感觉。同理，黄光与蓝光刺激黄/蓝视素，会出现黄或蓝色觉。其他各色觉取决于这三种视素活动相对幅度的大小。颉颃说能较好地解释色盲现象，认为色盲是缺少某种视素引起的。

现代神经生理学的观点认为：色觉机制在视网膜上按三色说进行光感受，在视觉通路上按颉颃说进行信息编码、传递和处理。

2. 视敏度

视觉辨别物体细节的能力叫视敏度（即临床医学上称的视力）。视敏度与视网膜像的大小则决定于视角的大小。所谓视角就是物体反射的光线，射入眼后，交叉地通过节点而形成的角度。分辨两点的视角愈小，表示一个人的视敏度愈高，即视力愈好。通常用"C"或"E"形视标测定视敏度。最小视角为1分（即1/60度）时，视力则定为1.0，这是正常眼的视敏度。当眼正视物体时，光线落在中央窝处，此处锥体细胞密集并且直径很小，所以视角最小，视敏度最高。光线落在周围部分，则视敏度大减。

3. 视觉后像和闪光融合

作用感受器的刺激停止以后，感觉并不立刻消失，还能保留一个短暂的时间，这种暂时保留的感觉印象叫后像。后像在视觉中表现得特别明显。视觉后像有正后像和负后像两种。如人注视电灯（管状或其他形状）三秒钟后，闭上眼就会看见一个类似的灯的光亮形象出现在暗的背景上，这是正后像。当正后像出现之后，再继续注视，就会看见一个黑色的形象出现在亮的背景上，这是负后像。彩色的负后像是原来注视的颜色的补色，如蓝光的后像则为黄色光。

后像可以使继续的刺激引起连续的感觉，但是引起连续感觉的刺激频率必须达到一定界限，太慢就不会出现连续的感觉。刚刚引起人连续感觉的最小频率叫临界频率。临界频率所引起的心理效应是闪光融合现象。刚刚产生闪光融合感觉的闪光频率叫闪光融合临界频率。在中等强度下，一个闪烁的光源每秒闪烁超过 10 次，就会产生闪光融合现象。

二、听　觉

（一）听觉的刺激与听觉现象

音波是由物体振动引起空气分子周期性压缩和稀疏变化而产生的，音波作用听分析器引起听觉。

单纯的音波振动是正弦音波，它所产生的声音是纯音。用音叉可以发出纯音，日常听到的大多是由纯音混合而成的复音。复音又可分为呈周期性振动的乐音和非周期性振动的噪音两种。

音波有三种物理特性：频率、振幅（强度）和振动形式，它们分别影响与决定声音心理感受的音高、响度和音色。

音波的频率指音波每秒钟振动的次数，通常以赫兹（Hz）为单位。声音的音高主要决定于频率，也受振幅的影响。人耳能听到的音波频率为 $16 \sim 20\,000\,\text{Hz}$。

音波的振幅（即波形高度）是音波的压力强度，这是决定声音响度的重要因素，响度也受音波频率影响。声音响度与音波强度之间对应关系是对数关系，其单位叫分贝（dB）。人的听觉阈为零 dB（指 $1\,000\,\text{Hz}$ 处，压力变化为每平方厘米 $0.000\,2$ 达因），安静办公室为 40dB，普通交谈为 60dB，繁忙汽车道为 80dB，地铁火车为 100dB，响雷是 120dB，摇滚乐是 140dB，喷气机是 150dB。当音强达 $120 \sim 130\,\text{dB}$ 时会使人耳产生痛感，如果持续时间更长或声压更强，会使听觉器官受到损伤。

音波的振动形式不同，人听到声音的音色也不相同。音色也叫音质，它是把基本频率与强度相当，但附加振动成分不同的音波而彼此区分开来的特殊品质。音色决定于声音的复杂程度。在复音中，频率最低振幅最大的音波叫基音，其他叫陪音。复音的音高决定于基音，而音色却决定于陪音的成分（数目、频率与振幅）。

（二）听觉的生理机制

耳是听觉的器官，由外耳、中耳、内耳三部分构成（见图 3-2 乙）。

外耳包括耳壳和外耳道，主要起集音、传递和保护鼓膜的作用。

中耳主要由鼓膜、听小骨（锤骨、砧骨、镫骨）、耳咽管组成。鼓膜与听小骨起振动、传递作用，耳咽管能保护鼓膜。

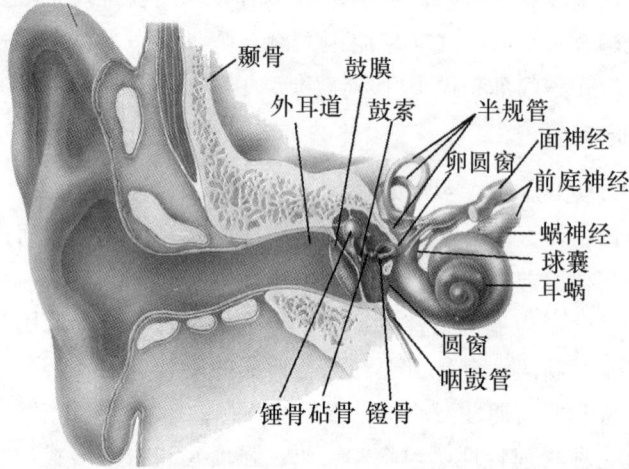

图 3-2 乙　耳的结构图

内耳由耳蜗、前庭和半规管组成，前庭与半规管是平衡感觉的器官，耳蜗是螺旋蜗牛状的，骨管是听觉的器官。耳蜗骨管内部被骨质蜗板和基底膜分成前庭阶、中阶、鼓阶三部分。前庭阶与鼓阶在耳蜗顶部有蜗孔相通，内有外淋巴液。中阶完全封闭，内含内淋巴液和耳蜗液。听觉的感受细胞（毛细胞）位于中阶，排列在基底膜上，毛细胞上有盖膜。基底膜由 24 000 条长短不同的横纤维组成，它上面的支持细胞、毛细胞以及耳蜗神经纤维，统称科蒂氏器，这是听觉的感受器。

音波经外耳撞压鼓膜，经听小骨加大音波压强把振动传向卵圆窗，再推动前庭阶的外淋巴液，经过蜗孔，再推动鼓阶外淋巴液。外淋巴液的波动引起基底膜振动与内淋巴液波动。基底膜振动引起毛细胞同盖膜撞击，使科蒂氏器受刺激而兴奋，首先产生微音器电位（其波形、频率同音波一致），然后又激起耳蜗神经末梢的动作电位，经过耳蜗神经、听神经把冲动传到内侧膝状体，再传送到大脑皮层颞区，便产生声音感觉。

（三）听觉的理论与学说

人是如何实现对声音频率进行分析的呢？不同的学者提出了如下不同的理论：

1886 年由物理学家罗·费尔得提出了频率理论。他认为内耳的基底膜是和镫骨按相同频率运动的。听到频率低的声音，联接卵圆窗的镫骨每次振动次数较少，基底膜的振动次数也较少，毛细胞发放的神经冲动的量也少。如果声音刺激的频率提高，镫骨和基底膜都将发生较快的振动。这与电话原理是一致的。但是人耳基底膜不能作每秒 1 000 次以上的快速运动。这和人耳能够接受超过 1 000Hz 以上的声音是不相符合的。

后来赫尔姆霍茨提出了共鸣理论。他认为基底膜的横纤维长短不同，蜗底窄，蜗顶宽，像一部竖琴的琴弦一样，能够对不同频率的声音产生共鸣。声音刺激的频率高，短纤维发生共鸣；声音刺激的频率低，长纤维发生共鸣。基底膜的振动引起感受细胞的兴奋，因而产生高低不同的音调。但是基底膜的纤维是相互交织在一起的。人听到的频率范围为 16～20 000Hz，高低频率之比为 1 000∶1，基底膜长短纤维之比为 10∶1，因此，基底膜的长短纤维不可能辨别出那么多音高的变化。

20 世纪 40 年代，冯·贝克亚西（Von Bekesy）发展了赫尔姆霍茨的共鸣说的合理部分，提出了行波理论—新位置理论。他认为声波传到人耳，将引起整个基底膜的振动。振动从耳蜗底部开始，逐渐向蜗顶推进，振动的幅度也随着逐渐增高。振动运行到基底膜的某一部位，振幅达到最大值便消失。声音频率的不同，其行波传播的远近不同，基底膜最大振幅所在的部位也不同。一般频率低，最大振幅接近蜗顶；频率高，最大振幅接近蜗底。基底膜的某一部位振幅越大，柯蒂氏器上的盖膜就越弯向那个区域的毛细胞，使有关的神经元的激活比率上升。正是这些激活率最大的成组神经元，发出了声音频率的信息。共鸣理论与行波理论互相补充分析声音频率的产生的规律。频率低于 500Hz 时，可用频率理论来解释；频率高于 500Hz 时，可用位置理论来说明。

20 世纪 40 年代末，韦弗尔提出了神经齐射理论。他认为声音频率低于 400Hz 以下时，听神经个别纤维的发放频率是和声音频率对应的。声音频率提高，神经纤维将按齐射原则发生作用。个别纤维联合"齐射"，反应频率较高的声音。齐射原则可以对 5 000Hz 以下的声音进行频率分析。超过 5 000Hz，位置理论正确。

三、其他感觉

(一)嗅觉

嗅觉是一种化学性感觉。其适宜刺激是挥发性的物质分子。其感受器为鼻腔上鼻道内棕色嗅膜中的嗅细胞（长杆形的双极细胞）。其传入神经是嗅神经；皮层以下中枢是梨状区、杏仁核、扣带回及海马回等部；皮层中枢为颞叶嗅区。嗅觉是从皮肤感觉中最早独立出来的感觉，它是辨别安危、侦探环境的利器，并能分辨挑选食物，具有防卫和滋养的功能。

(二)味觉

味觉也是一种与选择食物、增加食欲、安全防卫有关的化学性感觉。其适宜刺激物是溶解于水的物质分子，其感受器是分布在舌面、咽后部、腭及会厌上的味蕾。舌的不同部位，味觉感受性是不同的，舌根对苦感受性高，舌尖对甜、舌的两侧对酸味、舌两侧前部对咸最敏感。人对味的偏爱往往受水土、气候及生活条件的影响，俗有"南甜、北咸、东辣（蒜、葱）、西酸"之说。味觉的传入神经，舌的前 2/3 味觉经面神经；舌的后 1/3 味觉经舌的咽神经；咽部味觉经迷走神经到达脑干。皮层以下中枢是丘脑后腹核之内侧，皮层中枢主要是颞叶前皮层区。

(三)皮肤感觉

肤觉是最古老的心理现象。是物体的机械和温度特性作用于皮肤表面而引起的感觉。一般包含有痛、温、冷、触四种基本皮肤感觉。其外周感受器分别为表皮各层中的游离神经末梢、罗佛尼氏小体、克劳斯氏小球以及真皮层的迈纳斯触觉小体和皮肤深处的巴西尼氏环层小体。每个人含痛点约为 $200\sim400$ 万，触点（除头部外）约 50 万，凉点 30 万，热点 3 万。人体活动部位，如指尖、嘴唇、脸、眼等处，触压觉感受性最高；面部对冷热感受性最高；背、膝盖、颈、喉等部对痛觉较为敏感。其传导神经为脊神经，皮层以下中枢是丘脑外侧核，皮层中枢主要是中央后回感觉区。触压觉是认识世界的基础之一；温度觉可以调节体温适应环境；痛觉有防御机能。

(四)机体觉

机体觉是有机体内部环境变化，作用于内脏感觉器官，而产生的内脏器官活动状态的感觉。机体觉的适宜刺激物是内脏器官的活动变化。其感受器是分布在内脏器官壁上的游离状态的神经末梢。其神经通路主要是通过植物性神经干来完成的。较高级部位是下丘脑内脏感觉中枢，最高部位初步确定在额叶和边缘系统的海马回部。

机体觉一般包括饿、饱、渴、痛、恶心、便意感觉等。机体觉有周期性变化的特点；没有明显的定位，谢切诺夫称之为黑暗感觉；具有不随意性。一般情况下，机体感觉是不清晰的，一旦产生清晰感觉往往跟病变有关，机体觉有保护性功能。

（五）运动感觉

运动感觉主要反映机体本身的运动状态。主要有平衡觉和动觉两种。

平衡觉是有机体在做直线加减速运动或旋转运动时，能保持身体平衡并知道其方位的一种感觉。其感觉器是内耳前庭器官的耳石装置刺激引起神经冲动，经前庭神经节、桥脑前庭神经核，一部分到内脏器官，一部分到眼肌；一部分到小脑引起姿势调整以保持身体平衡。同时神经冲动上传到大脑皮层颞叶听区前的前外雪氏回，产生变速和旋转感觉。

运动是有机体生命的基础。平衡觉对每个人都有重要意义，尤其是对以运动为职业的人，如果失去平衡感觉是难以想象的。

动觉是有机体对身体运动和位置状态的感觉，也叫本体感觉。其外周感受器为本体感受器（肌梭、腱梭、关节小体等神经末梢）。由于肌肉收缩、伸展和关节角度变化给予的刺激，引起神经兴奋，经传入神经脊髓丘索，到大脑皮层中央沟的前回，便产生本体感觉。

在反馈和连锁活动中，动觉起监督、保证和协调作用。动觉与肤觉结合，可以构成触摸觉。动觉是一切行为（操作、技能、技巧、熟练、运动）活动和言语运动的基础。

第三节　知觉的种类与基本特性

一、一般知觉的种类

知觉的种类很多，根据分析器的不同，简单知觉可分视、听、嗅、味、触摸、运动与平衡知觉等。根据客观事物的特征，复杂知觉可分为空间知觉（包括形状知觉、深度知觉、大小知觉、方位知觉等）、时间知觉、运动知觉等。下面着重介绍：

（一）形状知觉

形状是物体的空间特性之一，人脑对于平面物体形状特征的反映，就是形状知觉。是视觉、触觉、动觉协同活动的结果，是人类和动物共同具有的知觉能力。

物体的形状是依靠多种分析器来感知的。视网膜上的物体呈现的形象，观察物体时眼球、眼肌的运动，以及手触摸物体的轮廓，都向大脑提供物体的形状信息，经过皮层的分析与综合（整合），就能正确知觉物体的形状。对形的识别开始于对原始特征的分析与检测。它们包括点、线条、角度、朝向等。视觉系统对这些特征的检测是自动的，无须意识的努力。但是，将这些特征捆绑整合为一个形状与图形是有意识的。

在形状知觉中，视觉起主导作用，而对象的图形与轮廓具有重要意义。图形是事物在视野中的一个面积，而轮廓是图形面积与周围背景的一个封闭的分界线。只要抓住事物的主要轮廓，就能提供物体形状的足够信息。有时客观轮廓虽然不明显，刺激本身无轮廓，而在知觉经验中确显示出"无中生有"的轮廓，称为主观轮廓。例如图 3-3 的三角形轮廓，就是主观轮廓。若轮廓被掩盖，图形被掩盖起来，就会破坏对物体形状的知觉；客观轮廓不完整，人的视知觉系统可以将它整合起来，这也是知觉的一个重要特点。

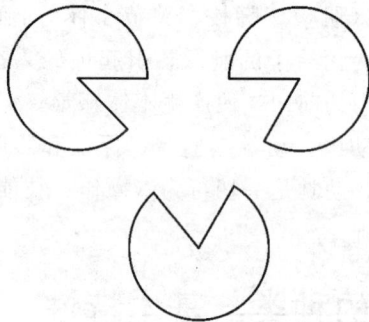

图 3-3　主观轮廓图形

据格式塔派和其他心理学家的研究，在形状知觉中，各个部分构成整体形状的基本原理和规律有以下几点：①接近性原则，凡是接近的部分，就容易形成整体对象（见图 3-4 之 1）。②相似性原则，指相等或相似的部分易构成整体形状（见图 3-4 之 2）。③封闭性原则，凡是封闭的或具有封闭倾向的刺激物易构成整体图形（如图 3-4 之 3）。是三个"］［"形加一个"［"形，大家很容易看成三个方形"［］"加一个"［"形。④良好图形原则，按日常生活方式接近的原则去知觉图形（如图 3-4 之 4），易视为一横线上的正弦波曲线。⑤对称性原则，对称部分易构成整体图形（如图 3-4

之 5），易被看成十字形。⑥简单、对称、共线的图形，易看成平面，反之被看成立体图形（如图 3-4 之 6），A、B、C 三图易看成平面，D 图被看成立体形。

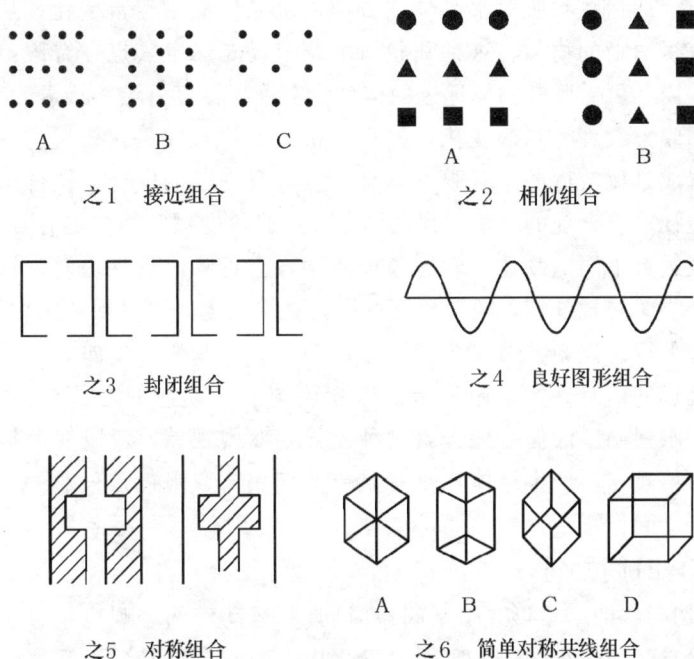

之1　接近组合　　　　　　　　　　之2　相似组合

之3　封闭组合　　　　　　　　　　之4　良好图形组合

之5　对称组合　　　　　　之6　简单对称共线组合

图 3-4　部分组成整体原则模式图

（二）深度知觉（或立体知觉）

深度知觉是指客观事物在三维空间中提供的信息，使人脑能够知觉物体的厚度和物体与我们的距离，也叫立体知觉。

深度知觉是以视知觉为主，与动觉协同活动的结果。单眼深度线索只能提供有限距离的信息。双眼深度线索，既可提供距离，又可提供物体厚度的信息。

影响深度知觉判断的因素很多。单眼线索有：①物体的重叠。即相互重叠的物体，显露物体觉得近，被遮挡物体觉得远。②线条透视。即同样大小和宽窄的物体，大的、宽的显得近，小的、窄的显得远。③空气透视。即距离不同，空气的厚薄也不同，结果远物显得纹理模糊，近物显得纹理清晰。如雾天与晴朗的天气人们看同样距离的物体，就有非常明显的差异。④明暗阴影。即指物体距离光源的远近和感光角度不同，明亮部分感觉近，灰暗阴影部分感到远些。⑤运动视差。即指人在运动时（坐车、船等）观察远近不同的物体，因视角大小及角速度不同，显得近物移动快，远物移动慢，这种现象叫运动视差。运动视差是判别距离的重要指标之一。⑥眼睛的调节。即指睫状肌对水晶体的调节，水晶体曲率经常变化，从而保证视网膜获得清晰的物像。这种睫状肌的调节动觉信息，也在有限范围（10米左右）内，可做判断物体远近的信号。⑦纹理梯度（结构级差）。根据物体在视网膜上纹理梯度的变化，把小而密的事物看成是比较远的，大而疏的物体看成是比较近的。双眼线索有：①双眼视轴的辐合。辐合即指两眼视轴向注视对象合拢的现象。视轴辐合形成的角度对立体知觉有重要影响。人们注视远近不同的物体，辐合角度不同，看近物时视轴内转，辐合角度大，看远物时视轴外转，辐合角度变小，物体很远时（可视范围内），视轴逐渐趋向平行。控制视轴辐合的眼球运动的动觉刺激，也向大脑提供了判断物体远近的信息。②双眼视差。即立体图形或物体的左、右不同部位，在左、右眼视网膜成像有差异，这种差异叫双眼视差。双眼视差提供了物体深度的信息，对产生立体知觉有重要的作用。双眼视差只对 500 米以内的物体知觉起作用。

（三）时间知觉

"一切存在的基本形式是空间与时间。"运动着的客观事物，不仅存在于一定的空间，也存在于一定的时间之中。时间知觉是对客观事物时间关系（即事物运动的速度、节奏、延续和顺序性）的反映，是一种以内脏机体感觉为主的复杂的知觉过程。在时间知觉中，听、视、触等分析器都参加，并起不同的作用。听觉能精确区别时间间隔为 1/100 秒，触觉为 1/40 秒，而视觉只能判别 1/10～1/20 秒的颜色间隔。

时间知觉必须依据客观事物为参照。作为时间知觉的参考标志有：

自然界的周期性现象。如日出与日落、月亮的盈亏、海水潮汐的变化、星座的规律性移动、春夏秋冬的四季变化、植物和动物的生长周期等。

人的活动及活动对象的变化。如人周期性的活动、作息和生活规律，人操纵驾驶车、船、机器的运转频率，人体自身的脉搏、呼吸、肌肉的节奏性运动等，都能作为时间的参考标志。

人造计时工具。较长的时间，用日历计算，较短的时间，用钟、表计量；古代用"立竿看影"，近代有点香、水或沙的滴漏等方式计时；此外，数数活动也是计量时间长短的办法。

有机体节律性行为和生理过程也起自动计时器的作用，这就是生物钟现象。根据神经过程的兴奋与疲劳，机体新陈代谢，内脏器官的周期性活动等节律性生理过程都提供了计时的依据。人和动物都有自动计时的生物钟现象。如公鸡打鸣报晓，以及许多动物四季毛质的变化，都说明动物有自动"计时"的本领。人根据睡眠与觉醒，饱与饿，精力充沛与疲劳，新陈与代谢的规律等能准确判断时间。这种生物与生理节律性的变化，有的近似于昼夜规律，叫日生物钟，有的近似于月或周年规律，叫月或年生物钟。

时间知觉除上述客观参照物影响外，还受个人知识经验、主观态度和情绪等心理因素的影响。时间估计和时间知觉的心理规律如下：

短时长估和长时短估现象。一般人对 1 秒钟左右的时间估计得最准确，短于 1 秒钟的间隔常被高估，长于 1 秒钟的间隔又常被低估，均趋向 1 秒钟左右。

同样时间间隔，有高频高速高估，低频低速低估现象。例如，同样 5 秒钟的时间间隔，如果刺激的频率为每分钟 120 次的节拍器运动，估计时间间隔为一定；刺激频率为每分钟 60 次的节拍器运动，则会估计间隔时间就会短一点。

情绪、兴趣和态度对时间估计的影响。对正经历的事件或活动，内容生动有趣，心情愉快，感到时间过得很快，如听有趣报告时的心理感受；相反，如果听内容枯燥乏味，单调贫乏的报告或讲课，心情忧愁焦虑，则感到时间过得很慢。对将要发生的事件或活动，如果是盼望、期待或喜爱的事件，希望早来，总感到时间过得很慢；若是乏味、厌恶的事件，总是拒绝到来，而感到时间又过得太快。对已经发生过的事件或活动的回忆，如果内容充实、心情愉快，则回忆时感到时间长，反之则感到时间短。

此外，由于个人的知识经验不同，在时间的估计和知觉上，有明显的个体差异。成人在时间估计的准确和精确性方面，大大优于儿童。产业工人、铁道职工、军事人员、教师等，都有较强的时间观念和时间知觉。有经验的教师不用手表，也能准确估计一节课的时间间隔。

时间是金钱，时间是效率，时间是生命，认知与管理时间有极重要的意义。一个人学会认知与诊断自己对时间的利用是否准时、守时、合理、有效、无效与浪费、虚度光阴；学会节省与管理时间，善于挤与钻，利用零散时间，注意完整时间利用及五种战略时间（日、月、周、季、年）的计划与安排等，会达到事（或时）半功倍的效果。

（四）运动知觉

运动知觉是人脑对物体空间位移的知觉。

运动知觉依赖的条件有：①物体运动的速度（运动知觉的下阈为1～2度/秒；上阈为35度/秒）；②观察者与运动物体之间的距离，在同样速度时，近物显得快，远物显得慢；③观察者自身处在静止，还是运动状态，也往往是运动知觉的参考系。

运动知觉的种类有：①真动即指实际运动的物体，连续刺激视网膜各点所产生的物体运动的知觉。真动时物体运动的速度必须在阈限范围内，太快（如太阳光速）或太慢（如手表的时针）就觉察不到它们在运动。②似动即指两个静止之物，很快地（即间隔0.06秒）交替刺激视网膜上邻近部位所产生的物体在运动的知觉。人们所见到的霓虹灯，就是一种似动现象。③诱动即指静止之物因周围其他物体的运动，而看上去好像在运动的知觉。如浮云中的太阳或月亮好像在云中穿行运动一样。④自动即指人在暗室中注视一个静止的光点（如点着的香点），过一段时间感到它像钟摆一样不停地游动。

（五）社会知觉

1. 什么是社会知觉

社会知觉这一概念早在1934年武德沃斯（R. S. Woodworth）著的《心理学》第三版中就提出来了；1947年美国心理学家布鲁纳（J. S. Brunar）提出知觉的"新观点"，把社会知觉解释为知觉过程的社会决定；后来社会心理学家才把人们对"社会客体"的知觉过程称为社会知觉。所谓"社会客体"即指社会生活中的个人、社会团体及组织。于是我们可把社会知觉定义为主体对一定社会环境中有关个人、团体和组织特性的知觉。

社会知觉的过程不仅要依据主体的社会经验对有关的信息、线索进行选择与识别的活动；还包括分析、比较、归类、概括、判断、推理等思维活动。

社会知觉是人们在社会行为与社会活动中逐渐产生、形成、发展的。社会知觉对人们的社会行为又有重要的影响。认识社会有助于学会适应生存；认识团队有助于学会竞争与合作，有助于学会关心他人与人相处，协调人际关系，促进团队的发展，提高团体的效能；认识自我，有助于学会生存、发展；认识他人，有助于学会知人善任。

2. 社会知觉的种类

（1）对他人的知觉

对他人的知觉即指对生活在一定社会环境中其他人的感情、动机、意向、性格等心理状态和个性心理特征的知觉。

我们要认识某个人，总是要在一定社会环境中，首先接触到这个人的外显行为，注意其言谈话语、表情动作、神色姿态、仪容风度等，并形成一个初步的印象；通过对其外显行为印象的推测与判断，从而获得对其身份、兴趣、爱好、能力、气质、性格等的认识；随后通过经常的交往，才逐渐形成对该人正确的、深刻的、完整的认识。真正做到知人、知面、知心。

人的表情是一种重要的社会刺激，是表现人的身心状态的重要指标。对他人表情认知与判断主要有：面部表情、目光接触、身段表情、手势表情、言语表情的识别等。

人际交往和社会活动是对他人知觉的重要基础。在实践中遵循全面、立体、历史、发展、德才、秉公、知人善任等原则，并采取"伯乐法"、环境知人、比较鉴别、借贤知贤、激励荐贤、标准对照、信息过滤、反馈试探、言语辨析、直接考察、心理测验等方法，以及诸葛亮的动态知人艺术（问以是非观其志，穷以辞辩观其变，咨以计谋观其识，告之祸难观其勇，醉之以酒观其性，临之以利观其廉，期之以事观其信）和其他的知人艺术，便能正确地知人、择人、任人、容人与用人。

（2）人际知觉

人际知觉即指对人与人之间相互关系的认识。

人际知觉是社会知觉中最核心的成分。人际知觉会影响其他的社会知觉，其他社会知觉也会影响人际知觉及人际关系的协调。在现实生活中，一个人过于自私、自卑、自负、自傲，对人苛刻，对自己或他人扮演的社会角色作错误估价，都可能造成人际知觉偏差与人际关系失调。

人际知觉受多种因素影响。其一是人际关系本身的特点如何。关系简单与复杂；真实与虚伪；短暂与长久；直接与间接等，会影响人对其认知与判断。其二是主体本身的特点，知识经验、情绪状态、态度倾向、个性特征等都会影响人际知觉。其三是受人际环境以及评价标准的影响。

（3）角色知觉

角色即指处在一定社会地位、身份、职务与职位的个体，根据社会的规范与期望，以及主观的认知基础上所表现出来的行为模式。角色知觉是对某个人在社会活动中所扮演角色的认知与判断，以及对有关角色行为的社会标准的认知。

人对角色行为的辨认往往要以一定的角色标准为依据。角色行为规范和标准的建立可以从不同心理角度着眼：①情绪情感标准，如外交官的情绪稳定，不形于色，而演员感情丰富，喜形于色；②动机标准，如商人追求利润，医生救死扶伤，实行革命人道主义；③地位标准，如校长、厂长、首席执行官；④社会服务与社会奉献标准，如服务员热情、耐心、服务周到；⑤个性心理特征标准等。

角色知觉及角色行为的获得要受以下因素影响：①社会角色期待效应（也称皮克马利翁效应），期待能产生关心、信任、鼓励作用；②角色冲突可能阻碍，也可能促进人们的社会角色认知与行为的发展；③角色知觉的定式或社会刻板印象可能有利也可能阻碍人的角色知觉；④角色负担太重或太轻不利于角色行为健康发展，适度压力是认知与行为健康的必要条件。

（4）自我知觉

自我是在社会关系和社会实践活动中形成的每个人的活动、心理、意识及其机体自身的统一体。自我知觉指主体对自己心理活动与心理特性的认知与判断。自我、自我知觉与自我意识在心理学的概念中是同义语。

自我有如下特性：①社会制约性，自我是个体社会化过程中产生并发展起来的；②个别差异性；③自我意识性，能自觉、清晰、有目的地把自己与客体，自己与他人区别开来；④自我同一性，主客体同一，生理自我与心理自我同一等。在心理学中，自我与自我知觉是同义语。

"人贵有自知之明"，自我知觉可以激发人的自尊心、自信心、好胜心、责任心、事业心、荣誉心等，从而推动人的学习、工作和事业。自我知觉还可以增强人们的自我体验、自我控制和自我调节的能力等。

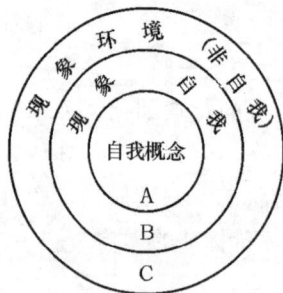

图 3-5　自我概念的场

自我知觉既有整体性，又有可分性。它是由许多要素构成的。美国心理学家威廉·詹姆斯（W. James）认为自我概念包括物质自我、社会自我、精神自我三个构成要素。康布与斯尼克从知觉场的观点来确定自我知觉的位置（见图 3-5）。图中大圆 C 为现象环境（即非自我）；B 圆为现象自我；A 圆为真正自我概念。

人们在社会生活与实践中往往通过以下途径认识自我：①以人为镜，认识自我；②扮演角色，促进自我知觉发展；③社会比较来认识自我、评价自我；④自我分析、自我反省、自我评估来认识自我。

3. 影响社会知觉的心理效应

（1）首印效应与近因效应

在社会知觉中，首先被反映的刺激信息，先入为主的第一印象是至关重要的因素。它有积极作用，也有消极作用。通常对陌生对象首印效应起重要作用。对熟悉对象则近因效应起着重要作用。

（2）月晕效应（或印象扩散效应）

月晕是刮风天气的前夜，月亮周围的大圆环，是月亮光的扩大化。月晕效应是社会知觉中的一种以点概面，以偏概全的偏见倾向，即对某人主要心理品质与特性印象鲜明，而掩盖了对这个人其他品质和特性的知觉。如"扫帚星效应""爱屋及乌""追星族"等均是此类效应。

（3）定式效应

在社会知觉中，人们常受以前经验模式的影响，而产生一种不自觉的心理活动的准备状态，并在其头脑中形成固定、僵化、刻板的印象。如受过去经验一向认为商人必精明，女子必温柔。定式在社会知觉中有消极作用，也有积极影响。

（4）环境制约效应

在社会生活与实践中，我们常常会根据某个人的品质和个性心理特征去推论与之相接近的其他人也存在这种品质与个性特征。如和品质恶劣的人混迹在一起的人，不会给人留下好感，这种心理现象，就是平时人们常说的"近墨者黑，近朱者赤"。环境确实对人的心理行为有重要影响，但是，片面夸大环境的制约作用，也是错误的。

（5）其他效应

对社会知觉起重要影响的心理效应还有：

①线索偏差：线索太多会起眩晕与干扰作用；线索太少提取信息会遇到困难；线索误导会引起偏差的社会认知。如平时人们遇到的"托儿"（商托儿或医托儿）及"碰瓷儿"（即故意碰撞找茬儿讹人）现象，往往会使人上当受骗。

②情绪效应：如情人眼里出西施，即一个人处在不同的情绪状态下，是喜欢与热爱，还是讨厌与憎恨，对他人的认知有很大的差别。

③迷信心理：看人往往"以貌取人"受迷信心理影响。如看某人是"扫帚星"或"官运亨通。"

④投射作用：即以自己的心理去揣摩别人，如"以小人之心，度君子之腹"。

⑤名人效应：依赖名人的权威和知名度，来引起人们的好感、关注、议论和记忆，也有人利用此行骗。

⑥自己人效应：即套近乎，把对方与自己视为一体，以引起对方的特别关注与认知。

二、知觉的基本特性

人对客观事物的知觉，是受主客观条件的影响，有其特殊的活动规律。知觉过程的心理规律，可以归纳为知觉的四个基本特性：

（一）知觉的选择性

人知觉的客体不是孤立存在的，而是存在于一定的环境和背景之中。人的知觉既受知觉对象的影响，也受知觉环境与背景的影响，对象与背景的关系不同以及两者之间的转换，对知觉有很大的影响。因而知觉具有这样一种特性，即对优先知觉事物，形成清晰的映象，而对其周围环境的事物，当成陪衬和背景，形成模糊的感觉。这种把知觉的对象优先地从背景中区分出来的特性叫知觉的选择性（见图3-6）。

图3-6 双关图形

影响知觉选择性的因素有主观和客观两个方面。从客观而言有以下几点：①对象和背景的差别性。对象和背景之间差别越大，越容易优先选择。如教师板书，用白色粉笔字迹最清楚；批改作业，用红笔最明显；出板报时，重点部分用彩色粉笔字迹最清楚；最易优先选择。相反，军事上的伪装，昆虫的保护色，使对象和背景差别小，则不易被发现。②刺激物的强度特性。在刺激阈限范围内，一般较强烈的刺激易引起人们的知觉。如说话时语气加强、语音提高、物体的照明亮度增强、字体的线条加粗等都有利于人的知觉。③知觉对象的活动性。活动的对象与静止的对象相比较，更容易被人所知觉。如夜空中的流星、人造卫星；活动而闪光的霓虹灯广告；电影、幻灯等活动教具，都易被人们优先知觉。④刺激物的新颖性。教师抑扬顿挫的语言，新颖的教学内容和教学方式，突然地停顿与变化，也容易引起学生的注意与优先知觉。⑤刺激物的重复性。重复与持续出现的刺激可能新颖性下降而降低知觉的选择性，也可能增加强度与幅度而增加知觉的选择性。如黄金时段，连续出现的广告，以及某个城市或街道连续出现的会展和商业广告，往往会引起人们特别关注与知觉。

从主观因素来看，以下心理条件对人的知觉选择性有重要的影响：

（1）知觉有无目的和任务以及无目的任务明确的程度。通常目的任务越明确越具体，知觉的选择性越强，没有具体的目标选择性就差一些。

（2）已有知识经验的丰富程度。如外语水平高的人，在外文阅读与听力方面很容易发现问题与选择知识要点。

（3）个人的需要和兴趣、爱好、价值观倾向影响。一般人们迫切需要与感兴趣和爱好的对象容易被选择与吸引，对这些对象的知觉选择与忽视又和人的价值观倾向有密切关系。

（4）心理定势即受以往经验影响产生的心理活动的一种准备状态。如"13"放在数字系统被选择知觉为（13），如果在 A、B、C 系统中就会被选择为（B）。

（5）情绪状态（如高兴与悲伤、平静与激情等）都会有利于或阻碍人们对知觉对象的选择。

（二）知觉的整体性

当客观事物的个别属性作用于人的感官时，人能够根据知识经验把它知觉为一个整体，这就是知觉的整体性。例如，我们看图3-7的斑点图形，一眼就能看出是狗的形象。当人用鼻子嗅到某种熟悉的气味时，也立刻能完整地知觉该物体。

在整体性知觉中，物体的各部分起的作用是不同的。一般来说，强的部分起作用

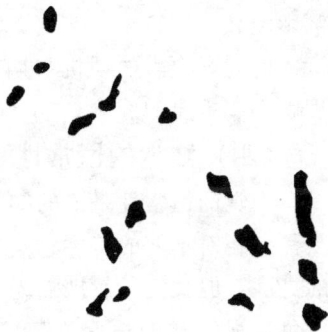

图 3-7 斑点知觉图形

大，弱的部分起作用小；强的成分往往会掩蔽弱的成分。例如，巴甫洛夫曾运用复合刺激物（即强声＋弱光）形成条件反射，然后分别用强声和弱光单独刺激，结果强的声音刺激引起与复合刺激同样的反应，而弱光不起作用。但弱光在复合刺激中并不是不起作用，如果多次用强声单独作用，不伴随弱光，则已经建立的条件反射就会很快消退。所以，在教学过程中，我们既要突出主要成分，但也不要忽视次要成分。

在整体知觉中，刺激物之间的关系起着重要作用。有时，刺激物的个别部分改变了，但各部分的关系不变，仍能保持整体的知觉。例如，一首乐曲由不同人演唱，用不同乐器演奏，仍被人们知觉为一首乐曲。各部分之间的关系改变，知觉的整体形象就会变化。例如，四条相等的直线，组

71

成两两垂直的封闭图形，则是正方形，同样四条直线，组成互不垂直的封闭图形，就变成菱形了。可见，物体各部分的关系以及对关系的反映，是整体知觉的基础。

另外，有知识经验的补充和部分属性作用时，人才能形成对事物的整体性知觉。

（三）知觉的理解性

人在知觉某一客观对象时，总是利用已有的知识经验去认识它，并用语词把它标志出来，这种感性阶段的理解就是知觉的理解性。

知觉的理解是以知识经验为基础的，是人把对当前事物的直接感知，纳入到已有的知识经验系统中去，从而把该事物看成某种熟悉的类别或确定的对象的过程。

知觉理解性的基本特征是用词语把事物标志出来。词语对人的知觉具有指导作用，可以帮助并加快理解。例如，在知觉斑点图形时，如果有人用语言提示一下，哪怕只讲一个"狗"字，人们就会很容易理解这是狗的侧影图。

此外，个人的动机与期望，情绪与兴趣爱好以及定势等，对人的知觉理解都有重要的影响。

（四）知觉的恒常性

知觉的恒常性是人的知觉条件在一定范围内变化时，被知觉的对象仍然保持相对不变的特性。例如，强光照射煤块的亮度远远大于黄昏时粉笔的亮度，但我们仍然把强光下的煤块知觉为黑色，把黄昏时的粉笔知觉为白色。视知觉的恒常性特别明显，一般有大小、亮度、形状和颜色等恒常性。

影响知觉恒常性的主客观的条件有以下几点：首先，被知觉的对象变化范围要适当，如果被知觉的对象距离太远，那么大小及形状恒常性等就会被破坏；如果色光太强（舞台彩色光），颜色恒常性也会消失。其次，要有参照物作为判断大小与长短的坐标。没有参照物，恒常性就会减少或消失。如人们在船上看茫茫大海中远处的漂流物体，很难判断其真实大小。再有，知识经验也是保持知觉恒常性的基本条件，幼儿的经验不足，其知觉的恒常性也较差。他们的知觉往往随环境变化而变化，根据客观事物在视网膜上的图像实际大小来认知，一般把近物看得大些，把远物看得小些。

知觉的恒常性在我们日常生活、工作和学习中有很重要的意义。在不断变化的环境中，它有利于人们正确地认识事物和快速地适应发展与变化环境；恒常性消失，人对事物的认识就会失真，工作与学习会碰到严重的困难。

第四节　青少年知觉的特点和感知规律在教学过程中的运用

一、青少年知觉的特点

为了更好地运用感知规律，提高教育、教学质量，促进青少年身心的健康成长，必须了解他们心理发展的水平和特点。青少年处在从幼稚向成熟发展的重要阶段，其知觉有以下特点：

青少年知觉的有意性和目的性更加提高。小学生的知觉已逐渐从幼稚期的凭兴趣和不随意性向随意选择性、从短暂不稳定性向较持久稳定、从被动向主动性方向发展。但是，小学生的这种有意识有目的的知觉和观察水平还是有限的。中学生的有意识有目的的知觉水平已逐渐发展到新的高度。初中生已能较自觉地根据教学目的和要求，主动地知觉有关的事物，知觉的范围不断扩大，并能较长时间较稳定地知觉某一对象。到高中阶段，青少年已逐步学会更自觉地、有目的地、系统地知觉和观察事物，选择性知觉水平和观察的持久性大大提高。有人曾统计过一个由不同年级组成的区级航模组，在一次寻找飞机模型故障的观察中，初二的组员平均坚持 1 小时 35 分钟，高一组员平均坚持 3 小时之久。

青少年知觉的精确性更加发展。小学生知觉过程中，分析与综合统一的水平还很低，知觉仍带笼统的、泛化的、不精确的特点，他们易把相似的数字、字母、文字、图形和事物混淆起来。到中学阶段，各科教学和各种活动都要求青少年具有更高的感知和观察能力，他们在实际活动中发展和提高了感知和观察事物的水平。有人曾研究过中学生在知觉图形中的辨别力（即要求被试迅速准确地辨认 50 幅小照片分别是 9 幅照片上的哪一部分），实验结果初中被试的正确率只有 30％，而高中被试的正确率都超过50％。拿空间知觉来说，在直观表象的支持下，初中学生在学习几何、地理、物理、绘画等过程中，逐步学会在抽象水平上理解图形的形状、大小及其相互间位置关系。能掌握三度空间（长、宽、高）的相互关系、图形的透视关系等，从而逐渐形成远距离空间知觉，即宏观的空间观念。例如，学生在掌握地理空间的相互关系中，便逐渐形成关于地球、世界等空间表象。到高中阶段，学生头脑中已形成不规则的立体几何图形、宇宙及细菌、微生物等更加复杂的宏观和精细的微观观念。再拿时间知觉来说，初中生能够比小学生更精确地知觉理解一些较短的时间单位，如月、周、日、时、分、秒等。他们开始能知觉一些像"纪元""世纪"等较大的历史时间单位，但是常常不很精确。有的研究表明，初中学生也常把一段较长的时间知觉为较短的时间，往往会把遥远的过去和现代之间的时间距离缩短，如有的学生把氏族社会制度存在的历史年代，视为"大约 200 年以前"。高中学生才能更加精确地知觉"纪元""世纪""年代""地质年代"等时间观念。

少年知觉上的另一新特点是开始出现逻辑性知觉。这种知觉是和逻辑思维紧密联系的，即在知觉过程中，日益把一般原理、规则和个别事物和问题联系起来。少年学生在学习语文知识时，已能把词、句子和语法联系起来；在学习几何时，能把几何图形和几何定理联系起来，他们的知觉水平逐渐向概括性方面发展。到青年期，这种逻辑性知觉日益完善，可以较好地学习掌握解析几何知识，把几何图形、几何定理、数学计算有机地结合起来。皮亚杰（J. Piaget）曾做过如下实验：在中学生面前放置五瓶不同颜色的液体，让他们观察化学演示，结果三瓶在混合后有颜色反应，有一瓶会使与其混合的液体去掉颜色，还有一瓶是中性的。然后让被试自己演示，找出不同液体的性能。有的被试按规律性演示，有的被试瞎碰乱撞地寻找。皮亚杰发现十四五岁以上的中学生能按五瓶溶液的顺序①②③④⑤进行匹配：先按①＋②，①＋③，①＋④，①＋⑤，接着②＋③，②＋④，②＋⑤……去概括，揭示其中的规律。这一实验表明，逻辑性思维已渗透到中学生的知觉（观察）活动中，其知觉的概括性水平已明显地发展起来。

初中、高中仍是基础教育阶段，学生处在从半幼稚半成熟向成熟过渡的时期。在不良条件影响下，他们的知觉品质也会有一些弱点。例如，少年的知觉（观察）过程，不随意性、片面性、不稳定性、粗枝大叶等毛病仍可能突出；青年人的观察程序不当，粗糙、不精确、急躁、过早下结论等毛病仍存在，有待良好的教育措施来矫正。

二、遵循感知规律，运用直观原则丰富感性经验

"从生动直观到抽象的思维"是人类认识发展的基本规律，教学过程虽有其独自的特点，但也不能离开这条基本规律。根据影响感受性变化发展及知觉基本特性的因素和规律，正确地运用直观性原则，可以激发学生的

学习兴趣和热情，引起学生对教学内容的选择性知觉，从而有助于学生对所学知识的领会、理解和掌握，提高教育、教学的质量。

（一）基本的直观形式及其特点

教学过程中，通常采用几种直观形式来提高感性的知识，这包括实物直观、教具直观、言语直观等。

实物直观就是通过观察实物与标本、演示性实验、教学性参观等方式，为知识的领会理解提供感性材料。这种直观形式的优点是生动、形象、逼真，它有助于对知识理解的正确和精确。其缺点是本质的属性易被其他非本质属性掩盖，如用圆盘来做圆的直观，就很不容易看出圆心、半径和直径。另外受时间和空间限制，像植物和动物的生长过程，原子电子的结构，古代社会的生活方式等很难直接被感知。因此还必须要用其他的直观形式。

教具直观也叫模象直观，指通过图片、图表、模型、幻灯和教学电影等模拟实物的形象而提供感性的材料。这种直观虽不如实物逼真，但可以人为地突出重点与本质，操作演示也方便灵活，不易受时间与空间的限制，可以补充实物直观的不足，为理解教材内容创造有利条件。

言语直观是通过语言（书面和口头）的生动具体描述、形象鲜明的比喻、合乎情理的夸张等形式，提供感性认识，加深对知识的理解。这种直观虽不如前两种生动、形象、逼真，但具有灵活、经济、方便的特点。言语和表情动作相结合也是教师常采用的一种直观形式。

（二）形象与言语的正确结合

以上三种直观形式必须相互配合使用，才能收到良好的效果。言语与实物、模象直观结合有三种方式：①言语在前，形象在后，主要起动员与提示的作用；②言语与形象交叉或同时进行，言语主要起引导观察、补充说明重点与难点的作用；③言语在形象的后面，主要起总结概括或强化的作用。例如，教师在做空气流动与气压变化的演示实验时，让学生观察向两张平行有一定间隔的纸片中间吹气时，纸片有什么变化。在演示实验前，教师应提醒学生注意观察吹不吹气、吹气大小、方向与纸片的变化；在实验进行中要引导学生边观察边思考"为什么向两张纸片中间吹气，纸片反而向中央靠近呢？"演示实验后，引导学生讨论得出如下结论：由于吹气使两纸片中间的空气流动快，气压减小，纸片外侧的空气压力大于中间的压力，因此把两纸压向中央。采用这种语言与直观相配合的方式，效果就好些。

（三）遵循感知规律提高直观效果

在教学过程中，教师应按照感知活动的特点和规律来正确地组织直观，才能提高学生的感知效果。

首先，运用被感知事物的强度律。教学中要求教师讲述的音量不要太低，否则学生会听不清。但是音量也不宜太高，太高太强烈的刺激会引起疲劳，降低教学效果。教师的板书字迹、直观教具和图表大小要适当，不要太小，线条不要太轻、太细，应保持一定的刺激强度，以便使学生都能看得见、看得清。教室应尽可能有充足的光线，光线太暗既影响学生感知觉的清晰度，也有损学生的视力。

其次，运用对象与背景差别的知觉规律。在绘制图表、制作教具或准备实验时，应力求使对象与背景在颜色色调、线条粗细、形状大小、材料性质及内容等方面有明显的差别，使知觉对象，重点突出、形象鲜明，这样才易被清晰地感知。演示直观教具时应注意背景与方位的选择，深色教具应选浅色为背景，浅色对象应选深色为背景，使直观鲜明形象，让前后左右的学生都能看清楚。教师的教材及讲义、书写板书都应该重点突出，一目了然。例如，做水的热胀冷缩实验，把烧瓶中的水染成红色，背景再衬上白纸或教师的白衬衣，实验效果就会更好。

再次，运用静止背景上的对象活动性易被知觉的规律。教师在直观教学方面应多采用活动教具、活动卡片、活动画板、活动模型及电影、电视、录像、幻灯、录音、唱片、广播等现代化的视听工具，使静态教具变成动态的更为理想。例如，教师在讲解平面图和空间图的关系时，可以利用平面图形经过围圈、旋转、折叠等方式得到空间图形；也可利用空间图形做截面、投影或展开表面等得到平面图形的动态直观的形式，这样直观生动形象，平面与空间图形的关系也非常清晰。

然后，运用知觉的组合规律，教师在绘图与制作直观教具时，对象的背景上不应附加类似的颜色、线条或图形，以免破坏原对象的整体性。直观材料和教材内容应力求在时间、空间上组成有意义的或有规律的系统，便于学生整体知觉。连续变化的挂图与教具之间应保持时间与空间的距离，以免混淆。教师的板书应力求从空间距离上进行合理的布局，位置顺序排列适当，大小主次适宜，重点突出。教师讲课或朗读课文，抑扬顿挫应适当，言语太快没有适当的停顿或间歇，不易听清楚；言语太慢，停顿间歇太大，会割裂讲述内容的完整性，这也不会收到良好的效果。

还有，直观教学的目的是让学生理解和掌握抽象的概念和原理。因此，应从不同角度、不同方面变换直观方式（即运用变式）来分化概念，区分本质与非本质特性。多角度对比是一种变式。把有对比意义的材料放在一起，进行内容、颜色、形状、功能与意义、环境与条件对比，对人物进行外貌、言行、举止、心理特性对比等，有利于学生正确的知觉。让学生交替使用多种感官感知对象也是一种变式。不仅要求学生留心听，还要用眼看，用手触摸，用鼻子嗅，亲自操作，用头脑思考。把有对比意义的材料放在一起，进行内容对比、颜色形状对比、功能意义对比、人物外貌对比、性格对比及环境对比等，都有利于学生正确地知觉客观事物与对象。

三、观察及观察力的培养

观察是知觉的特殊形式，它是有预定目的、有计划的主动的知觉过程。观察比一般知觉有更深的理解性，思维在其中起着重要作用。

观察是一切知识的门户，在人类认识和改造世界的一切领域，它起着重要的作用。一切科学实验，一切科学的新发现、新规律，都是建立在周密、精确系统的观察基础之上的。巴甫洛夫一直把"观察、观察、再观察"作为座右铭，并告诫学生"不学会观察，你就永远当不了科学家"。英国著名的细菌学者弗莱明也说过"我的唯一功劳是没有忽视观察"。丹麦著名天文学家第谷一生善于观察，他创立的观察天象方法，对促进近代天文学的发展起了很大的作用。观察力是智力结构的一个组成部分，培养学生的观察能力是教学过程中的一项重要任务。

怎样在教学过程中培养学生良好的观察力呢？

首先，引导学生明确观察的目的与任务，并利用学生的好奇心与求知欲望，激发学生的观察动因，这是良好观察的重要条件。20世纪中叶，40个心理学家云集在德国的哥廷根开会，会议主席曾做过如下实验：会议进行中间，突然冲进两个人，在会场上搏斗20秒钟，当他们两人离开会场后，主席向与会者提议写下目睹记录，结果错误率惊人，只有一个报告的错误率少于20％，这是由于事先没有明确的观察任务，知觉过程是无意识的、不完整的、模糊的，所以差错很大。日常生活中这样的例子很多，比如上下楼梯，通常谁也不去注意有多少个台阶。可见，有没有明确的观察目的，直接影响到知觉的选择性。例如，在做二氧化碳不助燃和比空气重的实验时，如果学生不明确观察的目的，就会看热闹只顾观察烧瓶中酸碱的激烈反应。教师如果明确指出观察的目的和重点，学生的观察就会集中到烧杯中高矮两支蜡烛的熄灭及熄灭有先后的现象上，观察就会收到良好的效果。

其次，要有充分的知识准备与观察准备，提出观察的具体方法，制订观察的计划。已有的知识经验会直接影响观察效果，无论是课外还是实验观察，引导学生复习或预习有关的知识是必要的。实验室观察应事先安排好实验程序，明确观察的重点和难点，准备好实验材料和用品，必要时应先演示一次，以便摸索成败的经验。野外观察也应考虑好观察的程序与步骤，观察的要点，可能发生的问题以及对学生的具体要求等。这些充分的准备、周密的计划是引导学生完成观察任务的重要条件。否则缺乏计划性，实际观察中会手忙脚乱，顾此失彼，遗漏重点。

再有，在实际观察中应加强对学生的个别指导，有针对性地培养学生的良好观察品质。良好的观察品质与习惯要有入迷、深刻、全面、仔细、重点、思索、真实、有恒等特性。在观察活动中，每个学生的知识经验、个性特点、心理品质不同，因而观察的效果也不一样。有的学生观察时只凭兴趣，抓不住重点；有的走马观花，观察不深入；有的草率急躁，观察欠持久；还有的眼光狭窄，观察不全面……因此，教师有针对性地对学生进行个别指导是必要的。对感知观察较迟钝，觉得周围没什么可看的学生，教师应注意激发和培养他们的观察兴趣与习惯。引导他们观察人，看熟悉的教师、工人、农民……观察人物的形象体态、衣着风度、表情动作、行为习惯、语言等；观察物，看文具、课本、教室、校园、公路、大桥、车辆、山川、湖泊、植物、动物、建筑物、工艺品等；观察自然景色，清晨的彩霞、夜晚的星空、春夏秋冬四季的变化、风雪雨雹、雷电冰霜等自然现象；观察社会现象，了解人与人之间的关系等。对于观察缺乏系统性的学生，应该引导他们由近及远，由大到小，从外表向本质，从整体到部分，再从部分到整体，从上向下，从左向右，从静态到动态地进行观察。对于知觉较被动，依赖性大的学生，应加强观察活动的主动性与独立性的训练。例如，学生观察动物的活动时，教师有启发性的提问和指导，让学生观察动物的外形、吃食、睡觉、戏耍与搏斗、性情温驯与凶猛等各种情况下动物个体与群体活动情况，这样才能使观察活动深入细致。瓦·阿·苏霍姆林斯基总结教给学生观察的经验曾这样写道："……二月，正是深冬严寒的季节。可是恰巧遇到一个晴朗的日子。我们来到寂静的、还有积雪的果园里。'孩子们，你们仔细地看看周围事物。你们能看到春天已经快要来临的最初的标志吗？即使你们中间最不留心的人，也能看出三种标志。而不仅会看并且会想的人，就能看出几十种标志来。谁会欣赏大自然的音乐，他就能听出春天正在觉醒的第一批旋律。大家看吧，听吧，想吧！——我对学生们说。我看到，孩子们仔细地察看雪层覆盖的树枝，察看树木的外皮，倾听着各种声音。每一个小小的发现都使他们感到欣喜。每一个人都想找到某种新的东西。"①

最后还要引导学生学会记录并整理观察结果，在分析研究的基础上，写出观察报告、日记或作文。同时，还应引导学生开展讨论，交流并汇报观察成果，不断提高学生的观察能力。

---

①　[苏] 臧可夫. 给教师的建议. 北京：教育科学出版社，1980. 47

第四章 记 忆

第一节 记忆概述

一、什么是记忆

记忆是过去的经验通过识记、保持、再认和回忆的方式在人脑中的反映。人见过的、听过的、嗅过的、尝过的、触摸过的、思考过的、体验过的对象以及动作等，都可能在头脑里留下痕迹，以后还会再认和回忆出来，这都是记忆现象。

从反映论观点来看，记忆是人脑对客观现实的反映。记忆是比感知觉更复杂的心理现象。感知过程是反映当前作用于感官的对象，记忆是反映过去的经验；感知是感性认识，记忆兼有感性与理性认识的特点。形象记忆具有感性认识的特点，逻辑记忆则具有理性认识的特点。记忆是包括"记"和"忆"的完整心理过程。所谓记指识记和保持，所谓忆是再认和回忆。这是记忆要达到的目的，也是检验记忆的指标。

从信息加工的观点来看，记忆就是对输入信息的编码、储存和提取的过程。编码是对外界信息进行形式的转换，即获取信息的过程。如人们见到一个具体的事物（水果），把它变成抽象的文字词语或者一个（水果）表象，就是编码。存储是把感知编码过的事物、动作、情感体验等，以一定的形式保持在人们头脑中的过程，知识的存储形式也叫知识（在人脑中）的表征。提取是从记忆中查找已有信息的过程，是记忆过程的最后一个阶段，也是体现记忆好坏的重要指标。提取包括再认与回忆两种形式。

记忆过程的反映论观点与信息加工的观点是紧密联系与相互对应的。识记即对输入信息的编码过程；保持是对编码过的信息进行贮存的过程；再认和回忆是对贮存信息的提取与应用过程。

记忆在学习活动与知识的积累中、在生活与工作及社会实践技能的形成中起着重要作用。记忆与人类其他心理活动（如知觉、想象、思维、复杂问题的解决，以及情绪、情感、意志等）有着密切关系。记忆对人的个体心理各个方面（如技能动作、语言与言语、智力与能力、行为方式与个性特征等）的形成与发展有重要的影响。记忆是人的良好心理品质与健康人格，以及基本技能与心理机能的基础。虽然学习不等于记忆，学习除记忆之外，还包括感知了解、领会、思维理解、掌握与创新等环节的心理活动。但是，离开记忆，人的复杂心理活动不复存在，直接与间接知识经验的积累和学习也就无法进行。失去记忆能力，人的健康人格、个性品质与聪明才智不仅得不到发展，甚至难以独立地生活与生存在社会之中。

二、记忆的生理机制

记忆和其他心理现象一样，也是脑的机能。随着生理科学的发展，现代与当代心理学对记忆的神经机制的研究有了很大的进展，提出了许多理论假说。

依据巴甫洛夫的条件反射（暂时神经联系）学说分析，记忆是大脑皮层暂时神经联系的形成、巩固和恢复过程。遗忘是暂时神经联系的消退和被干扰。识记是暂时神经联系的建立；保持是经过复习和强化，暂时神经联系被巩固；在刺激影响下，暂时神经联系又恢复起来，就是再认和回忆。

现代科学研究进一步说明，脑的许多部位都参与记忆活动。首先，大脑皮层颞叶和额叶同记忆有关。加拿大医生潘菲尔德（W. Penfield，1959）用电刺激癫痫病人颞叶外侧部，引起了患者对往事鲜明的回忆，这种回忆多半是视、听觉方面的形象记忆。著名的神经心理学家普里布拉姆（K. H. Pribram）也指出：皮质额叶部位在短时记忆中起着重要作用。猿猴额叶一旦受伤，动物便难于完成那种要它们记住刚在几秒钟以前发生的事情的作业。

其次，海马与短时记忆向长时记忆转化有关。把两侧海马都切除，则最近的记忆消失，但从前的记忆和学会的技能却不丧失。

再有，苏联神经心理学家鲁利亚发现大脑皮层下组织与记忆有密切关系。他发现丘脑下部组织（透明隔、乳头体）及部分边缘系统受损伤或病变的患者也有逆向性健忘和最新记忆丧失等记忆障碍症状。

通过对脑电现象和神经结构的研究，人们发现，记忆会使神经结构和神经化学物质发生一系列变化。瞬时记忆是神经细胞的惰性作用。短时记忆是神经系统反响回路中的反响效应机制。现代科学研究进一步说明，脑的许多部位都参与记忆活动，支持了记忆的脑定位说观点。

在科恩（Cohen，1968）等人的研究中，给抑郁病患者脑的不同部位电击痉挛。被试分三组：一组只击右脑，另一组只击左脑，第三组电击脑的两侧。在电击前所有患者都有言语记忆（有词的联想）和形象记忆（画了一幅图画）。电击治疗后几小时，测验他们记忆保持的情况。结果表明，电击左脑损害言语记忆，但不损害形象记忆。电击右脑损害形象记忆，但不损害言语记忆。电击脑的两侧，形象记忆和言语记忆都受到损害。因此，可以推论，言语记忆可能储存在脑的左半球，形象记忆可能储存在脑的右半球。

根据神经元回路说的反响效应机制，识记是由电冲动在脑神经闭合回路中反复循环而引起的。如果在闭合回路内的突触及与此相联系的突触中，较短的时间内有很多信号反复流过。这样，闭合回路内的突触就比闭合回路外的突触更容易传递信息。前一种突触称为被易化了的突触，也就是形成了识记。如果被易化了的突触搁置不用，就会恢复到原来未易化状态。这时即使来了电信号也不能传递，也不能构成易化了的回路。这就是遗忘。因此，我们识记的事情越多、越复杂，脑内就形成越多、越复杂的神经网络。贾维克（Jarvik）和艾思曼（Essman）的白鼠跳台（电击）实验证实了这种想法。长时记忆是与神经元的结构变化有关，当反响回路的活动十分持久，突触会发生结构变化，形成复杂网络。因而兴奋活动能保持较长时间，以后相同刺激作用，就会激活起复杂的网络复杂活动，重现过去的经验。要使短时记忆转入长时记忆，有机体在获得一种经验之后需要持续一段时间对它编码，使神经系统结构上发生变化或使这种变化更加牢固。有人发现，在富于变化并获得各种经验的复杂环境中饲养的白鼠比隔离饲养的白鼠的脑要重，树状突的数量多，皮层中所形成的胶质细胞更多。

20 世纪 60 年代以后，瑞典神经化学家海登（H. Hyden）训练小白鼠走钢丝，发现训练后的白鼠脑中有关神经细胞的 RNA（核糖核酸）含量显著增加，其组成成分也有变化。于是海登等人把蛋白质大分子看作是记忆信息的"储存器"，而 RNA 和 DNA 是记忆的化学分子载体。但是，他们如何编码以及这种编码是什么至今仍然在探究之中。

三、记忆表象

人的记忆有形象记忆、概念记忆、逻辑记忆、情绪记忆、动作记忆等不同形式。同形象记忆有关的回忆结果叫记忆表象，简称表象。具体地说，人脑重新回忆过去经历过事物的形象，如"天安门""红旗""人民英雄纪念碑""毛主席纪念堂"等映象，就是记忆表象。

记忆表象有视觉、听觉与运动表象之分。视觉表象是在视觉活动基础上、在头脑中保持并回忆的关于事物的形状、深度、大小、方位、颜色和立体空间等图像；听觉表象是在听觉活动基础上，在头脑中保持并回忆的关于各种声音（语音与语调、声乐与器乐、鸟与各种动物的声音等）的形象；运动表象是在运动感觉基础上，形成的各种动作与操作系统的形象等。

表象不同于感觉后像。后像是作用于感官的刺激停止后，头脑中仍然保持着的事物映象，它是由刺激物直接影响的后效应引起的，时间短暂，不受意识支配，在生活实践中起一般作用。表象是刺激物不在时，通过间接方式出现在头脑中的事物映象，可以随意控制，时间较长久，在认知活动中有重要意义。

记忆表象是在感知的基础上形成的，是保持在人脑中的过去感知的形象，具有直观形象性特点。但和知觉相比，形象的鲜明性、完整性和稳定性都有差异。表象的形象较模糊、暗淡、片段、不稳定等特点。

表象比感知觉复杂，是一种较高水平的反映，它有一定的概括性，反映着事物共同的、表面的形象特征。根据其概括程度不同，有具体表象和一般表象之分。具体表象是在个别事物多次出现在人的面前时，对其外部形象的概括，一般表象是对一类事物共有的一般形象的概括。表象的概括，只限于外部形象，还未达到思维的抽象概括水平，基本上仍属于感性认识阶段，表象是感知过程向抽象思维过渡的中间环节与桥梁。表象可以作为思维的一个基本单位，是人们理解知识信息的重要条件，也是想象的基础以及形象思维和创造思维得以实现的先决条件；表象有利于学生对数学与几何问题的解决，有利于对各种科学知识领会理解以及实际问题的解决。

表象作为一种心理活动，就其产生方式也是反射活动。它由一定的刺激引起，这个刺激可能是具体事物，也可能是词语。人脑通过词语要对感知信息进行概括、调节、加工，进行双重编码（即词语与形象）、双重储存、双重提取，所以词语和事物都能唤起某种表象。表象也会引起一定的效应动作。有人测定运动员的赛跑表象活动时腿部肌肉活动情况，发现类似真正运动时的生物电现象。

人的表象有个体差异性。有的视觉表象鲜明，有的则听觉或动作形象鲜明。甚至有约 60％的 10～15 岁儿童有类似观察实物那样鲜明的遗觉像。我国心理学家林传鼎等（1983）研究表明：在中国儿童中，有遗觉像者比无遗觉像者学习能力的分数高，其差异显著，$p < 0.01$。[①]

四、记忆的三级信息加工模式

根据信息加工理论，人类的记忆就是一个信息加工系统。刺激过程是信息的输入；中枢过程是信息编码、储存；效应过程是信息的提取。

记忆有三级信息加工模式（即三个记忆阶段）：

第一阶段是瞬时记忆（即感觉记忆）。外部刺激经过输入系统传到感觉

---

① 普通心理学与实验心理学论文集. 兰州：甘肃人民出版社，1983. 240～247

储存器，信息可寄存很短时间，大约 0.25～2 秒钟。这是刺激停止之后，保持一瞬间的感觉登记。它有鲜明的形象性，有人称其为视觉映象记忆（i-conic memory）。后像就是一种感觉记忆。这是原封不动地以刺激物的物理特征进行编码，并以视觉图像或声音图像为主保存在感觉登记器中的记忆。感觉记忆一般要比短时记忆的容量大，超过注意范围是 4～5 个或 6 个的传统说法。这是由于每次感觉登记下来的信息是有限的，一瞬间感官接触的刺激很多，但能够记忆者只是很少的部分，并不是全部刺激项目。

斯珀林（G. Spering）1960 年的著名实验证明瞬时记忆的存在。他用速示器以 50 毫秒时间呈现识记 12 个字母（见表 4-1）。然后用部分回忆法（即刺激终止后，立刻发出高、中、低三种音调中一种，被试迅速回忆音调所代表行的 4 个字母），结果每次能回忆 3 个，占该行字母数的 75%，于是推算头脑中保持的总量是 $12 \times 75\% = 9$ 个字母，远远超过 4 个或 5 个了。

他改进实验方法，把刺激与信号的时间间隔发生变化。实验结果也不同：信号刺激延缓 0.15 秒出现，回忆量为 60%；延缓 0.3 秒，回忆量为 55%；延缓 1 秒，回忆量为 40%；这时回忆字母才 4～5 个。

斯珀林认为他的实验可以证明有感觉记忆系统存在，信息以映象形式保持，在 1 秒钟内就消失。感觉储存器的信息，受到人有意识的选择性知觉，就会转入短时记忆。

表 4-1

12 个字母闪现 50 毫秒	每次呈现一种音调
S N T R	高 音 调
P K L A	中 音 调
D Q J M	低 音 调

第二阶段是短时记忆（STM）。这时的信息已经过初步编码，是以知觉或选择性注意的形式出现。短时记忆储存信息约 5～20 秒，最多不过 1 分钟，记忆痕迹有随时间而自动消退的特征。有人称其为电话号码记忆，也称工作记忆。其编码形式是以言语听觉编码为主，也有视觉和语义的编码。以语文材料为例，个体将某个字按"字音""字形""字义"分别编为声码、形码、义码之后，才能在短时记忆阶段储存下来。这种记忆的信息容纳量，米勒（Miller，1956）研究认为是"7±2"；这是机械刺激而论，如果采取

编码之后再编码的认识策略，进行"组块（chunk）"（即指具有某种意义的组合）记忆，可以扩大短时记忆的广度。这里"7±2"个"组块"，可指"7±2"个数字、字母、词、人名、地名、国名等。例如，将数字"19191921193719451949"孤立来看，是 20 个组块，就超过了短时记忆的容量，如果将它"组块"为 1919，1921，1937，1945，1949，看成中国近代史上的重要年代，则只有 5 个组块，就很容易记住。感觉记忆和短时记忆都是一次性的，经过复习，就会转入长时记忆。

第三阶段是长时记忆（LTM）。这是经过复习长期储存信息的记忆。储存时间在 1 分钟以上乃至人的一生。人的长时记忆的容量是惊人的，但不是无限的。进入长时记忆之后主要是语义编码（即关注一般意义或观念的编码，而不重视事物的细节），视觉表象编码也是一种重要形式，有时单一编码，有时同时使用两种编码形式。这是把新材料整合到个人已有图式中，经过复杂的编码后，便于提出信息的记忆。长时记忆的存储方式主要有：（1）空间结构组合；（2）系列组合，如"字母表""九九乘法表"等；（3）联想组合，以相似、对比、接近、因果等特征进行联想组合并储存；（4）层次组合，即将记忆内容按组织层次编码并存储在记忆之中。

这三个阶段可用图 4-1 表示：

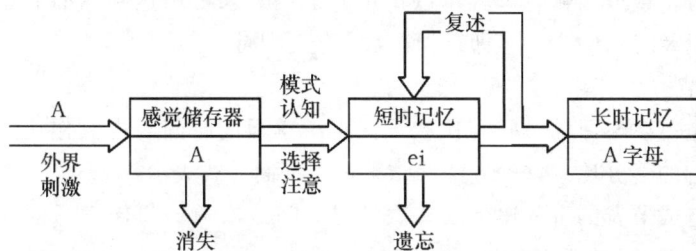

图 4-1 三个记忆阶段模式图

五、记忆的实验方法[①]

记忆的实验以艾宾浩斯（H. Ebbinghalls）开始，成为一个科学方法的里程碑，从那时以来，共采用以下方法进行记忆的研究：

1. 瞬时记忆的广度研究

---

① 赫葆源、张厚粲、陈舒永等编. 实验心理学. 北京：北京大学出版社，1983. 739～758

贾刻布兹（J. Jacobs）1887 年最早采用简单的方法，它是根据艾宾浩斯发明的系列回忆法稍加改动形成的。用 3 位到 12 位数字（如 947、1476、38491…549325761702）听一次之后，被试能够"复述"出来的广度。能复述出来的广度是指复述正确率达 50％以上的广度。例如，某人记 8 位数字正确复述率达 74％，记 9 位数字正确复述率为 42％，取二者之间，其瞬时记忆广度为 8.75。

2. 保持成分法

识记一段可以划分成许多"观念"或意义单位的文字材料之后，要求被试回忆此材料，看其回忆和保持多少记忆成分。这对散文或课文材料的记忆和检查非常有效。

3. 学习法（或学习时间法）

指学习或记忆达到某种熟练标准的尝试次数或者时间。熟练标准可以是百分之百正确背诵或 2/3 正确背诵。此法适用各种材料的记忆，范围很广。但熟练标准难掌握，例如 8 次学习达到 90％的熟练，而余下的 10％可能还需要 8 次或更多次学习。

4. 提示法

这是学习法的修正，指学习或识记某个材料一次或几次之后，就尝试背诵，有错误或停顿时，就予以提示。记忆效果可用达到标准的总时间或次数，以及提示的次数（即错误次数）统计评定。

5. 节省法

这是首次学习的时间与次数，同再次学习的时间与次数作比较，而得出的节省的百分比。这种方法的结果可用下面公式表示：

保持或节省的百分比＝（首次学习时间或次数－再次学习的时间或次数）/首次学习时间或次数。

6. 再认法

这是学习与识记一组材料之后，利用再认的方式检查记忆正确的比率。通常是识记原来的 20 个材料，再认时是原 20 个材料加上新的 20（或 30）个材料，其统计方法如下：

保存量＝100（R－W）/T

（R 为原有材料正确再认数；W 为新加材料错误再认数；T 为新、旧项目材料之和。）

7. 重构法

简单地说就是请被试复现刺激项目（或内容）的排列次序。重构法的实验程序一般都分两步：第一步，先由实验者向被试呈现有一定次序或位置的刺激系列；第二步，将原刺激系列打乱后，交给被试，要求按照刺激呈现的次序或位置复原。通常是用重建顺序正确数的比率或错误数的比率作为衡量回忆水平的指标。这种方法可以是简单重构；也可能是较复杂的二度重构或三度重构。

8. 预读法

回忆方法的一种，要求被试根据前一刺激（音节或单词），回忆并说出（或写出）下一个音节（或单词）；再由此音节（或单词），回忆并说出（或写出）后一个音节（或单词）。前一个音节（或单词）对后一个音节（或单词）起着提示作用，所以也叫回忆的提示法（见表 4-2）。

表 4-2

系列位置	0	1	2	3	4	5	6	7	8	9	…
刺 激	XXX	HIG	WUG	KYR	CLZ	PEH	LUJ	NAJ	BEP	RAL	…
预读回忆	hig	wug	kyr	ciz	peh	luj	naj	bep	ral	vif	…

统计方法：①通过达到学习标准所用的识记次数（或遍数）或学习速度；②记下每次（遍）学习发生错误的次数并画出学习历程曲线；③记下达到学习标准时，每一系列位置项目错误的次数，检查系列对记忆的影响；④间隔不同时间再呈现字母表，记下回忆错误的项目数来度量保存量。

9. 对偶联合记忆法

本方法是识记成对的项目（刺激项目和反应项目），刺激项目是被试回忆起反应项目的线索。对偶联合法可以通过两种方式进行：

其一是以提示方式进行。即被试识记对偶材料（如椅子与上部；父亲与茶杯……），再提出刺激项目（如椅子或父亲……），被试说出反应项目（上部或茶杯……）作为强化。可进行第二、第三及多次学习（每次呈现顺序应不相同），直到记住无误为止。

其二以学习测验方式进行。即学习对偶材料之后，任意提出测验项目，要求被试回忆起配对项目。

此外，进行记忆研究和练习的方法还有自由回忆、部分再现等其他方法。

第二节　记忆的基本过程及规律

完整的记忆活动分为识记、保持、再认和回忆四个基本过程，每一个具体过程又有其不同的重点和规律。

一、识记过程

识记是人们识别与记住事物的过程，也是信息输入与编码的过程。这是记忆的开端环节，是人们反复认识某一对象，在头脑中留下痕迹，形成暂时神经联系的过程。例如，人们认识字词（中文或外文）、认人、认事物等刚开始的认识活动就是识记过程。

（一）有意识记与无意识记

从有无预定目的、任务来看，识记可分成有意和无意两种。有意识记是有预定目的、任务而又自觉地运用方法去识记事物的过程。人系统地学习科学知识，自觉地认识世界，有效率地工作，必须采用这种识记方法。无意识记是无特定的记忆目的和任务，也不采用专门的记忆方法，自然而然地记住某一事物，留下痕迹的识记。例如，在日常生活、学习和工作中，人们偶然感知过的事物，看过的小说、电影、戏剧，体验过的情绪，做过的动作，当时并没有预定的目的去记它，而是自然而然地把它记住了。无意识记有很大的选择性，与人的需要兴趣密切联系的材料，往往更容易被记住。人们的知识经验有不少是由无意识记积累起来的。因此，不能否定无意识记的作用。无意识记具有很大的不随意性、片面性、偶然性，也不要过分夸大其作用。

心理学实验证明，有意识记的效果要优于无意识记。彼得逊（L. R. Peterson）曾对两组被试进行在有或无目的要求情况下学习词语的对比实验。结果有目的的识记，即时回忆 14 个词语，两天后回忆 9 个；无目的的识记，即时回忆 10 个词。二天后回忆 6 个词。在小学或幼儿园的实验观察也表明：两组儿童听同样的故事，甲组有复述的任务，乙组则无明确目的，结果甲组记忆效果要优于乙组。这也表明幼儿的无意识记可能优于有意识记。

（二）意义识记与机械识记

从识记材料的性质以及对材料是否理解来看，识记方法又有机械和意义之分。机械识记是根据事物的外部联系，机械重复，死记硬背的记忆。

意义识记是根据事物内部联系，反复领会、理解，揭示其实际意义的记忆方法，也称逻辑的或理解的记忆。

日常经验和心理实验都证实，意义识记具有很大的优越性。德国心理学家艾宾浩斯（E. Ebbinghaus）亲自当主试又做被试，对无意义音节和有意义的材料作了对比实验研究，结果表明12个无意义音节需要12.6次才背会，36个无意义音节需55次才背会，而480个音节的节律诗，只需8次就背会。后来许多心理学家做过类似实验，也得到同样效果。

在学习生活中，人们常常对无意义的材料给予人为的意义，应用人工联想的方法，从而大大提高识记效果。如 $\pi = 3.1415926$，采用汉字谐音记为"伞已撕，已无救而漏"，就好记多了。又如 ball（球）、bell（铃）、boll（圆夹）、bill（账单）、bull（公牛）等英文单词，进行词形比较，就易记住。

在人的现实生活中机械识记也是不可缺少的。有些材料在内容方面没有什么意义联系。如人名、地名、数字、符号等，往往需要人重复地去强记；早期在经验贫乏的情况下，机械识记也是儿童认识世界积累经验的重要形式；即使是意义材料，有时也离不开机械强记。因此以意义识记为主，兼用机械识记的方法，才是良好的识记。

（三）良好识记依赖的条件

组织良好识记除受上面识记方法影响之外，还依赖以下条件：

1. 识记对活动任务及活动性质的依赖

许多心理实验证明，在有意识记中，记忆任务越明确具体，效果越好。让两组学生识记同样难度的图片，甲组要求能记住并再现图片（一般任务）；乙组要求按图片先后顺序再现（特殊任务）。结果两组学生记住图片数量（即一般任务的效果）一样；若按图片先后顺序再现（即特殊与具体的任务效果），则乙组正确率达70%，甲组按顺序回忆正确率只是28%，差别非常显著。

任务的久暂也直接影响识记的效果。彼得逊曾做过如下实验：把一件事讲给选定的两班学生听，要求记住主要内容。告诉一班两小时后要来一个测验，对二班说测验在两周后举行。实际上每班都参加两次测验，两小时后的测验，二班成绩不及一班好；两周后的测验，二班成绩优于一班。这是时间意图对记忆力影响的一个例证。现实生活也证实，识记任务越持久，记忆效果越好。如果有人识记只是为了应付考试，那么到考试完毕，所识记的材料则会很快忘掉。

识记材料变成直接操作或活动对象，效果会更好。有人做过编写提纲和无编写提纲的对比实验。识记一段文章，九天后检查，无编写提纲组遗忘43.2%，编写提纲组只遗忘24.8%。在教学与日常生活中，让被试直接操作识记对象，动手写、画、计算、分类、操作等都能提高识记效果。

2. 识记对材料数量和性质的依赖

识记所需时间，往往随材料的数量增加而增加，增加的时间量要比材料数量大得多。艾宾浩斯采用学习法研究识记所需时间与无意义音节个数的关系，得出表4-3的结果。又如，有人识记12个材料平均每个需14秒；识记24个材料，平均每个需29秒；识记36个材料，平均每个需42秒。因此，数量少的材料适宜整体识记，数量大的材料则分段识记的效果要好。

识记效果还有赖于材料的性质。一般来说，意义材料优于无意义的材料；形象材料要优于抽象材料；课文与系统的材料要优于散句。但也有的实验研究说明，对内容的识记，以阅读课文为好；对每个字或单词的精确识记，则读散句为好。

表 4-3

音节数	诵读次数	总共需时间（秒）	每个音节所需平均时间（秒）
7	1	3	0.4
10	13	52	5.2
12	17	82	6.8
16	30	196	12.0
24	44	422	17.6
33	55	792	22.0

3. 识记对不同分析器的依赖

每种分析器都有专门的神经通道。多种分析器协同活动，可以使同一内容在脑皮层建立多通道联系，从而大大提高识记效果。有人曾做过直观材料、词的视觉及词的听觉识记的对比实验，得表4-4的结果。此结果表明，直观材料优于词的视觉材料，词的视觉材料又优于听觉材料。可见俗语所说"百闻不如一见"是有道理的。语言材料和视觉形象联系起来，是记忆大量信息的基础。

表 4-4

识记方法	数 量	当天回忆	三天后回忆
直观材料	10	8	6
词的视觉	10	7	2
词的听觉	10	6	1

有的人还进行过单一分析器与多种分析器识记方法的对比实验：让三组学生分别用三种方式识记 10 张画片，只看的识记效果为 70％，只听的识记效果为 60％，视听结合的识记效果为 86.3％。此结果也证实视觉识记优于听觉；多种分析器要优于单一分析器。

4. 识记对主观心理条件的依赖

识记效果除依赖上述各种外部条件外，也依赖主体的知识经验、意识倾向、情绪状态和个性特征等心理条件。学生已有的知识经验，感知认真、注意集中、思维积极、意志坚强、情绪稳定、精力充沛、身心健康等都有利于提高识记效果。

二、保持和遗忘

（一）保持及其特点

保持是记忆过程的中心环节。记忆的基本特点在于保持，没有保持就无所谓记忆。

保持是信息的储存，也是暂时神经联系的巩固过程。在这种过程中，主体要对输入的信息加工、编码，旧经验要对新知识主动整合，使识记材料在内容及量与质上，都会发生变化（即产生泛化与分化，夸大与缩小，扩充与压缩，完整与简略等）。

德国心理学家艾宾浩斯（H. Ebbinghaus，1885）对保持量的变化进行了系统研究。他以再学法的节省率为保持量的指标。发现刚学完时保持量最大，在学后的短时间内保持量急剧下降，然后渐趋缓慢下降到一个水平。巴拉德（P. B. Ballard，1913）对儿童学习诗歌的研究发现：在不予复习条件下的记忆恢复现象（即学习后过 1 天、2 天、3 天测得的保持量比学习后立即测得的保持量要多）。

随着时间的推移，记忆内容也会发生变化。伍尔夫（Wulf，1922）以图形为记忆材料对记忆内容变化的实验结果表明：原图形往往会向着更匀称的方向、标准图形的方向变化；某些特征突出地被强调。巴特莱特（Bartlett，1932）以故事为记忆材料对记忆内容变化的实验结果也表明：故事逐渐被缩短与省略；变得更有连贯性，并被合理化，变成适合于习惯或符合价值观的故事；故事中的说话语气和表述，容易换成被试惯用的语气和表述。

从上述的研究可以看出，记忆内容的变化，有的在开始识记时就已发生，有的是由于知识经验或偏见在保持阶段发生了变化，还有的是当记忆变得模糊了，靠传闻再现而使记忆发生变化。

（二）遗忘及其种类、规律与原因

1. 遗忘及其种类

保持的反面是遗忘。识记过的内容在一定条件下不能或错误地恢复与提取都叫遗忘。

遗忘分暂时性与永久性两种。前者指已经转入长时记忆的内容暂时不能被提取，但在适宜的条件下还可能恢复。这是一种与线索有关的遗忘。线索上的误差，不同线索间的冲突以及线索不足等都可能使再认与回忆遭到困难。这是由干扰等原因造成的提取信息的障碍。后者是发生在瞬时与短时记忆阶段的记忆材料未经复习而消失产生的遗忘。这是一种因衰退原因而引起的"存储性障碍"。

遗忘还可分为主动性与被动性两种。前者指人们为了减轻心理不安，有意识地逼迫自己不去回忆那些引起特别痛苦体验与感受的事件，或者以某种方式有意地歪曲它们，使其不再出现，也称有意遗忘。弗洛伊德提出的"压抑性遗忘"及巴特莱特（Bartlett）1932 年提出的"创见性遗忘"均属于主动性遗忘。被动性遗忘即指人们因为消退、干扰、腐蚀衰减等原因引起的遗忘。

2. 遗忘研究与遗忘规律

对记忆和遗忘进行实验研究的创始人德国心理学家艾宾浩斯（H. Ebbinghaus）于 1879～1884 年通过遗忘作为时间函数的测量，提出了著名的"遗忘曲线"；继艾宾浩斯之后，缪勒和皮尔才克（G. E. Müller & A. Pilzeker）于 1900 年发现了"倒摄抑制"遗忘现象，后来又发现"前摄抑制"现象，均强调新旧材料之间的相互干扰而产生遗忘。随后詹金斯和达仑巴赫（J. G. Jenkins & K. M. Dallenbach）于 1924 年发表了学习后立即睡眠的回忆，要优于学习后清醒状态的回忆的实验结论；格式塔心理学家1935 年提出了"记忆变形"的遗忘理论，即遗忘消退论认为遗忘是由于记忆痕迹得不到强化而逐渐减弱，以致最后消退或消失；巴甫洛夫学说认为大脑皮层神经活动的抑制是导致遗忘的根本原因；而现代信息加工的观点把遗忘看成是双重过程，瞬时与短时记忆的遗忘是衰退或消退原因引起的存储性障碍，长时记忆的遗忘是干扰机制引起的提取性障碍。

遗忘有以下规律和特点：

（1）不重要的和未经复习的内容容易遗忘。强烈的记忆意图会产生注意力集中的结果，对个人不重要的和没有意图的事物，则会降低注意力，容易遗忘。

（2）抽象的内容要比形象的内容、无意义材料要比有意义材料容易遗忘。有人做过实验，经过400天后被试对有意义的材料仍保持60％，而无意义材料只保持30％[①]。

（3）遗忘的进程不均衡，有先快后慢的特点。这是艾宾浩斯首先发现的遗忘规律。他用无意义音节作材料，采取学习法共识记7组（每组13个音节）材料。初次成诵和再次复诵间隔时间分别为20分钟、1小时、9小时、1天、2天、6天、31天。以节省时间或次数为保持效果，其实验结果见表4-5。根据表中数字，以纵坐标为保持百分比，横坐标为间隔时间，可制成遗忘曲线（见图4-2），形象地显示遗忘进程不均衡的趋势。遗忘进程不均衡的特点还受材料性质、数量及识记方法的影响，但先快后慢的总趋势是不变的。我国心理学家陆志伟1922年用回忆、预期回忆、重学、重组材料、再认五种方法测得的遗忘曲线也具有同样趋势。

表4-5 不同时间间隔保持与遗忘的百分比

初诵与复诵间隔时间（小时）	0.33	1	9	24	24×2	24×6	24×31
节省百分比	58	44	36	34	28	25	21
遗忘百分比	42	56	64	66	72	75	79

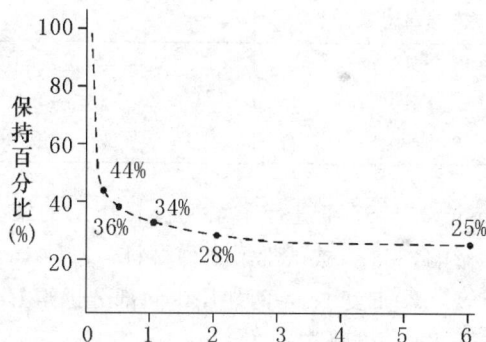

图 4-2 艾宾浩斯遗忘曲线

---

① 林汉达. 学习心理学讲话. 世界书局，1941. 66

（4）前摄抑制（即先学习的内容对后继学习的干扰）、倒摄抑制（即后学习的材料对先前学习的妨碍）对遗忘有重要影响。1900 年，缪勒和皮尔扎克首先发现倒摄抑制现象。后来人们又发现先后两种学习材料，在难易程度、巩固程度、相似程度会影响倒摄抑制（见表 4-6）。我国学者程迺颐（1929）研究表明，初级相似，倒摄干扰最大，高相似和不相似的干扰则小（见表 4-7）。前摄抑制的干扰随先前学习材料的次数和保持时间的增加而增加（见表 4-8）。

表 4-6　先后学习次数与倒摄抑制

先学习 A 材料的次数	后学习 B 材料的次数	B 对 A 倒摄抑制%
2	4 与 8	68.7 与 76.0
4	4 与 8	38.6 与 44.1
8	4 与 8	24.3 与 34.7

表 4-7　相似程度与倒摄抑制

实验材料	保持%	倒摄抑制结果
无插入材料	34.58	
A 高级相似	19.28	− 0.44
B 初级相似	9.37	− 0.72
C 全不相似	16.72	− 0.51

表 4-8　先学习次数（保持时间）

先学习次数（或保持时间）	前摄抑制%
1 次　（15 分钟）	8.0　（13.5）
2 次　（30 分钟）	18.1　（13.9）
3 次　（60 分钟）	28.6　（20.6）

肯斯雷（Kingsley）1957 年进行了系列位置作用的实验研究，也证实前摄与倒摄抑制的影响。68 个被试学习三种材料，每种 15 个按先后系列进行，然后测其效果，结果如表 4-9，两端比中间部分记得好，特别无意义音节材料在这方面表现得更为明显。

表 4-9 材料系列位置对记忆的影响

材料系列		1	2	3	4	5	6	7	8	9	10	11	12	13	14	15
材料内容	无意义音节	56	35	24	22	24	8	12	9	6	3	7	3	18	26	51
	不相干单词	65	68	45	37	58	18	44	32	36	15	46	31	49	49	58
	相关联单词	66	68	67	54	67	58	59	58	58	56	52	52	62	52	62

（记住人数）

在学习中，前摄抑制和倒摄抑制的影响是非常明显的。例如，学习一篇课文，一般总是开头和结尾部分容易记住，而中间部分则容易忘记。其原因是，课文的开始部分只受倒摄抑制的影响，不受前摄抑制的影响；结尾部分只受前摄抑制的影响，不受倒摄抑制的影响；中间部分则受两种抑制的影响，因而最易遗忘。

清醒和睡眠状态对遗忘的影响有明显差异。根据倒摄抑制的原理，在一段不活动的时间内（如睡眠态），对先学习的材料没有或只有很少的影响。詹金斯和达伦巴赫设置的实验，选择两名大学生分别学习 10 个相同材料之后，作处在睡眠与清醒（不复习）两种状态的比较，结果处在不活动状态（睡眠状态）遗忘进行较缓慢。

（5）遗忘还受动机和情绪的影响。奥地利心理学家弗洛伊德在从事精神医学生涯的初期，曾忘却一女性病人的名字，努力思索，总是想不起来。经过详细研究，他发现自己曾对该患者作过诊断上的错误。由于责任心受到伤害，他下意识地想将这件事忘却。这是下意识地想忘却不愉快的事物的一种意图。后来，精神分析学派称此为"动机性遗忘"。

弗洛伊德（1923）是第一个把记忆和遗忘看作是个体维护自我动态过程的心理学家。他在给精神病人施行催眠术时发现，许多人能回忆起早年生活中的许多琐事，而这些事情平时是回忆不起来的。它们大多与罪恶感、羞耻感相联系，因而不能为自我所接受，故不能回忆。也就是说，遗忘不是保持的消失而是记忆被压抑。这种理论也叫压抑理论。

有人做过实验，让 100 个儿童将听过的有趣和没趣的话回想起来。结果有趣的话，大多数都能记得，没趣的话大多数都遗忘了。

波瓦（Bower，1981）曾用催眠术造成被试愉快与不愉快的心境，让被试者分别在两种心境状态下识记与回忆单词。结果：识记与回忆同心境，回忆成绩好；异心境时，回忆成绩差。

（6）"舌尖现象"对遗忘的影响。有时我们明明知道某人的姓名或某个字，可是就是想不起来，事后却能回忆起来。这种明明知道某件事，但就是不能回忆出来的现象被称为"舌尖现象"。这种情况说明，遗忘只是暂时的，就像物品放错了地方怎么也找不到一样。从信息加工的观点来看，遗忘是一时难以提取出欲求的信息。一旦有了正确的线索经过搜寻，那么所要的信息就能被提取出来。提取失败可能失去了线索或线索错误所致。我们的长时记忆像一个巨大的图书馆，储存着成千上万的图书，如果没有正确地加以储存，即使是最好的检索线索也不会帮助我们。很多记忆的失败很可能是编码不准确或缺乏检索线索，而非真正的遗忘。

三、再认和回忆

再认和回忆是衡量记忆巩固程度及是否记住的重要指标，也是记忆要达到的目的。研究记忆的方法中，也包括再认法和回忆。如果学过的东西，不能回忆和再认，就谈不上记忆。

（一）再认

再认是对过去感知过的对象再接触时，有熟悉之感，知道它是知觉过的对象。例如，碰到熟悉的人，认熟悉的字词，查阅学过的数理化公式等都是再认过程。

再认是较简单的记忆现象。对识记过的对象进行再认要比回忆容易；从个体心理发展来看，再认要比回忆早出现；从记忆巩固程度来看，再认要低于回忆，能回忆必能再认，反过来就不一定成立。艾基利斯（Achilles）报告过 8.5 岁至 11.5 岁儿童再认与再现（回忆）的比较研究。结果表明：词汇再认为 23.95，回忆为 5.22；图形再认为 9.61，回忆为 3.77；缀字再认为 9.61，回忆为 1.86；差别显著。日本的清水也对图形记忆中的再认法与再现法进行了比较，结果如表4-10，差别也很明显。

表 4-10　图形记忆中再认法与再现法之比较

	幼儿园	小 1	小 2	小 3	小 4	小 5	小 6
再现法	38.4	52.1	56.3	65.5	70.1	72.7	77.9
再认法	75.4	80.3	84.5	87.9	86.9	87.9	89.6
差	37.0	28.2	28.2	22.4	16.8	15.2	11.7

再认有不稳定和动摇的特点，主要指再认反应快慢和准确程度而言。再认是否迅速、正确、稳定，决定于旧事物巩固程度及新旧刺激物类似的程度。无论是简单的还是复杂的再认，都是依靠线索来进行的。所谓线索是指事物的组成部分和特征。通过线索唤起对其他部分的回忆，从而形成对特定对象的整体性认识。特别熟悉的对象，再认时所需线索少而且简化；不熟悉的事物，再认时需要很多线索。

再认有时会出现错误，错误原因有以下几种：第一，未经复习而引起暂时神经联系消退，致使不能再认。第二，身心疲倦、情绪紧张、外因干扰，产生暂时抑制，因而一时不能认知。第三，由于暂时神经联系泛化的影响，对相似对象不能分化，产生错误再认。如把"戊"当做"戌"或"戍"，把 beast 看成 beat 就是这类错误。第四，因赖以识别该信息的线索模糊不全而干扰了长时记忆的搜寻。第五，心理变态的再认错误。如"既知症"（不认识的对象，也产生熟悉感）"不识症"（连亲人也不认识）等。

（二）回忆

回忆是过去经历过的对象不在主体面前，由其他刺激作用而在头脑里重现出来的过程。

回忆的种类。根据回忆有无任务要求，可分随意回忆和不随意回忆两种。随意回忆是有目的任务，较自觉的过程。个人的学习、科研、思考、解答问题时的再现活动都属这种。其中通过意志努力，排除干扰而实现的追忆过程，是随意回忆最主要的形式。不随意回忆是没有预定目的和任务，自然而然的回忆。自由联想多属于这种形式。根据回忆是否有中介物可分为直接回忆和间接回忆两种。直接回忆不需要中间联想，内容一下子被再现出来。这当中积极思维成分少，自动化的成分多。间接回忆是碰到困难和障碍，要经过复杂的中间联想，把所需要的内容再现出来，里面含有积极思维的成分。

有人研究随意回忆的结构，可以包括四个最重要的成分。第一，动机—目的成分，主体分出和接受回忆的任务，是动机与目的成分，专门的回忆任务对回忆的完整性和准确性有重要的影响。第二，预见成分，由于接受再现任务而产生再现的意图，就实现与所探求的回答多少相近的思想和形象，从而构成回忆的预见成分。第三，操作成分，随意回忆的智力操作成分包括阻断操作（即抛弃不合意图的个别映象与思想，或者阻止回忆的探索）有选择地使用记忆痕迹的作用；回忆的"探索""假设""推测"等操作方式；分析、综合、具体化和概括等一般智力操作，也有助于回忆的进程。第四，评价或赞许成分，这是主体对回忆结果的一种态度。上述成分在结构和功能上是相互联系的。

回忆与联想。回忆过程特别是追忆，常常以联想为基础。联想是暂时神经联系的复活，它是事物之间联系和关系的反映。联想在记忆的全过程中都有重要作用。回忆以联想形式出现有如下规律：（1）接近律。在空间或时间上接近的事物，容易形成接近联想。如"笔—墨—纸—砚""春天—

播种"等。（2）相似律。事物之间相似和共同的特征容易形成相似联想。如"革命—风暴""bed—bid—bud—bad""折—拆—析"等。（3）对比律。事物间相反的特性容易形成对比联想。如"黑—白""难—易""多—少""柔—刚"等。（4）因果律。事物间的因果性关系容易形成因果联想。如"寒冷—结冰""天暖—解冻""雷击—闪电"等。遵循联想规律，采取不同的联想方式，可大大提高回忆的效果。

第三节　青少年记忆的特点及良好记忆品质的培养

一、青少年时期记忆的特点

人的记忆能力不是天生的，是后天逐渐发展起来的。一般来说，人的记忆力在 20 岁以前是向上发展的。根据心理实验的结果，将机械记忆和理解记忆综合起来衡量，正常人 18～35 岁记忆力最好，假定此时成绩为 100 的话，35～60 岁记忆平均成绩为 95；60～85 岁记忆力平均成绩降为 80～85，可见青少年期是记忆力的全盛时期，是学习的黄金时代。

青少年的记忆能力和品质有如下一些特点。

首先，青少年识记的有意性随目的性增加而发展，刚升入初中的学生，无意识记还很明显。他们对直接感兴趣的材料记得好，对困难材料记得较差，以后才逐步学会使自己的记忆服从识记目的任务的要求，有意识记日益占主导地位。在初中阶段，学生识记的目的性还较被动，到高中阶段，学生才逐渐自觉地确定目的来支配自己的识记活动。有人曾比较研究这两种识记的发展趋势。主试分别让不同年龄被试均采用两种方法识记 15 张图片，以后检查识记的效果，得出表 4-11 所列之结果。

表 4-11　不同年龄阶段随意识记与不随意识记效果的比较

平均张数 / 识记方法 \ 年龄	幼 儿	小学生	中学生	成 人
不随意识记	11.1	12.4	13.4	13.2
随意识记	8.7	13	14.3	14.1

其次，从识记方法来看，初中生与小学生相比，识记虽仍带机械成分，但机械方法已不起主导作用，意义识记的成分越来越大，高中阶段已更多地运用意义识记了。斯米尔诺夫（А. А. Смирнов）曾让四、六、八年级和

成人被试，识记历史和地理材料的人名、地名、日期和数字。不提示方法，在被试中主动采用意义识记方法的人数百分比，随年龄增加而增加，四年级达 8%，六年级达 14%，八年级达 28%，成人达 46%。

日本的三岛、横尾曾对小学二年级至中学三年级学生，利用无意义音节及有意义词汇，进行视觉、听觉识记方法的再现率差异的比较研究。结果，对无意义音节，小学生以听觉识记为优，中学生以视觉识记为优（见图 4-3）。对意义材料，中小学生均以视觉识记为优（见图 4-4）。

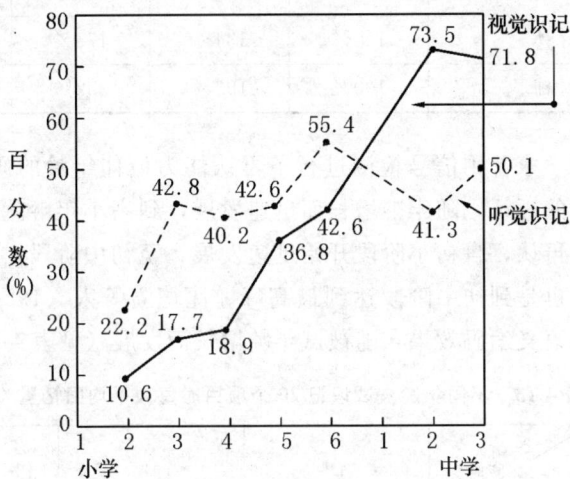

图 4-3　无意义音节的再现率

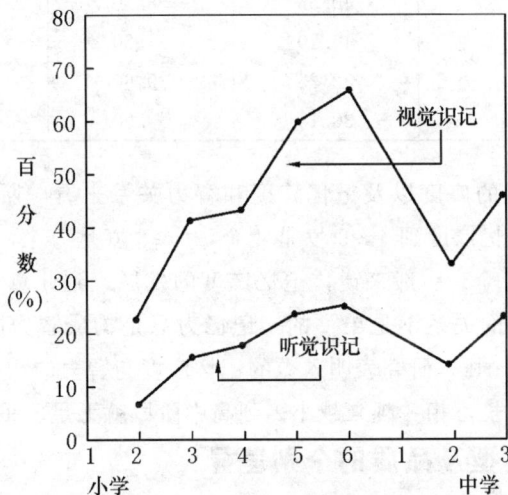

图 4-4　有意义材料的再现率

再有，从识记内容来看，升中学后，学生对词语的抽象识记能力有较快发展。有的心理实验材料表明，从小学到中学阶段，识记内容的发展，具体形象发展缓慢，抽象内容发展快（见表4-12）。但少年儿童对具体形象材料的识记仍高于抽象材料，亲眼见过的东西比听来的东西要多记住1.66倍。因此直观教学仍占重要位置。

表 4-12 不同年龄具体和抽象识记的比较

	二年级	五年级	八年级	成　人
具体材料	100％	134％	175％	207％
抽象材料	100％	193％	252％	306％

我国心理学家曾用信号检测进行了再认能力最佳年龄的研究，发现对具体实物图形的再认，随年龄增长而迅速发展，到高小年龄就能达到高峰；对抽象图形的再认，自初小阶段开始迅速发展，至初中阶段，就达到高峰；对词的再认，也是到初中阶段达到最高峰。沈德立等人（1984）的研究发现长时记忆的语义编码效果，随被试年龄增长而发展（见表4-13）。

表 4-13 不同年龄被试识记 20 个项目时每人平均回忆量％

回忆量表　呈现时间　被试	1"	5"	5"与1"的差额
大学生	40.55	58.10	17.55
中学生	40.20	51.50	11.30
小学生	32.25	39.60	7.35
幼　儿	30.15	30.30	0.15

另外，从记忆的广度以及记忆广度和智力关系来看，斯塔尔（Starr）的研究确定数的记忆广度到4～5岁是4个，6～8岁是5个，9～11岁是6个，12岁以上是7个。一般来说，记忆广度的发展，到儿童末期已接近于高峰。记忆与智力的关系不是单一的，记忆力只是构成智力的一般因素之一。据克拉克（Clarlk）研究表明，数的记忆广度与智力的相关，少年儿童相当高，随年龄增长，相关越来越小。到高中阶段就无足轻重了。

二、记忆类型及品质的个别差异

人的记忆力除年龄阶段差异外还有明显个体差异。记忆的个别差异集中表现在记忆类型与记忆品质两方面。

（一）记忆类型的差异

根据两种信号系统在记忆中的作用不同，人与人之间有直观形象的记忆和抽象词语记忆类型的差异。直观形象记忆型的人，主要是借助具体形象（图形、颜色、声音等）来识记，画家、音乐家、舞蹈表演家、运动员等，属于这一类型的占优势。词的抽象记忆型的人，主要的词语、数字、符号与概念识记占优势，理论科技工作者多属于这种。还有介乎二者之间的中间型者，像文学家、电影与戏曲演员等属这种类型者居多。

从分析器参与记忆的程度来看，可分成视觉型、听觉型、运动觉型及混合类型。如音乐家是以听觉型记忆为主，画家是以视觉型记忆为主，运动员是以运动型为主。当然现实生活中，人的记忆很少是单一类型，多数是以某一分析器为主的混合类型。有人曾调查 1 000 个 10～20 岁的青少年，属于视觉型的为 2％，属于听觉型的为 1％，属于运动觉型的为 3％，属于视觉—听觉类型的占 16％，属于视觉—运动觉类型的占 33％，属于运动觉—听觉类型的占 9％，还有 36％是差别类型。①

（二）记忆品质的差异

记忆的个别差异还表现在记忆的品质上。一个良好的记忆品质应具备以下几个特点：第一，记忆的敏捷性。这是记忆的速度和效率特征。据说我国著名桥梁专家茅以升小时候看爷爷抄古文《东都赋》，刚抄完他就能背出。这种"过目成诵"的品质，是记忆敏捷的超常表现。敏捷是记忆的重要品质之一，但不是唯一的。如果记得快，忘得也快，就没有什么意义了。第二，记忆的持久性。这是记忆的保持特征。人的神经细胞没有再生能力，衰减也很慢。只要个人好学不倦，人的记忆可保持七八十年以上，甚至八九十岁的老人还能回忆幼年经历的许多细节，仍有很高的工作效率。第三，记忆的准确性。这是记忆的正确和精神特征。据说日本索尼电器公司一位职员能正确背诵圆周率小数点以下的两万位，其记忆能力可谓惊人。第四，记忆的准备性。这是记忆的提取和应用特征。在实际需要时，能迅速、灵活地提取信息，回忆所需的内容。如果储存信息无规律、头绪乱，提取不便，就不是好的记忆品质。以上四个特征是相互联系、相互影响的。从整体看，具备这四个特征，才是良好的记忆品质。

三、怎样培养学生良好的记忆品质

良好的记忆品质是在正确的教育、教学条件影响下，逐渐形成起来的。

---

① ［苏］臧可夫. 记忆. 北京：科学出版社，1958. 36

培养学生良好的记忆品质，应根据学生的记忆特点和学习内容的不同，注意以下几点：

首先，应教育学生明确识记目的和任务，不断提高学习的自觉性和积极性。记忆依赖目的和任务已被心理实验所证实，这里不多赘述。但到中学后，应培养学生更多地、主动地、自觉地提出学习和记忆的任务；特别是要有长远的记忆目标和意图，不要临时抱佛脚应付眼前的考试；要培养学生具有直接和间接的学习兴趣和强烈的求知欲望；训练学生注意集中、感知认真、观察仔细、思维积极等品质，都是培养良好记忆的必要条件。根据"用进废退"的原理，引导学生每天识记一定数量的内容，日积月累，持之以恒，既能丰富知识经验，又能锻炼记忆能力。

其次，应指导学生运用正确的识记方法。科学的记忆方法，能增强记忆，防止遗忘，收到"事半功倍"的好效果。识记方法的指导也应考虑年龄、个性差异以及学习科目和记忆材料的不同。一般应注意以下几点：

1. 少用机械重复的方法，多发展意义识记和理解记忆的能力。如记历史、地理、语文、常识等新材料时，先让学生浏览掌握轮廓，了解大意，再分析重点难点，理解内容，然后"化整为零"分段识记，最后边读边想、尝试回忆，达到整体记忆。实践证明，这种方法效果很好。

2. 避免单纯死记硬背，引导学生多思考，充分调动智力活动的积极性。相互关联的材料，可指导学生用同时对比或前后对照的"比较记忆法"，即找相同点、相异点来识记，在比较的基础上对识记材料加工、整理、归类，然后分别采用"联想记忆法"（即把内容相近、相似、相反和有因果关系的材料联系起来记），"分类记忆法"（即把材料按性质、形状、特点、意义等分门别类地记）和"重点记忆法"（即浏览和精读结合，突出重点地记），这些方法都有利于提高记忆的效果。

3. 避免学生用单一分析器识记，注意采用"多通道协同记忆法"，把看、听、念（说或读）、写都利用起来。如在汉语和外语教学中，让学生视、听、读、写相结合的效果要比单一视或听的效果好。实验研究证实：只听能记住 60%，只看能记住 70%，看、听、说结合能记住 86%。

4. 对特别抽象难记的材料，还可用"形象记忆法"，以增强识记的效果，上海师范学院附属中学一位地理教师，总结了一套运用形象法的教学经验。他把某一国家或地区的地形归纳为几何图形（如亚洲似不规则菱形）、物体形象（如青海似熊猫）、汉字形象（如白海像七字）、字母形象（如黑海似 F、波罗的海像 K）、数字形象（如多哥像 1、朝鲜似 5）等，实践表明，这样做便于记忆。

5. 对于机械的无内在联系的史地及其他材料，还可引导学生用"记忆术"强记，主要"记忆术"有：定位记忆术（将记忆项目与地点位置匹配记忆）、数字简易记忆术（如将"2705"记为两栖动物，"3641"记为伞漏湿衣）、串连记忆术（即将第一个音节或字母串起来记忆，如 north、east、west、south 串成 news"新闻"）、历史事件与年代记忆术等，如马克思生于 1818 年，卒于 1883 年，用"谐音法"可记为"一拔一拔，一拔拔散"；十月革命、五四运动、中国共产党诞生年代，它们之间各间隔二年即 1917 年、1919 年、1921 年，记这些年代用"等距法"或"联系法"容易记住。如记蒙灭金是 1234 年、法国大革命是 1789 年时可用"特征法"抓住其分别是四位数字的自然数序与后三个数字的自然数序，就易记住。我国 34 个省市自治区地名，用"口诀法"可帮助记忆，如"两湖两广两河山，五江（疆）云贵福吉安，西川二宁青甘陕，内海港澳台，双庆北上天"。

6. 运用组块化策略及多重编码方式，合理组织材料，提高加工质量。合理组块可以大大提高记忆的容量与效率。瞬时记忆阶段利用多种感官（分析器）进行形象编码；短时记忆阶段以听觉编码为主，并伴随有视觉形象与语义编码；长时记忆阶段以语义编码为主，也有视觉形象编码，多采用"义、形""义、声"双码加工效果更好。

长时记忆组织加工还可以采用类别群集（即按记忆材料分类与归类组织）、联想群集（即按联想的不同种类组织）、主观组织（即前两种以外的其他形式组织）、意义编码（即按材料的内容意义来组织）、心象化（即把两个独立的组块：如"汽车—火柴"结合为一个组块）等策略。在这些组织加工方式中，有一个共同的要素是"组块"。组块是储存在长时记忆中的、作为一个独立体的结构单元。对材料的组织实际上就是把若干小的组块组合成数量更少而"体积"更大的组块的心智操作。由于组块数量的减少，因而更"容易"检索。识记一种材料，一般并不只限于用一种组织加工方式，而往往可以用多种方式组织加工的。

再有，应正确组织学生的复习和练习，以便及时强化，加深理解，纳入经验系统，巩固所记内容。复习是增强记忆、克服遗忘最基本的方法之一。为防止遗忘，提高记忆效果，组织复习应注意以下一些方面：第一，应"趁热打铁"，及时复习。不要延缓复习，去"修补已经倒坍了的建筑物"。第二，制订和执行复习计划要有科学性。每次复习的内容应适当，不要过于紧张和疲倦；分量少、难度小的材料可集中复习，分量重、难度大的内容可分散复习；为避免前摄与倒摄抑制干扰，复习两门以上的功课，在时间上不应过于集中，要有短暂的休息，在内容上文理科应交叉复习；要利用最佳的学习时间，早上复习机械难记的外语单词和课文，临睡前把一天内学习过的内容在脑子里过一遍，都有利于记忆的巩固。第三，复习要注意经常性，做到"学而时习之"，以平时分散复习为主，再配合阶段总复习，切忌"三天打鱼，两天晒网"。第四，复习的方法要多样性。心理学实验证实，复习方法的多样性要优于单一性。如学生记一篇课文，采用单一的"简略叙述法"或"详细复述法"的正确再现率为77％与65％，结合两种方法复习的正确再现率为91％。① 在学习与日常生活中，人们通常使用的复习方法，有"理解法""背诵法""循环记忆法""练习和实验操作法"。还有编写复习提纲、绘制图表、制作索引、书目、卡片、剪报等，使脑内储存与外部储存结合起来，都有助于记忆内容的系统性。

还有，应培养学生自我检查的能力和习惯，注意正确地再认与回忆。再认与回忆既是检验记忆的指标，也是加强复习，巩固记忆的一种有效方式。简单重复阅读，不是最好的方法。自我测验或自我复述是更值得推荐的一种方式。自我复述、自我回忆、自问自答、互问互答、独立作业、自我书面测验、自我抽签测验等都是自我检查的有效形式。心理实验还证明：再认与回忆相结合（阅读与尝试背诵相结合），可以大大提高记忆效果。如被试记无意义音节和传记文，共用五种方式，每次学习9分钟，学完后用两种间隔时间（即时和4小时后）检查，结果如表4-14，用于尝试回忆的时间越多，记忆的成绩越好。

表4-14　反复阅读与回忆的效果

时间分配	16个无意义音节回忆％		5段传记文回忆％	
	即时	4小时后	即时	4小时后
全部时间阅读	35	15	35	16
1/5用于回忆	50	26	37	19
2/5用于回忆	54	28	41	25
3/5用于回忆	57	37	42	26
4/5用于回忆	74	48	42	26

① ［苏］臧可夫. 记忆. 北京：科学出版社，1958. 74

　　此外，还应注意学生的心理卫生和身心健康，合理使用大脑。教育青少年切忌抽烟和过量饮酒，养成良好的生活习惯；不要过分紧张疲劳，要劳逸结合，兼顾娱乐信息，学会放松与缓解压力，使大脑各部分轮流兴奋与抑制；应加强体育锻炼，增进身体健康；保持愉快乐观的情绪，培养坚强的意志品质与毅力等，这些都是良好记忆品质形成所不可缺少的条件。

第五章　注　意

第一节　注意概述

一、什么是注意

注意是大家熟悉的一种心理现象。平时人们常说的"聚精会神""精力集中""专心致志"等就是指"注意"的意思。它和人的心理过程紧密相联系，是心理活动的一种组织特性。人的心理对某一对象或活动的选择性、指向性与集中性就叫注意。如"注意听"是听觉对声音的选择、指向与集中，"注意看"是视觉对事物的选择、指向和集中，"注意记"是心理活动对记忆材料（内容）的选择、指向和集中，"注意思考"是人的意识对思考内容与思维活动的选择、指向和集中，"注意做"是对操作对象与活动的选择、指向和集中等。注意的对象既可以是外部世界的对象和现象，也可以是主体自身的身体、行为和观念。人在任何特定的时刻都只对某些刺激发生反应而对其他所有刺激不发生反应。这就是心理活动的选择性。心理活动的选择性表现为人脑进行信息加工时对刺激有目的的选择和不由自主的选择两种形式。无论是哪一种选择形式，在特定的时间内，人对刺激进行有意识反应的能力总是有限的。

注意选择之后，就会指向与集中于某个对象或活动。

注意有以下几个特点：

首先，注意是心理活动的选择性与指向性。客观事物是繁多的，宇宙是无限的，而个体的认识能力是有限的。人在一生中能认识很多事物，但在某一时间，同时反映到人脑中的客观对象，却只是有限的一部分，这是人的意识狭窄和狭隘性的一面。这表明人的心理活动不能同时选择与朝向一切对象，而是有选择、有方向地指向特定的客观事物与对象。例如，学生注意听讲时，其注意力只选择与指向教师讲课的内容与活动，并不选择与指向教室里的一切对象与所有的活动，否则就会分心走神，注意力分散。

其次，注意是心理活动的集中性。它是指人的心理活动能在特定的方向上保持并深入下去。注意的集中性，是人的心理活动离开一切无关事物与活动，从各个方面集中到某种对象与活动上，并对其他活动产生抑制性影响。于是客观对象与活动从意识的边缘移向中心，因而能得到鲜明而清晰的反映。相反，那种视而不见，听而不闻，或者模糊的反应，就不是注意集中的表现。心理活动的集中性有两种情况：一是在同一时间内各种有关的心理活动"聚精会神"共同集中于一定的刺激对象。二是就同一种心理活动而言，它不仅指向于一定的对象，而且保存一定紧张度，维持这种指向使活动不断地深入下去。注意的选择性与指向性同集中性是相互联系而又不可分割的，离开选择与指向谈不上集中，离开集中选择与指向也失掉意义。

再次，注意是心理活动的一种组织特性。注意不是心理活动过程，因为注意本身并不能反映事物的属性、特点和功能，它只是保证心理过程更好地反映和变革客观现实，使心理活动富于组织性、积极性、清晰和深刻性，所以它是一种意识倾向特征。它是反映活动的一种组织形式。注意总是伴随着心理活动过程（知、情、意）并贯穿始终的，脱离心理过程的注意不能独立存在，离开注意，心理过程也无法活动。

注意在人的心理活动中占据很重要的位置，它对人类具有十分重要的意义。它是人们能细致观察、良好记忆、创造性想象、正确思维的重要条件。奕秋教人下棋及其他实例表明，注意对学生学业成绩的优劣和智力的发展，对劳动者生产效率的提高，对科技工作者科学实验的成败，都有重要的影响。心理学研究表明，注意有以下功能：

选择功能：即选择有意义的、符合需要的和与当前活动相一致的事物与对象，避开（抑制、排除）其他与之相反的各种影响。这种选择功能既表现为对心理活动与行为方式的选择，也表现为对刺激对象的选择。由于注意的选择性，人的心理活动才能正确地指向和反映客观事物。

整合功能：研究表明，人们对外界输入信息的编码、加工与整合作用，往往是在注意状况下进行的。个别信息特征可能在前注意状态下发生，而信息的整合必定发生在意识与注意状况下。

维持（保持）功能：即注意对象的映象或内容在意识中指向并保持在一定方向上，这种保持一直要使心理与行为活动达到目的为止。

对活动进行调节和监督的功能：这种心理机能有利于心理和行为活动准确和精确地进行，也有利于对错误活动进行及时调节和矫正。

此外，和注意相联系的心理活动还有期待、愿望等复杂的过程。这些过程对人的心理与行为活动有预测作用。因此，预测也是注意的一种重要功能。

二、注意的生理机制和外部表现

（一）注意的生理机制

注意的生理机制很复杂，它是中枢神经系统不同层次的活动。

首先，定向反射是唤起与产生注意的最初生理机制。定向反射是新刺激引起的一种应答性反应。根据巴甫洛夫的解释，这种反射的特点是感受器在刺激物作用方向上的相应运动——即眼睛和头部转向刺激物。它具有三个不同的发展时期：第一，指向反射，即指感官朝向新刺激方向；第二，探究反射，即主体接近刺激物并开始揭露它的意义；第三，"是什么反射"，对刺激物已能初步理解（认识）。注意的一切基本特性都在其最基本的形式中作为定向反射而清晰地表现出来。

除无条件发生的定向反射外，还有形成条件反射时发生的条件定向反射。人的注意是以脑中的条件联系为基础的，这种条件联系既有第一信号系统的，也有第二信号系统的，而第二信号系统的联系是人的随意注意的重要基础。

其次，从中枢神经过程来看，巴甫洛夫与乌赫托姆斯基（А. А. Ухтомский）的相互诱导和优势兴奋中心说，对于揭示和理解注意的生理机制，有十分重要的意义。

人与动物的大脑中，有一个占优势的"兴奋灶"，它能把周围其他兴奋都吸引到自己方面来。因而投射到该部位的刺激信息以及同该部位有关联的事物，很容易引起人的注意。另外，根据神经过程的相互诱导原理，该部位的兴奋能导致其他邻近部位的抑制，于是落在邻近部位的刺激不易引起人的注意。因而容易产生一种视而不见、听而不闻、食而不知其味的现象。

优势兴奋中心是一种动力过程。它可以从这一部位转到另一部位，这也是注意转移的生理机制。

再次，从中枢神经部位来看，大脑额叶区、脑干网状结构和丘脑、海马等部位同注意关系密切。

在高级的随意注意调节上额叶起着重要的作用。切除了额叶的动物，其定向反应便失去了选择性。额叶损伤的患者注意表现出不稳定状态，不能专注，不能借助言语指令引起稳固的紧张的随意注意。额叶及脑的边缘部位有特殊类型的神经元——与注意有关的神经元（新异物探测器）和定势细胞（期待细胞），专门对新异性刺激发生反应。

由于网状结构向大脑皮层提供兴奋性，从而保证着由睡眠过渡到觉醒，由消极觉醒过渡到积极觉醒的大脑活动的普遍激活。大脑皮层的这种普遍激活状态和背景，是形成优势兴奋中心及注意的指向和集中所不可缺少的。觉醒状态影响着有机体对输入信息的接收性能。没有觉醒就不会有注意。

实验表明，在中脑部位切断脑干或单纯破坏中脑网状结构的头端，而保留感觉上行的特异传导通路，则动物持久昏睡；刺激各种感觉器官均不能唤醒动物。临床观察表明，脑干上部和第三脑室壁的损伤患者出现睡眠或梦样状态，皮质的紧张度急剧下降，选择性的注意发生严重障碍。可见，中脑和上桥脑平面以上网状结构的上行激活系统被认为是保证觉醒和注意的脑机构。

丘脑是把外界刺激引起的神经冲动，由外周向中枢，再由低级中枢向高级中枢传递的中间转换站。这也是产生注意所不可缺少的环节。我国学者匡培梓、陈双双（1983）用家兔做探究反射的实验，发现海马与注意状态有关。

研究发现在边缘叶和额叶有一些特殊类型的神经元，被称为注意神经元（或称新异物探测器）。这些神经元不是特定感觉神经元（即不对特定通路的刺激作出反应），这是对新旧刺激进行比较，对新的、变化的刺激发生反应，对旧的、习惯化的刺激加以抑制的神经元。不少学者认为，海马及与之联系的尾状核是保证有机体有可能实现选择性注意的重要器官，临床的研究也表明，上述这些组织的损伤，患者选择性的注意严重障碍。大脑额叶在有目的的主动注意和集中注意中起着重要的作用。额叶损伤的患者产生定向反射的病理性亢进，因而妨碍他们有目的地完成任务。

（二）注意的外部表现与生理指标

人在注意某一对象时，常常出现特殊的表情、姿态和动作，特别是眼动动作（即注视、注视的轨迹、跳动时的眼动不一样），这既是注意的外部标志，也是帮助注意的条件。

人在注视某一事物或倾听一种声音时，身体有一定的姿势；视线凝视较远的地方，这是思考问题时的表情特征；当注意到达高峰时（如运动员等待发令或即将射击），人的多余动作停止，心跳加快，全身紧张，呼吸变慢甚至短暂屏息。有经验的教师和家长，常能根据这些外部表情，来判断学生的注意力是否集中。

研究注意有许多生理指标：心脏、血管、呼吸、内分泌腺分泌量、皮肤电反应、瞳孔大小以及脑电的变化等，都可以作为注意的生理指标。儿童集中注意时，肾上腺素的分泌量增加。在林文娟等人（1985）的一个研究中，比较了正常儿童和多动症儿童在测试前不注意—测试中注意—测试后不注意三种状态下肾上腺素分泌量的变化。结果表明，正常儿童在三种状态下，肾上腺素分泌量的变化幅度大，注意状态和测试前后休息状态相比较，尿内肾上腺素含量有明显差异。（Kaheman，Beatty & Pollack，1967）研究要求被试在记忆中保持一列数字，并测量其瞳孔直径。结果其瞳孔变得越来越大。该研究表明，瞳孔直径的变化可以用来测量一个人在操作一项任务时动员了多少注意能量。诱发电位（EP）的变化。最早由沃尔特（Walter，1964）发现（contingent negative variation，简称CNV）的一种与心理活动密切相关的脑诱发电位，被称为"期待波"。据罗尔博（Rohrbaugh，1976）的分析，CNV可分为早、晚两种成分。晚成分在额叶处最显著，对警告刺激起反应，是期待的表现。早成分在顶叶处最显著，与随意运动密切相关。CNV的早成分是注意水平、反应定势的良好生理指标。不少研究（Donchin，Kramer，Wickens，1986；Pritchard，1981；Squires et al.，1977）发现，诱发电位中的"P300"（即在刺激之后300毫秒才出现的一种正向波）与注意密切相关。

三、选择性注意的几种学说

关于选择性注意，有人提出了一些以信息加工为基础的模型。主要理论有：

（一）过滤说

彻里（E. C. Cherry，1953）在一项实验（给被试的两耳同时呈现两种不同的材料，让被试大声追随从一个耳朵听到的材料，并检查从非追随耳所获得的信息）中发现，被试对追随耳加工注意，得到信息多，从非追随耳得到信息很少。1958年，英国心理学家布罗德本特根据这一发现及自己的研究，提出了用过滤器理论解释注意的选择作用。该学说认为注意是一个类似于狭长瓶颈口的过滤器。注意的选择性是由于在信息加工系统的感受器或传入神经纤维水平上，产生对信息的过滤或阻断，因而在某一特定的时间内只能允许部分信息输入。有些信息能通过该信息加工系统到达意识，也有些没有被注意就过滤掉了（即一部分流进瓶颈内，一部分在瓶外不被注意）。每只耳朵是一个通道，过滤器只允许一个通道的信息单独通过。"过滤器"是按"全或无"的加工原则，使信息通过或者不能通过的选择机制。在一定时间能够通过过滤器的感觉内容是由下述因素决定的，即信息总量是否超过了单一的"中心通路"的能力限度。过滤器的选择还要受信号的物理性质（新异性、强度、生物意义等）和主体状况的影响。过滤器学说无法解释人们对有意义材料的信息加工和注意分配等现象，也无法解释通过非追随耳的特别有意义的信息为什么能得到识别。

（二）衰减器学说

格雷（J. A. Gray，1960）在双耳实验中（左耳呈现：ob—2—tive；右耳呈现：6—jec—9），无论哪个作追随耳，其报告的结果是 objective，这一结果表明，非追随耳仍被注意，其信息受到加工。于是，特瑞斯曼（Treisman，1964）提出了衰减器学说。该学说是一种双（多）通道理论。这一学说则认为被拒绝的信息并不是完全被阻断，只是次要的信息被衰减，而重要的东西则能通过并反映在人的意识中。信息是否被衰减依赖于对它的内容所进行的部分分析。例如，给被试安装耳机，使一种语音进入右耳，另一语音进入左耳。一个完全专心于收听进入一只耳朵里的语音的人，可以从另一只耳朵中听到他自己的名字，而对来自这个耳朵里的其他的词语则毫无反应。这表明注意的选择性是在知觉水平上实现的。可见衰减器只能阻断减弱次要信息，不能排除含有特殊重要性的非主要刺激通过。特瑞斯曼认为过滤器在信息加工系统中的位置有两种情况：一是在语义分析之前的，被称为外周过滤器；二是在语义分析之后的，被称为中枢过滤器。前一种过滤器对输入的感觉信息给予不同程度的衰减而不是完全阻断。她假定长时记忆中已储存的项目具有不同的激活阈值。当输入的信息（追随耳的）通过过滤器未受到衰减时，能顺利激活长时记忆中有关的项目而得到识别；当输入的信息（非追随耳的）通过过滤器受到衰减时，由于强度减弱，因而常不能激活长时记忆中相应的项目，因而不能被识别；但特别有意义的项目（如自己的名字）的激活阈值较低，因而能被激活、被识别。因此，选择注意不仅取决于感觉信息的特征，而且取决于中枢过滤器的作用。中枢过滤器在信息选择中起积极作用，它是根据在回答反应组织中起着巨大作用的范畴、语义特征进行选择的。由于强调了中枢过滤器的作用，人们把它称为中期选择模型（见图 5-1）。

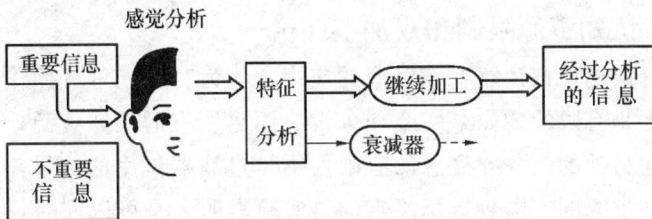

图 5-1　衰减器学说简略示意图

（三）主动加工模型说

洛尔曼（D. A. Normem，1968）在他人研究基础上，提出了主动加工理论。该模型认为，所有的选择注意都发生在信息加工的晚期，过滤器位于知觉和工作记忆之间。注意的选择依知觉的强度和意义为转移。这种理论强调：所有输入的信息都在知觉水平上受到充分的分析之后，才进入过滤器或衰减器的；个体是用已有的经验（记忆中存储的信息）来检验从外界直接输入的信息；选择又集中表现在反应阶段。于是加工模型的"主动整合器"构成了一个关于环境的内部表象，由感觉活动所获得的全部信息都要适合于这个模型。这就决定了哪些信息将会被选中而哪些不被选中。除主动整合器外，还有被动的自主装置，它对所有输入的信息连续不断地进行分析。在某种意义上说，如果没有进一步的信息证明它们是积极综合过程期待的特征时，它们就被减弱。当未被注意的通路中出现了重要的或显著的信息时，这个系统就可以打开那些通路。

（四）多重选择信息加工理论

该理论认为，注意是灵活的，加工系统可以依据输入的物理属性或它的意义来进行选择，但对输入的加工却受着工作记忆容量的限制。该理论的基本假设是，从感觉储存中抽取的信息类型取决于中央控制器的特性，把注意理解为中枢对知觉结果的主动预期。通过注意刺激的物理属性，加工系统可能仅选择特定的输入进行进一步加工。经最初的选择，较少的输入就留下来，这样工作记忆的加工容量也就相对较大了。中央控制器和刚进来的刺激一起控制着长时记忆中哪些项目将被激活。因此，有意义的刺激就比不重要的刺激更容易进入意识，受到注意。晚期选择被认为主要是由中央控制器确定的、是长时记忆中特定项目高度激活的产物。晚期选择可能需要更多的工作记忆进行加工，因而往往有许多项目竞争注意。

（五）认知资源限制和双加工理论

认知资源理论把注意看作资源的应用，认为对输入进行操作的认知资源在数量上是有限的。如果一个任务没有用尽所有的认知资源，那么注意就可以指向另外的任务。注意的有限性不是过滤器作用的结果，而是从事操作的认知资源的有限数量所决定的。实验表明人是可以同时操作两项任务的；在这种情况下，说明注意两项任务的认知资源是足够的。也有研究表明，操作一项任务往往会影响另一项的操作成绩，这说明同时完成这两项任务缺乏足够的认知资源。这一理论的基本假设是，完成每一项任务都需要运用认知资源。操作几项任务可以共用认知资源，但是人的认知资源的总量是有限的。这些加工过程产生一定数量的输出，人在操作几项任务时根据特定数量的认知资源和输出在质量上的变化，将资源量分配给这些任务的操作。只要同时进行的两项任务所需要的资源之和不超过人的心理资源的总量，那么同时操作这两项任务是可能的。显然，智源限制理论可以解释许多实验结果，而且这一理论不涉及信息加工阶段的分析，因此也不必要问在加工序列的哪个阶段有过滤器。

在认知资源限制理论的坚持上，谢夫林等人（Shiffrin&Schneider，1977）提出自动化和意识控制双加工理论。他们认为人类有两种认知加工：自动化加工和意识控制双加工。前者是自动化进行的，不受认知资源限制；后者是在意识控制下的加工，受认知资源的限制。这一理论能够较好地解释注意的分配与长时间集中注意现象。

第二节　注意的种类

根据注意被激活时有无目的以及是否需要意志努力，可将注意分成不随意注意、随意注意和随意后注意三种。

（一）不随意注意

这是一种事先无预定的目的，也不需要意志努力的注意。例如学生正在听课，忽然教室外一声巨响，引起大家不由自主地转头朝向刺激的方向，这就是不随意注意（无意注意）。这是一种初级的、被动的注意。这种注意一般都能导致探索行为的出现，有利于人们正确地认识和改造客观现实，但也容易使人分心。

不随意注意的引起有主观和客观两种因素：

属于客观因素的有：①刺激物的新异性是引起不随意注意的最重要原因之一。一般来说司空见惯的东西不易被人注意，新异的刺激或熟悉内容的刺激物的不寻常结合易为人所注意；②刺激物的强度大小。如强光、巨响、奇香等都会不由自主地引起人的注意；③刺激物对比的差异大小。对象与背景的对比差异越大，越易被注意；④刺激物的变化和运动。刺激物突然出现与停止，增强与减弱，空间位置变化和运动，如活动教具、活动广告等都易引起不随意注意。

属于主观原因的有：①凡适合人的需要，引起人的直接兴趣的刺激，最容易引起人的注意。例如儿童对玩具的注意；学生对书籍的注意；球迷对"球讯"及影迷对"影讯"的注意等。②情绪和生理心理状态的影响。激发情感活动引起的刺激都能引起不随意注意。过分忧愁与疲倦则会降低人的好奇心。③过去知识经验与技能的影响，例如一个正在专心学习的人，外界无关的刺激往往不会被他注意，而和他的经验有关的刺激（如有人用很小的声音叫他的名字），则可能被他注意。在技能熟练自动化加工的条件下，外界的新颖刺激更容易引起人的注意。

（二）随意注意

这是有预定目的和意志努力的注意。例如学生听课、工人劳动、科技人员从事科研，排除干扰，把注意力集中保持在这些活动上，就是随意注意。

随意注意是注意的一种高级形式，它是在学习和劳动过程中产生的。学习和劳动本身总有一些使人不感兴趣而又非完成不可的任务，必然有困难和单调的因素，这就需要有意识的注意来进行监督和调节。学习和长期劳动实践过程能发展人的随意注意。

引起和保持随意注意的条件有以下几个方面：

1. 目的任务越明确随意注意越持久

随意注意的指向性和集中性不完全取决于刺激对象的影响，而是主要决定于事先提出和拟定的任务、目的。例如，对学生来说，应该明确学习是艰巨而光荣的任务，完成这个任务不应该以一时兴趣为转移，这样才能唤起保持学生的有意注意。另外任务的具体化，把一般任务区分为特殊，把整个任务区分为部分，能提高随意注意的效果。如果用同样数量的字让学生做通篇默写与填空两种对比练习，由于任务的具体程度不同，随意注意在其中起的作用就不同，前者的错误率要大于后者。

2. 意志的努力，抗拒诱因干扰与克服分心，这是保持和维持随意注意的必要条件

人在进行某种心理与行为活动时，难免不碰到其他诱因或环境干扰。而坚强的意志力则有利于克服分心、集中注意而排除其他干扰。

3. 社会性需要和间接兴趣也是保持随意注意的一个条件

不随意注意是以直接兴趣为基础的，活动本身及活动对象的趣味性，有强烈的吸引力。随意注意是以间接兴趣为条件的，活动本身虽乏味不吸引人，但活动的目的与结果使人感兴趣。为了完成活动任务，活动本身便成为随意注意的对象。例如学习外语本身虽乏味，但由于学生对学习结果

感兴趣，所以能集中注意，长期坚持学习。

4. 进行实际操作和智力活动有利于随意注意的保持和集中

例如学生在学习时，通过练习进行实际运算，边阅读边思考，边看书边摘录，自我检查错误，编写复习提纲等，可以提高随意注意的效果。另外进行操作和思维活动积极化，可以防止单调活动引起的疲劳和分心，从而提高学习的积极性。在活动中他人以及自我的提醒和命令都能够增强有意注意。

（三）随意后注意

这是指有自觉目的，但不经意志努力就能维持的注意。例如，人们熟练地阅读课文、熟练地骑车、熟练地织毛衣及熟练地解数学题等活动中的注意就是随意后注意。它是在随意注意的基础上产生的。人们在随意注意的状况下，经常依靠意志努力来保持注意，会造成很大的心理紧张，而且非常疲倦。这就决定了随意后注意在教学活动或劳动中具有特别重要的意义。

在心理与行为活动中，每个人都具有三种注意类型。不随意注意（被对象自然吸引）可以转化为随意注意（对象变成探索研究的对象），随意注意的发展就转化为随意后注意。这三种注意协同作用，相互转化，人才能更好地认识并改造客观世界。

第三节　青少年注意的特点及良好注意品质的培养

一、注意的品质

良好的注意品质应该具有适当的范围，比较稳定，善于分配和主动转移四个特点。

（一）注意的范围（或注意的广度）

指在一瞬间（0.1 秒）人的意识所能指向并集中的客体（即注意对象）的数量。在 1/10 秒的时间内，人眼只能知觉对象一次。这段时间人能知觉到的客体数量，就是这个人的注意范围。这种品质对印刷排字工人，足球、篮球、排球裁判员及飞行员，有很重要的作用。

测定注意广度的古老实验是英国人耶文斯（W. Jevons，1871）往白盘子里撒黑豆。在 1 000 次实验中，注意超过 5 粒时，错误就大。现代用速视器测量，成人在 1/10 秒钟能注意 4～6 个孤立的物体，幼童只能注意 2～3

个。无论是成人还是儿童，他们的注意范围都有明显的个体差异。

注意的范围受下列因素影响：

（1）客体复杂程度和客体间的关系。颜色相同、大小相同、规则排列、集中排列以及有联系的对象（单词或句子），注意范围广；颜色不同、大小不同、分散排列、不规则排列以及无联系的对象，注意范围狭窄一些。客体越简单，则注意范围越广；客体越复杂，注意范围越狭窄。如成人对点状物的注意广度为8.8；对外文字母的注意广度平均为4～5个。

（2）照明程度和有无其他干扰等也影响注意的广度。一般来说，照明条件好，注意范围广，有其他干扰则注意狭窄一些。

（3）活动任务简单与复杂对注意广度有影响。任务单一、简单，则注意范围广；任务复杂多样，则注意范围狭窄一些。

（4）个人的知识经验也影响注意广度。例如熟悉外文的人，对外文字母的注意范围就广，不熟悉外文者，注意范围就狭窄。

（二）注意的稳定性

指在较长时间内，人服从某个目的把注意指向并集中在某一种活动或对象上的特性，这是注意品质在时间上的特征。它是与意识的积极活动状态和意志力相联系的，是人顺利完成某项活动的基本条件之一。尤其是对于那些单调而又细致的工作（如仪表监测、校对、司机等），注意的稳定性更是工作准确无误，安全高效的重要条件。

注意的稳定性与注意对象及活动的特点有关。如果注意的对象及活动是单调的、静止的，注意就难稳定；如果注意的对象及活动是复杂的、变化的，活动的，注意就容易稳定。注意的稳定性更重要的是与人的积极性有关。如果人对所从事的活动持积极的态度，有浓厚的兴趣、并借助有关动作维持知觉或思想进程，或从各种不同的角度进行观察和思考，那么注意就容易稳定、持久；相反，如果人对所从事的活动持消极态度，缺乏兴趣，注意就容易分散。

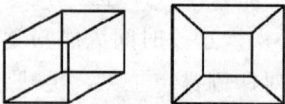

图5-2　二重图形

同注意稳定性相反的品质是注意的分散和动摇。分散是指在外部诱因干扰下，注意离开应当完成的任务而指向无关的活动和客体。动摇是有机体的节律性运动以及感觉器官的局部适应而使注意强度发生周期性的不随意起伏变化的过程。

如人在深夜听钟表的滴答声，感觉声音时强时弱或时隐时显；人在看二重图形时（见图5-2），有时感觉图形向前凸出，有时又显得向后凹进去。注意的起伏周期一般为2～3秒至12秒。研究表明，对于不同的刺激，注意起伏周期的持续时间是不同的，对声音刺激起伏周期时间最长，其次是视觉刺激，而触觉刺激起伏周期最短。注意周期性的短暂的变化，我们主观上是觉察不到的，并不影响许多种活动的效率。只要我们的注意不离开当前心理活动的总任务与总目标，动摇不会产生消极性影响。因而分散是不良的注意品质，动摇是正常的注意现象，它具有防止疲劳、提高注意稳定性的作用。

影响注意分散的原因有客观、生理、心理等多方面的因素。从客观因素来看，无关诱因的吸引，嘈杂环境的干扰，目标刺激太单调乏味，都可能导致分心。研究表明，与注意对象相类似的刺激，比不同种类的刺激干扰作用大；同样的干扰刺激对思维活动的影响大，对知觉的影响小；在知觉过程中，听觉受附加刺激而分心的现象比视觉所受的影响更明显。在长时间从事单调的工作时，由于疲劳的增长而使附加刺激的作用得到加强。在这种情况下，头脑中可能浮现各种杂念使注意分散。

从生理条件来看，疲劳困倦，激活与觉醒水平太低，身体有病或健康欠佳，尤其是患神经衰弱症的人，睡眠很差，大脑的兴奋性对学习与工作难以维持较高的水平，容易引起人的注意分散。

从心理因素来看，目的不明，动机不纯；朦胧杂念使人心不在焉；情绪波动太大、太频繁与极度低落；意志薄弱，抗干扰能力太差；不良的生活与学习习惯都易引起注意力分散。因此克服分心，保持注意力的稳定，也应从这几方面努力。

克服分心保持注意的稳定性有赖以下条件：①要使活动与活动对象丰富多样、生动有趣、有吸引力；②排除无关诱因与环境杂乱的干扰，保持学习与工作环境的安静、整洁、有序；③形成、培养并具有良好的个性、积极性品质（目的、动机、态度与兴趣）；④把积极的思维、智力活动与操作性活动结合起来，即把看、听、读（说）、写、想、做结合起来；⑤保持情绪的积极、稳定、高涨、愉快，增强学习与工作的动力与活力；⑥增强意志力，有克服与抗拒干扰的毅力和品质等。

（三）注意的分配

这是在同一时间内，人把注意同时指向两种或两种以上的活动或对象中去的能力。这是一种效率方面的特征。可以通过"左手画圆，右手画方"及其他的双手协调活动，甚至用"双手协调加上不同难度的计数活动"来测量人的注意分配特性。

实践和实验表明，人可以"一心二用"，即同时完成两种活动。如人们可以做到边听、边看、边记；女同志可以边看书边织毛衣；纺织女工可以同时管理多台织机；教师可以边讲课、边看学生、边板书；甚至有的人可以"双手齐书"，同时用双手写成一个"美"字，也有人同时用"十指"写成 10 个阿拉伯数字。

同时进行的几种活动的复杂程度、熟悉程度和自动化程度都会影响注意分配的难易程度。同时进行的几种活动愈是复杂、愈不熟悉、愈不习惯，注意分配就愈困难；相反，注意分配就容易一些。既进行智力活动又进行动作操作，智力活动的效率要比操作活动的效率，有明显的降低。同时进行两种生疏的复杂的智力活动是难以完成的。

注意分配不是生来就有的，而是随教育、学习和训练不断改善的。注意分配的基本条件是：同时从事的两种活动，必须有一种达到动作自动化（即熟练）程度。例如，人们想从事冰球、水球运动，必须先学会滑冰、游泳并达到熟练程度才可能。同时从事两种以上的活动，其中只有一种不够熟练，注意分配也能在多种活动中进行，例如学习操作机器与驾驶机车的活动。此外，同时进行的活动之间，形成为有联系的活动系统（如武术、体操系列），也是注意分配的一个重要条件。

（四）注意的转移

这是根据新任务的要求，人有意识地把注意从一种活动或对象，转移指向另一种活动或对象上去的特性。灵活而又正确的转移，是高效率的基础。这是人正常学习和工作以及适应复杂多变的环境，完成各项任务不可缺少的优良注意品质的特性之一。

注意转移快慢的原因取决于原来的注意紧张、稳定和集中的程度，取决于新刺激对象、新的活动的意义、趣味与吸引力强弱，也取决于人的神经活动的灵活性程度。

注意的转移不是天生的品质。它是与人对委派给他的事业的自觉态度以及经常的自我控制相联系的。通过教育和训练，可以培养注意转移的品质。在生活实践中所表现出来的注意的上述特征，也反映了人们的个性差异。

二、青少年注意的特点

青少年时期的注意有以下特点：

青少年的随意性注意有进一步发展。

学前儿童做事情的时候，心不在焉的现象很突出，其中主要是不随意注意在起作用。小学低年级学生占优势的依然是不随意注意。

初中学生随意调节控制自己注意的能力才得到进一步发展。他们能够根据预先提出的目的和任务，随意地、较长时间地把注意力指向特定的活动和对象上。但在初中学生身上，不随意注意仍起着较大的作用，直接兴趣和客观对象的鲜明特点仍有强烈的吸引力。到高中阶段，学生的注意能力才得到更高水平的发展，才能逐渐做到不完全受直接兴趣的影响，而对有间接兴趣的事物产生注意。在高中学生的随意注意中，活动内容的目的要比形式显得更为重要，他们对较抽象的内容也能保持注意。有人曾对高中与初中学生分别进行在有预告和没有预告的情况下，记录教师解释中的基本点的比较研究。结果表明：初中生有预告的记录比没有预告的记录有很大改进，高中生并没有由于预告而提高效率。这一研究说明初中生的随意注意还较被动，高中生能够主动地、随意地组织自己的注意。

青少年注意的集中性和稳定性不断提高。

学生注意的持续时间，随年龄增长而延长，年龄愈小，他们注意在一定对象上的时间也越短。据有关研究材料统计，5～7岁儿童能聚精会神地注意某一事物平均是 15 分钟，7～10 岁是 20 分钟，10～12 岁是 25 分钟，12 岁以后是 30 分钟。在中学阶段，随着学生自制力的发展，他们已经能较长时间地、稳定地、集中注意某项活动和某个内容，他们的注意力保持 45 分钟已毫不困难。所以，在这个年龄阶段，讲课方式不宜像小学阶段那样在短时间内更换太频繁，一节课可以采用一种形式为主进行。但在初中阶段，学生的情绪仍有冲动的特点，有时也难控制自己的注意力，在一些学生中还有分心走神的毛病。到高中阶段，集中和稳定注意的能力才逐渐向较高水平发展。

青少年的随意后注意也得到较快的发展。

随意后注意是保持和巩固随意注意的重要手段。随着学生学习自觉性提高以及学习兴趣和学习技能的形成，小学生对学习活动的随意注意也能转变为随意后注意。初中学生和高中学生的这种随意注意向随意后注意的转变已更加容易。中学生的随意后注意和小学生的随意后注意不完全相同，还表现在：中学生的随意后注意，不只表现在具体活动或事实的掌握上，还表现在抽象的理论材料的学习上。例如，老师在讲较抽象的内容时，中学生开始不理解，需要意志的努力，才能集中注意听讲。随着学生对抽象的内容能够理解并且感兴趣，随意注意便很容易转变为随意后注意。

青少年注意的品质已得到较好地发展，他们的注意范围不断扩大，注意的分配和转移能力也不断提高。

注意范围的大小，主要取决于人的过去的经验。由于初中学生的生活经验比小学生多而比成人少，所以他们的注意范围也是介乎二者之间。有人用速视器进行实验，在 1/10 秒的时间内，小学生平均只能看 2～3 个客体，初中学生已能看 4～5 个客体，成人则可看 4～6 个。高中学生的注意范围已达到一般成人的水平。

初中学生在教学过程中已经逐步学会分配自己的注意。在上课时，他们既能听讲，又能抄写；既能注意主要的内容，又能兼顾前后的联系。初中低年级的学生这种分配注意的水平还不高，有顾此失彼的现象，注意了抄写就忽略了听讲。初三以上的学生由于各种技能技巧的形成，注意分配的能力才提到新的高度。

在注意的转移方面，初中学生一般都比小学生有更大的自觉性和灵活性。上课后，很多学生都能自觉地、迅速地把注意转移到课业上来，当然也有的学生还不善于转移自己的注意。到高中阶段，学生转移注意的能力才得到进一步发展。

三、教学中怎样组织学生的注意

组织好学生的注意是教学成功的一个重要条件。在教学活动中组织学生的注意，应做到以下几点：

(一) 唤起学生的随意注意，提高学习的自觉性

学习活动并非完全像游戏那样轻松、愉快、有趣，有时它是一种很紧张、很艰巨、很枯燥的活动。为了使学生能有效地学习，教师必须重视唤起学生的随意注意。

明确目的任务乃是唤起和维持随意注意的一个重要条件。教学经验证明，教师在教学中愈能使学生明确知识的价值以及学习的具体要求和任务，则愈能唤起学生的有意注意，提高学习的自觉性。如外语和化学的学习虽然很枯燥，当学生明确外语是一门重要的工具，化学在工农业生产中占有重要位置，那些抽象符号也易吸引学生，引起随意注意。

善于提出问题，创设"问题的情境"，启发学生的思维，也是唤起学生随意注意的一个重要因素。如在讲物理、化学某些定理之前，先做实验，接着提出问题，使学生感到有趣又难以回答，由于这样做可以引起一种期待心理，就容易唤起学生的有意注意。对某些心不在焉的学生，直接提问也有克服分心，使学生注意力指向教学内容的作用。

再有，教师正确组织教学，一贯严格要求学生，对唤起有意注意也起

着重要作用。严格要求有利于学生随意注意习惯的养成，也有利于意志薄弱的学生借助外因的影响集中有意注意。教师向学生提出适当的合理的要求，建立正常的课堂常规等，都有唤起和稳定随意注意的作用。

（二）正确运用不随意注意的规律组织教学

随意注意虽然很重要，但在教学中单靠随意注意容易使人疲倦，不能使注意维持较长的时间。因此，正确运用不随意注意的规律，使教学活动本身变得有趣味，则有利于注意力的集中稳定。

首先，在教学环境方面，应有利于学生的注意集中，尽量防止分散注意的刺激出现。如教室周围的嘈杂声、喧闹声、音乐教室传出的歌声、琴声、运动场操练的声音，教室内装饰和张贴太多，教师的奇装异服、过多口头禅等都易分散学生的注意。因此，尽可能保持教室周围环境的安静；教室内部的布置要适当；保持教室内部空气清新、光线充足；课桌椅高矮适合学生的身体高度；教师的穿着要适宜、举止言谈要朴实大方等，都有利于使学生的注意集中在教学上。

其次，在教学方法上要尽量防止单调呆板，要不断提高课堂教学的艺术，以激发学生对教学过程本身的兴趣。教学内容要密切联系实际，做到新颖性、科学性、系统性；教学形式和方法不要老一套，要做到多样性、灵活性和启发性；教师的语言生动形象、简洁流畅、抑扬顿挫、快慢适中、说话有趣味，能引人入胜；适度的表情和手势动作，以及增加讲授内容的情绪感染色彩；适时地呈现直观教具，用感性形象吸引学生；在课堂秩序发生问题时，教师用故意停顿和善意提醒，取代强硬批评等，都是引起学生无意注意的重要条件。

（三）引导学生几种注意交替使用，设法保持学生的注意

有经验的教师都清楚，唤起学生的注意并不难，难的是保持学生注意稳定于整个教学过程之中。因此在教学过程中，设法保持学生的注意，就显得更为重要了。

如果教学过程只考虑不随意注意，可能导致错误方向。如果只考虑随意注意，学习就会失去必要的吸引力。因此，引导学生几种注意交替使用，是保持学生注意的重要条件。如一节课的开始阶段，通过课前准备、组织教学、检查提问等唤起学生的随意注意；随意注意使学生的心理活动指向课堂的中心环节——传授新知识；通过生动形象的实例和灵活多样的教学艺术，引起无意注意，使学生的注意力稳定集中；老师讲授的内容逐渐被学生理解，越来越有吸引力，学生全神贯注，自然而然地转为随意后注意；

新课授完后，学生的注意易涣散，把学生的注意再转为随意注意，对巩固新课，布置作业，指导复习与预习就很有必要。

教学方式和学习活动的多样化是保持学生注意的另一个重要条件。心理学研究和教学实践证明：单调刺激物作用容易使人疲劳，分散注意；多样化的教学方式和学习活动，则使人精神焕发，不易疲倦。如在教学和学习活动中，只要求学生单纯地听，或单纯地看，或单纯地读，或单纯地写，或单纯地做，都不利于保持注意。只有把活动安排得丰富多彩，把听、看、读、写、做结合起来，交替进行，才有利于学生的注意保持。但是，不考虑学生的年龄特点，而一味频繁地调换活动，也不利于培养学生稳定持久的注意品质。

必要的教学速度也是使学生上课保持注意的重要条件。有人曾做过如下实验：让三组智力和学习成绩差不多的学生，用不同速度读完同一个故事的片段：甲组用2分钟，乙组用6分钟，丙组用10分钟。读完后再复述原文。结果甲组学生平均复述出意义连贯的内容为6.3，乙组是6.5，丙组是5.2。教学实践也证明，教学活动中断或教学速度太快，过于草率匆忙，都不利于注意力的稳定、持久。因此，在教学活动中，一个问题没有弄清楚，不要讲新内容，如果这个问题已弄明白，就不应停留或中断，应该保持教学活动的紧凑、连贯，要一环扣一环地继续下去。

此外，教学内容应该难易适度。过难或过易的内容，都会使学生失去兴趣，削弱注意。

（四）引导学生掌握集中与保持注意的方法

1. 刺激诱导法。根据相互诱导的原理，有意地在注意背景中附加一定的、有节奏性的微弱刺激，可以起到加强对工作、学习问题的思考与注意程度的作用。

2. 发问激励法。针对注意的对象与目标，经常不断地提出问题，多问几个为什么，可以激发人们思考来集中与稳定注意力。

3. 自我暗示法。经常使用内部言语提示自己"注意""警觉""不要走神"，进行自我暗示有助于集中注意力。

4. 积极操作或活动转换法。积极而多样化的动作操作方式有利于注意力的集中与稳定；另外操作活动与智力活动的配合与转换使用可使注意力保持更加持久。

5. 趣味或兴趣诱导法。直接兴趣法、间接兴趣法或两类兴趣的配合与转换使用也是保持注意力的好方法。

四、学生良好注意品质及注意力的培养

学生良好注意品质、注意能力的形成，除依赖上述教学条件外，还有赖于学生本人的主观心理条件。因此，其他心理品质的形成和培养，对培养学生的注意力，也有重要作用。

（一）要培养广泛而稳定的兴趣

兴趣和注意有密切的"亲缘"关系，它是培养注意力的一个重要心理条件。在中学阶段，除培养学生的直接兴趣外，更主要是培养学生对活动目的和结果的间接兴趣与强烈的求知欲望。而一个人只有对学习或工作具有高度的自觉性和充分自信心时，才可能对有关的事物发生间接的兴趣，从而促进其注意力的形成和培养。

（二）要加强意志力的锻炼，培养"闹中求静"的本领

注意力乃是意志力的具体表现。因此，意志力的锻炼和注意力的培养也有极密切的关系。具有坚强意志的人，才能成为驾驭随意注意的人，而意志薄弱者，就会成为受不随意注意摆布的奴隶。可见加强意志力的锻炼，要求中学生严格遵守课堂纪律，严格遵守"作息制度"，善始善终地把活动进行到底，有意识地培养学生闹中求静的本领，主动抵制足以引起分心的干扰等，都有利于学生培养注意力。如有的人有意识地到闹市或声音嘈杂的地方看书学习，其目的就是镇定情绪、锻炼意志、保持注意。在这种场所能集中注意学习，在安静场所注意就更易集中了。可见，这种锻炼是有意义的。

（三）要养成严肃认真的学习态度，培养良好的注意习惯

有人自幼形成了对学习草率的态度，马马虎虎、虎头蛇尾、心不在焉，即使是非常安静的环境，也不能专心致志地学习。有人养成良好的注意习惯，即使环境不利，也能毫不费力地集中注意，专心学习。可见"习惯成自然"，它对学生注意力的培养和良好注意品质的形成也有重要意义。青少年由于好动不好静，注意品质容易出现粗心大意、分心走神的毛病，因此，引导学生耐心细致、注意小事，培养观察和分辨细微差异的能力，培养对学生认真负责的态度和习惯就显得十分重要和必要了。

（四）培养良好的情绪，控制调节激情，有利于增强注意力

情绪低落与波动是分心走神的主观心理原因之一。因此，培养学生高尚情操和良好情绪体验，使其善于控制与调节自己的情绪和行为，这也是培养良好注意品质，增强注意力的一个重要心理条件。

（五）要考虑到学生的个别差异对培养注意力和注意品质的意义

因材施教的原则同样适合学生注意力的培养。如鼓励和帮助后进学生积极地学习；对非常爱动的学生，给他们布置比较多样化而又能锻炼细心的作业；对有才能的学生，应该增加适宜的补充作业；对于不善分配自己注意的学生，应该培养多种多样的熟练技巧；对 15 岁以下患有 MBD 症（即轻微脑功能障碍）情绪不稳、动作过多、注意力障碍的学生应配合药物治疗（按医生规定服利太灵或苯丙胺）等，都有利于学生的注意力和良好注意品质的培养。

第六章
思维与想象

第一节　思维概述

一、什么是思维

思维是客观事物在人脑中概括和间接的反映。它是借助言语实现的人的理性认识过程，它可以揭露事物的本质和规律。平时人们常说的"想一想""考虑""设想""审度""预计""沉思""忖度""推理""反省""深思熟虑"或"眉头一皱，计上心来"等都是思维活动的形式。

思维活动有以下特点：

思维是人脑对客观现实概括的反映。所谓概括反映是指反映一类事物共同的本质的属性，反映事物运动的内在规律。例如，学生在长期学习过程中，无数次使用过多种铅笔、毛笔、钢笔、圆珠笔之后，便能概括出笔的本质特征为"人类制造的专门用来写字的工具"。这就是思维活动的概括。

思维是人对客观现实的一种间接反映形式。这是人根据已有的知识经验，对当前事物或现象进行观察，并以此为媒介，从而推理、判断，间接地理解和把握事物的前因后果或内部规律特征的反映形式。如学生通过思维可以间接地把握物体沉浮的规律；气象员观察气象能预报未来的天气；医生通过观察、摸脉、听诊能诊断病情；教师观察学生的行为表情，能真实了解学生的内心世界等，都是间接的反映。间接反映的结果，可能正确，也可能错误。但不论正确的推断或是错误的推断，思维都是一种间接的反映过程。

思维的间接和概括反映是借助言语实现的。语言和言语既有联系而又有区别。"语言"指由基本词汇和语法构成的，每个民族都具有的交流思想的工具，而"言语"是人利用语言材料交流思想（即说话）的过程。在心理学上，语言与思维的关系是一个很具争议性的问题。我们认为，语言是正常人进行思维的工具。人在思考时，言语运动器官的活动受到抑制，起作用的是一种不出声的言语即内部言语；思维就是借助于这种内部言语来进行的。但是，思维与言语是不能等同的：其一，思维是一种认知过程，而言语却是一种交际过程；其二，有时人们的思维并不必须以言语为工具，也可能以表象、想象或动作方式进行；其三，言语也不必须有思维为内容支持。尽管如此，思维和语言是紧密联系在一起的，人在正常情况下是利用言语来进行思维活动的。可以说，词的抽象和概括的特性和语法规则，使语言适于充当思维的工具，从而使人的思维变得更有效。

语言、言语同思维紧密联系表现在：儿童思考问题时，总是伴有自言自语的出声言语；成人思考疑难问题时也伴随有内部言语（通过仪器可以测定喉部也有发声动作）；人思维的结果（即思想观念）的形成、表达和交流是借助以语言材料为基础的言语活动实现的，而语言和言语产生的目的也是为了表达和交流思想，此外，思维发展也促进言语内容的发展和丰富认识的深刻性，影响着人对语言材料的理解和言语交流水平。可见，思维是以词语为中介的人脑对客观现实的反映。词的抽象思维，第二信号系统活动，正是人的心理（即意识）活动的本质特征之一。

人的思维还有受社会实践制约的特点，实践是人的思维活动的基础。人的思维活动首先是从实践（或活动）开始的，实践为思维提供了感性材料，也为思维提供了课题任务。人的思维正是在实践中，在感性认识基础上产生和发展起来的。它既依赖于实践，又对人的实践活动有巨大的能动作用。实践还是检验人的思维活动正确与否的标准。

借助于思维，人的认识能够从个别中看到一般，从现象中透视本质，从偶然中洞察必然，从现存的事物中推测其过去，预见其将来。从而，使人能够正确的认识世界，并改造与变革世界。

二、思维的脑机制

思维作为一种心理过程，就其产生方式也是人脑的反射活动，是人脑对刺激信号的分析、综合、抽象、概括过程。谢切诺夫曾指出："关于心理动作作为有一定的开始、进行和终结的过程的运动的思想应当肯定是基本的思想。"又说"思想是心理反射的前三分之二"，"思想有反射的始端，反射的中继部分，似乎只是没有末端运动"。巴甫洛夫用两种信号系统学说来解释思维的生理机制。第一信号系统是以具体的事物作为信号刺激而建立起来的暂时联系系统。第二信号系统是以词作为信号刺激所建立起来的暂时联系系统。第二信号系统是人类所特有的现象。人依靠第一和第二信号系统的协同活动，人脑就能对客观事物进行多阶段的分析综合活动，从而形成不同等级的概括了的暂时联系。例如，任何最简单的词："鸟""牛""马"等，都不只是表示某一个别事物，而是表示属于同一类的许多事物。正是由于词的概括功能，这就"组成我们附加的人类特有的高级思维……"①

① 巴甫洛夫全集. 第 3 卷. 1951 年俄文版，232

根据苏联学者鲁利亚的理论，思维是脑的三个机能系统整体性活动的结果。神经病理学的研究表明，左侧半球颞上回后部是司管词句记忆的。这一部位的损伤会导致言语听觉记忆障碍。这种病人记不住用口语表达的问题，因而连很简单的口头算题都很难解决。如果算题以书面方式呈现，情况稍微好些；但是由于在解决问题时仍然需要中间的言语环节，所以，病人要完成解题的整个推理过程非常困难。

近代心理学研究已清楚指出，每一种行为过程都是一个基于指向特定目标的操作程序的复杂的机能系统，而"程序或目的是由脑的前额叶所供给。假如额叶被破坏了……病人整个有目的的行为就被扰乱了"[①]。这种病人意识不到解决问题的任务，没有解决问题的愿望。他们在复述算题时，或者把问题漏掉，或者利用条件中的一个成分来取代问题。

神经心理学研究发现，脑局部损伤部位不同，会产生不同的思维障碍。顶—枕部损伤患者有明显空间障碍和文字认识的某些障碍。额叶损伤患者没有目的方向性，缺乏能动的定位和探究活动；额叶损伤患者理解简单的意义结构格外困难；对隐喻和谚语之类需要转义的东西是很难理解的。[②]

割裂脑的研究表明、说话、阅读、书写和计算等活动，在左侧半球内进行而不传至右侧半球。左侧半球与词语性思维活动有关。右侧半球与空间概念、对言语的简单理解以及非词语性思维有关，这些活动内容也不能传至左侧半球。罗兰德（Roland, 1984）用不同课题测试时观察脑区血流量的变化，发现大脑左右半球所激活的区域和程度是不对称的。解答言语性课题时，位于左半球脑区的血流量增多较明显；解答非言语性课题时，位于右半球脑区血流量增加更明显些。看来，大脑左右半球在言语性抽象思维与形象思维中所起的作用是不同的。

三、思维理论中的几种主要观点

思维心理学有不同的理论和观点。实验心理学的创始人冯特强调一切经验都是由感觉或意象组成的，他认为思维是不能作为实验研究的对象的。以屈尔佩（O. Külpe）为首的符兹堡学派则深信思维过程可以进行实验研究。他们通过对思维过程直接内省的研究，发现"无意象思维"，认为思维中不包含任何特殊的意象，其中只有有意义的概念。但他们的研究没有取

---

① ［苏］A. R. 鲁利亚. 脑的机能组织. 1970

② ［日］松野丰. 思维的神经心理学.（张厚粲译自［日］儿童心理，1972 年 2 月）引用有删节。

得引人注目的成就。

联想主义用联想的观点来描述思维现象，这是对思维理论有重要影响的学派。但他们用对联想的研究取代其他心理过程的研究则是不对的。他们认为心理事件是对某种形式刺激的反应。一件事的思想作为刺激引起另一件事，然后这一件事又引起再一件事……思想就是沿着这样联想的链锁，以线性方式活动着的。詹姆斯（W. James）用"意识流"来描述这个特性。许多联想心理学家企图用联想律来说明全部思维问题和创造发明活动。桑代克（E. L. Thorndike）用猫在问题箱中所作的"尝试与错误学习"实验，是用联想方式解决问题的一个典型实验。他忽视观念的作用，强调情境和反应之间的联结，认为动物是以尝试错误的方式解决问题的。

"格式塔"心理学派开始以研究知觉为主，认为知觉本身显示出一种整体性。后来，他们想用"格式塔"这个术语来研究整个的心理学领域的问题。第一次世界大战期间，该学派发起人之一苛勒（W. Kühler）在特纳利夫岛进行了七年黑猩猩学习研究，写出了经典性著作《猿猴的智力》。他观察分析猿猴用木箱搭台阶、用棍子取食的过程，认为动物绝非"尝试错误"地学习，而是"顿悟"地解决问题。该学派另一发起人韦特墨（M. Wertheimen）著有《创造性思维》一书，把格式塔的学习原理应用于人类的创造性思维，并建议通过整体来研究这种思维。

采用信息加工编码方式进行研究的认知心理学派认为传统理论充满了不能透彻说明的假说，于是他们希望成功地建立一种新理论，把活动着的有机体设想成一架复杂的信息加工系统，用计算机来模拟人或动物的脑的复杂活动，并设计出能制定决策、策略、下棋及某种语言翻译程序的计算机。这样，计算机的计算程序，就是人的复杂智力活动行为的恰当理论。根据纽维尔·肖、赛蒙（A. Newell. J. C. Shaw & H. A. Simon）提出的这种理论，一架计算机内部程序化的信息加工运算，可比作机体的内部思维过程。人类的复杂行为是由法则和程序估计出来的，而不是简单地由一个"刺激—反应"所引起的。

苏联心理学家关于思维的主要观点是把反映论与决定论原则推广到思维中去。他们认为作为过程的思维与作为活动的思维是思维心理学研究的基本对象。思维表现为过程，其进行的规律性便提到首要地位；从主体和主体解决的任务（或问题）方面考察时，思维主要表现为活动。则主体与客体的特征及两者的关系便是重要的影响因素。

四、思维的种类

思维种类是多种多样的，到目前为止，还没有统一的分类标准。标准不同，种类划分也不一样。

从个体心理发展的角度看，瑞士心理学家皮亚杰（J. Piaget）把人的思维分为：①感知运动思维（2岁以前），主要通过感觉、知觉和运动图式与外界取得平衡；②前运算思维（2~7岁），主要通过表象进行思维，这个阶段的儿童只有日常概念，缺乏概念的守恒与可逆性；③具体运算思维（7~12岁），有概念的守恒与可逆性，出现具体运算图式，又称初步的逻辑思维阶段；④形式运算思维（12岁以后），已具有和成人接近的、达到成熟的命题运算思维的能力，又称为抽象逻辑思维。感知运动思维与前运算（表象）思维又被称为经验思维，是较低水平的思维。抽象逻辑思维又被称为理论思维，是借助概念、判断、推理形式进行的思维。理论思维又分为公理（不证明理论）思维与辩证逻辑思维。

从思维品质来看，分为再现思维与创造思维。前者是将过去的经验，依照原有模式进行回忆与重演的思维；后者是将过去的经验抽出一部分，重新组合起来具有流畅、独特、变通与创新特点的思维。美国心理学家吉尔福特在其智力结构说中把思维品质又分为辐合思维与发散思维。遵循统一模式（定理、公式、法则）求同地解答问题的方式为辐合思维，也称求同思维、集中思维；一题多解，演绎推理，沿着多方向、多通道求异地解答问题称发散思维，也称求异思维。辐合与发散思维都是智力活动不可缺少的品质，都带有创造的成分，只是发散思维带有更多的创造性特征。

从人的思维活动过程是否遵循逻辑规律来看，分为逻辑思维（分析思维）与非逻辑思维（直觉思维）。前者是严格遵循逻辑规律，逐步分析与推导，最后得出合乎法则的正确答案与结论的思维活动。例如学生解答数理化问题，研究人员的实验分析属这种思维活动。后者是没有完整的分析过程与逻辑程序，而是依靠灵感与顿悟，直接而快速作出判断与结论的思维活动。

从意识角度可分为我向思维与现实思维。在意识状态下，受客观现实支配的思维活动是现实思维。我向思维是根据自己主观愿望需要来进行的思维。儿童的"自我中心"思维、心理障碍者的幻觉思维、正常成人的理想与幻想等都带有我向思维的特点。

第二节　思维过程及规律

思维的心智活动过程包括分析、综合、比较、抽象、概括、系统化、具体化等。

一、分析和综合

分析与综合是人的认识活动也是思维的最基本过程，其他各类过程都是由此派生出来的。

分析是在人脑中把事物或对象分解成各个部分或个别属性。如把植物分解为根、茎、叶、花、果；把几何图形分解为点、线、面、角、体等都属于分析过程。

综合是在人脑中把事物或对象的个别部分与属性联合为一个整体。如把单词组成句子，把部件组成完整的机器等构想活动都是综合过程。

分析和综合贯穿在人的整个认识活动中。分析与综合在人的认识过程中有不同作用。通过分析，人可以进一步认识事物的基本结构、属性和特征；可以分出事物的表面特性和本质特性，使认识深化；可以分出课题的情境、条件、任务，便于解决思维问题。通过综合人可以完整、全面地认识事物，认识事物间的联系和规律；整体地把握问题的情境、条件与任务的关系，提高解题的技巧。

思维过程是从对问题情境的分析开始的。思维的分析有两种形式：一是逐渐淘汰无效尝试的"过滤式"分析；另一种是综合的有方向的分析。如"不重复地一笔画四条折线连接 9 个点"的智力游戏题。被试往往通过一系列尝试［图 6-1 之（1）～（4）］，最后找到解题的方法［图 6-1 之（5）］。这是"过滤式"分析解题的方法。适于解答简单课题或者复杂课题的初级处理。

又如"不重复一笔是否能够连通拓扑图"，被试判断［图 6-2 之（1）、（2）、（3）］简单图形时，用"过滤式"分析的方法试误几次便可以解答。但碰到像［图 6-2 之（4）］这样的复杂图形时，用"过滤式"分析就比较困难。如果掌握了拓扑图形的连通规则：即图形的奇枝点（单数线条相连的交点）是 0 或 2 个时则可连通，其他则一概不能连通。只需综合地有方向地分析奇枝点的个数，便可断定［图 6-2 之（4）］的奇枝点是 2 个，因此可以连通。

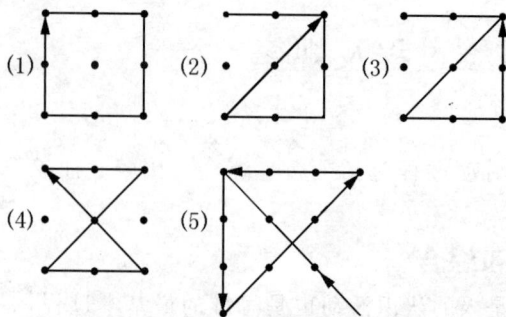

图 6-1 "过滤式"分析解题简图

分析和综合可以有三种不同的水平：①实际操纵物体的分析和综合。例如，有时把机器的某个部件取下来，或把它的某个部件安装好，以考察其性能。这是实际地对物体本身进行的分析和综合的过程。②感性形象的分析和综合。如理解设计图纸的内容等。这时分析综合的对象不是物体本身而是它的图像，是在思想上把某种形象划分出来或把有关的形象联系起来，结合成一个整体的过程。③语词符号的分析和综合，如运用数学定理、数学符号求解代数问题，或用化学定律、化学符号解化学方程式等。这是在思想上把某种抽象的知识划分出来或把有关的抽象知识联系起来，结合成一个整体的过程。

可见综合性分析是思维活动的主要环节。综合性分析的主要特点是：①揭露解答课题的重要条件，舍弃干扰解题思路的附带情节；②把情境、条件、课题任务联合起来分析；③解题思路明确，并以高度简缩的方式进行；④解决问题的速度快，效率高。

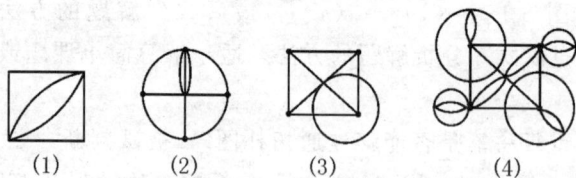

图 6-2 拓扑图形

二、比较过程

比较是在人脑中把各种事物或现象加以对比，来确定它们之间异同点和关系的思维过程。

没有比较就没有鉴别。人们认识事物把握事物的属性、特征和相互关系，都是通过比较来进行的。只有经过比较，区分事物间的异同点，才能识别事物，把它归到一定类别中去。另外，解题方法的优劣与解题思路的对错，也是通过比较才能鉴别的。

比较与分析综合是紧密联系的。比较总是对事物的各部分、各种属性或特性的鉴别与区分，因此没有分析就谈不上比较，分析是比较的前提。另外，比较的目的是确定事物间相同或相异关系，因此比较也离不开综合。

比较的种类和方式很多。从内容看有对事物形态的比较；有对事物属性、特点和规律的比较；有对事物的功能和意义的比较；也有语言文字的比较。从形式与方法看有同中求异，异中求同，同时对比（横向比较），前后对照（纵向比较）。从水平看有感性形式的比较，也有对本质特性的理性水平比较。

三、抽象与概括

抽象是人脑把各种对象或现象间共同的、本质的属性提取出来，并同非本质属性分离开来的过程。如人对鸟的抽象，"羽毛""动物"是共同本质的属性，"飞"则是非本质属性。概括是人脑把抽象出来的事物间共同的、本质的属性联合（综合）起来的过程。在抽象的基础上，人把共同的、本质的属性联合起来，"鸟被称为有羽毛的动物"，这就是概括过程。在概括基础上便形成各种概念。

抽象概括同分析综合及比较紧密联系着。抽象主要是在分析、比较的基础上进行的。概括主要是在抽象、综合基础上进行的，没有抽象和综合就不可能进行概括，而科学能区分本质与非本质特征的抽象与概括才是思维过程最主要的特征。

概括有两种水平：初级水平的经验概括和高级形式的科学概括。前者是对事物一般外部特征的概括，即知觉和表象阶段的概括。逻辑思维水平的概括有事物间共同的、本质的特征的概括。如人的共同特征有生理特征（头、躯体、四肢、内脏、神经等），也有社会性特征（制造工具、劳动、言语、社会化等），而社会性特征才是本质的，所以对人的本质特性进行概括，称人为能劳动并制造工具，能借助言语进行抽象逻辑思维，具有社会性特征的高等哺乳类动物。

四、系统化与具体化

在概括的基础上，人可以对事物进行再概括；在分析的基础上，人可以对事物或对象进行再分析。所谓系统化，就是人脑把一般特征和本质特征相同的事物，进行分析与归类，形成比较完整的体系。例如，动物可分成无脊椎动物和脊椎动物两种。无脊椎动物可以分为原生动物门、海绵动物门、腔肠动物门、扁虫动物门、园虫动物门、环节动物门、软体动物门、节肢动物门等，下面还可细分为许多不同的纲；脊椎动物又可分成园口纲、鱼纲、两栖纲、爬行纲、鸟纲、哺乳动物纲等，下面还可细分为目、科、属。

系统化是思维过程不可缺少的环节。系统化有助于人们领会、理解、掌握和巩固较系统的知识，有助于人对知识的提取和运用，从而使人较深刻地认识世界。

对事物本质特征进行抽象与概括基础上的分类，才是科学的分类。如果本质和非本质特征混淆，分类系统就会紊乱，并产生概念错误。如有的学生误以为蝙蝠能飞就是鸟类。科学的分类应遵循如下原则：划分种类的各个子项（即分类的基本单位）应互不相容，是全异的关系；各子项之和必须穷尽母项，即各子项之和等于母项；分类必须按同一标准进行，连续分类时，每次划分的标准可各不相同，但同次划分应同一；分类应按一定层次逐级划分。

思维的全过程还包括具体化。所谓具体化是人类把经过抽象、概括后的一般特征和规律同某一具体东西联系起来的过程，如用求三角形的面积公式"1/2底乘以高"，去解答计算一个具体三角形面积的过程，就是具体化过程。

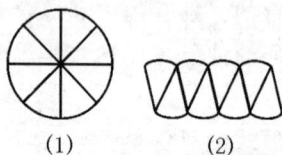

(1)   (2)

图 6-3 利用平行四边形
求圆面积公式直观图

具体化在思维活动中也占有重要位置。首先，具体化是认识事物的重要环节。通过具体化，人才能更好地了解一般规律，使认识不断深化。如教师在讲求圆的面积公式（一般规律）时，常常先选择一个具体圆形分成若干等份［见图 6-3 之（1）］；再把整个圆分成两半，交叉排成近似四边形［见图 6-3 之（2）］；圆等份越细，则平行四边形的下底（即周长的1/2）就越近似直线，这样圆面积公式可由平行四边形或长方形的面积公式推导出来即为 πr^2。

其次，具体化可检验学生对知识是否正确掌握。如学生学习两数和的平方公式 $(a+b)^2$ 之后，碰到具体练习题 $(1+1/2a^3b^3)^2$，有的不会做，说明其对二项式概念理解有问题。后经过具体化练习，学生懂得每个项是一个数量，1和$1/2a^3b^3$分别为二项式中的一个项，问题就容易解答了。再有，具体化也有利于人类更好地变革和改造现实，如果人们不能把一般规律、定理、公式应用于具体对象，则变革与改造现实就很困难。

第三节　概念的形成和掌握

一、什么是概念

概念是思维活动最基本的形式之一，它是人脑对客观事物共同的本质特性反映。概念是构成判断、推理的基本要素，概念、判断、推理统称为思维的基本形式。在抽象与概括的基础上，人形成各种不同的科学概念，再用概念组成判断（即构成概念与概念之间的联系），用判断进行推理（即构成判断和判断之间的联系），并形成各种科学的原理法则，因而人能正确认识和改造现实。

概念包括内涵和外延两部分。内涵指概念所反映事物全部的共同本质的属性；外延指具有这些共同本质特性的全体对象。概念的内涵和外延是反比关系，内涵越大，外延越小；内涵越小，外延越大。

根据抽象与概括程度不同，概念有具体与抽象之分。如苹果、梨、香蕉等是具体的概念；水果、道德等是抽象的概念。根据概念形成方式不同有连言概念（如"毛笔""电灯"等）、选言概念（如"好球""好学生"等）、关系概念（如高低、长短、大小、左右、前后等）。

概念是用词语来标志的。概念和词语是紧密联系而又相互区别的。二者的联系表现在：词语是概念的物质外壳，概念给词语一定的意义和内容。但是，概念是精神、心理现象，词语是概念的物质标志，二者不能混淆。不同民族的不同词语可代表同一概念，如汉语的"城市"，英语的 city，日语的とし（都市）都表示同一个概念。同一民族的不同词语，也可表示同一个概念，如"大夫""医生""先生""郎中"等都表示给人治病的角色或职业概念。同一个词语可代表不同概念，如"仁"有时指道德概念"仁义""仁慈"，有时又指"桃仁""杏仁"等，有些词汇甚至不表示概念，只表示关系或联系，像"但是""而且"等。因此我们不能把心理现象同物质现象等同起来。

二、概念的形成

概念形成是指人类社会现存的各种概念是怎样产生、形成和发展起来的。概念的形成，经历了漫长的过程。它是随社会历史的进程，一代一代地积累经验与传递经验，逐渐发展起来的。

　　社会实践活动是概念形成的条件和基础。实践活动是推动概念产生与发展的动力。长期的社会实践活动给人们提供了大量的感性经验，同时又向人们提出了更高的认识要求。在此基础上，人们对感性经验进行分析综合，抽象概括，便逐渐形成许许多多的概念。以数概念为例，原始社会和原始部落的生产水平很低，那时只有很小数目（1或者2等）概念，再大数目只好用"许多""很多"表示。随着生产的发展，产品的丰富，分配和交换的需要，复杂的数概念才在实践基础上逐渐形成起来。随着丈量土地的需要，几何概念也发展起来。随着社会进步与科学发展，数概念也越来越精确完善。

　　概念形成之后并非一成不变，随着社会进步和科学发展，概念的内涵与外延也发生很大变化。如古代认为地球是平的，后来才知道是球形，过去认为原子是物质的最小单位，现在才知道还可分成更微观的结构。不仅已有的概念会日益完善，而且新的物质不断被发现，逐渐产生许多新概念。

　　人工概念的研究是 1920 年由美国心理学家赫尔（C. L. Hull）所创造的。这是用实验的方法探讨形成概念的条件、阶段和影响概念变化的因素。这种研究的方法之一（如图 6-4），给被试几个组在大小、轻重、颜色、形状等方面不同的几何体，要求被试自己概括出几何体的组合原则（如大—重、大—轻、小—重、小—轻）进行分类；每一类几何体底部均有一音节（Da、Ka、Di、Ki）；在分类的基础上，概括出每一音节的含义（如 Da 表示"大—重"，Ka 表示"大—轻"，Di 表示"小—重"，Ki 表示"小—轻"）。实验表明，感性经验的丰富，正确地分析、抽象和概括，以及词的中介作用都是形成人工概念的重要条件。此外课题复杂，无关刺激（非本质特性）增加，会对人工概念的形成产生干扰作用。人工概念形成的研究，虽带有很大的人为性，但实验条件可严格控制，其研究成果对分析概念的形成过程和条件，仍有重要的参考价值。

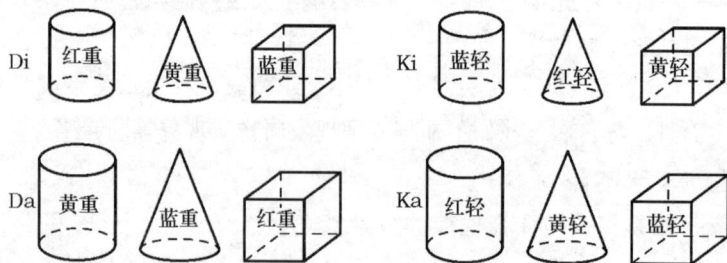

图 6-4　人工概念形成的几何图形

三、概念的掌握

概念的掌握则是在个体发展过程中，借助词语来实现的，是对人类已有概念的一个有组织的经验传递过程和学习过程。

概念掌握虽不像概念形成那样曲折漫长，但也是分阶段的复杂的学习过程。拿儿童的概括能力发展和数概念的掌握来说，就经历了不同阶段：直观阶段，数的实际意义认识阶段，数的顺序、大小的理解阶段，数的分解组合能力阶段，数概念展开阶段等。其他概念掌握也如此，都要经历从具体到抽象；从模糊到精确；从感性到理性；从简单到系统的发展趋势。

怎样使学生更好地掌握科学概念？根据概念形成的规律和先进教学实践经验，应注意以下几点：

1. 充分利用日常概念的积极影响，限制其消极作用

日常概念也称前科学概念，是日常生活与交际中形成的、带片面性、非本质性与局限性的概念。日常概念与科学概念内涵一致时，起积极影响，不一致则起消极作用。如"邻居"概念有助于对"邻角"概念的理解；日常经验的"垂"则干扰对几何"垂直"概念的理解。要消除这种不良影响，一方面在比较基础上严格区分本质与非本质属性，确定概念的内涵；另一方面运用直观获得新经验来消除旧知识的干扰。

2. 充分利用感性材料帮助对抽象概念的理解

丰富的感性经验是掌握科学概念的重要基础。提供感性的经验方式很多：其一，运用实物、图片、模型、实验等直观手段；其二，利用回忆和表象等已有的感性经验，如讲"纷纷"概念，可引导学生回忆雪花飘落的情景；其三，利用表情动作和生动形象的言语描述，如讲"送、给、递、接"等动作概念时，配合手势动作是必要的。

3. 注意"变式"在理解概念中的作用

所谓变式是指在直观中，从不同角度、方面和方式变换事物非本质的属性，以便揭示其本质属性的过程。变式不充分或不正确，往往会产生内涵混淆，外延扩大或缩小的概念错误。如学生把会飞的蝙蝠、蜻蜓、蝴蝶等动物都当做鸟类，把鸡鸭排斥在鸟类之外。当然，变式不应是无休止的，而应选择适当的、典型的方式进行。如讲"角"概念时，只需列举直角、锐角、钝角、平角、周角即可。此外"对比"也是变式的一种有效方式。

4. 词和感性材料正确结合也是掌握概念的必要条件

教学实践表明，语言清晰、准确、生动、形象、简练、具体，并和感

性经验结合才能收到良好的效果。

5. 正确下定义有助于概念的掌握

概念的内涵往往是通过下定义的方式来固定的。正确地下定义是掌握概念的重要标志。正确下定义应该语言简练、清晰、准确，不该是循环、否定、比喻性的。在不同年级的学生中，对同一概念应下不同深度、不同水平的定义。拿化学的"酸"概念来说，最初级定义是"H 与酸根所组成的化合物"；稍高水平的定义是"含有能被金属置换的 H 原子和酸根的化合物"；再高水平的定义是"在水溶液中能电离出 H 正离子和酸根负离子的化合物"。

6. 概念运用也是理解概念的重要环节

概念的运用既是学习概念的目的，也是检验概念掌握的标志，如学生初步掌握三角形"高"的概念之后，运用起来，有的也常常出错，容易把图 6-5 中，线段 H、E、F 都看成高的辅助线。只有通过反复练习，才能纠正错误。正确掌握三角形的高乃是顶点向对边或对边延长线所作的垂线。如图 6-5 中，AD、BG、CI 线段。

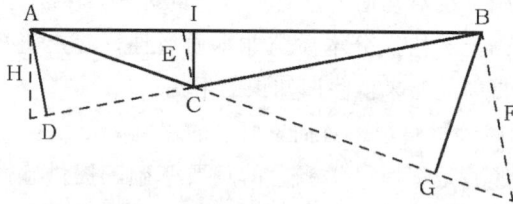

图 6-5　学生作钝角三角形高时所犯的错误

7. 概念的同化与异化，形成正确的概念体系，有助于逐步完善地掌握科学概念

概念同化是一种接受方式的学习，是把新概念纳入原有知识体系的过程。这种方式有利于对新概念的理解，也有利于对旧知识的巩固和充实。概念的异化过程是一种发现与创新探究的学习，即用新知识来矫正旧知识，有利于掌握科学概念。形式概念体系有多种形式，通常使用的有以下四种：①相邻的概念体系如根、茎、叶、花等；②相反的概念体系如光明黑暗，前后左右等；③并列的概念体系如从原始社会到共产主义五种社会形态的概念；④从属概念体系如生物、动物、脊椎动物、哺乳动物等。

第四节　解决问题的思维过程

解决问题是按一定目标，应用各种知识、技能和方法，以判断、推理形式为主的分析综合、比较、抽象概括等，使问题得到解决的思维过程。记忆、学习、技能以及情绪、动机、个性、联想、定式、迁移及思维策略方法等许多因素都影响着问题的解决。解决问题的思维活动是思维心理学的重要课题。

一、解决问题的阶段

解决问题的阶段划分上有许多不同的意见。美国学者杜威（J. Dewey，1910）把解决问题的推理过程分为五个阶段，即发生问题、提出问题、设定假设、推断、证明与实验。罗斯曼（Rossman，1931）把解决问题又扩充为七个阶段，加上了形成新观念、检验新观念两步。盖勒（Garry，1970）认为解决问题分为探索、行动、验证三个阶段。我国心理学界一般把解决问题的过程划分为四个阶段，即提出问题、明确问题、提出假设、检验假设。

（一）提出问题

问题就是矛盾。矛盾有普遍的特性。提出问题就是发现矛盾的过程，也是社会需要转化为个人思维任务的过程。提出问题是解决问题的开端。没有困难，发现不了矛盾，提不出问题，也谈不上思维与思维任务的解决。

发现与提出问题依赖以下条件：首先，依赖于人的思维活动积极性。思想懒汉与因循守旧者难以发现问题，勤于思考善于钻研的人才能从细微平凡的事件中，发现关键性问题。牛顿发现万有引力，瓦特发明蒸汽机，巴甫洛夫发现狗"心理性唾液分泌"，都是勤于观察思考的结果。其次，依赖于人的认真负责态度。人的活动积极性越高，社会责任感越强，态度越认真负责，越容易发现问题。再有，依赖人的兴趣爱好和求知欲望。有强烈求知欲望的人能发现别人不能发现的问题。他们不满足对事物一般的、表面的解释，而是探究事物内部的原因和问题。还有，依赖人的知识经验的丰富程度以及人们思考问题的方法。知识贫乏有时会刺激人提出一些自己不了解的问题，如幼儿总爱问"这是什么？""那是什么？""为什么？"等。但是，缺乏某些知识经验，也不易发现较复杂的问题。

（二）明确问题

所谓明确问题就是在发现问题的基础上，分析与分解问题的因素，抓住问题的核心与关键，找出主要矛盾的过程。

明确问题最基本的条件是全面系统地掌握感性材料，并在此基础上，把整个问题分解为局部，使矛盾充分暴露，再通过比较分析，找出主要矛盾。这是明确问题的关键。

对分出的问题进行归类，也是明确问题的重要步骤。问题归类后易使人的思考具有指向性，便于更有选择地应用原有知识经验来解决当前的课题。

明确问题在很大程度上依赖已有知识经验。知识经验越丰富，越容易分析问题抓住主要矛盾，越容易对问题进行归类。

（三）提出假设

解决问题的关键是找到解决方案。而解决问题的方案，又常常是先以假设的方式出现，经过验证逐步完善的。所谓假设就是人们推测、假定和设想问题的结论与解决问题的途径、方法。

假设提出是从分析问题开始的。在分析问题的基础上，人脑进行概略的推测、预想和推论，然后有指向、有选择地提出解决问题的建议和方案（即假设）。提出假设就为解决问题搭起了从已知到未知的桥梁。

假设的提出也依赖许多条件。已有知识经验，直观的感性形象，尝试性的实际操作，言语表述和重述，创造性构想等都对其有重要影响。

（四）检验假设

解决问题的最后步骤是检验假设。检验假设最有效的方式是实践（包括实验）。通过实践检验假设有直接和间接两种方式。直接检验就是依据实践结果直接判断某一假设的真伪。如在电灯熄灭的多种原因中，提出"可能保险丝断了"的假设，只要亲自检查一下闸盒的保险丝，便可断定该假设的真伪，这是直接检验。所谓间接检验是依据实验结果，间接推论某一假设的真伪。例如，不必去看闸盒，只要看该闸盒控制的其他灯泡亮否，便能推论"保险丝是否真断了"。在检验假设时也常常用思维推论，这也是一种间接的方式，当然其最终的检验还要靠实践。猜谜语、解答智力游戏题、对弈、军事战略计划部署、学习等智力活动中，常用这种间接的方式检验证明假设。可见，积极思维与实践活动相结合是检验假设，解决问题的重要条件。

二、影响问题解决的因素

影响问题解决的因素很多，有情境因素也有个人因素，有客观因素也有主观因素。归纳起来，主要有以下几点：

（一）问题情境与问题

问题情境即指发生问题的客观情境（刺激模式）。在分析问题情境的基础上，就会产生问题。问题产生意味着思维活动已带方向性，已能大致把已知的条件和未知的内容，把情境和任务分解开。

问题情境及问题的表述对思维任务与问题的解决有重要影响：①问题情境中物体和事物的空间排列不同，能便利或妨碍问题的解决。一般说来，解决问题所必需的物体都在视野之中，问题就容易解决，反之则困难。②问题情境中，素材元素的空间集合方式

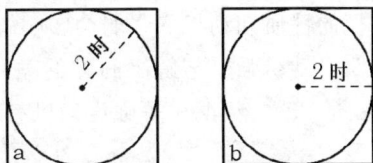

图 6-6　同样信息，不同空间集合方式，求正方形面积课题难易不同

不同，解决问题的难易程度也不一样。如图 6-6 中求正方形面积的课题，b 图圆的半径易被看成正方形的一部分，所以课题容易解答，a 图则困难。③问题情境中所包含的物件或事实太少与太多都不利于问题的解决。太少可能遗漏事实，太多则会产生干扰。如图 6-7，由于"心理眩惑"作用，右侧的箭形部分不易被看出。④问题中的元素有时是心理上的概念，概念排列也和视觉刺激在空间排列一样，能便利或妨碍问题的解决。以解决算术应用题为例，题材内容是否符合学生的生活经验，题目的步骤数，文字叙述对数字关系的隐蔽影响，基本运算数字和互相关联数字在题文中出现的顺序与次数，运算进程，顺解和逆解等都会影响解题的难易程度。

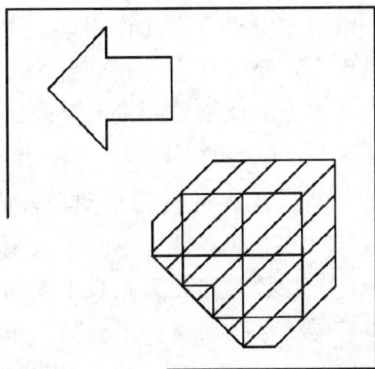

图 6-7　镶嵌图形，你能看见右侧图上与左上图相同的箭头吗

（二）情绪和动机

情绪因素对解决问题有明显的影响。耶克斯—多德森定律（The Yerks-Dodson Law）表明：操作效率与激励水平之间的曲线关系，将随着任务的复杂性而发生变化。复杂代数问题的最佳操作效率，情绪处在较低激动水平；操作初等算术技能的高峰，情绪处于中等激动水平；操作简单反应时的高峰，情绪处在较高激动水平（见图 6-8）。

动机对解决问题也有明显的影响，它是促使人去解决问题的动力因素。动机的性质和动机的强弱会影响解决问题的进程。伯奇（H. Birch）的研究表明，动机强弱与解决问题的关系，可以描绘成一条"倒转的 U 型曲线"（见图 6-9）。说明中等强度动机有利于问题的解决。

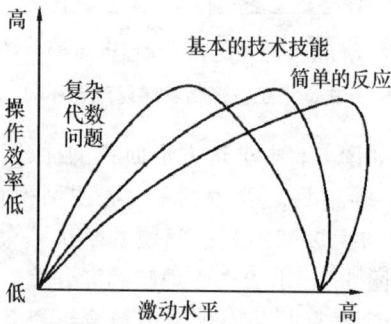

图 6-8　耶克斯—多德森定律　　图 6-9　动机程度与解决问题效率

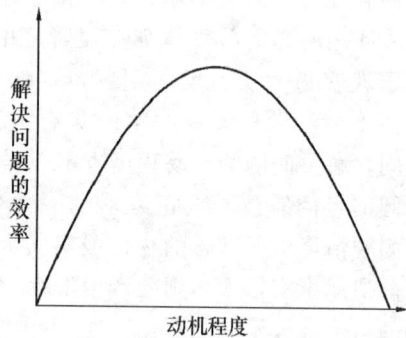

（三）联想与启示

原型启示在创造性地解决问题中起着很大的作用。原型是指对解决问题有启发作用的事物。原型之所以有启发作用，主要是原型与课题之间有某些相似点，通过联想作用，使人很容易找到解决问题的新方法。如人发明飞机与轮船借助了飞鸟和鱼的原型；人发明复眼透镜借助了蝇的复眼原型；鲁班发明锯借助了丝茅草原型的启示。

除了原型有启示作用外，他人的行为举动、表情动作、词语文字等，通过联想作用也同样有启示作用。如有人让被试去解决迈尔（N. R. F. Maier）的"双索问题"（即在天花板上悬两根绳，距离略大于两臂侧伸时两手的距离，只要拉住一根就抓不到另一根，任务是设法连接两绳）。实验时被试分成两组：甲组先识记包括"绳索""摆动"和"钟摆"在内的词汇；乙组先识记和双索问题无关的词汇。然后让他们分别解决问题。由于词语的启示和联想作用，甲组用"摆动法"迅速地解决了问题。

（四）定势的作用

定势（即心向）是心理活动的一种准备状态。这种准备状态容易影响人对刺激情境以某种习惯的方式进行反应。定势对解决问题有积极作用，也有消极影响。

定势对解决问题的影响，卢钦斯（A. S. Luchins）做了有名的实验（见表6-1）来说明。

表 6-1　卢钦斯定势实验

问题	给定空瓶的容量			需求的容量	图例
	A	B	C		
1	29	3		20	
2	21	127	3	100	
3	14	163	25	99	
4	18	43	10	5	
5	9	42	6	21	
6	20	59	4	31	
7	23	49	3	20	
8	15	39	3	18	
9	28	76	3	25	
10	18	48	4	22	
11	14	36	8	6	

实验要求被试用几个空瓶来量需要的水容量，其结果表明：当一个人习惯用一种方法（如"B—A—2C"）解决若干问题后，往往会使他陷入用同一种方法解决以后的问题，尽管此种方法已经失效或另有更简便的方法，他也不另改换方法。

（五）迁移的作用

迁移即指已经获得的知识、技能和学习方法对学习新知识和新技能的影响。人们常说的举一反三、触类旁通就是一种迁移促进问题解决的实例。

迁移有正负之分。一种知识技能的掌握，促使另一种知识技能有效掌握是正迁移。反之，产生干扰作用是负迁移。因此，迁移对解决问题有积极与消极双重影响。

领会基本原理和概念，是通向适当技能训练迁移的重要途径。知识概

心理学

括化的水平越高，迁移的范围和可能性越大；知识概括化的水平越低，则迁移越难。

（六）个性因素

个性因素对问题解决也有重要影响。实验研究表明：一个人善于解决问题往往是和他的灵活性、首创性和自信心等个性心理品质相联系的。实验还表明服从社会的压力和解决问题能力差是联系在一起的，如顺从型的大学生在解决问题上比不上独立判断型的大学生。一个勤奋、乐观、自信、坚定、有献身精神、有创造精神、勇于探索的人，通常能克服许多困难去解决疑难的问题。

（七）策略与方法

从信息加工的观点来看问题包括初始状态、目标状态、认知操作过程。而解决问题是运用一系列的认知操作使问题从初始状态转化为目标状态的过程。通常人们解决问题的策略与方法有运算法与启发式两大类。

运算法是利用数学计算规则与方法，使问题得到精确描述与答案的解题方法。其具体做法是将各种可能达到目标的方法都计算出来，再一一比较，确定正确或最优答案。初、高等数学、科学实验的统计、日常生活中的计算等均采用运算法。

启发式是通过观察发现问题初始（当前）状态与目标状态的相似关系，并在知识经验的指导下，有目的有方向地思考问题、采取较少的操作来解决问题的方法。下面介绍几种：

1. 手段—目标分析法。这是先有一个目标，然后分析当前状况与目标状况之间存在的差距，并设法采取有效的活动方式（手段）来减少这个差距，实现目标的方法。解决问题的手段目的分析的关键是把大目标分解为下一级的子目标。这种分析有两种方式：一种方式是把当前状态转化为目标状态；另一种方式是找出消除差异的操作手段。手段—目标分析是人类解决问题的一种常用方法。

2. 爬山法。这是另一种手段—目标方法，即对当前问题状况进行评价之后，因条件限制，不能直接采取缩小距离，而是增加当前状况与目标状况的距离，通过"退一步进两步"的迂回前进策略，最终达到解决问题总目标的方法。在经典的爬山法中，总是由上一个决策点通过看来是最佳路径向前移动的。这是局部性的最佳节点。最佳优选法是从全局的最佳性的最佳节点出发，而不管它所处位置如何。其工作方式就像一群在山区中寻找最高峰的协同工作的登山队，他们之间保持无线电联系，在每一次都移

148

动至最高点的一个分队，并且在每个分岔口把分队分成一些更小的分队。这样探索的效率就会大为提高。

3. 目标递归（或逆向）策略。前两种方法是循序渐进，逐步逼近并达到目标的方法。而逆向策略是从最终达到的目标状态出发，按照子目标组成的逻辑顺序逐渐逆向递归初始状态，从而达到解决问题的目的。如几何题的求证过程，有时常用这种策略。例如，已知 ABCD 是一个长方形，证明 AD 与 BC 相等。从目标出发，进行逆向反推时人们会问："如何才能证明 AD 与 BC 相等？如果我能证明三角形 ACD 与 BDC 全等，那么就能证明 AD 等于 BC。"

第五节　想　象

一、什么是想象

人不仅可以回忆过去感知的事物形象，而且还能在头脑中创造新的形象。这种在刺激影响下，人脑中旧经验（即旧表象）重新组合，产生新事物形象的过程叫想象。如人脑中的"嫦娥奔月""大闹天宫""星际车站""四个现代化的美好前景"等映象都属于想象的产物，也称想象表象。

想象表象和记忆表象不同，不是过去感知映象的简单再现，而是旧表象经过加工，重新组合创造新事物的形象。这是创造新产品和新事物的一种"蓝图"，在实践活动中有重要意义。

想象是一种特殊形式的思维。想象带有生动形象和间接概括认识事物的特点。

想象似乎给人以超现实的感觉。其实想象同其他心理现象一样，也是人脑对客观现实的反映，是一种创造性的反映形式。

感性材料是想象的基础。想象中的表象不管它新颖甚至离奇到什么程度，都是在由感性材料所形成的感性经验（旧表象）的基础上产生的。如"孙悟空的形象"是作者把头脑中的人和猴的表象经过加工构思后，重新组合创造出来的新的具有反叛精神的典型形象。就拿梦境来说吧，有时虽然十分荒唐和怪诞，但梦境仍是以感知过的事物或事物的表象与观念的素材组成的。

实践活动是推动想象的原因和动力。作家进行人物构思，工程师的蓝图设计，科学家的创造性活动等，都是社会实践推动的结果。而且人的想象内容及水平都要受社会实践所制约。古代虽有嫦娥奔月的幻想，但绝不会有星际旅行车站的设想，"齐天大圣"有七十二般变化，但每一变化都没有超越当时科学发展和时代的水平。

可见世界上没有原因和现实基础的想象是不存在的。把想象看成"超现实的自由精神的创造"的观点是错误的。

二、想象的过程

想象过程是一个形象的分析综合过程。想象的分析活动，是从旧形象（或表象）中区分出必要的元素或创造的素材；想象的综合是将分析出来的元素或素材，按照新的构思重新结合，创造出新形象的过程。想象的综合活动，有以下几种形式：

（一）粘合方式

粘合是把客观事物中不相关联的属性、元素与特征，部分结合在一起而形成新的形象过程。例如，孙悟空、猪八戒、美人鱼、飞天美人等形象的创造过程，就是粘合方式。这种想象方式对艺术创作、科技发明和新科技产品的研制与开发等都有极重要的作用。

（二）夸张方式

夸张是改变客观事物的正常特征，突出某些特点而略去另一些特征，在头脑中形成新的形象过程。例如，人们创造的千手观音、九头鸟、三头六臂神等形象，都是运用想象过程的夸张方式而产生的。另外，按比例整体的扩大（巨形）、缩小（袖珍）等也是夸张的方式。夸张是各种创作的一种重要手法。

（三）拟人化方式

拟人化是把人类的形象和特征加在外界客观对象上，使之人格化的过程。这也是文学和其他艺术创作的另一种重要手法。《封神演义》《西游记》《聊斋》等古典名著中的许多形象，都采用了拟人化想象的创作手法。雷公、风婆、花仙、狐精、白蛇与青蛇等均是拟人的产物。

（四）典型化方式

这是根据一类事物的共同特征创造新形象的过程。例如，阿Q的形象、祥林嫂的形象。这种方式在各种文学艺术作品创作中被广泛采用。因而使作品的形象更逼真更加典型与类化，具有更普遍的教育意义。

三、想象的种类

想象的种类有不同划分标准。从有无目的性来看，有随意和不随意想象；从内容新颖程度来看，有再造和创造想象；从想象和现实关系来看，有幻想、理想和空想。

（一）随意想象和不随意想象

人自觉地提出想象任务，根据自己的意向，有目的、有意识的想象叫随意想象。在刺激影响下，人不由自主地想起某种事物形象的过程叫不随意想象。这两种想象常常相互交叉、相互促进、相互转化，它们在人的思考与创造活动中都起着重要作用。

梦是不随意想象的极端情况。科学不发达的时代，人们对梦的本质缺乏了解，常把它作为封建迷信和"精神独立于物质"的根据。巴甫洛夫的学说较科学地揭示了梦的实质，认为睡眠是一种大脑皮层弥漫性抑制现象。当抑制较全面、均衡时，就是无梦睡眠；抑制不均衡就形成有梦睡眠。在机体内外刺激的作用下，由于第一信号系统在睡眠状态中继续起作用，便产生形象鲜明的梦幻。由于抑制不均衡，因而梦幻就出现奇形怪状的形象组合。美感梦与恶感梦，都是外界刺激和已有经验相互作用的结果。弗洛伊德的精神分析学说则用"压抑"的理论来解释人做梦。梦境是潜意识现象的符号之一。梦境分隐性与显性两个层面。人在睡眠时，当意识层面的压力放松时，潜意识内容才会乘机外出，并以伪装方式形成不为患者所了解及无法陈述的隐性梦境，隐性梦境转化便成为显性梦境，因而隐性梦境会通过伪装表现在显性梦境中。

科学研究发现睡眠有两种不同的时相状态，即无梦慢波睡眠和有梦快波睡眠。慢波与快波睡眠每夜反复转换 4～5 次，快波时相约占全部睡眠时间的 1/4，最后一次快波时相长达 45～60 分钟。做梦可能是快波睡眠的特征之一。在快波时相被试被唤醒，往往会报告正在做梦，快波睡眠也是正常生活不可缺少的生理过程。

（二）再造想象和创造想象

在随意想象中根据想象内容的新颖程度，又可分为再造与创造想象。再造想象是依照词语描述或图表描述，在人脑中产生新表象的过程。工人看建筑或机械图纸，指战员看军用地图，学生听教师对课文生动形象地叙述，读者欣赏文艺作品时的想象等，都是再造想象。

再造想象在生活中有重要意义。借助再造想象，可以更好地吸取别人的经验；有助于人们生动形象地交流思想；可以丰富人的情感体验；为创造想象奠定基础。

再造想象的生动、形象、准确性依赖许多条件。主要条件有：刺激物本身（言语与图表）是否鲜明、生动、形象；主体本身旧表象丰富和深刻程度；主体正确理解词语和图表等实物标志的意义；依赖主体掌握与理解知识经验的深度和广度。

创造想象是在刺激物的作用下，人脑独立地构成新表象的过程。如作家与艺术家的构思、工程师的蓝图设计、新发明创造等都含有创造想象的成分。

创造想象是一切创造性活动的重要组成部分。创造性想象和思维活动的有机结合是构成创造性活动最重要的基础。离开创造想象，创造性活动无法进行。无论是艺术家以形象思维为主，还是科学家以抽象思维为主，他们的创造活动都包括思维活动与创造想象的结合。

影响创造想象的重要因素有以下几点：

1. 创造动机

在实践中，社会向人们提出了创造新事物，解决新问题的要求，社会要求一旦被人接受，就会在人脑中变成创造性活动的需要和愿望。如果这种创造的愿望和需要与活动相结合，有实现的可能，就转化为创造性活动的动机，从而推动人的创造性思维和想象活动。而创造性活动本身也可以产生动机，使人的思维、想象及创造性活动变得更加积极、主动、活跃。

2. 原型是激发创造的起点

人的创造发明不是凭空产生的，在其开端或准备阶段总会受到一种类似事物或模型的启发（即原型启发）。绝大多数的创造发明都是在原型基础上，经过联想，才创造出新事物形象的。如阿基米德原理是其在洗澡时，从水溢出盆外的现象中得到启示而发现的；俄国莫扎伊斯基制造首架飞机也是从观察鸟飞翔开始的。

3. 积极的思维活动是创造想象产生的关键

创造想象与思维活动不可分割，它包含严格的构思过程。只有通过积极的思维活动，才可能创造出独特、新颖、有益于社会的新产品。拿作家的艺术创作来说，就包含有复杂的抽象思维过程。鲁迅笔下的阿Q形象，就是通过"杂取合成"的构思过程，塑造出的半殖民地半封建社会中的典型形象。画家和雕刻家的艺术创造也不是光凭熟练技巧，作品的主题需经严格构思，实际操作过程也是要进行思考才能更好表现主题的。科学家和发明家的创造想象更是充满着积极的思维活动。

4. 灵感和艰巨劳动是创造活动的一个重要条件

在创造活动中，常出现"顿悟"的情形，新表象忽然构想出来，某个问题突然迎刃而解，这就是人们常说的灵感状态。

灵感是一种最富创造性的高度紧张的精神力量和心理状态。灵感具有在潜意识中酝酿而成，突然飞跃猛现于意识状态的特点。这种状态的表现：创造意识敏锐而清晰；注意力高度集中和情绪高涨；已有的知识经验能积极再现和改造。文学家、艺术家、科学家在完成他们创作的产品时都不能没有灵感。

由于灵感有突如其来、不由自主的特点，有人便把它看成是神的启示。其实"天才在于勤奋，经验在于积累"，灵感是对艰巨劳动的奖赏。只要付出艰辛劳动，每个人都可能获得灵感。托尔斯泰创作《战争与和平》巨著时，经历了艰巨的脑力劳动的过程，他"思考了上百万种可能结合，以便从中选取百万分之一"。马雅可夫斯基把诗歌创作比作镭的发掘，采一克就需一年的劳动。歌德的名著《浮士德》花费了六十年心血。鲁迅为后人留下的光辉篇章和遗著，是他花费毕生精力，用汗水和心血浇灌而成的。因此，要想捕捉灵感必须注意以下方面：①要有长期的构思和思想准备，并通过准备、酝酿、豁朗、验证四个阶段来激发创造灵感；②要利用好把握好自己最佳的创作时间、创造方式和创造环境；③要保持自己思维活动的独立性与灵活变通性，善于冲破某些传统的过时的思想观念的束缚；④要有良好的心理和情绪状态，保持适度的心理压力；⑤要做到手勤、眼勤、脑勤；⑥要有广泛、稳定而又具中心性的兴趣爱好。

（三）幻想、理想与空想

幻想是创造想象的准备阶段，也是创造想象的特殊形式。它是一种同生活愿望相结合并指向于未来的想象。幻想不同于再造想象，因为它包含有一定的独创成分；它也不完全同创造想象一样，因为它不一定指向创造性活动，构想也不一定完全符合客观规律。

如果某种幻想是以现实为依据，并指向行动，经过努力最终可以实现，那么它就变成理想。以对未来职业的想象来说，幼儿时期幻想的成分大，青年时代往往被理想成分所取代。

如果某种幻想完全脱离现实，毫无实现的可能，就成为空想。如有的青少年看过神话小说也想学会孙悟空的七十二变，想修炼成仙等就是一种空想。

幻想和理想能鼓励人向上和前进。它是人们从事创造性学习、生活和工作的动力。那种脱离实际虚无缥缈的空想往往会把人引向歧途。

第六节 培养良好的思维品质，丰富学生的想象力

一、青少年思维及想象的特点

(一) 青少年思维的特点

进入中学，学习对青少年心理的发展提出了新的要求，要求他们更加自觉地、独立地和批判地支配自己的思维活动，要求他们有更高的抽象概括的能力。青少年的思维特点表现如下：

第一个特点，抽象逻辑思维日益占主导地位，思维中的具体形象成分仍起重要作用。

在小学阶段，学生的思维水平是从具体形象向抽象逻辑水平过渡，具体形象思维仍占优势。在初中阶段，学生的逻辑思维虽然得到发展，但还是一种经验型的抽象思维，思维活动还需要具体、直观、感性经验的支持。高中阶段，学生的思维才从经验型向理论型水平急剧转化。

有人曾对中学生进行字词概念研究，每个概念可能有五级水平的定义（即①不会解释；②概念的重复；③功用性定义；④接近本质定义或作具体的解释；⑤本质定义），结果表明：初中一年级学生多数为从第三级向第四级水平转化；初中二、三年级的学生多数为第四级水平，或第四级向第五级水平转化；到了高中阶段，学生达到四五级水平的人数要比初中生多，高中生已能较系统地掌握社会概念、哲学概念和科学概念。

中学生对谚语、寓言、成语等材料理解能力的研究表明：大致有三级理解水平：第一级是表面理解；第二级是接近本质的形象理解；第三级是成语的隐义或转义理解。在正常的教育和教学条件下，初一学生以第二级水平居多，初二为过渡阶段，初三以上各年级，大部分被试都达到第三级水平。

以数学概括能力的发展为例，中学生的数学概括能力，已从数字概括发展到初步代数概括，再发展到形式抽象，根据假定进行概括，最后发展到找出运算内在联系的辩证抽象概括。高中学生已能对排列组合、极限等知识进行概括，并根据概括得到的定理、公式、法则等进行运算。

再从判断推理能力来看，初中学生已逐步能使自己的判断恰当，推理合乎逻辑。但他们还不善于采用压缩简略的方式，有时也会出现瞎猜

乱碰或违反逻辑的情况。到高中阶段学生那种自觉而又恰当的、合乎逻辑的推理能力才逐渐地发展起来。他们已能较好地掌握归纳和演绎推理形式。

青少年思维的第二个特点是思维活动的组织性、创造性、独立性和批判性有了显著发展。

幼儿和小学阶段，儿童比较依赖教师和成人，相信甚至迷信"权威"，思维活动多被动性少独创性。进中学后，少年就迈进一个喜欢怀疑、争论、探索、辩驳的时期。他们已经不轻信教师、家长或书本上的权威性意见，常常主动地、独立地、批判地对待和探讨一切。到青年期这种独立性和批判性的思维品质已逐渐向较成熟的方向发展。

第三个特点是青少年的思维品质还未完全成熟，还容易产生一些急躁性、片面性、表面性的毛病。少年期，学生思维活动的独立性和批判性还较盲目。他们看问题易孤立欠全面；讨论问题易武断、偏激，缺乏冷静态度；否定问题易简单怀疑，缺乏论据或论据不足；讨论问题易与人争辩，而又缺乏谨慎的精神。青年期，学生的思维活动易受情绪左右，仍带偏激和片面的毛病。

（二）青少年想象的特点

青少年最富于幻想。加里宁曾说过，这刚刚是各种幻想和志向催促人们去干大事的年龄。随着年龄增长，幻想中的现实性成分越来越增加。初中生的幻想多于理想，有的也含某些空想成分。高中生的理想逐渐占主导位置，但还不够稳定，容易发生变化。

青少年的空间想象能力不断提高。拿学生对几何图形的想象能力来说，逐渐从平面到立体，从规则到不规则，从基本图形到复杂图形，大体经历以下阶段：熟悉绘画基本图形阶段；借助图形来反映实物空间形状及位置阶段；借助图形反映并用数学语言或公式来表达空间关系阶段；熟练灵巧的识图阶段。有人对中学生的空间想象力作调查，把他们的空间想象力分为四级水平：Ⅰ. 用数字计算面积和体积；Ⅱ. 掌握直线平面；Ⅲ. 掌握多面体；Ⅳ. 掌握旋转体。统计调查结果见图 6-10；从图中可以看出中学生的空间想象力的发展存在明显的年龄差异。初二到初三是空间想象能力发展的加速时期和关键阶段。

青少年的想象中更富于创造的特色。进入中学后，学生的再造想象变得更加独立、概括、精确；更主要是创造想象得到进一步发展，在作文、

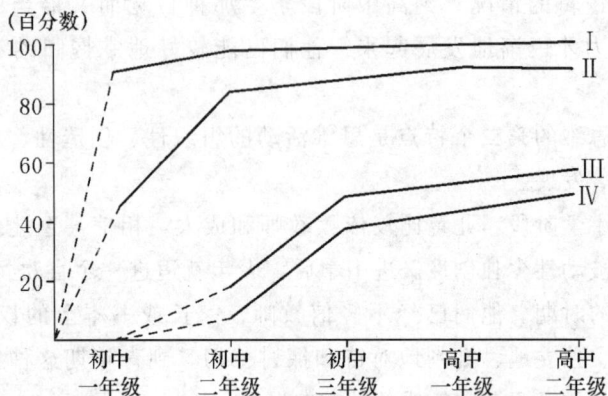

图 6-10　中学生空间想象力发展曲线图

图画、少年科技等活动中，已经涌现出初露头角的"革新家"。高中阶段，学生的创造想象力发展更快，开始把创造想象同创造性活动联系起来，对理化实验及某些科技活动逐渐产生浓厚的兴趣与爱好。但这只是初步的，同创造活动全面结合、更高级的发明创造能力还有待以后形成。

二、良好的思维品质及其培养

(一) 什么是良好的思维品质

人的思维品质存在明显个别差异。一般说来，良好的思维品质结构有以下几个特点：

1. 思维的广阔性和深刻性

所谓广阔性指思路广泛，善于把握事物各方面的联系和关系，善于全面地思考和分析问题。广阔性往往取决于知识经验的丰富与多面，思维方式的全面、周密与迁移性，高级神经活动类型的灵活性等。深刻性指善于深入地钻研和思考问题，不满足表面的认识，善于区分本质与非本质的特征，能抓住事物的主要矛盾，正确认识与揭示事物的运动规律，并能预测事物发展的趋势与后果。

2. 思维的独立性与批判性

思维的独立性指人们善于独立地发现问题、思考问题、处理与解决问题，具有不依赖不盲从，不武断不一意孤行的特点。所谓批判性指善于冷静地考虑问题，不轻信、不迷信"权威"的意见；能有主见地分析评价事物，不易被偶然暗示所动摇。

3. 思维的逻辑性

指考虑和解决问题时思路鲜明，条理清楚，严格遵循逻辑规律。具体说，提出问题明确，不模棱两可；推理严谨，层次分明；论证要充分，有的放矢，有说服力；结论要证据确凿。

4. 思维的灵活性和敏捷性

灵活性指思考和解决问题时，思路灵活，不固执成见和习惯程序，善于发散思维，解决问题能足智多谋、随机应变。敏捷性指思路来得快，解决问题迅速，又有当机立断，不优柔寡断、不轻率从事。郭沫若曾形容周恩来总理思考问题"似雷电行空，如水银漫地"就是指的这种特点。

5. 思维的创造性

指思维活动的方式不仅善于求同，更善于求异，具有流畅性（敏捷与多样性）、独特性（与众不同）、变通性（灵活性）与创新性（新颖性、首创与独创性）等特征。这种创造性思维的特点，表现在概念的掌握与理解上，不仅能将新知识新概念同化到已有的概念和知识系统中去，而且能利用新知识新概念去改造旧概念；表现在解决问题时，不死套公式，而是融会贯通、多通道的，善于用简洁的方法解决问题；表现在创造活动中，不因循守旧，不墨守成规，不安于现状，有创新意识，有丰富的创造想象力。

（二）怎样培养学生具有良好的思维品质

首先，要引导青少年与时俱进地学习马列主义原理，用辩证唯物主义观点来武装自己的头脑。因为辩证唯物主义观点是最科学的世界观和方法论。只有掌握了这种思想武器，才可能做到全面地而不是片面地看问题；本质地而不是表面地看问题；发展地而不是静止地看问题；客观地、理论联系实际地而不是主观教条地看问题。这些都是良好思维品质最基本、最一般的特征。

其次，应强调启发式、探究式与研究型的教学方法。启发式教学法的指导思想是：调动学生积极性，让其生动、活泼、主动地学习知识，发展能力。启发式教学的实施要领是：①要激发学生产生疑问，提出问题，充分调动学生的求知欲望和思考问题的积极性，引起其浓厚的学习兴趣。②教学计划安排与单元活动设计要有充分的弹性。要考虑学生有接受消化的可能，又必须有一定的难度。还要让学生有时间去解决作业、实验和实际的问题，以培养学生的创造力和解决实际问题的能力。③启发式教学法的实施应采取多种形式，允许学生选择自己喜欢的方式学习。既可通过教师讲授学习，也要通过"发现学习法"让学生主动地掌握知识。教师不要干涉太多，要培养学生独立思考的能力与习惯。④教学活动不必拘泥于公式化，应灵活掌握。既要防止学生死啃书本，注意知识灵活运用，触类旁通，又要防止学生轻视书本知识，不根据理论盲目猜测。要培养学生推理的严密性和论证的逻辑性。探究式与研究型的教学方法应着重强调学生的自主性与主体性，做到爱学、会学；重在探索、研究过程，做到对所学知识与问题主动选择—判断—解释—运用，有所发现与创新；重在参与与体验探索的艰辛、成功的愉悦、知识的价值；重在探索中的合作，通过社会化过程培养学生的良好思维品质、能力与个性。

再次，应加强对学生进行言语训练。学生思维能力发展总是和言语发展分不开的。学生正确地掌握大量词汇和系统的语法规则，并能清晰、准确、灵活地使用口头与书面语言表达思想感情，则可使思维活动明确、系统、符合逻辑。

还有，注意运用心理定势的积极作用，发展"求同思维"，限制心理定势的消极作用，多发展求异思维，有利于培养良好的思维品质。如果有人信赖某种单一的解决问题的原则、策略和方式，被定势效应抓住，则解决问题的行为越来越趋向自动化，这对解决同类问题是适当的、省力的。但定势也会产生一种危险的倾向。过于固执从前的解题方法，生搬硬套公式，容易使简单问题复杂化，使有的问题甚至找不到答案。限制定势消极作用的方式很多：①暂时把问题置之不理，过一阵子再回到本题，就可能不固执于从前的解题方法；②培养学生变更解题方法的意识。每次作业内容不要太单调，不要机械套公式，应出多重选择题，锻炼学生用多种方法解题的能力；③培养学生一题多解的能力等。限制定势的消极作用，有利于发展学生的求异思维。反过来，求异思维发展，也有利于避免定势的消极作用。不仅数学教学中，在语文、作文教学中都可以发展学生的求异思维。有的教师引导学生对"对联"，出了句上联"英雄浩气存千古"，原想引出下联"革命新风传万代"，结果不少学生采取求异思维对出了"志士丹心照九州""豪门淫威臭万年"等有水平、有风趣的下联。这种训练，简便易行，又有几分情趣；④采用智力游戏的办法，训练学生独创性的能力。例如，用13根火柴组成6个同样大小的长方形（见图6-11之1），取走一根火柴，是否能组成6个大小相等，形状相同的图形呢？（火柴不能折断，也不能弄弯）。这类问题，学生若被固定的观念（四方形状）束缚，就解决不了。如果采用发散思维，发挥创造性，消除定势的干扰，问题就容易解答了（见图 6-11 之 2）。

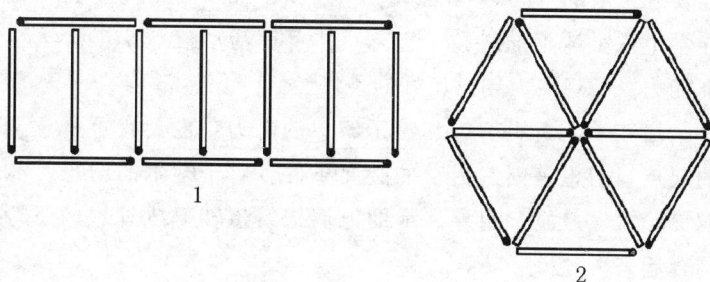

图 6-11

此外，应加强对学生进行创造性思维品质的培养。培养创造性品质应做到：①保持学生的自尊心、好奇心与探索心理；②创造宽松的环境与氛围，解除学生对错误的恐惧心理，面对现实，敢于幻想，敢于实践；③鼓励学生和有创造性特征的人接触，培养学生创造性的个性品质（如流畅性、独特性、变通性、自信心、独立性、怀疑性、胆略与胆识、坚韧性、幽默感等）；④鼓励并培养学生的首创、独创与创新精神及品质；⑤避免用固定不变眼光看待有创造潜能的学生；⑥经常采用发散思维训练、直觉思维训练和形象思维训练等方法来培养学生的创造性思维品质。

三、怎样丰富学生的想象力

首先，要引导学生学会观察，获得感性经验，不断丰富学生的表象。表象是想象的基础，表象贫乏，想象也会枯竭。正确使用直观教具，引导学生深入地观察和分析事物，就能不断丰富学生的表象以发展其想象力。例如，在观察与实地考察的基础上，逐渐形成地形与地貌的鲜明而生动的表象，这正是学生形成"胸怀祖国，放眼世界"丰富想象的基础。

其次，引导学生积极思考，打开想象力的大门。想象和思维是紧密联系的。在教学和实践活动中，引导学生多问"为什么"。大胆探索，发展好奇心和广泛的兴趣爱好，可以逐步打开想象力的大门，发展学生创造想象的能力。

引导学生努力学习科学文化知识，可以发展学生的空间想象能力。以立体几何为例，注重在多变的情况下看图和练习画图，使学生建立起正确的空间概念；有意识地联系平面几何定理进行对比教学，深入剖析空间定理的条件和结论，纠正错误空间观念，正确理解空间图形的性质；通过讨论空间元素位置关系，几何体截面题及平面、空间图形转化题的练习等，都有利于发展学生的空间想象能力。

引导学生积极地参加科技、文艺、体育等活动，不断丰富学生的生活经验，都能为发展想象力创设良好的条件。

此外，培养学生大胆幻想和善于幻想的能力，也具有重要意义。敢想是敢做的起点，幻想是创造活动的必要条件。对于学生的幻想，不应讽刺讥笑，应该珍视、鼓励、引导、帮助他们把幻想转变成理想，把幻想同创造想象结合起来。

第七章
情绪与情感

第一节　情绪与情感概述

一、什么是情绪和情感

情绪与情感是以需要为中介的人对客观事物和对象的态度与体验。

人对周围世界有不同的态度和体验，如肯定与否定、和谐与对立、接纳与排斥等，以及愉快和高兴、忧愁与悲伤、激动和愤怒、恐惧与绝望、欣赏与爱慕、厌恶与憎恨等。所有这些喜、怒、哀、乐、爱、惧、恨，都是人对现实对象的不同态度和带独特色彩的体验形式，都是情绪和情感的不同表现形态。"人非草木，孰能无情？"这里的"情"，既指狭义的爱情，也包括上述各种具体情绪体验。

情绪和情感的产生是以客观事物和对象是否满足人的需要为中介的。需要是被人感受到的维持个体和社会生存发展的必要事物在人脑中的反映。人的活动总是指向于满足某种机体的、社会的、物质的、精神的需要。长期的生活条件和社会实践活动使人形成了不同的需要。因而，那些不同的甚至相同的事物和情景，能引起人产生不同的态度和体验。通常那些满足人需要的对象，就引起各种肯定的态度，产生满意、高兴、喜悦、爱慕的情绪；反之，那种妨碍需要得到满足的事物和对象，就会引起否定的态度，产生痛苦、忧愁、厌恶、恐惧、憎恨的不快之感。

情绪总是由某种刺激引起的。自然环境、社会环境以及人自身都有可能成为情绪的刺激，并由此产生与引起特定的态度、体验与行为反应。因此，情感、情绪是体验，又是反应；是冲动，又是行为。它是有机体的一种复合状态，是以特殊方式来表现的心理的东西。情绪心理至少由情绪体验、情绪表现和情绪生理这三种因素所组成。[①] 情绪是人对反映对象与内容的一种特殊的态度，它具有独特的主观体验、外部表现与表情，并且总是伴有植物性神经系统的生理反应。情绪的主观体验，情绪的行为表现与表情，情绪的唤醒和对情绪刺激的认知是当代情绪心理学的主要内容与研究课题。

二、情绪、情感的性质

情绪情感作为一种心理活动，作为个体受到某种刺激而产生的身心激

[①]　孟昭兰. 情绪心理学中译本序言. 沈阳：辽宁人民出版社，1986. 3

动状态及心理体验是大脑皮层与皮层下中枢交互作用的结果。其性质如下：

其一，情绪、情感为刺激所引起。刺激包括客观的与机体内在的两类。就外部刺激而言，人们生活中的自然和社会环境及其变化，都可能引起相似或不同的情绪。就引起情绪的内在刺激而言，有生理的也有心理的原因。通常产生情绪是内、外刺激交织在一起互动作用的结果。

其二，情绪、情感是主观意识的经验。虽然经过表情与生理指标，其他人可以观察得到某人的情绪表现，但是个人所经验到的情绪性质，是一种主观的感受体验与意识经验。

其三，情绪、情感状态不易自我控制。其产生虽然与主体的认知因素有密切关系，但是情绪状态下伴随产生的生理变化与行为反应，是受大脑皮层与皮层下情绪中枢控制的，当事人往往无法有意识直接控制。于是人们可以用多导仪真实记录这些生理指标来进行研究。

其四，情绪、情感具有动力性特点。其伴随动机性行为而产生，也是动机性行为成败的重要指标，表明了情绪与动机的紧密联系。但其与动机又有区别：两者产生的原因与条件不同，动机是需要与诱因结合产生的，情绪是由刺激引起的，需要只起中介作用。两者动力作用鲜明程度与时间长短不同，动机行为更明确，时间更长久，而情绪行为，尤其强烈情绪行为，往往会时过境迁而自行消退。

三、情绪与情感的区别

情绪和情感是两个既有联系又有区别的概念。从脑的反射与反应活动而言，两者是同一物质过程（脑反射过程）的心理形式，这两个概念具有同等意义，都是"人对客观事物的态度与体验"。但严格说来，这二者是有一定区别的。

首先，从需要角度来看。情绪是和机体需要相联系的体验形式。人对食物、饮料、新鲜空气、御寒、性的需要以及自我保存本能等联系的态度体验，如喜悦、愉快、厌恶、惧怕等多属于情绪体验形式。而情感是同人的高级的社会性需要相联系的。如和人的社会交际、友谊需要相联系的同情心、同志感、友谊感；同自觉遵守社会行为准则要求相联系的道德感；对文化与精神需要的美感和理智感等都属于情感范围。

其次，从发生角度看，情绪发生较早，为人类和动物共同具有。例如，狗见主人摇头摆尾，遭毒打，夹尾逃窜；兔见鹰、鼠见猫的惊恐之状等都说明动物的情绪表现也是明显的。从人的个体发展来看，婴儿身上最先产生的是情绪，有些情绪还带有本能的特点。林传鼎教授曾于 1947～1948 年对 500 名出生 1～10 天的婴儿观察发现：新生儿情绪是一种弥散性的反映，有愉快和不愉快两种，到三个月末，有欲求、喜悦、厌恶、愤激、惊骇、烦闷六种情绪反映，两岁后已经有对人亲爱、尊敬、同情；对事物好奇、羡慕；关于评价的羞愧、失望、否定性质的厌恶、憎恨及恐惧等大约 20 多种情绪及情感反应。随着年龄增长，生活环境复杂，人的情绪也越来越丰富。但是情感发生较晚，是人类特有的心理现象。在个体身上也出现较晚，它是与人的社会需要相联系，在实践中逐渐发展起来的。

还有，从反映角度来看，情绪带有情境性、不稳定性和易变性特点。而情感的性质是与稳定的社会事件的内容密切相关的。它是在千百次地从多方面感受事物的过程中，逐渐形成的某种持久的、稳定的、反映本质的需求关系的态度体验。例如，父母对子女的爱是一种情感，这是一种稳定的态度体验。而家长对子女的情绪表现却经常变化，有时因子女惹事而生气，事后怒气又很快平息下来；当子女在学习上取得好成绩时，父母又非常高兴。情绪往往还带一些感觉的情绪色彩，如香和臭、明和暗、乐音和噪音等，常常引出不同的情绪体验。

以上区别只是相对的。情感作为一个感情性反映的范畴，着重于表明情绪过程的感受（即主观体验）方面。情感是在情绪的基础上形成的，反过来情感对情绪又产生巨大的影响。二者在人的社会生活过程中往往交织在一起，如革命领袖或亲人逝世，人们所产生的悲痛情绪和深厚怀念的情感，这种情绪和情感就难以区别。

四、情绪、情感和认识过程的联系与区别

情绪、情感和认识过程是紧密联系着的。认识过程是产生情绪、情感的前提和基础。人们先有对事物本身属性的认识，然后才有主客体之间需求关系的反映，从而产生情绪与情感。没有某种感觉，不可能有某方面的情调，所以聋者不觉噪音之讨厌，盲者不知丽色之可喜。当人听到并觉知是节日的礼炮声还是激战的轰炮声或空袭的炸弹声，便有不同的态度与体验，这是与知觉相联系的情绪和情感。情绪、情感也和记忆联系着，当人们回首欢乐的童年、学业和事业的成就、甜蜜的爱情、悲哀的陈述、遭受的挫折、惊险的场面等，便会产生不同的情绪、情感体验。在日常生活中，人对某些问题和事件，越想越高兴，越想越生气，越想越后怕，无非是与思维和想象相联系的态度体验。总之，全部认识过程都和情绪、情感有着

紧密的联系。"世上绝没有无缘无故的爱,也没有无缘无故的恨"①,爱与恨的感情都是建立在人和人之间的关系以及人与物关系的认识基础上的,阶级的爱和恨是建立在阶级关系认识的基础上,朴素的阶级感情建立在一般认识的基础上,深厚的阶级感情是阶级觉悟(即认识)的体现。

情绪对认知的影响,明显地表现在心境对认知的影响上。积极心境和消极心境对认知和行为的影响是不同的。人想长时间地保持积极心境,或者想摆脱消极心境,都要有意识地从记忆中提取积极情绪色调的项目,这叫控制启动。因此日常生活中,消极心境下的控制启动要多得多。心境不仅影响对记忆材料的提取,而且也影响推理内容,影响加工方式和决策过程。积极心境会加速对决策有关的材料的加工,促进思维的流向,使人不费力地回忆起许多材料,从而会简化决策过程的复杂性。同时,积极心境下人爱用肯定的眼光看事物作判断,通常表现出积极的行为;而消极心境下人往往用否定的眼光看事物作判断,通常表现出消极行为。心境对记忆的影响还表现在,与心境相一致的材料比不一致的材料更容易编码和回收。鲍尔等人(Bower,1981;Bower & Cohen,1982;Gilligan & Bower,1985)一系列的研究表明,与心境一致性的材料比与心境不一致的材料更容易记忆,这种现象称为心境一致性记忆效应。鲍尔对这种现象的解释是,情绪也像其他东西一样可以作为回收的线索。情绪对认知的干扰作用,也是在生活中经常遇到的。情绪波动可能打断人们的认知活动,使论文无法写下去。西蒙(Simon,1967,1982)用信息加工的观点对情绪干扰认知过程作出过解释。他认为,情绪是报警信号,使人离开对一个目标的追求而去追求另外更加重要的目标。因为人的信息加工系统的容量是有限的。情绪所起的报警作用(例如恐惧)就在于能提高对紧急目标的注意。

情绪和情感离不开认识活动,而人的认识来源于客观现实,因此说客观现实是情绪、情感产生的源泉,在对客观世界认识的基础上,形成了不同的判断和评估才是情绪和情感产生的直接原因。例如,人们在动物园爬行馆里看见很多毒蛇、蟒蛇并不觉得可怕,而在野外看见一条普通的蛇却感到惧怕,这是因为对环境的判断和评估不同的结果。

有人将情绪、情感同认识过程的关系用情绪唤醒的模型来表示。该模型包括对环境情景的输入信息的知觉分析;长期生活经验中建立的对外部

---

① 毛泽东.在延安文艺座谈会上的讲话.毛泽东选集.第三卷.北京:人民出版社,1964,871

影响的内部模式（即期望、需要或意向的整个认识）；现实情景的知觉分析与过去经验的认知；它们之间进行比较的认知比较器及其附带着的庞大的神经激活和化学激活机构。在某种情况下，认知比较器就会发出信息，动员一系列神经过程，释放适当化学物质，改变脑的神经激活状态，以适应当前情景的要求，这时情绪就被唤醒（见图7-1）。

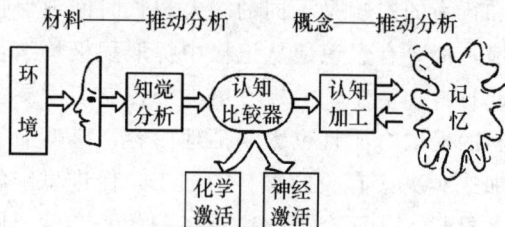

材料——推动分析　　概念——推动分析

环境 → 知觉分析 → 认知比较器 → 认知加工 → 记忆

化学激活　神经激活

图 7-1　情绪唤醒的一个模型

情绪、情感过程与认识过程有如下几点区别：

其一，认识过程反映了客观事物本身的属性，而情绪、情感过程则是反映主客体之间的需求关系。单纯对客观事物的认识不能产生情绪与情感；只有客体和主体之间的需求关系被人脑反映才产生情绪与情感。例如，两个在考试中得2分的学生，都认识到2分意味着不及格，但两人的学习目的、学习动机不同，因而，一个抱无所谓的态度，另一个则深感羞愧。

其二，认识过程的随意性较强，人可以随意地感知、注意、记忆、想象和思考，也可以随意地停止这种认识活动。而情绪、情感过程随意性控制较弱，只有通过认识的作用，才具有某些随意性的性质。

五、情绪、情感过程的作用

情绪、情感不是认识过程的消极产物，而是对人的身心的各个方面有着广泛而深刻影响的强大精神力量。其对调节行为、适应环境、传递信息、影响认知活动、身心健康、提高工作与学习效率有重要作用。

情绪、情感同身心健康关系密切。长期焦虑、忧愁、悲伤、恼怒、压抑，可能导致精神分裂、高血压、心脏病、溃疡、胃病和癌症等多种疾病，一般称它为心因性疾病（或身心疾病）。而在治疗上，除药物治疗作用外，心理治疗更为重要。有人在临床上曾观察到这样一种现象，在众多的伤员中，胜利者的伤口比失败者的伤口愈合要快些。这种现象通过动物实验也得到验证：两组动过手术的白鼠，分在两种环境护养，一组在较安静的环境，一组在危险与威胁性的环境（笼子外常有猫叫），结果在危险与威胁环境下护养的白鼠的伤口愈合非常慢。

　　情绪、情感可以影响和调节认识过程，同人的智力发展的关系很紧密。兴趣与爱好就是一种同愉快情绪相联系的认识倾向性与活动的倾向性，它能推动人学习科学知识，形成熟练的技能技巧，探索追求真理。许多心理学家的实验都证明，愉快的事情令人记忆得最清楚，回忆的细节也要多；不愉快的事情较易忘记，细节也不易被回忆；反感的事情虽然很强烈，但也不一定长时间被记住。我国心理学工作者用实验的方法证实，情绪、情感对人的学习和记忆有着重要影响。情绪、情感是人们认识和行动成功与失败的信号，其对人的认识活动有积极的调节作用。通常，人们在心境良好的状态下工作时，动力性强，思路开阔，思维敏捷，解决问题迅速，效能高；心境低沉、郁闷时，思路阻塞，操作迟缓，创造性降低，效能低下。即使是忧愁情绪，只要适度，也有使人奋进的作用。"忧国忧民""先天下之忧而忧，后天下之乐而乐"就是这种作用的体现。

　　情绪、情感同人的思想和品德健康也有密切关系。道德情感是品德结构的一个重要成分。高尚的情操（即情感和操守，是一种复杂的、习惯的、系统化的情感）是良好品德的基础。那种低级的情趣，如把个人的幸福建立在别人的痛苦之上，庸俗的色情、虚荣的心理、嫉妒的心理等，往往是品德不端正，心灵创伤的一个重要标志。在《共产党宣言》中，马克思、恩格斯在揭露资产阶级情感的特征时写道："它使人与人之间除了赤裸裸的利害关系，即冷酷无情的'现金交易'之外，再也找不到任何别的联系了。它把高尚激昂的宗教虔诚，侠义的血性，庸人的温情，一概淹没在利己主义打算的冰水之中。"

　　情绪、情感可以传递与沟通信息，协调社会交往和人际关系。它通过表情的渠道，可以促使人们之间相互了解，彼此共鸣，相互感染，培植友情。人与社会之间、人与人之间的关系，可以通过情绪与情感反映体现出来。如爱和恨、喜与愁、期望和失望、羡慕和忌妒等都直接或间接地通过语言本身，调节着人的行为。另外，通过情绪情感的自我调控，有利于排除困难，战胜挫折，重塑自尊与自信心，以便更加积极主动地工作、学习、生活、竞争，适应社会生活环境。

　　情绪、情感还具有两极性品质与功能。具体表现为：肯定性（愉快性）与否定性（不愉快）；增力性（积极性）与减力性（消极性）；紧张性与轻松性；激动性和平静性；行为力量的强与弱等方面。这些品质与功能对人的学习、工作与生活，对人的健康成长与发展有广泛地影响。

第二节 情绪与情感的机体表现及其生理机制

情绪、情感过程和其他心理过程一样，也是人脑的机能。所不同的是，在情绪活动中，明显的机体变化是与神经系统的多级水平的机能联系着。情绪、情感活动是大脑皮层和皮层下中枢共同作用的结果。其中，情绪与情感在皮层下中枢占有明显地位，大脑皮层仍然起着主导的作用。

一、情绪、情感的机体表现

情绪和情感过程的机体表现中有明显的机体变化和鲜明的生理唤醒状态和特征。

（一）内脏器官活动的变化

内脏器官活动的变化主要表现在呼吸、循环、消化、内外分泌等系统上面。如人在生气时呼吸加快变深，恐惧时呼吸缓慢变浅，这样可以调节和控制吸收氧气和排出二氧化碳的量，有利于调节人体的精力。如人在发怒、羞愧时，心跳加快，血压升高，循环也较有力，血糖血氧增加，这时人常常面红耳赤；惧怕时，人的血液也加紧循环，面呈苍白色。再如愉快时吃饭香甜，食欲大增；难过时不想吃东西；愤怒或恐惧时，因交感神经受刺激，唾液腺停止分泌，因而口干舌燥，消化系统的活动大大减弱或停止。又如，在紧张的考试和比赛时，内外分泌系统的活动加强，首先是肾上腺分泌激素增加，并随血管而散布全身，从而影响心脏的活动和肌肉收缩，使机体能减少疲劳，增强力量，应付意外的急变。

（二）皮电和脑电的变化

人体的生物电（皮电和脑电）也是情绪和情感发生的一个重要指标。

人在产生情绪、情感体验时，内脏器官的活动加强，新陈代谢加快，皮肤上汗腺分泌旺盛。汗液中有大量的钠元素，导电性增强，电阻下降，电流则升高。平时，人体皮肤的电阻、电流保持一定的水平。当情绪发生时，由于电阻的变化，因此，人用心电反射计（psycho-galvanograph）可记录皮肤汗腺的反射作用和电阻的欧姆数，以此作为判断情绪的一个指标。

人脑像一台小型发电机，兴奋时产生阴电，周围产生阳电，出现明显的电位差。20 世纪 30 年代以后，发展了脑电波记录技术，利用脑电描记器，可以记录大脑不同部位电位差的变化。人在高度紧张的情绪状态下，主要是出现 β 波（即 14～30 次/秒的低幅快波），而安静状态时容易产生的

α波（即高幅慢波，频率为 8～13 次/秒）却消失。一般惊吓时，d 波中断 17 秒，恐惧时中断 15 秒。病理性情绪障碍还会导致 σ 波出现。

（三）外部表情的变化

情绪表现也称表情，是指情绪在有机体身上的外显行为。在高等动物的种属内或种属间，表情起着通信的作用，如求偶、顺从、维持接触行为的信号以及警告、求救和威胁的信号等。在人类，表情特别是面部表情是人际交往的一种重要工具。情绪、情感状态的外部表情变化，主要表现在以下三个方面：

1. 面部表情的变化

人和某些动物的面部肌肉和皮肤是富于活动性的，当情绪、情感发生时，总要伴随着一定的表情动作。如眼睛可以传神，笑眯眯的半闭状是含情的表现；双眼大张发愣是惊讶的表情；愤怒则是目瞪欲裂；眼神温柔是深情的表现。眉毛也可以表现情绪状态，展眉欢欣，皱眉忧愁，扬眉得意，横眉冷对，竖眉愤怒，低眉慈悲。此外，如耸鼻显轻蔑，恐惧而屏息，愤怒生气则是鼻孔大张。还有，悲哀时口角下垂；欢笑时嘴角向上，张口露齿，面部肌肉由长变横；生气时嘴唇撅起；愤怒时咬牙切齿；羞愧时面红耳赤等都是面部表情的变化。

2. 身段动作的变化

除面部表情外，人的全身动作也有表现和传递感情的作用。在日常生活中，即使我们看不清一个人的面孔，但只要能看清他的身体动作也能了解其情绪状态。以头部活动为例，点头表示同意，摇头表示反对，低头表示屈服，垂头表示丧气。从身段动作来看，生气发怒时身体挺起，紧攥拳头，全身发抖；高兴时手舞足蹈，动作轻快；悲哀时动作缓慢，步履沉重；沮丧时全身松弛，有气无力。像"趾高气扬""垂头丧气""抱头鼠窜""呆若木鸡""形容枯槁""神采焕发"等成语都是形容感情产生时神态变化的。

3. 言语表情的变化

言语表情有多方面表现。人们说话时的语音、语调、节奏、速度、断续以及弦外之音等，都是表达和判断感情的指标。悲哀时语调低沉，节奏缓慢；高兴时语调高昂，节奏轻快；爱抚时语言温柔，和颜悦色；恼怒时态度凶狠，言语生硬。有时同一个语词由于语气和音调不同而表示出不同的意思。如"什么"一词，既可以表示疑惑，也可以表示生气、惊奇、恼怒、鄙视等不同的情绪和情感。

根据外部表情动作，可以判断他人内心的情绪体验。情绪识别是一种复杂的认知过程，包含观察、分析、判断、推理，等等。情绪识别的准确度受多种因素的影响。一般说来，快乐和愤怒最容易识别，而对恐惧、哀痛、厌恶等的识别较为困难。当然由于人的意识的能动调节作用，有时可能以假象掩蔽其真正的情感体验。

达尔文（Darwin，1872）在他的《人和动物的表情》一书中认为，人类的情绪表达是从其他动物的类似表达进化而来的。我们表达情绪的许多原始方式具有某些生存价值的遗传模式。根据达尔文的进化论观点，人和动物的表情有共同的渊源。人的表情是动物表情演化来的，是生存斗争适应环境的结果。表情的动作有传递信号的意义和以简化形式代替表露行动的特点。人讨厌而耸鼻皱眉，是从动物祖先耸鼻皱眉以防臭气入鼻演化来的；蔑视而露犬牙，最初是为了吓跑对方；愤怒而咬牙切齿，是从动物祖先的齿战发展来的，这些表情从其产生来说，最初都有生物学意义。

现在，表情动作是文明社会的一种交际手段。人的表情多是后天获得的，并受一定社会文化、风俗、习惯的影响。例如，西欧和美国人以亲吻表示亲切，日本人以微笑表示抱歉，一些讲英语国家的人常向上伸出食指和中指做出一个 V 字形手势表示战斗和胜利的决心（来源于 Victory 的第一个字母）。另外，像爱慕、欢迎等行为，在不同的国家与民族有握手、拥抱、接吻、吻手、轻拍头部和手背、肩部、碰鼻、向对方吹气等各种不同方式。可见，文明、礼貌、道德教育，对人养成文明的表情动作与行为有重要作用。

二、皮下中枢在情绪、情感中的作用

情绪、情感过程中的内脏器官的变化，主要受植物性神经系统控制调节。植物性神经分为交感和副交感两种。每一内脏器官和腺体都接受交感和副交感两种神经纤维的双重支配，相互起颉颃作用，所以动作连续协调。

美国心理学家威廉·詹姆斯（W. James）和丹麦生理学家卡尔·兰格（C. Lange），对情绪的外周反应及其与植物神经系统的联系进行了研究，分别于 1884 年和 1885 年提出情绪外周说（见图 7-2）。詹姆斯认为情绪是对身体变化的知觉。他说："我们一知觉到激动我们的对象，立刻就引起身体上的变化，在这些变化出现之时，我们对这些变化的感觉就是情绪。"兰格认为情绪是一种内脏反应，他说："恐怕只是一种对于他身体内的变化的知觉。"该情绪理论虽注意了外周变化对情绪的作用，但忽略了中枢神经对情绪的作用。

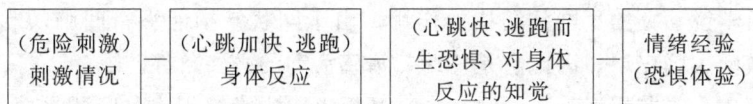

图 7-2 詹-兰情绪说示意图

现代生理学的研究，特别强调中枢神经机构的作用。许多研究成果证明，丘脑、下丘脑、边缘系统、网状结构等皮下中枢，在情绪过程中，起着显著的作用。

早在 20 世纪 20～30 年代，美国生理学家康侬（W. B. Cannon）根据丘脑部位受伤使情绪消失，而大脑皮层被割毁，丘脑完好，情绪依然存在的事实，在批评詹姆斯理论的同时，提出了情绪的丘脑说。他认为"当丘脑过程被激动起来时，专门性质的情绪才附加到简单的感觉上"（见图 7-3）。由外界刺激引起感觉器官（R）神经冲动；通过传入神经（1）传至丘脑（th）；再由丘脑同时向上（1'）、向下（2）发出神经冲动；向上传至大脑（C）产生情绪的主观经验；向下传至交感神经引起内脏器官（V）与骨骼肌（SKM）的生理变化使个体生理进入应激状态；再通过神经通路（3）与（4），由大脑控制丘脑活动，并得到丘脑传来

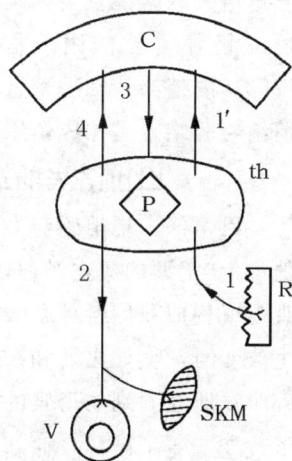

（R 即感受器，C 是大脑皮层，th 是丘脑，V 是内脏器官，SKM 是骨骼肌）

图 7-3 情绪丘脑说模式图

的信息，于是产生人的情绪活动。康侬的观点得到他的学生巴德（P. Bard，1938）的支持和发展，故后人称这种理论为"康—巴情绪丘脑说"。但是，康侬—巴德完全否定外周生理反应在情绪产生中的作用，过分强调丘脑在情绪中的作用，而忽视大脑皮质对情绪的主导作用，也是不正确的。

20 世纪 50～60 年代初期，欧德（J. Olds）和麦尔纳（P. Milner）在下丘脑、边缘系统和丘脑等部位，用埋藏电极的方法对白老鼠进行"自我刺激"的实验，老鼠学会不断按压杠杆以得到刺激，并以每小时 5 000 次的频率，连续按压 15～20 个小时，不吃不喝，直到力竭入睡为止。这些部位称奖励或快乐中枢。其中以下丘脑最为明显。

另外，林斯里（D. B. Lindsley）通过大量脑电图的研究，提出了情绪

171

的激活学说，突出了网状结构的作用。由于网状结构能兴奋间脑的觉醒中枢，激活大脑皮层，因此它是情绪、情感活动的必要条件。

近年来，若坦堡（Routenberg）又提出，边缘组织也是唤醒系统之一。边缘系统的主要部分重叠在下丘脑之上，通过植物性神经调节着与有机体的天然需要相联系的情绪机构。

三、大脑皮层在情绪、情感中的主导作用

大脑皮层是最高级的中枢，是皮层下中枢及整个有机体的最高调节器。巴甫洛夫的学说及美国阿诺德的观点，表明大脑皮层在整个情绪、情感过程中起着主导作用。尤其是沙赫特—辛格（S. Schachter and J. Singer, 1962）的情绪认知理论（认知中介论），强调刺激情境、身心生理变化以及情绪经验结合是构成情绪的主要原因。

（一）巴甫洛夫的动力定型说

巴甫洛夫把情感与大脑皮层的神经活动的动力定型的建立联系在一起。他说："定型的建立过程，建立的完成过程，定型的维持和它的破坏，在主观上就构成我们各种积极和消极的情感。"[①] 并说："在习惯的生活方式发生改变时，例如失业和亲爱的人死亡时，不用说还有当心理恐慌和信仰粉碎时，所经验到的沮丧的情感，其生理基础大半就是在于旧的动力定型受了改变、受了破坏，而新的定型又难于建立起来。"[②]

人的暂时神经联系系统是非常复杂的。并非某一孤立的动力定型的维持和破坏就能决定情绪、情感的变化。例如生活、学习与工作中的困难，可能使人信心不足，甚至引起悲观情绪。但也并非都是如此。由于人的信念、理想、世界观、意识倾向的作用，与其相适应的动力定型得到支持，因此，困难可能成为行动的动力，引起革命乐观主义的情绪。

人的动力定型是两种信号系统协同活动的结果。第二信号系统调节和控制着人的情绪和情感。

（二）阿诺德的评定—兴奋说

美国心理学家阿诺德（M. B. Arnold）在 20 世纪 50 年代提出情绪与个体对客观事物的评估相联系的学说。认为人们总是直接地、自动地并且几乎是不由自主地评价着遇到的任何事物；情绪就是一种朝向评价为好（喜

---

①②　［苏］巴甫洛夫. 条件反射演讲集. 中国科学院心理研究室译. 北京：人民卫生出版社，1954. 376

欢）的东西或离开评价为坏（不喜欢）的东西的感受倾向。她认为，评价
补充着知觉并产生去做某种事情的倾向，任何评价都带有感情体验的成分。
其中，记忆是评价的基础。任何新的事物都是按照过去的体验来进行评价
的。她认为："情绪是趋向知觉为有益的、离开知觉为有害的东西的一种体
验的倾向，这种体验倾向被一种相应的接近或退缩的生理变化模式所伴随。
这种模式在不同的情绪中是不同的。"① 她强调情绪是由大脑皮层对情景的
评定所引起的，皮质的评定与兴奋是情绪的主要原因。"行为模式开始于小
脑并被传送到额叶。当我们感觉到要去行动的身体冲动时，便体验到作为
一种行动趋势的情绪。"② 该学说的模式如图 7-4 所示。

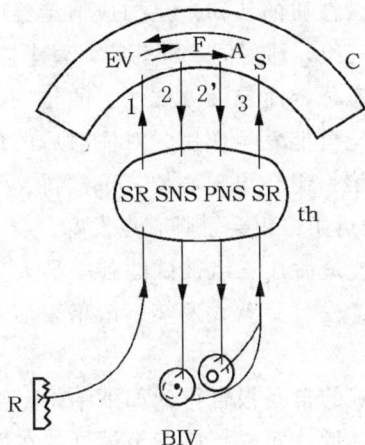

感受器（R）兴奋→丘脑（th）感觉接力站（SR）——通路1——→大脑皮层（C）估价（EV）→形
成特殊态度：怕（F）或怒（A）——通路2或2'——丘脑（th）交感 N 接力站（SNS）或副交感 N
接力站（PNS）→血管（BIV）和内脏→丘脑感觉接力站（SR）——通路3——皮层形成内脏变化的感
觉（S）。这种以外周来的感觉的反馈在皮层被评估，即能把纯粹的认识经验转化为体验到的
情绪。

图 7-4　阿诺德的评定—兴奋说

拉扎罗斯（Lazarus，1968）进一步把阿诺德的评价扩展为评价、再评
价过程；这一过程包括筛选信息、评价以及应付冲动、交替活动、身体反
应的反馈、对活动后果的知觉等成分。他认为情绪是个体对环境事件知觉
到有益或有害的反应。因此，在情绪活动中，人需要不断地评价刺激事件

---

① 曹日昌主编. 普通心理学. 下册. 北京：人民教育出版社，1979. 63
② K. 斯托曼著. 情绪心理学. 张燕云译. 沈阳：辽宁人民出版社，1986. 124

与自身的关系。他建议对个人所处情境的评价也包括对可能采取什么行动的评价。评价有三个层次：初评价是刺激物对自身利害关系的评价；次评价是针对刺激事件对自己反应行为的调控评价；再评价是对自己情绪和行为反应的有效性和适宜性评价。只要事物被评价为与个人生活的重要方面有联系，他就会有情绪体验。每一种情绪均包括生理的、行为的和认知的三种成分。它们在每种特定的情绪中各自起着不同的作用，而又相互作用、互为因果。这三种成分的不同组合便构成各种具体情绪模式的特定标志。

（三）沙赫特—辛格的情绪认知理论（认知中介论）

美国心理学家沙赫特和辛格于 1962 年用实验证实：认知因素（即对生理状态变化的认知与刺激性质的认知）是构成情绪经验的主要原因。他们将若干大学生被试分成三组，注射同一种药物（肾上腺素），使他们处于同一种典型的生理激动状态下，而告诉被试注射的是一种维生素，目的是研究这种"维生素"对视觉可能发生作用。对注射后的反应，主试向三组被试作了不同解释：告诉第一组会出现心悸、手颤抖、脸发烧（这是注射肾上腺素的真正反应）；告诉第二组会手脚有点发麻、身上发抖，别无其他反应；对第三组不作说明。最后让三组被试的各一半人分别进入预先设计好的两种实验环境里休息：一种是惹人发笑（滑稽表演）环境，一种是惹人发怒环境。

根据主试观察和被试的自我报告得到如下结果：第一组被试没有愉快也无愤怒的情绪表现和体验；第二、第三组被试，在发笑环境中显示出愉快情绪；在发怒情境中则出现愤怒情绪。

这一实验验证了如下假设：①被试知道药物效应者，将自己心跳加快、手颤抖等生理变化归因于药物，而不归因于外在情境；②受试者不知道药物效应者，将自己的生理变化解释为自己的情绪反应，而且情绪（愉快、愤怒）变化来自情境是惹笑或惹怒。这说明人对生理反应的认知与环境的认知决定最后的情绪体验。

该理论得出情绪是由刺激情境、身心生理变化及情绪经验等因素形成的。它们三者的关系图如下：

依据以上研究表明，大脑皮层是起主导作用的最高中枢；皮层下中枢在情绪、情感中起显著作用。外周神经、皮层下中枢及大脑皮层的协同作用，构成情绪、情感的生理机制。

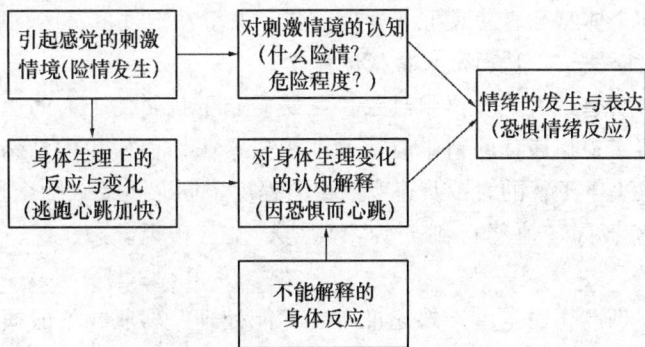

图 7-5 沙—辛情绪认知论示意图

第三节 情绪与情感的类别

情绪、情感的分类标准不同，其划分类别也不一样，下面介绍三种类别：

一、情绪的基本形式

关于基本情绪的种类，我国古代曾有过各种不同的说法。《中庸》将情绪分为"喜、怒、哀、乐"四种；《吕氏春秋·尽数》则分为"喜、怒、忧、恐、哀"五种；《三国志·魏陈思王植传》中把"喜、怒、哀、乐、怨"定为五情。《左传·昭公二十五年》把情绪分为"好、恶、喜、怒、哀、乐"六种；《荀子·天论》分为"好、恶、喜、怒、哀、乐"；《礼记·礼运》曰："何谓人情？喜、怒、哀、惧、爱、恶、欲，七者弗学而能"等。

根据主体和客体之间需求关系的不同，古代把情绪分为"喜、怒、哀、乐、爱、恶、惧"七种基本形式，谓之"七情"。现在心理学界一般把它划分为"快乐、愤怒、悲哀、恐惧"四种基本形式（或原始情绪）。

快乐。快乐指盼望的目标达到和需要得到满足之后，继之而来的紧张性解除时的情绪体验。快乐的程度取决于愿望的满足程度，以及目的与愿望突然达到的程度、意外程度。快乐程度细分为满意、愉快、欢乐、狂喜等。

悲哀。悲哀指所热爱对象的遗失破裂以及盼望东西的幻灭相联系的情绪体验。悲哀程度依存于失去对象的重要性和价值大小，也依赖于主体的意识倾向和个体特征。悲哀可细分为遗憾、失望、难过、悲伤、极度悲痛。伴随悲哀有时哭泣，从而带来紧张性释放。

愤怒。愤怒是由于事物或对象再三妨碍和干扰，使个人的愿望不能达到或产生与愿望相违背的情景时，逐渐积累紧张性而发生的情绪体验。愤怒的程度取决于干扰的大小及违背愿望的程度，同时也受人的个性的影响。根据其程度不同，愤怒可细分为不满意、生气、愠、怒、忿、激愤、狂怒等。

恐惧。恐惧往往是由于缺乏准备，不能处理、驾驭或不能摆脱某种可怕或危险情景时所表现的情绪体验。突然的变化，奇怪陌生而又可怕事物的突然出现，身体失去平衡等，都可能引起恐惧。当险情极度威胁生命时，有的还会产生绝望的体验。

在这四种最基本的情绪之上，还可能派生出许多种类，组成复合的形式，形成高级的情感。如同与感知觉有关的厌恶与愉快；与自我评价有关的骄傲、自卑、自信、羞耻、罪过、悔恨等；与评估他人有关的热爱和怒恨、羡慕与嫉妒等体验，是一些复杂的高级的情绪体验。还有爱的感情包含柔情和快乐的成分；恨的感情则包含愤怒、惧怕、厌恶等成分。

二、按情绪状态分类

从情绪活动发生的强弱程度和持续时间来看，可划分为心境、激情、应激等基本形态。

（一）心境

心境是一种使人的所有情绪体验都感染上某种色彩的、较持久而又微弱的情绪状态。如一个人兴致勃勃时，干什么事都乐滋滋的；而灰心丧气时，总是见花落泪，对月伤怀，干什么事都打不起精神，都属于这类情绪状态。

心境有以下特点：首先，它是一种缓和而又微弱的情绪体验；这种体验持续的时间较长，少则几天数日，长则数年之久；而且这是一种非定向的弥散性情绪体验，它并不指向特定对象。例如"人逢喜事精神爽""心有余悸"等都是形容心境状态的。

引起心境的原因是多方面的：生活中的一般事件；带有感情色彩的表象再现也能导致心境的发生；此外，人体生物节律，即体力、智力、情绪的最佳状态呈周期性变化，对心境也有影响。

人的心境并非是由环境与生理条件机械决定的，对心境具有决定性影响的因素往往是人们自己在实践中形成的理想、信念和世界观等。一方面，失败、困难和挫折，会使人悲观失望；但另一方面，对具有革命人生观和崇高理想、信念的人来说，则会是一次严峻的考验，他们会以充满胜利的信心去迎接考验。毛泽东同志在《长征》诗词中写的"更喜岷山千里雪，三军过后尽开颜"，正是这种革命乐观主义心境的写照。

心境对人的生活、工作与学习有很大的影响。积极的心境，使人振奋乐观，朝气蓬勃，有助于人的积极性与主动性的发挥，从而克服困难，提高工作与学习的效率，并促进坚强意志品质的培养。消极的心境，使人颓丧悲观，则会妨碍工作和学习，影响人的身心健康。此外，像愤怒的心境使人易于激怒，并"迁怒"他人；惧怕的心境使人疑神疑鬼，"草木皆兵"。这类心境都不利于活动的顺利完成。因此，我们应当克服消极的心境，把培养良好心境作为人的个性修养的重要组成部分。在教育、社会生活与实践活动中，人们注意树立正确的人生观与世界观；具有远大而宽广的胸怀；增强社会适应能力；在物质享受方面能做到"知足常乐"；富于幽默感；能够辩证地、从多角度地看问题；讲关心与友谊；有事业心与进取心；注意心理平衡等都有利于良好心境的养成。

（二）激情

激情是一种强烈而短促的情绪状态。如暴跳如雷、呆若木鸡、面如土色、欢喜若狂、绝望厌世等都属于这类体验。

引起激情的原因很多。在生活中发生的重要事件，如信仰破坏、亲人死亡或极端的喜讯，与自己的意向和愿望相对立的冲突，过度的抑制和兴奋等，都可能导致激情发生。

从生理上看，激情是由于外界超强刺激，降低了大脑皮层对皮层下中枢的控制作用，引起皮层下情绪中枢强烈兴奋的结果。皮层下中枢的兴奋又反馈到皮层，引起某部位兴奋，抑制皮层其他部位，出现"意识窄狭"现象。其实激情并非完全摆脱意识，只是意识控制减弱罢了。

激情爆发之时，人们用理智和意志来控制能收到良好的效果。如"三思而行"，《汉书》所记："子房不以为人纳履而耻，韩信不以受人胯下为辱"等都说明涵养忍让可以降低或避免激情发生。俄国文学家屠格涅夫劝那些刚愎自用的人，在说话前"把舌头在嘴里转十个圈"都有缓和激情的作用。

激情爆发之中，控制某些粗鲁动作，用言语宽息，并采取合理释放、升华、转移等方式都有控制和缓和激情的作用。例如，找人谈心或痛哭可释放怒气，化悲痛为力量，可以节制悲哀，抑制动作可防止事态扩大，数数、散步、下棋、欣赏音乐等，都有分散注意力，转移激情的作用。

最可靠的控制激情办法是加强思想修养和意志力的锻炼。养成涵养谦逊的态度，办事热情，处理问题冷静，培养良好的品德，达到"悟性"境界，学会"自慰"与"自控"的方法才能有效地控制激情，防止过火的行动发生。

（三）应激状态

出乎意料的紧张而又危险的情景所引起的情绪状态称应激。人在遇到危险而又紧张的情景，如突发地震、火灾、车祸、空袭等，身体和精神上负担太重，必须迅速采取重大决策时，都可以导致应激状态。

应激状态时，内脏器官发生一系列特定的变化。外界刺激信息，经大脑中枢传至下丘脑，分泌促肾上激素释放因子（CRF），又激发脑垂体分泌促肾上腺皮质激素，使身体处于充分动员的状态，心率、血压、体温、肌肉紧张度、代谢水平等发生显著变化，增加活动力量，以应付紧急情景。

应激状态有积极的作用，也有消极的作用。一般应激状态能使机体具有特殊防御、排险机能，能够使精力旺盛，激化活动，使思想特别清楚、精确，动作机敏、准确，推动人化险为夷，转危为安，及时摆脱困境。但强烈而又长时间地应激，会产生全身兴奋，使注意、知觉范围缩小，言语不规则，不连贯，行为动作有些紊乱。加拿大生理学家谢尔耶（G. Selye）于1974年提出，应激状态延续能击溃一个人的生物化学保护机制，使人抵抗力降低，易受疾病侵袭。可导致临床休克，给内脏带来物理特性损伤，出现胃溃疡、胸腺退化等症，甚至适应储存被耗尽，可能导致严重疾病或死亡。

谢尔耶认为这种由应激延续导致的每一种疾病或有害刺激会伴随出现相同的、特征性的和涉及全身的生理生化反应过程。他将其称为"一般适应综合征"（General Adaptation Syndrome，GAS）。他将GAS分为警戒、阻抗和衰竭三个阶段。警戒期是机体为了应对有害环境刺激而唤起体内的整体防御能力，也称动员阶段；阻抗期是有害刺激持续存在，机体通过提高体内的结构和机能水平，以增强对刺激源的抵抗程度；衰竭期是长时间的或过重的有害刺激，使机体丧失所获得的抵抗能力而转入衰竭阶段。

应激状态的某些消极表现是可以调节的。人的个性特点，过去的经验、经受的锻炼和训练起着巨大作用。高度的思想觉悟、事业心、义务感、责任感和献身的精神等，都是在紧张条件下，防止行为紊乱的重要因素。

三、高级的社会情感

人所特有的高级社会情感有道德感、美感和理智感。

(一) 道德感

个人用社会公认的道德标准，感知、比较与评价自己和他人的行为举止时，所体验到的情感属于道德感。当自己及他们行为举止和道德标准一致，就产生满意的道德体验，像愉快感、幸福感、荣誉感、赞赏感、热爱感等；反之则产生否定鄙视的道德体验，像憎恨、厌恶、嫉妒等。

道德情感和道德认识、道德行为紧密联系，它们是人的品德结构的主要成分。道德感总是和道德评价密切结合在一起的。但是，道德感并非是一个纯知识的问题。对道德观念、道德行为、道德准则的认识是产生道德情感的基础。在社会交往中，人们逐步认识、理解和掌握了道德准则，并把它变成个人的道德需要以及由道德需要和规范驱动的行为，在行为活动中，体验到对象和道德需要之间的关系时，才逐渐形成稳定的道德情感。

道德感是受社会制约的，在阶级社会中人的道德具有鲜明的阶级特点。因为不同的历史时期、不同的社会制度，有不同的道德标准。例如，奴隶社会中奴隶的人身自由被剥夺；封建社会"三纲五常"伦理道德观；资本主义社会的金钱万能、家庭关系商品化、剥削有理及两性关系的混乱等，这都是和社会主义伦理道德格格不入的。在同一社会制度下，由于阶级利益不同，各阶级都有自己的信念、理想和世界观，形成了不同的道德需要和不同的道德标准，因而产生不同的道德感。在资本主义制度下，资产阶级视剥削他人为道德行为，而无产阶级则坚持先公后私、公而忘私、助人为乐、反剥削反压迫为自己的行动准则。

在社会主义条件下，青少年一代应该具有的高尚情操和良好的道德情感是：爱国主义与国际主义情感；集体主义情感与荣誉感；对劳动的热爱和对公共事物负责的义务感和责任感；革命的同志感、友谊感、同情感和革命人道主义情感；以及是非感、善恶感、正义感等。其中爱国主义思想与感情是道德感的精髓，是对青少年进行思想教育与道德情感培养的永恒主题和内容，是激励大家前进的一面旗帜。

(二) 美感

美感是人对客观事物和对象美的特征的体验。即具有一定审美观点的人对外界事物美的评价而产生的一种肯定、满意、愉悦、爱慕等的情感。

美感是人有欣赏客观事物美的物质方面需要并在审美对象的感知的基础上产生的情感体验。美感有两个鲜明的特点：其一是审美对象的感性面貌特点，如线条、颜色、形状的健美、协调、鲜艳、匀称的感知；其二是对美的感知和欣赏而引起人的情感共鸣，并给人以鼓舞和力量。

美感是人对审美对象的一种主观态度，是审美对象是否满足主体美的需要的关系反映，随着个人的需要、立场、观点的不同，随着客体和主体的关系不同，美的情感体验也不相同。而个人对美的认识和需要的源泉是客观现实与人的社会生活实践，不同历史时期、不同民族和不同阶级，对美的需要既有差异性一面，也有共性一面。一般来说，和阶级利害关系相联系的美的感受和体验，有明显的阶级差异。某些不涉及阶级利害关系的自然现象，如体形的健美、鲜艳的花卉、音韵的优雅、线条协调匀称等都可能引起人的共同美感。

引起美的感受和共鸣，不仅有赖于事物的外部特点，同时也与对象的内容和意义相联系。认识和分析人的美感不应将对象的美丑和道德的善恶割裂开来。

（三）理智感

理智感是人对认识活动的成就进行评价时，产生的态度体验。

理智感是同认识成就的获得、兴趣的满足、真理的追求、思维任务的解决相联系的。人的认识活动越深刻，求知欲越强，追求真理的兴趣越浓，则理智情感也越深厚。理智感不仅产生于认识活动，反过来又推动人的认识活动不断深化，推动思维任务的解决。深厚的理智情感，如热爱真理，摒弃偏见，破除迷信，解放思想等都是胜利完成学习和工作任务的重要条件。

理智情感大体有以下几种：好奇心和新异感，它是一种求新的情感，是发明创造的先导；喜悦感是由认识活动的成就所引起的欣慰高兴的体验；怀疑与惊讶情感是认识过程中矛盾事物引起的体验，这是认识深化的特征；不安情感是在下判断时由于证据不足引起的体验；自信和确信不疑的情感，是问题确实得到解决而引起的体验。

理智感对不同阶级来说，虽有更多的共同性，但仍受社会道德观念和人的世界观所影响。例如，对真理的追求，对偏见迷信的憎恨，对科学的热爱等，都反映了每个人的鲜明立场、观点和态度。

第四节 青少年情绪和情感的特点与培养

一、青少年情绪、情感的特点

少年期是人生道路上一个重要的年龄转折期，是身心发展半幼稚半成熟的过渡时期，他们的情绪、情感有以下特点：

情绪、情感体验的半外露、半隐蔽性是少年期的第一个特点。儿童期具有明显的外露特征，喜形于色，内心的体验和外部表情动作较为一致。少年期，表达情绪的方法越来越多；自我控制和自我调节能力也有所提高，外部表情动作逐减，但力量更强；内心的体验有所加深和延缓，出现心境的体验，情绪外露性减少，隐蔽性增加。但由于调节、控制能力所限，他们仍容易外露出一时的激动情绪。

少年喜爱追求远大的目标，一般具有乐观情绪和朝气蓬勃的精神，心情明朗快乐，很少有沮丧和失望情绪；独立感逐渐加强，依赖情绪减少；精力丰溢，较为自信，很少有不相信自己的心情；好胜心强，对成年人和同年龄者容易持否定的态度这是第二个特征。

少年还不善于很好地控制和调节自己的情绪，自我监督的能力还不高，加上某些生理激素的变化，因而具有高度的情绪兴奋性、激动性、紧张性、敏感性及冲动性。少年很急躁地维护自己的意见，有时表露强烈不满情绪和激情。

少年的情绪和情感体验还不平衡，往往出现矛盾的状态。有时保护小学生，帮助老人，富于同情心，有时又毫无理由地欺侮小孩子；有时表现很强的义务感、责任感和正义感，有时可能不履行职责，不遵守纪律；有时友善热情，有时则冷漠固执；有时勃然恼怒，有时则心平气和等。

少年的集体主义情感、爱国主义情感、个人的自尊心及荣誉感、热情、友谊感有较快发展。少年喜欢生活在集体之中，害怕失去集体对自己的信任。他们选择兴趣、爱好、性格、信念相同的人做朋友，友谊情感逐步深刻、稳固，把互相真诚、坦白、亲密当作友谊的宗旨。有人用"什么时候结交朋友最多"的问卷调查 500 名青年，发现中学交友最多占 54.4%，小学占 36.7%，中学以后只占 8.9%。

青年期是人的生命黄金时代，是身心接近成熟的时期，其情绪情感的发展逐渐趋向成熟，开始接近成年人水平。

青年期的前几年，还没有根除少年期的某些相互矛盾的特点。正如《青年近卫军》一书中描写的："仿佛有一些毫无联系的特征，如富于幻想和求实精神，爱好善行和冷酷无情，心胸开朗和斤斤计较，热爱人世乐趣和克己……"

随着生理与心理的逐渐成熟，16～17岁的学生，不管他们的神经系统属于哪一种类型，较之少年期，他们的体验总是形式多样，内容丰富、深刻，比较稳定。常常对喜爱的对象表现热衷，对信服的人表露钦佩和羡慕，对取得的成就欢欣鼓舞，对不平之事表示愤慨，常触景生情，情绪的两极性明显，喜欢用诗歌形式抒发自己的感情。有人调查统计高中生爱唱歌的占78.2%，喜欢吟诗的占48%。

青年情绪体验的心境状态更明显。情绪逐渐深沉而又延续，有一定的起伏性。碰到挫折和不顺心的事件时，有的青年往往由热情、爽朗、爱说爱笑而变得沉闷、抑郁，甚至几天都不理人。相反，当碰到高兴的事，他们则会显得心旷神怡，飘飘然，不管看到什么或做什么都顺心。

青年的情绪、情感体验还有较明显的隐蔽性与闭锁性特点，外部表情与内心的体验不完全一致，掩饰作用较突出。如有的青年明明痛苦，却可以毫不在意；明明对异性朋友爱慕，却可以做出庄重、回避的姿态；明明对人厌烦，却可能强装笑脸；明明心虚胆怯，却能故作镇静等。这些都表明青年的社会生活适应能力及情绪、情感的自我调节能力在不断增强。

青年期是世界观开始形成的时期，与世界观形成有关的情感体验，在青年的精神生活中已占有显著地位，已经构成青年鲜明性格特征的重要组成部分。青年期的社会义务感、责任感、友谊感、敬爱感、集体荣誉感等道德情感已得到较稳定的发展。青年的美感范围也明显地扩大，理智的情感发展也较快。青年对知识及对美的追求要比少年更主动更自觉。他们已由一般欲望发展成为对某种事物的创造；由天真的好奇心逐渐变成对创造活动取得成就的明确的喜悦。

青年期出现初恋的情感。青年期产生的友谊、爱慕、思恋的情谊较真挚、炽热，是同道德修养紧密联系的。他们的这种感情，也逐渐由模糊到清楚，由内心的爱慕到表情动作的表达。到青年中期和晚期，这种感情才逐渐稳定，从而发展为爱情。

二、情绪、情感的个别差异

情绪、情感体验除有年龄特征外，还存在个别差异，其差别主要表现如下：

（一）情绪、情感的倾向性差异

所谓倾向性差异是指一个人的情绪、情感体验趋向什么性质和经常由什么性质的事物所引起的差异。同一对象、事物、活动可能引起人不同的态度；相似的体验也可能由不同性质的对象和事件所引起。有的人目光远大心胸开阔，有的人目光短浅心胸狭窄；有的人情操高尚，有的则情趣低级；有的人总是积极、热情、振奋、紧张，充满乐观情绪，有的则常常消沉、松懈、灰心、颓废。

影响情绪、情感体验倾向性差异的心理条件主要受制于社会实践中形成起来的世界观和人生观的性质，决定于个人的需要不同，也受一个人的神经类型的影响。

（二）情绪、情感的深度差异

情绪、情感深度差异是指一个人的情绪、情感体验在自己的思想和行为中联系的普遍性和深厚程度的差异。

真正深厚的情绪和情感有深刻的思想基础，与一个人的信仰、理想、世界观紧密联系着，在人生活的各个方面都表现出一致性。如爱国主义情感深厚的人，无论是顺境还是逆境；无论是轰轰烈烈的大事，还是平凡的琐事，都表现出对祖国、人民、故乡、领袖和中国共产党深厚热爱的情感。和深厚情感相反的是浅薄和轻浮的情感。

（三）情绪、情感的稳定性差异

情绪、情感稳定性差异是指情绪、情感体验在时间上持续和稳固程度的差异。深厚的情绪、情感也是一种持久而相对稳固的体验。轻浮而浅薄的情绪、情感，即使非常强烈，也是短暂易变的。

情绪、情感体验不稳定的人往往表现得举止轻浮，易感情用事，头脑发热，情绪冲动而变化无常，忽冷忽热，易喜易悲，听逆耳话怒容满面，听恭维话立即笑逐颜开，情绪情感体验迅速钝化，易喜新厌旧和见异思迁。这种人的心境之所以变化无常是和个人的世界观、信念、品德有关，也受神经活动类型及气质类型影响。

（四）情绪、情感的效能差异

情绪、情感效能差异是指情绪、情感体验在鼓舞和推动人的行为的力量方面的差异。高效能情感体验可以激励人的行动，鼓舞士气，增强信心，排除困难，争取胜利。低效能的情感往往只陶醉和表白感情，表面看似乎是多愁善感，实际则不能把感情转化为行动的力量。可见，表面强烈和喜形于色，不一定就有推动行为的效果。

三、高尚情操的培养，不良情绪的调适

高尚情操是推动人完成正义事业的动力，不良情绪是品德不端的一个因素。因此，高尚情操的培养和不良情绪的调适，对青少年身心健康成长具有重要的意义，它是教育、教学工作的一项重要任务。

（一）培养无产阶级的人生观和世界观

一个人的情绪和情感是和个人的意识倾向紧密联系的。情绪、情感的倾向性差异是以个人的意识倾向为基础的，而人生观和世界观又是意识倾向的核心成分。因此，具有不同人生观、世界观和信念的人，则具有不同的情绪和情感体验。无产阶级的群众观点、集体主义观点、劳动观点、辩证唯物主义观点以及相应的信念、信仰和理想，是构成无产阶级人生观、价值观和世界观的核心内容。只有树立无产阶级的人生观和世界观，才可能培养高尚的情操，深厚的阶级情谊，爱憎鲜明的感情，健康的审美情感，以及对学习、工作和科学的满腔热忱和革命乐观主义的精神。所以，对学生进行正确的价值观、人生观和世界观的教育，是培养学生高尚情操的基础和最重要的内容。

现实生活中，有顺境也有逆境，人们常常会碰到失学、失业、失恋、疾病、失败及挫折……只要人们树立正确的人生态度与观念，就会保持乐观向上的情绪，具有强大的精神动力，战胜逆境与压力。

（二）通过多种途径，丰富学生的情感体验

培养和丰富学生的革命情操，可以通过直觉的、具体的和意识的多种途径和方法。

首先，要提高学生的思想认识和觉悟，不断丰富情感观念，把认识和情感体验结合起来。一方面教师在讲解道德观念时，要有感情色彩，道理要清楚明白；注意采用颂扬与谴责鲜明对比的语言；要使道德观念与道德判断、道德体验紧密结合起来。另一方面班集体和社会团体要有良好的集体舆论，要及时表扬与批评，使学生的行为得到及时强化，获得满意与否定的体验。

其次，要充分利用艺术作品与生动的实例进行形象教育，激发学生情感上的共鸣，以充实情感的内容，不断丰富学生的情感体验。

再次，要使健康的情绪体验不断巩固、不断概括、不断深化，从而形成稳定而深厚的情感体验。如培养爱国主义情感就必须在热爱父母、师长、

朋友、故乡、学校等感情的基础上,逐渐引导学生摆脱温情主义和狭隘乡土观念的纠缠,真正理解和感受到对人民、对党、对领袖、对祖国热爱的实质和深刻含义,才会孕育起深厚的爱国主义感情。

(三) 培养广泛的兴趣与爱好,学会自我欣赏与自我接纳

兴趣与爱好是同人的愉快情绪相联系的认识与活动方面的个性倾向性。其能推动人取得成就并获得心理上的满足。其能调节情绪,缓解压力,使乏味的生活变得有生命力,乐观向上,提高效率。

对生活热爱,充满情趣的人,也容易学会自我欣赏与自我接纳,正确认识与评价自己,扬长避短,自信乐观,心理健康,从而能轻松愉快地胜任与完成各项工作任务。

(四) 提高情商 (EQ) 水平,建立良好人际关系,宽以待人

情商 (EQ) 即指情绪智慧,是一种能正确判断自己及他人情绪的能力,并能正确调控与作出相应的合情合理的行为反应。提高情商水平包括:认识自己的情绪、妥善管理情绪、自我激励 (克制冲动,维持高度热忱)、认知他人情绪、人际关系管理等。

建立良好人际关系,宽以待人应做到:有同情心;主动关心并热情帮助他人;角色互换,设身处地为他人着想;掌握社交技巧,妥善处理人际冲突;主动交流沟通,与人团结友善,和睦相处等。良好人际关系也是人的情绪与心理健康的一个重要条件与因素。

(五) 有针对性进行不良情绪情感的调适

青少年由于内外原因的影响,如被人欺侮,人际关系紧张,自惭形秽,过高自负或神经过敏,孤独思家,信仰及对立意向冲突,家庭或团体不公正待遇,不合理的限制和谴责,挫折与失败等,都可能造成情绪纷扰,影响其身心健康。如不及时教育和辅导,可能养成某种低级的情趣。因此,有针对性地调适情绪纷扰,纠正低级的情趣,才可能培养学生高尚的情操。

调适情绪纷扰,根除消极情感应注意以下几点:

首先,要矫正使学生产生消极情感的那些糊涂观念。耐心帮助学生分清"自尊心"与"虚荣心","自豪"与"高傲","羡慕"与"嫉妒"等不同心理品质的是非界限。

其次,不要简单禁止,应善于疏导,教育学生正确面对与处理负面情绪。要辅导青少年自己以适度的节制和升华来消除情绪的纷扰。心理实验和实践经验表明,强行压抑情绪的表露与释放会有害身心健康,而极端放

纵个人的情绪，也是后患无穷。所以适度节制和升华可以发泄内心的烦恼，减少学生心理上的压力和紧张度。

再次，对学生不要臆测、歧视，不要损伤他们的自尊心和人格。如果那样做容易增加"意义障碍"，产生对立情绪和逆反心理。只有"动之以情，晓之以理"，尊重学生的人格，消除其疑惧心理和对立情绪，才有利于克服其消极情绪。

再有，要加强正面教育，利用积极的情绪，克服其消极情绪。青少年有一种积极向上的心理状态，教师要善于发现和把握他们心灵中闪光的东西，要善于点燃他们的自尊心和集体荣誉感的火种，这对于他们克服自卑心理、虚荣心理、利己主义情感、不友善情感等都有重要的影响。

还有，应辅导青少年扩大胸襟。青少年容易激动愤怒，形成性格上的暴躁习性。因此要引导青少年逐渐养成涵养谦逊的品德，使他们心胸开阔，对人对事应从多方面、多角度去看。学会用理智驾驭和调节自己的感情。这些对于纠正其粗暴任性、感情用事的毛病，培养高尚的情操，有着更为重要的意义。

此外，教育与引导学生热爱生活，主动社交，积极参加集体活动，在学习与工作中获得心理乐趣，有助于矫正悲观情绪，培养乐观主义情操。

第八章　意　志

第一节　意志概述

一、什么是意志

人不仅能认识世界，在头脑里形成各种映象、观念、思想，对客观对象产生不同的态度体验，人还能有意识、有目的、有计划地改造客观世界。在认识和变革现实的过程中，人自觉地确定目的，有意识地根据目的动机，调节支配行动，克服困难，实现目标的心理过程，叫做意志过程。

意志总是表现在人们的实际行动之中。例如，学生为学习和掌握真正知识与技能，争取优异成绩而刻苦地学习；工人、农民为提高劳动生产效率，满足人民的需要而创造性地劳动；科技工作者以坚韧顽强的毅力、百折不挠的精神，发明创造、协作奋战、顽强拼搏、艰辛攻关；体育健儿为了祖国的荣誉而龙腾虎跃、奋勇拼搏；人民解放军指战员为保卫祖国不怕牺牲英勇战斗；无数革命先烈气节刚毅，威武不屈，富贵不淫，忠于革命，献身人民，等等。凡此表现为有自觉的行动目的和动机，有达到目的的决心，有战胜逆境、克服困难、冲破障碍的毅力，以及行动的组织性和刚毅品质上的有意识的有调节支配其行动的心理现象，都是人的意志的具体表现。意志是人的心理，即意识的能动性、积极性的集中体现。而人的一般性的行为习惯、自动化的动作，或思考问题的一般意识过程，不能统称为意志。意志活动总是与克服困难相联系的。

意志和认识过程、情绪过程有着密切的联系。意志的产生是以认识过程为前提的，人们自觉的、有目的性的意志行动离不开认识过程，意志是在认识活动的基础上产生的，而意志对人们在学习与实践活动中的认识活动也有很大的影响与调节作用。不同的情绪活动对人的行为有不同的影响，正价情绪可以成为意志行动的动力，负价情绪则可以成为意志行动的阻力。而意志对情绪也有重要的调控作用。意志坚强者可以克服这些消极情绪的干扰，把意志行动贯彻到底；意志薄弱者则可能被这些消极情绪所压倒，使行动半途而废。可见，意志也可以控制情绪，使情绪服从于理智。总之，认识、情绪和意志是人的统一心理活动过程。意志过程包含着认识和情感的成分，认识和情感过程也包含着意志的成分。

二、人的意志行动的特点

人的行为可以分成本能行为、无意识行为、盲目冲动行为与意志行为等多种类型。人的意志行动有以下四个特征：

第一，意志行动是人特有的自觉确定目的的行动。动物的行为也带有某种目的性，但是，动物的行为还不能达到自觉意识的水平。尽管有的动物"和小孩的行动具有同等程度的机灵的行动"①，它却不可能意识到自己行为的目的和后果。因此，动物的行为是盲目的，"无意识地发生的，而且对于动物本身来说是偶然的事情"②。而人类的活动，则是有意识、有目的、有计划的、自觉的行动。并且"人离开动物愈远，他们对自然界的作用就愈带有经过思考的、有计划的、向着一定的和事先知道的目标前进的特征"③。人在行动前，行动的目的结果就以有意识的观念形式存在于人的头脑之中，并能动地调节支配人的行为。意志活动往往表现在，人为了满足自己的需要，预先确定一定的目的，有计划地组织自己的行动来达到这一目的。可见，人的行动是以意识为中介，以自觉目的为特征的意志行动，这是人区别于动物行为的根本标志。

第二，意志行动的第二个特征是意识对活动的调节支配作用，使人的行动能按自觉的目的去改造世界。意志是内部的意识事实向外部动作的转化过程，是主观见之于客观，观念付诸行动，付诸实践的过程。这一过程集中体现了人的心理（即意识）的主观能动性特点，也表现为意志对人的行动的自觉支配和调节作用。正是这种自觉的支配和调节作用，人才能能动地改造客观世界，同时也改造自己的主观世界，实现自觉的目标，成为驾驭现实的主人。

意识对行动的支配和调节作用表现为发动和制止两个方面。前者是激励和推动人们去从事达到预定目标所必需的行动，后者是抑制和阻止不符合预定目标的行动。这两方面的调节作用是对立统一的。例如，学生有了正确的学习动机和目的，就会激励自己勤奋刻苦地学习，同时也抑制和阻止无关活动或杂念的干扰。

意志还可以调节人自身的心理状态。当人们排除干扰，集中精力完成某项特殊任务时，就存在意志对注意、观察和思维等认识活动的调节作用。当人处在危险和紧急状况时，能够保持镇定的情绪，克服内心的恐惧和紧张，做到临危不惧，忙而不乱。意志对人的心理状态的调节还表现在，能帮助人选择正确的活动动机，调整行动目的和行动计划，以便顺利地实现目标。

---

①②③　马克思恩格斯选集．第三卷．北京：人民出版社，1972．516～517

历来人们认为，受植物神经系统支配的内脏器官的活动不能随意调节。近年来，采用生物反馈的原理进行内脏学习的研究表明，通过专门学习和训练，人也可能在一定程度上随意地调节自身的内脏活动，如影响心跳节律、血压升降，膀胱收缩、皮肤色泽，温度和内分泌水平等。

第三，克服内部和外部的困难是意志行动最重要的特征。意志行动是有自觉目的的行动，目的的确立与实现的过程通常会碰到种种困难，战胜和克服困难的过程，就是意志目标实现的过程。

困难有内外两种。内部困难指不同动机、不同目的之间的矛盾冲突，知识经验不足，缺乏胜利信心，情绪低落悲观，私心杂念的干扰等。外部困难指来自客观的条件，如环境艰苦、工具简陋、讥讽打击、挫折失败、诱因干扰等。

根据困难的程度，意志行动有简单复杂之分。意志坚强的水平是以困难程度和克服困难的难易为转移的。在克服困难的过程中，为了动员一个人的力量，动员他的知识、技能、能力、情绪和体力来战胜困难，达到预期的目的，意志努力常常表现出体力和脑力活动的紧张性。

第四，意志行动是以随意动作为基础，它是和自动化的习惯动作既有联系又有区别的行动。

人的复杂行为包括意志行动在内，是由简单的动作组成的。动作可分随意和不随意两种。不随意动作包括无条件反射动作、自动化的习惯性动作、睡眠状态的动作等，这些动作的发生，人并没有明确意识到要那样行动，有不由自主的特点。随意动作是由意识指引的活动，它是一种在生活实践中学会了的动作，是意志行动的必要组成部分。例如，赛跑跨越障碍、加速冲刺动作，骑车加快蹬车速度动作等都属于这一类。

自动化的习惯动作和意志行动既有区别又有联系。其区别在于，习惯性动作可能是不随意动作，而意志行动必定是随意性的。其联系在于两者可相互转化，自动化与习惯性动作是由随意动作多次重复逐渐熟练，失去其自觉性转化而来的；已经形成的自动化动作，碰到阻力或干扰时，动作失调，仍然可以转入意识状态，变成随意性动作。可见，意志动作也包括相应的自动化动作。自动化动作能使一个人更好地完成意志行动所要达到的目的。例如，短跑运动员自动化的起跑、匀速、加速冲刺动作，拳击家自动化动作技巧，战士熟练的射击动作等，都是战胜自我，克服困难，取得胜利的重要条件。

三、关于"意志自由"

怎样理解"意志自由"是涉及对意志本质的认识问题。在这个问题上，唯物主义和唯心主义之间存在着长期而又尖锐的斗争。

行为主义心理学派用机械主义观点否定主观精神的作用，因而也完全否认意志的存在。他们把人的行为归结为"刺激—反应"（S—R）的简单公式。认为人的行为完全是由外界刺激所决定的。

"宿命论"观点也否定人的意志在行动中的能动作用。这种观点认为：人的一切行为及其后果，都是由上帝主宰的客观现实决定的，意志不起任何作用。"听天由命""命运注定"是其典型观点。信上帝、讲迷信、论风水、碰运气等思想和行为，都是受这种观点影响的结果。这种观点对人的思想、行动、斗志具有极大的腐蚀作用。

主观唯心主义者有意歪曲意识的能动作用的实质，是从另一极端片面夸大"意志自由"。早在中世纪的经院哲学，就极力宣扬"意志自由"的荒唐神话；德国古典哲学家康德（I. Kant）把意志自由说成是人的唯一的条件；19世纪德国哲学家尼采（F. W. Nietzsche）和叔本华（A. Schopenhauer）就极力宣扬过"唯意志论"，鼓吹"权力意志""生的意志"；到 20 世纪，英国心理学家墨独孤（W. Mcdougall）断言人的行动是神秘的"内驱力"决定的；当代澳大利亚生物学家 J. C. 艾克尔斯认为意志是"第一性的实在"，而其他一切是"第二性的实在"。[①] 否定人的意志对客观规律的依存性。把意志看成是一种神秘的"精神力量"，是一种超物质的"自我"表现，宣扬所谓意志的绝对自由，这是错误的。在日常生活中，也有不少人由于不了解"意志自由"的实质，往往受"意志绝对自由"的影响，他们以为人在任何情况下都可以不顾一切而由他自作主张地去行动，"我想干啥，就干啥"。他们不遵循客观规律，不顾社会其他成员的利益，甚至违背社会道德和法律规范，这种人在实践中总是要碰壁的。

关于意志本质的唯一正确的理解是辩证唯物主义的观点。这种见解首先承认人的意志行动有相对的自主性和自由性。意志同其他心理过程一样，有着脑神经过程这样的物质基础，有适当的外部条件，是脑对客观现实的一种能动的反映。由于意识的能动的调节作用，所以人的行为摆脱了由环境机械决定的被动局面，有一种保持镇静、免于恐惧、不受威胁、利诱、强制的自由，有变革改造世界的功能。

---

① 脑和意识经验. 自然辩证法. 1975，（1）

辩证唯物主义还认为，意志自由只是相对的。意志并非神秘的东西，它是社会历史的产物。人的意志最终必须服从物质世界的因果制约性。正如恩格斯在驳斥意志自由论时指出："自由不在于幻想中摆脱自然规律而独立，而在于认识这些规律，从而能够有计划地使自然规律为一定的目的服务……因此，意志自由只是借助于对事物的认识来做出决定的那种能力。"① 可见，意志自由只是人对必然的认识和行动中对必然的驾驭，随着对客观规律的认识越多，越能运用客观规律，人类的意志也就越自由。那种违背规律的绝对自由是没有的。意志的社会历史制约性主要表现在两个方面：一是人的意志的自由度是受社会历史条件、生产力水平和科技发展水平制约的；二是人们对意志品质的评价又是以具体的社会历史条件为转移的。

四、意志行动的生理机制

意志过程和认识、情感过程一样，也是人脑对客观现实的反映。人的随意运动是意志行动的基础，对随意运动的分析，有助于理解意志过程的生理机制。

（一）随意运动的神经装置

1. 皮层运动区及下行神经通路

在大脑皮层的中央前回有主管全身骨骼肌活动的皮层运动中枢。该区皮层细胞的兴奋作用，被认为是随意运动的始动机制。意志行动是通过一系列随意运动来实现的。控制机体运动的皮质最主要的是中央前回的 4 区和 6 区；4 区是四肢远端肌肉的代表区，6 区是躯体和四肢近端肌肉的代表区。运动区对一定部位肌肉的支配，具有精细的机能定位。运动区的细胞与皮质的其他部位有广泛的神经联系；来自皮肤、肌肉和关节的冲动以及来自额叶和颞叶等部位的信息，为运动区调节运动提供了所需的信息。中央前回运动区发出的神经冲动，又由两条通路向外周传递：一条经锥体系通路支配头部、躯干和四肢的精细运动；另一条沿锥体外系通路抵达下部运动神经元，参与调节肌肉紧张度，维持节律性动作。可见，大脑皮质的随意运动是通过锥体系和锥体外系的协同活动完成的。其中锥体系的机能是对敏捷灵活活动进行精细调节，而锥体外系的机能则主要与调节肌肉紧张、肌群的协调性运动有关，锥体外通路在锥体系通路管理下进行活动。

---

① 马克思恩格斯全集．第 20 卷．北京：人民出版社，1971．125~126

习惯的自律性运动，开始阶段由锥体系通路发动，到自动化程度便置于锥体外系通路的管理之下了。

2. 皮层的运动感觉区与上行投射系统

与皮层运动区毗邻的中央后回有皮层运动感觉中枢（简称动觉中枢）。它接受身体各部位的动觉刺激，并产生动作感觉和动觉表象。

骨骼肌肉运动时，本体感受器受刺激后发放冲动，也按两类投射通路向心传导：一类为特异投射系统，冲动沿脊髓后索，经丘脑接替核，投射到中央后回运动感觉区。另一类为非特异投射系统，冲动沿脊髓后索，到脑干部位，发出分支经网状结构，弥散性地投射到整个皮层，调节皮层的紧张度，促进意识清醒，以利于随意运动顺利进行。其他感觉信息（视觉、听觉、肤觉、平衡觉等）也沿上两类投射通路向心传导，共同参与对随意运动的调节。

（二）随意运动的反射机制

随意运动是一个由感受器、传入神经、大脑皮层感觉中枢、运动中枢、效应动作及运动感觉中枢组成的复杂机能系统。

皮层运动区、运动感觉区和其他感觉区之间，可以通过条件反射方式建立暂时神经联系，借助这种联系，运动器官的活动，便获得条件反射的性质。借助这种联系，外部动因引起的被动性运动，就可以转化为内部动因引起的主动运动。

巴甫洛夫的学生曾做过以下实验：实验者先把狗的前腿弯曲（动觉刺激），随即给食物强化，经过若干次重复，前腿弯曲便成了食物的信号，引起狗的唾液分泌，表明条件反射形成了。以后因强烈的饥饿引起食物中枢兴奋，又反向引起运动区兴奋，从而产生前腿弯曲的反应，这表明前腿弯曲已由被动运动转变成主动运动。

大脑皮层运动区和其他各皮层区之间建立的暂时神经联系，可以是阳性的，也可以是阴性的，可以建立，也可以消退。因而内部和外部动因都可以随意性地制止或加强某种活动，也可以改造某种活动。这样有机体的活动就具有灵活多样与可塑易变的特点。

（三）随意运动的反馈机制

随意运动是大脑皮层整合活动的结果，其中皮层运动区与皮层动觉区的联合机制有非常重要的作用。运动区发出始动冲动支配骨骼肌的效应动作，效应动作本身又作为刺激，作用于本体感受器，使本体感受器发出冲动，通过内导性返回传入（即反馈），传到大脑皮层动觉区，又引起新的反射活动，使反射连锁地进行下去（见图 8-1）。通过反馈机制，不断修正和调整始动冲动的方向和力量，才能保证有目的的随意性动作精确而又连贯的实现。

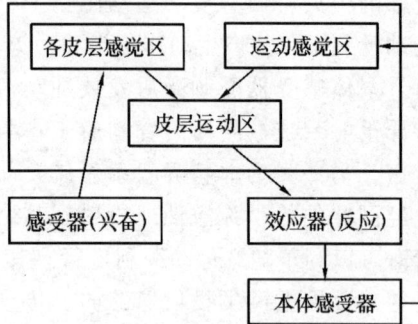

图 8-1　随意运动反馈示意图

反馈的神经冲动不能直接反转过来调节效应器的活动，它只是效应动作的报道性信息，必须经过动觉中枢将该信息转译成执行性信息，才起调节作用。这种接受反馈冲动，并对之进行校正的机能器官，苏联心理学家安诺兴（П. К. Анохин）称它为"活动受纳器"，起着对达到目的的行为的调节作用。

（四）第二信号系统在人的随意运动中的作用

人的随意运动是两种信号系统协同活动的结果，第二信号系统在其中起主导和调节作用。人的不随意运动向随意运动的转化，必须借助于第二信号系统参加才能实现。正如巴甫洛夫所说："人首先通过第一信号系统接触现实，以后他能通过第二信号系统（词、言语、科学思维）成为现实的主人。"

词语这个刺激物能赋予随意运动以自觉意识的特点是由其自身的特性所决定的。词语有极大的概括性，有助于形成新的暂时联系，使随意运动带迁移性和多变的特点。词语刺激引起的兴奋和抑制，具有选择性、扩散性特点，所以人的随意运动具有高度精确性、灵活性、目的性特点。词语具有高度强化的效果，可以纠正错误，也可产生巨大精神力量，激励人们战胜困难。

第二信号系统也有某种局限性。有些动作必须依靠表情动作来帮助理解。两种信号系统的协同作用，才能保证随意运动的正确进行。

大脑额叶在意志行动中具有非常重要的意义。大脑额叶的言语与智慧中枢，是形成意志行动的目的的器官，它随时将活动的结果与预先拟订的计划目的进行校核。鲁利亚等人的研究表明，额叶损伤的患者丧失了形成行动的愿望，不能独立地产生行动计划，行动的意识调节受到严重的破坏。患者不能借助语言所形成的动机而产生某种行动。例如，用言语指示要求额叶受伤的患者抬起手来，如果这时患者的手放在被子下面，他只是模仿地重复说："是，是抬起手……"但却不会先从被子下面把手抽出来，然后再抬起来，不能对自己的动作进行调节。额叶严重损伤时，随意运动程序的机制遭到破坏。这与运动区损伤时，运动的执行环节遭到破坏是不同的。

总之，意志行动是大脑的许多复杂的神经过程相互作用的结果。其中，中央后回运动感觉区、中央前回运动区和额叶起着十分重要的作用。

第二节　意志行动的心理过程

意志行动的心理过程指意识对行为积极能动的调节过程。一般划分制订行动计划（即采取决定）和执行计划（即执行决定）两个阶段。制订计划对意志行动起铺轨道、定向、导向作用，是意志行动的开始阶段，它决定意志行动的方向，是意志行动的动力基础与根本原因。具体包括动机与动机之间的斗争，行动目的的冲突、解决与确立，行动方法与策略的选择、制订行动计划与最后决定等环节。执行计划是意志行动的实施和完成阶段，它是在需要、动机、目的与期望的驱动下、促使计划付诸实施，以达到某种目的过程。具体包括克服困难、落实行动、执行决定；适应环境变化、应对挫折心理、调整修正计划；实现目标并向新的目标迈进三个环节。

一、动机与动机之间的斗争

（一）什么是动机

人的任何意志行动都是由一定的动机所引起的。所谓动机是指激起人去行动或抑制这个行动的愿望和意图，这是一种推动人的行为的内在心理原因。

动机是由需要与刺激诱因引起的。有了对某种事物的需要就激起人们产生一种想满足并实现它们的愿望。当人的主观愿望和客观刺激条件相结合，变成指向行动并推动行动的一种心理驱策力，就变成活动动机。

（二）动机的特征和机能

在需要基础上形成动机的过程，决定了动机具有以下特征和机能：

1. 动机的原发性特征和始动机能

动机起源于需要，在原始的生理需要基础上，又产生高级的社会性和心理性需要。因而，动机对人的活动有强烈的原发性动力作用，它是驱使人们产生某种行动的巨大的动力。在活动中，人们可能采取不同的方法、策略、手段去实现预定目标，满足某种需要。但方法、策略的变化，不会影响动机原发性特征和始动机能的改变。

2. 动机的内隐性特征和调节机能

由于意识的能动调节作用，动机往往会出现外露、过渡、内隐等多层次的结构特点。在复杂的行为活动中，有人往往把真实的、错误的或罪恶的动机掩饰起来，因而人的动机和外部行为常有不一致的地方。动机有助于人们进行行动的选择、控制、定向和导向，使人的行动按正确的方法与策略，向预期的目标前进。

3. 动机的活动性、实践性特征和强化机能

动机不是脱离实际行动的意向。动机总是与活动相结合的，动机一旦产生，必将导致行动。因而人的行动也在一定程度上反映着内部动机。通过对人的外部行动的观察和分析，有助于了解活动的真实动机。在人的实践活动中，活动动机因为有满意的结果而被强化，使该行为重复出现，逐渐被巩固下来；也会因不满意的结果而使动机逐渐削弱或消失。

（三）动机的性质和力量

需要是产生动机的基础，由于需要不同，人的活动动机的性质也是各种各样的。根据动机的认知结构层次不同，有人把动机分为初级动机和高级社会性动机；社会性动机又可分为交往性动机（如群集感、友谊感、亲属感等）和成就动机（如取得成就、被社会承认、尊敬、赞许等）。根据动机的来源，心理学家布鲁纳（J. S. Bruner）把学习动机分为内在动机（好奇、兴趣、胜任、互惠等内驱力引起的），外部动机（外部诱因激发的）。根据价值取向与社会评价意义不同，有团队取向的动机和个人取向的动机；有利他主义的动机和利己主义的动机。根据意识清晰程度，有的又把动机分为有意识的动机（如成就、交往、友谊、权力等）和无意识的动机（如定势和模糊不清的意向）。

人的行动方式、行动的坚持性和行动效果，在很大程度上是受动机的性质制约的。动机的性质不同，对人的活动具有不同的推动力量。拿内外动机的效应来说，外来的动机的效应较短暂，内在动机有持久而强烈的推动力，外界的诱因，必须转化为内部需要，形成自觉的欲望，对活动才有

巨大而持久的推动力量。

实验证明，不同的动机对儿童行为具有不同的影响，学龄前儿童有活泼好动的特点，让孩子长时间站立不动是困难的，如果安排游戏，让儿童扮演角色（如站岗执勤），他们站立的时间则可延长 3～4 倍。

在动机对活动的推动力量中，社会性因素起着重要作用。社会性动机的巨大推动力量，往往超过人的生物学本能。有人用实验方法也证实了社会性动机对活动具有更大的推动力量：要三组被试（大学生）用右手食指拉测力计上悬挂重 3.4 公斤的砝码。每组被试有不同动机，第一组无任何要求，第二组要求表现自己的最高能力，第三组任务要求有社会性意义（拉砝码同输电有关）。结果显示，第一组完成任务为 100，第二组完成任务为 150，提高效率 50%，第三组完成任务为 200，提高效率 100%。

（四）人的动机体系和动机之间的斗争

在个体身上有许许多多的动机，它们构成复杂的动机体系。动机体系包括需要、定势、兴趣、愿望、理想、信念、世界观。在动机体系中，最强烈、最稳定、最核心的成分是该个体的主导动机。主导动机具有更稳定、持久而强大的动力作用，往往体现该个体意志品质的个性特征。例如，在正确世界观的指导下，宏伟志向，创造性动机，往往激励科学工作者，以"春蚕到死丝方尽，人至期颐亦不休"的精神献身科学。这些正反映了一个人意志品质的个性特点。

人的动机体系是在实践中形成的，是变化发展的。首先，随着年龄增长，活动范围扩大，需要增加，个体动机也越来越丰富复杂。其次，不同年龄阶段主导动机可能变化。再次，动机体系可以在教育、环境的影响下，得到改造，可以随个性的改变而变化。这种动机体系的变化，在儿童和青少年身上就更加明显。由于世界观的形成和定型，成人的动机体系虽然较稳定，但在社会实践的影响下，也会发生相应的变化。动机体系往往反映一个人的思想信仰、文化教养和道德面貌。

复杂的动机体系中的各种动机存在矛盾和斗争。动机的斗争有以下三种状况：

（1）在简单的意志行动中，动机是单一的，往往直接过渡到行动，不存在动机的冲突。

（2）在复杂的意志行动中，活动往往由许多交错在一起的动机所引起的，其中有长远的动机，也有短近的具体的动机。例如，学生学习活动的动机就是多方面的，有直接和间接兴趣，有为了个人和集体的荣誉，有学业成就和成为三好生的动机，有准备未来职业的动机，有为建设祖国而学习的动机等，这些动机对学习活动有不同程度的推动力量。它们之间有矛盾但是没有根本对立的冲突，因此这些动机可能同时在一个人身上起推动作用。

（3）在复杂的意志行动中，多种动机之间常常发生根本性的冲突。人们只有解决这些矛盾，选择正确的动机，放弃不适当的动机，意志行动才能顺利进行。例如，一个师范院校的毕业生在毕业分配时，面临各种选择，是到基层、农村与西部最艰苦、最需要的地方，还是贪图舒适、害怕艰苦，只图眼前利益，留恋大城市呢？要解决这类矛盾，需要经过激烈的思想斗争，使局部的、短近的动机服从全局的、长远的动机，使个人眼前利益服从社会集体利益，才能选择出对实际行动有巨大推动力量的正确动机。

二、活动目的的确立

活动目的是指意志行动所要达到的目标和结果。例如，在为建设祖国和学业成就动机的推动下，通过一系列的学习和锻炼，将自己培养成"有理想、有道德、有知识、有体力的人"，"成为德、智、体、美全面发展的社会主义建设者和接班人"。这就是学生学习活动要达到的总目标。目的越明确，人的行动也越自觉；目的越深刻，其对行为的动力作用也越大。

行动的目的总是由一定的动机产生的。在行动的前面有目标（包括物质的和精神的）吸引，在行动的背后有动机的驱策，因而使活动获得更大的推动力量。例如，每个人都有饮食的生理需要，饥饿时这种需要便转化为觅食的动机，在动机推动下开始寻找食物或选择食物种类便是导向或确定目标的过程，随后才可能导致计划策略的选择，通过行动达到目标。

目的和动机是紧密联系的，二者常表现出一致性并相互转化。动机导向目的，而目的本身又是具体活动的动机，它使人行动继续不已。例如，学生为四个现代化而勤奋学习，掌握某一专业知识，在这里为"四化"学习是动机，掌握专业知识是行为目的；为更好地掌握专业知识，人们刻苦攻学外语，这里掌握专业是动机，学习外语是行为目的；为了学好外语，就必须认识字母，掌握发音，记单词、文法、句法，使行动无穷无尽，永远不息。

目的和动机的一致性还表现在，行动所要达到的目标和结果，也是行动的动机。例如，实现共产主义，是无产阶级革命者从事革命活动的根本动机，也是革命运动最终要达到的高层次的远大理想和奋斗目标。

目的和动机在某些情况下也并不完全一致。活动动机比活动目的往往更内在、更隐蔽，是更强烈的动力因素。例如，在医护人员的行动中，用嘴吸痰抢救危险病人，吸痰救人这一目的本身的动力较小并有一定阻力，而救死扶伤的革命人道主义精神这一强烈动机，才是其行动的根本动力。不同的动机也可能指向同一个目的，尽管目的一样，因其动机的不同，也获得不同的社会评价。如青年学生把争取加入共青团、共产党组织，作为行动的目的。可能有截然不同的动机，有的动机端正，为振兴中华，为实现共产主义理想而奋斗终生；有的则抱个人主义的动机。这两种不同的动机对行动的影响也截然不同。同一动机也可以导向不同的目的。就个人而言，在一个总动机的推动下，可以导向若干个局部的或阶段性的具体目标。就不同行业而言，在实现四个现代化总的动机推动下，可以产生不同领域的各自的奋斗目标。

目的之间常常存在尖锐的矛盾和斗争。目的的冲突不知如何取舍，往往导致心理冲突；冲突不解决，又常常使行动受阻。因此，解除心理冲突，选择正确目标，是意志行动的另一个重要环节。

目的之间的矛盾和冲突是受动机冲突制约的。目的冲突引起心理矛盾有以下几种类型：

（1）双趋式冲突。个人面临两个具有相同吸引力（即正价）的目标，但又不可兼得，只能选择其中一种目标时所引起的冲突。例如，孟子所说："鱼，吾所欲也；熊掌亦吾所欲也；二者不可得兼，舍鱼而取熊掌也。"就是这种冲突。

（2）双避式冲突。当两个有害无利之目标，同时引起个人逃避之倾向，二者必择其一时，常导致内心冲突。有的中小学生不喜欢读书，又怕父母指责，就是这种冲突的例子。还有，有人身患骨癌时，既害怕死亡，又害怕截肢，也是这种冲突。

（3）趋避式冲突。对于含有吸引与排斥两种力量之同一目标予以选择还是舍弃时所发生的冲突。例如，想去踢球，又怕完不成作业，举棋不定；想多做好事，又怕妨碍学习，进退维谷。

（4）多重趋避式冲突。当个人面临几种活动或目标选择其中之一时，而且每一活动又有正负两种不同的价值时，便出现此种冲突。例如毕业生在求职时，有两个以上单位供选择时，有的工资高，但工作难度大、风险也大；有的工作清闲、风险小，但工资低，就是这种冲突。还有，大学生在选修课、参加社团活动、选择恋人时，常常会产生这种冲突。

心理冲突只有在及时作出决策并加以解除，正确目的才能被确定。要解除目的纷扰产生的心理冲突，首先，要以正确的认知与动机为基础，不要患得患失；其次，要郑重思考，面对现实，权衡利弊，分析估价目标之远近主次，分析自己的特长与优势，再作决定；再有，要保持情绪的镇静、愉快和乐观；还有，通过意志的努力，克服自傲与自卑心理，增强信心与力量，果断作出决定，迅速选择正确的行动目的。

三、行动方法与策略的选择

目的确定之后，还需选择达到目的的有效方法和策略，制订切实的行动计划。

任何复杂的活动都有时机、方法、策略和步骤的确定与安排。方法与策略的选择，对活动任务的胜利完成，行动目的的顺利实现，关系极大。好的方法策略，使行动结果事半功倍，反之则事倍功半，甚至导致行动失败。

方法的选择和策略制定受多种因素影响。

首先，方法和策略水平的差异，反映了个体意识和智力的差异。方法和策略往往是一个人的认识、思维等多种心理机能的综合产物。一个好方法和策略既要考虑到主观的必要性，又要分析客观的可能性；既要考虑符合最小代价、最高效率、最好效应的有利原则，又要符合社会道义、政策、法律、信仰及客观规律的有理性原则。

其次，动机的斗争也影响行动手段、方法和策略的选择。高尚的动机激励人们采取正大光明与合理的方法与策略，去实现目标。被卑微动机左右的人，往往"不择手段"、投机取巧去达到目的。

再次，个人的知识经验丰富与否也会影响手段、方法、策略的选择。

经过上面三个环节的准备后，要想导向有效的行动，还必须制订切实可行的计划。制订计划要调查研究，实事求是，反对主观主义，选择合适的目标；目标要有激励机制，有一定的高度和难度，不能害怕困难，但也不要草率、轻浮、盲目冒进；制订计划时，既要有明确的目标，又要有切实可行的步骤、手段、方法与策略；碰到关键问题既要慎重还要果断，不要优柔寡断；计划要有较高的负荷量，又留有适当余地。

四、克服困难，执行决定

行动计划制订后，执行计划，采取有效的行动，便是达到目的的关键步骤。

在执行决定的过程中，必然会碰到许多困难。已经放弃了的目的和动机会重新出现，对执行决定起诱抗性影响；新产生的诱因也会起干扰作用；

不健康舆论的讥讽、政治和自然环境艰险也会带来心理上的压力和消极情绪；体力和脑力高度紧张疲劳会降低工作效率；知识经验不足，情境变化，失败与挫折也会增添畏难情绪等。因此，执行决定，克服障碍，需要更大的意志努力。

在执行决定的过程中，对待困难的态度，往往体现了一个人意志品质的个性特征。要克服困难必须依赖以下心理条件：

坚定的信念和世界观是崇高动机的基础，也是克服困难最基本的条件。无数革命者表现出来的"明知山有虎，偏向虎山行"，"明知征途有艰险，越是艰险越向前"的英雄气概和"排除万难，争取胜利"的精神，以及"富贵不能淫，贫贱不能移，威武不能屈"的革命气节，这与一个人坚定的信念分不开的。

行动目的的性质对克服困难也有重要意义。"伟大的目的产生伟大的毅力"，目标越伟大越崇高，就越能动员人民的力量去克服困难；自私自利，个人主义的目的，虽有某种动力作用，但是终究经不住挫折和困难的考验。目的应当是明确的，不应模糊；是适当的，不应高不可攀；是切实可行的，不应虚幻。

对行动胜利的美好前景的憧憬，对行动失败可能招致严重后果的认识有破釜沉舟的勇气，也会激励人们去克服并战胜困难。

五、挫折心理与应对

在执行决定的过程中，人们不仅会碰到各种各样困难、逆境、风险与失败，而且还会产生沮丧、失意、焦虑、紧张或愤懑的情绪与心理。这种由外部困难引起的紧张、焦虑、沮丧等情绪与心理状态就是挫折或挫折感。俗话说，"人生逆境十之八九"，个人在日常生活中遇到挫折是无法避免的。有些挫折是小的、暂时性的，但小挫折的大量积累也会使人变得消沉。有的是重大的挫折，重大挫折会引起较强的情绪反应，形成长期的心理压力，甚至会摧毁一个人的精神支柱，爆发所谓的"人生危机"。

挫折的产生有其客观的因素，只有当客观条件构成挫折情境时，如自然环境或社会环境造成的困难和限制，使人不能达到目的时，才会产生挫折。天灾人祸都能构成挫折情境，有时社会性挫折的情境往往比自然情境产生更巨大的打击与压力，使人难以适应。然而，挫折又是一种主观感受。除了自然条件和社会环境的限制以外，个人因素也是造成挫折的重要原因。个人因素又可分为两方面：一方面是个人的能力、体力、生理等方面的条件限制，使其不能随心所欲地达到目标；另一方面是个人的需要、动机、目的与期望水平的失调造成的。

同一情境下是否体验到挫折以及这种挫折感的强弱程度，对每一个人来说是不一样的。影响挫折感受程度的因素，主要有以下几方面：

（1）挫折忍受力。人们对挫折的反应有很大的个别差异，有的人坚忍不拔、百折不挠，竭力挽回控制力，以达到目的；有的人失控后便灰心丧气，一蹶不振，以致精神崩溃，行为失常。心理学上把经得起挫折而免于精神崩溃、行为失常的能力，称为挫折容忍力。一般说来，挫折忍受力低的人，几经打击，就会造成行为失常或心理疾病。挫折忍受力是个人适应环境的能力之一。一个心理健康的人是能面对现实、经得起挫折磨练的。挫折忍受力的高低，受到下面几种因素的影响：第一，生理与心理健康条件；第二，挫折忍耐力与个人的习惯、态度一样，是经由学习而获得的；第三，对挫折的知觉判断，由于人的主观状态不同，在相同的挫折情境中所感受到的威胁程度便会不同，挫折对每个人所构成的打击和压力也就自然不同；第四，人的气质与性格差异影响。一般黏液质、多血质要比抑郁质、胆汁质型气质的人对挫折的忍受力高；场依存型要比场独立型性格的人对挫折的忍受力低。

（2）遭受挫折目标的重要性。挫折感与个人的价值观是密切联系的。在个人最重要的目标受到挫折时，挫折感就深，否则就浅，甚至完全无所谓。

（3）抱负水平。抱负水平是指个人在做某一项工作前，为自己预定的质和量的标准。一个人是否体验到挫折与他的抱负水平有密切关系。同一情境，对于抱负水平高的人来说可能是挫折，而对于抱负水平低的人则可能不构成挫折，或挫折程度不深。可见在实际生活中，定下了不符合自己实际情况的目标，好高骛远，也是造成挫折的一个原因。

挫折使个体的动机遭遇阻碍。挫折的情境会产生与个人固有体验相反的心理状态，并引起相应的行为变化，大致可以分为两类：一类是遭受挫折后的直接反应，或者说是挫折引起的立即的后果，如负面情绪出现、攻击行为（含直接攻击、转向攻击、自我攻击）发生、并产生冷漠与幻想及退化行为；另一类是遭受挫折后的间接反应，或者说是挫折的长远影响与防卫机制的形成。防卫的方式主要有以下几种：压抑、合理化（"酸葡萄和甜柠檬心理"）、逃避与装病、转向替代、升华、补偿、认同、投射、反向等。这第二类反应，可以说已经变成一个人对待挫折的习惯性的适应方式，成为了个性的一部分。

挫折对人意志行为与心理有巨大负面影响，所以在遭受挫折后，个人一定要妥善处理，主要做法有：①用积极的态度消除挫折：一方面发挥自我控制的能力，让理智、意识去战胜情绪；另一方面冷静地分析挫折产生的原因，正确估计挫折后果，认真总结经验教训，重新认识环境，调整目标，安排力量，重新制订计划，克服挫折，转败为胜。②使用自我调节的具体方法：合理宣泄负面情绪、精神转移缓解压力、恢复自尊与自信、把失败变成前进的动力。③挫折的忍受力是在学习和锻炼中获得的，应该把失败、困境逆境作为学习处理挫折本领的机会，主动形成与培养克服挫折的能力。

六、调整修正计划，实现目标

意志的坚韧性不等于顽固和执拗。执行计划的坚定性，绝不意味着机械刻板地行动。当客观环境和条件发生变化时，既不要违背客观规律蛮干冒进，也不能优柔寡断，犹豫不决，畏缩后退，而是要实事求是，当机立断，调整计划，继续前进。这是人的意识能动性的深刻表现，也是一种优良的意志品质特征。有了这种坚定性和灵活性相结合的意志品质，才能推动人们有效地克服困难，去争取胜利实现目标。

取得局部胜利，实现某个目标，标志着一个基本的意志行动过程的完成。但是，人的复杂的意志行为并没有完结，这只是一个小小的阶段。在新的需要、动机、目的的推动下，又产生新阶段的意志行动，这样周而复始，直到人的生命终止。个人生命停止了，人类的活动仍在继续。因此，继续努力向新的目标前进，是人的意志行动更为重要的一个环节。信心是力量的源泉，进取是成功的根本。只有把局部胜利作为新的起点，作为前进的动力，坚信明天比今天干得更好，才能不被今天的胜利所陶醉，不被明天的困难所吓倒，才能够攀登科学和事业的高峰。

第三节 青少年意志品质的特点及培养

坚强的意志品质是品德结构的重要成分，是青少年良好个性特征的重要内容。了解意志品质的个别差异及年龄差异，有针对性地培养坚强的意志品质，对青少年的健康成长有着重要意义。

一、意志品质的个别差异

意志品质的基本结构及其在个体身上的差异表现在以下几方面：

（一）自觉性差异

意志品质的自觉性是指个人对行动的目的和动机有清楚而深刻的认识，并受正确的信念和世界观调节支配，能坚持原则，使行动达到既定目的。自觉性是最基础与最重要的意志品质特性。

具有自觉性与独立性的人，行动受正确动机驱使，相信自己的目标是正确的，行动是光明正大的，思想和行动既有原则性，又有灵活性，能独立自主地达到目的。例如，自觉遵守革命纪律；胜不骄，败不馁；坚持真理，修正错误；信守原则，排除诱惑与干扰等，都是自觉性的具体表现。

与自觉性、独立性相反的意志品质是易受暗示性和独断性。易受暗示性是指缺乏信心和主见，毫无分析和批判地接受影响，轻率地改变行动方向。独断性的行动表现是拒绝他人的正确劝告，固执己见，一意孤行。

（二）果断性差异

意志的果断性品质是意志机敏的表现，是善于抓住时机，善于应付复杂情境，快速敏捷而合理地处理矛盾的品质。

果断性是以自觉性为前提，与智慧性、批判性相关联，以大胆勇敢和深思熟虑为基础的，是深谋远虑和当机立断相结合的品质。

果断性品质的对立面是优柔寡断和冒失。优柔寡断是前怕狼后怕虎，顾虑重重，犹豫不决等软弱性的意志表现。冒失行为是一种缺乏思考，凭一时冲动轻率决定而不顾后果的品质。冒失行为也是意志薄弱的表现。

（三）自制性差异

自制性就是一个人自己控制和协调自己的思想感情和举止行为的品质特性。

有自制性或自制性强的人善于控制自己的感情，支配自己的行动，保持充沛精力去克服困难争取胜利，能忍受机体的疲劳和创伤，能抗拒内外诱因的困惑和干扰，能自觉地遵守纪律。志愿军英雄邱少云就是具有高度自制力的人。他在侦察敌情时，为不暴露目标，以坚强的意志忍受烈火烧身之痛苦，直至英勇献身，他为我们树立起自觉遵守纪律的光辉典范。

自制性薄弱的人，往往控制不住自己的激情与冲动，对行为的自我约束力差。这种人易被诱因干扰、动摇惊慌、违背纪律，做不良习惯的奴隶。

（四）坚韧性差异

意志的坚韧性，指以坚韧顽强的毅力，百折不挠的精神，把决定贯彻始终的品质。

具有坚韧性品质的人，有两个明显的特点。第一是坚定性与持久性。不为暂时的挫折和失败所迷惑，具有始终不渝、满怀信心、毫不动摇、不达目的誓不罢休的决心和毅力。第二是顽强性。具有克服一切外部障碍，排除万难，勇于冲破艰难险阻的坚强品质。

坚韧性的对立面是执拗和顽固性。具有这种品质的人，所追求的目标带有盲目性，不能正确对待自己。固执己见，我行我素，执迷不悟，因此在实际行动中常常碰壁。这是意志薄弱的一种表现。有的人缺乏韧性，只有三分钟的热情，稍遇挫折就垂头丧气，半途而废，这也是意志薄弱的品质。

除上述差异外，还有勇敢和鲁莽，献身精神和怯懦怕死的差异。

勇敢和献身精神是意志品质特殊结合的最高表现。这是一种在危险时刻，冒着生命危险，以献身精神排除万难达到高尚目标的意志特征。像黄继光、董存瑞、邱少云、刘胡兰、向秀丽等都是具有这种品质的人。在和平建设年代，抗灾抢险活动也特别需要这种精神与品质。

青少年常把蛮干、鲁莽误认为是勇敢，其实那是一种冒险行为，同胆小、怯懦一样，是意志薄弱的表现。

二、青少年的意志品质特点

意志品质除个性差异外，也存在年龄特征的差异。这里着重介绍青少年阶段意志品质的特点。

少年期是身心发展的半幼稚、半成熟期，其意志品质有以下几个特点：

首先，少年的自觉性品质虽有所提高，但由于认识的局限性，因此自觉性和幼稚性仍处在错综矛盾的状态，还不善于正确鉴别意志品质的良莠优劣。例如，少年总希望自己成为意志坚强的孩子，处处好表现自己的独立、能干和勇敢，但又常把鲁莽冒险、顽皮、顶撞、破坏纪律误认为勇敢；少年活动的目的和动机也逐步增强，向往远大的目标，向往轰轰烈烈的事业，而容易轻视平凡的小事。

其次，少年的果断性品质有发展，反应快，行动快，不喜欢把时间花费在怀疑和犹豫不决上。但又常常把不假思索看成果断行为。他们的意志行动中，轻率和优柔寡断都有表现，但轻率比优柔寡断更为突出。

再次，少年期的自制能力也有所增强，他们愿意承担艰苦的任务，忍受一定的疼痛和困苦，控制一定恐慌惧怕情绪。但是少年的自制能力还有限，抗拒诱惑的能力，控制情绪冲动的能力还欠缺，较容易沾染不良习气，行为带有固执的特点。这也是初中一二年级学生中易违反纪律，出现"乱班"的一个因素。

又次，少年期意志品质的坚持性、恒心、毅力还很不成熟，容易虎头蛇尾、见异思迁。对短近目标能够在行动中坚持到底，完成任务；对较长目标在行动中则不能善始善终，往往半途而废。

青年期的意志品质有如下特征：

青年期意志品质的自觉性更加增强，他们对动机、行动目的及其后果的认识更自觉，开始能自觉考虑未来的职业，能自觉遵守纪律，自觉地约束行动。在行动之前能用头脑冷静思考。

意志行动的独立性更加增强，青年已经不依靠父母和师长独立地完成各种活动任务。为了培养青年独立工作的能力，成人对他们应给予指导，但不要包办代替。

在青年身上，稳定性的意志品质特征逐渐形成，忍耐性、坚持性、刚毅性、自制力和坚定性都有了巨大发展，开始形成一个人的独特风格。青年有恒心和毅力，能善始善终完成既定的任务。

总的来说，青年期的意志品质中的自我完善的意向、自我实现的意向、独立自主的意向、自尊的意向已非常强烈，但不完全成熟。在不利的环境影响下，他们可能出现一些易激动、发火、不冷静、缺乏自制的行为；在挫折和失败面前，还易产生动摇、畏难和悲观的情绪。因此，培养青年的坚强意志品质，不应忽视教育的作用。

三、青少年坚强意志品质的培养

（一）加强目的动机教育，培养正确的观念

学生的一切行动都受一定的动机和目的的调节支配，加强学习目的、动机教育，不断提高学生的动机水平，有利于培养坚强的意志品质。对中学生进行学习目的和动机教育要注意以下几点：首先，采取适合学生特点的生动活泼的教育形式，把学习目的与生活目的的理想教育结合起来，逐步培养学生主导的学习动机。其次，引导学生参加科技活动，培养广泛的兴趣与爱好，以帮助学生形成稳定的学习动机和认真负责的学习态度。再次，要利用正确舆论的评价，适当表扬与鼓励，以及学习成果的反馈作用，来培养和激发学生的学习动机。又次，应因势利导，逐步提出更高要求，帮助学生克服利己主义动机，形成正确的动机，以便把学习动机引向立志为祖国建设多做贡献的高度。

信念和世界观是动机体系中最核心的成分。人的一切目的和动机大多受世界观指导。共产主义的信念和世界观是无产阶级革命意志的灵魂和基

础。"有了坚定的共产主义人生观，才能有最大的革命决心和气魄；才能不为任何困难所吓倒；才能有最大的勇敢和毅力；才能有真正的革命英雄主义；才能真正成为革命的乐观主义者；才能从自己内部产生强大的政治动力，使自己永远成为革命意志旺盛的人。"① 中学正是世界观逐步形成的时期，因此对青少年进行道德品质、公民素养、正确的人生观和世界观教育，是十分重要的，这是培养学生坚强意志品质的基础。

（二）严格管理教育，养成自觉遵守纪律的习惯

自觉遵守纪律的行为是顺利地从事学习和其他活动的重要条件，也是良好意志品质的重要特征。自制力弱的学生，常常不能抗拒诱因或干扰，不能控制自己的行为而违反纪律。因此，严格管理教育，养成自觉守纪的习惯是非常必要的。

对中学生的管理教育应注意以下几点：

（1）对中学生要进行《中学生守则》《学校校规》《课堂常规》教育，使学生养成讲文明、懂礼貌、守纪律、执行准则的好习惯。

（2）加强管理教育，要做到严格要求、严格检查、及时讲评、及时强化。

（3）对中学生的管理不要限制太死，不要干扰学生独立性的发展。根据青少年好动的特点，组织有益于身心健康的活动，引导他们遵守活动规则，这也是进行纪律教育的有效方式。

（4）利用学生的自尊心、荣誉感、责任感，以形成良好的班风与校风，推动学生自觉地遵守纪律。

（5）教师要以关心、热爱、耐心、尊重、信任的态度对待学生，正确使用奖惩，帮助学生根除不良习惯，逐渐培养学生自觉遵守纪律的习惯。

（三）在行动中锻炼，增强克服困难的毅力

坚强的意志品质是在与困难作斗争中锻炼，并在行动中表现出来的。只有在困难面前，学生付出意志的努力，才能取得锻炼意志的效果。中学生锻炼意志的途径很多，上课专心听讲，按时完成作业，在干扰和困境中坚持学习，担任社会工作，参加公益劳动，坚持体育锻炼，遵守生活制度等，都是锻炼意志的好方式。在任何情况下只要不放松对自己的要求，持之以恒，就可能逐渐培养起坚强的意志品质。

---

① 永远做一个革命意志旺盛的人. 北京：北京出版社. 1965. 41

在行动锻炼中教师应有意识地组织学生的行为练习，以收到主动锻炼的效果。组织行为练习应注意：①行为练习要有目的性、计划性，从简单到复杂，使学生获得锻炼的信心和成功感；②有意创设困难情境与艰巨条件，以激发学生克服困难的主动性和自制力；③提供行为练习的示范与榜样，供学生学习效仿；④行为练习的结果，及时予以评价和强化，以增强行为练习的自觉性与积极性。

（四）针对个别差异，培养优良的意志品质

针对意志类型的差异，采取不同的锻炼内容和重点，对优良意志品质的培养是非常必要的。如对行动盲目和易受暗示的学生，应加强目的动机教育，培养学生的目的性、自觉性、责任心；对优柔寡断、冒险轻率的学生，应培养其大胆果断、沉着耐心的品质；对缺乏自信心、委靡不振和自卑感强的学生，应采用正面诱导法，充分调动学生的积极性，增强自信心，提高自我控制调节的能力；对于软弱和胆怯的学生，应着重胆量、勇气和献身精神的培养；对缺乏毅力、缺乏恒心的学生，应着重激发学生奋发有为和坚韧顽强的精神。

（五）启发学生觉悟，加强意志的自我锻炼

自我教育是整个教育工作的必要手段之一，对于良好意志品质的培养来说，自我锻炼更为重要。启发学生觉悟，引导学生学会自我锻炼，应注意以下几点：

（1）要善于掌握自己的愿望，不采取无把握和不能实现的决定。采取决定要充分估计主客观条件，做到合理可行，执行决定要态度坚决，有始有终，坚持不懈。

（2）要树立自我效仿的学习榜样。伟大人物、英雄模范、同学中的先进典型，身残志坚在困境逆境中磨炼的典型形象，科学家苦战攻关的实例，都可以成为自己学习、效仿的榜样。如优秀共青团员、病残女青年张海迪的成长，曾受《钢铁是怎样炼成的》一书中的主人公保尔·柯察金及中国的保尔——吴运铎等形象的影响和鼓舞，而张海迪本人身残志坚，顽强刻苦地学习，成长为优秀作家的先进事迹，也成为千千万万青少年效仿和学习的榜样。

（3）制订切实可行的自我锻炼计划。如从小处入手，从克服自己的缺点开始，制订个人学习、生活、体育锻炼以及公益劳动计划，在实施计划的行动中要持之以恒，培养顽强的毅力。

（4）养成自我检查、自我判断、自我批评的习惯。通常可以采取写日

记或周记的方法，把自己意志品质的优点、缺点记下来，以便巩固优点，克服缺点。

（5）搜集警句格言，当做座右铭自勉，以促进意志的自我锻炼。如"自古雄才多磨难，从来纨绔少伟男""宝剑锋从磨砺出，梅花香自苦寒来""磨杵成针""卧薪尝胆""百炼成钢"等都是激励人进行意志锻炼的有益格言和警句。引导学生搜集格言，既有利于他们语言知识的修养，也有助于他们进行意志品质的自我锻炼。

第九章
个性及其倾向性

一个活生生的人心理是很复杂的，它是统一的心理与行为活动的整体。为了作科学的理解，我们从其各方面或组成部分作了分析研究。前面所讨论过的心理过程是心理活动的一方面，从本章起我们将讨论另一些方面——个性倾向性、个性心理特征（能力、气质、性格）等，以便逐步达到对人的心理全貌及其各组成部分之间相互关系的理解。

第一节 个性的一般概念

一、什么是个性

个性一词，源于拉丁语 persona，原意是指希腊戏剧中演员戴的假面具，面具的不同变化体现了演员所扮演的角色特点。心理学沿袭了 persona 一词个性的意义，用以指一个人在人生舞台上，在他的行为模式中表现出来的内心活动特征。它包含了两个意思：一是指人在人生问题上所表现出来的言行举止（主要指人按社会习俗与规范要求所做出的反应）；二是一个人内心深处的个性心理成分与特征，即面具后面真实的自我及其心理特性。个性心理学所研究的就是具体的、活生生的人，指的是一个人的整个精神面貌及其心理特性，亦即具有一定倾向性的个性心理特征的总和。

生物界由原生动物演变，发展成现在的人。人是最复杂的、有意识的、自然与社会特性统一的、能动性的动物，人的个性的构成也是极为复杂的。因而对它的研究困难较大，心理学界到目前为止，尚无一个关于人的个性的统一与公认的定义。但是，经过我国心理学界多年的努力，在个性（人格）研究方面已经取得不少成果，已在教材中有所反映。在四个师范院校编的《普通心理学》中定义为"指一个人的整个精神面貌，即具有一定倾向性的心理特征的总和"；在全国九所综合性大学编的《心理学》中定义为"个性是表现在一个人身上的那些经常的、稳定的、本质的心理特征"。

总结以上各种定义的基本观点，可以这样界定：个性指的是一个人的整个精神面貌，即包括心理活动的动力倾向性与个性心理特征等方面组成的有层次性的、动力性的整体结构。

注：心理学中所用的个性和人格这两个词是从外国语中翻译过来的。中国心理学界传统上把英文的 personality 译成人格。中华人民共和国成立之后，俄文的 личностВ 一词传到中国，学者把它译成个性。由于译法不同，在中国心理学界运用这两个概念时有些混乱。其实这两个词的含义基本上是一致的。其细微差别是能力与智力包含在个性心理特征之中，而不包括在人格结构之中。

personality 一词源于古希腊文面具，心理学沿用其含义，把一个人在人生舞台上所扮演角色的种种心理活动的总体看成是个性。苏联心理学家鲁宾斯坦（С. Л. Руъинштейи）认为 личностb 一词也源于 persona。在词书中对 personality 和 личностВ 两个词的释义也基本一致。

personality 和 личностb 二者都可译作个性，也可以译作人格，只是作者在翻译时有所不同。我们是把个性和人格作同义语使用的。也必须指出，心理科学使用个性或人格这一科学用语，也区别于社会生活中人们常提到的"人格与国格"等概念。前者是更概括的人的心理特性与精神面貌的整合。后者是道德、法律、文学、社会学的概念。

二、个性的特性

任何一种事物都有其特殊矛盾，个性也是如此，因此研究个性必须探讨它的特性及其表现，这样才能把个性心理与其他心理现象区别开。个性的特性主要有：

（一）个性的整体性（或整合性）

个性是人的整个精神面貌的表现，是一个人的各种个性倾向性和个性心理特征的有机结合，这些成分或特性不是孤立地存在着，也不是机械地结合在一起，而是错综复杂地相联系，交互作用组成一个有机的、完整的个性。人的个性（人格）的整合性也是心理健康的重要指标，否则，个性的各个结构成分彼此不能和谐一致，会使人出现社会适应困难。

个性的整体性有多方面的表现。

首先，个性的内在统一性。一个有血有肉的活生生的正常人，总是能够正确地认识和评价自己，能及时地调整在个性中出现的相互矛盾的心理冲突。正因为如此，在一个人的内心世界，他的动机和行为之间才能经常保持和谐一致。一个人失去了个性的内在统一性，他的行为就会经常由几种相互抵触的动机所支配。这个人的个性是不正常的，是一种人格分裂现象，这种现象在临床心理学中叫"二重人格"或"多重人格"，是一种病态心理现象。

其次，只有从整体出发，在和其他个性特征联系中，才能认识个别，使其具有确定的意义。如沉默寡言，显得孤独这一特征，在不同的人身上，可能有不同意义。甲可能由于怕羞，不愿出头露面，这是怯懦的表现；乙可能是不想暴露自己的真实面目，这是虚伪的表现；丙可能是想靠别人的努力，获得自己的满足，这是懒惰的表现。

（二）个性的共同性和个别差异性（或独特性）

人人都有个性，人的个性是共同性和个别差异性的统一，共同性表现在某一个群体、某一个民族或某一个阶级的共同生活中，形成相似的或相同的典型的心理特点。他们对问题的看法；对事、对人、对己所持态度和价值判断；他们的愿望实现，都有某种共同的特性。但人与人之间，在个性上又不尽相同，即有明显的个别差异性。

个别性可以表现在认识、情感、意志、能力、气质、性格等各方面。如有的人在信息加工的能力方面，表现出敏锐的观察力，能察觉别人不能察觉到的东西；有的人在情感的某方面表现特别热情，情感内容丰富，有的人对任何事情都无动于衷；在意志方面表现，有的人胆小怕事，有的人则很勇敢；有的人也可能既富于道德感而意志又坚强很勇敢，等等。

人的个性是千差万别的，正如俗语所说"人心不同，各如其面"，人们的内心世界之不同，就像人们的面孔各不相同一样。不仅在一般人之间存在心理面貌上的差异，即使心理面貌相似的双生子，以及同体两头人，他们的心理面貌也不完全相同。

可见，人的个性表现是极端个别化的，每个人都是独特的。个性的独特性，除了受生理活动，神经系统活动特点影响外，也和他们所接触的外界刺激的个别性有关。

人的个性独特性并不排斥人与人之间在心理上的共同性。就是说，个性中还存在着共性。所谓心理上的共性，是指某一个群体、某一个阶级或某一个民族有共同的、典型的个性特征。它表现在人们对问题的看法；对己对人、对事所持态度和价值判断，在愿望的实现中，都有某种共同性或相似性。心理上的共性是在一定的群体环境、社会环境、自然环境中逐渐形成的，它具有稳定性和一致性。

在许多研究中国人的材料中都表明，中国人的性格或多或少都打有儒家思想的烙印。现举有代表性的材料为例。这项研究从 11 个方面总结了中国人的性格特征。

1. 对自我之观念：
（1）在人面前不炫己，不过分主张己见，力求谦虚。
（2）依环境作自我反应，是"环境取向"，并不作自我绝对主张。
2. 人与人之关系：
（1）通过人情关系，作连锁相互依赖。
（2）尊重权威，依上下角色决定权利所在。
（3）限于在家庭大小之群体里，保有良好关系。
3. 人与宇宙之关系：
（1）认为人是环境的一小部分。

（2）认为宇宙有一定道理，人必须学习如何去符合、适应环境，而并非征服它。

4. 对时间之态度：

（1）怀古，重传统。

（2）不习于变化，力求连续与恒久。

5. 对行为之要求：

（1）力求妥协，反对极端，主张中庸。

（2）不公开表露情感，力求克己。

上列各种特征固然是由多方面原因造成的，但其中许多特征是和儒家推崇的"内省自讼""言行相符"，遵循中庸，尊古重旧，循例重俗，服从权威，谨慎小心等思想相一致的，这显然是受两千年来，以儒家思想为主流的传统文化影响的结果。

随着社会的变迁，文化的革新，民族性格也在扬弃。对现在中国大学生的调查表明，他们在"谦卑""顺从"等方面有明显的改变，独立自主的意识在增强。那些"静观的内心生活"，在安静的接纳中等待，"服从宇宙的旨意"，"对过去的追悔"等人生哲学已被摒弃，取而代之的则是积极进取、竞争、交往，对未来的憧憬。

可见，由于社会的不断变化，传统文化受到现代文化的冲击，民族性格也在发生变化。中国人的性格，在新旧文化观念的影响下既保留有旧文化的遗迹，也兼有现代文化的风貌。

（三）个性的稳定性和可变性

个性具有稳定性。在个体生活中那种暂时的偶然表现的心理特征，不能认为是一个人的个性特征。比如，一个人在某种场合偶然表现出胆怯行为，不能据此就认为这个人具有怯懦的个性特征；或者一个人在某种特定情境下，异常地爆发脾气，也不能以此认定这个人具有暴躁的个性特征。只有在一个人身上经常一贯表现的心理特征才是一个人的个性特征。一个人出生后，在一定社会环境影响下，在教育的熏陶以及个人的生活实践中逐渐形成一定的动机、兴趣、理想、信念、世界观，并在它们的制约下使自己的思想言论、行为总带有一定的倾向性，这才是一个人的个性心理特征。比如，一个处事谨慎的人，总是经常循规蹈矩，持事稳重，但他偶然也有冒险、轻率的表现，在这里谨慎标志着他的个性特征，而轻率则不能认为是他的个性特征。在教学中，我们经常可以看到，每个学生都具有一些不同的、经常表现的心理特征，如为班集体做好事，有的学生表现得很热情，生动活泼，有些人却表现得很冷静，不言不语，埋头苦干。他们不仅在班集体中有这样表现，在其他场合也有如此一致的表现。

人的个性心理特征是相对稳定的。正是因为如此才能表明一个人的个性；才能把一个人同另一个人在精神面貌上区别开；也才能预料一个人在一定情况下会有什么样的行为举止。

个性具有相对稳定性，但不排斥它的可变性。现实生活非常复杂，人际交往纷繁多变，作为一个人的生活历程反映的个性特征，也必然随着现实的复杂性和多变性而发生或多或少的变化。比如，经过一段时期没有见面的朋友，再见面时，常常觉得他"前后判若两人"。在一个人的生活中，经过一次重大事件，可能在他的个性上留下深刻的烙印，从而影响着个性的变化。

总之，人的个性一方面具有相对稳定性，同时又具有一定的可变性。这就要求教育工作者既看到已形成的学生的个性是可以改造的，但也必须付出巨大的努力。只要方法对头，经过正确引导，可以逐渐克服不良的品质而培养起良好的品质。

（四）个性的社会制约性

马克思指出"人的本质并不是单个人所固有的抽象物。在其现实性上，它是一切社会关系的总和。"（《马克思恩格斯选集》第1卷，人民出版社1972，第18页）。对这一观点的理解，人既有自然的生物特性，也有社会的本质特性，而主要是受社会制约的本质特性，应该是自然与社会的统一体。人的个性也是如此，因为人的个性结构带有动力特点的个性倾向性中，有生理性需要与社会性需要、生理性动机（内驱力）与社会性动机之分；在个性心理特征中的能力与性格、气质等既受先天遗传因素制约，也受后天社会因素制约；能力与性格主要受后天社会因素制约为主，气质主要受先天遗传因素制约为主。人的个性的形成与发展是受先天遗传与后天环境、教育、社会实践等多种因素制约的。也如马克思指出的：个性"不是人的胡子、血液、抽象的肉体的本性，而是人的社会特性"（《马克思恩格斯选集》第1卷，人民出版社1972，第270页）。

三、个性的形成

关于个性的形成在心理学史上有许许多多观点，可归纳为生物决定论、社会决定论、二因素论。

生物决定论认为，人的个性发展是受生物因素，主要是受遗传因素决定的。认为人一生下来似乎就规定了他的心理形式和内容以及心理发展的进程。人的个性没有积极性，是生物因素的产物。认为教师只有了解命中注定在儿童身上出现的那些心理品质的权利，而没有阻止促进培养这些心理品质出现的义务。对个性的形成和发展，在生物决定论者的笔下，教育是无能为力的。

社会决定论的观点认为，社会环境决定一个人是否产生心理问题和产生什么样的心理问题。个性的发展是社会环境直接作用的产物，是环境的模塑品。社会决定论者也和生物决定论者一样，同样忽视在个性发展中人自身的积极性。认为人只是适应周围环境，不能改变环境为自己的需要服务。

同样，那种主张两种因素机械地相互作用的理论也是不正确的。他们认为心理的发展并不是单纯地天赋本能地逐渐显现，也并不是单纯地对外界影响的接受或反映，而是内在品质及外在环境合并发展的结果。这种把遗传和环境的效果简单地结合在一起的观点，在根本上也是忽视了个性的积极性，过于机械。

辩证唯物主义认为，事物发展的根本原因，不是在事物的外部而是在事物内部的矛盾性。"外因是变化的条件，内因是变化的根据，外因通过内因而起作用。"说明事物的发展，必须说明事物的内部矛盾。个性发展的动力就是人在活动中不断变化的需要与满足这些需要的实际可能性之间的矛盾。教学经验表明，个性发展的矛盾是在活动中通过掌握实现活动的手段（知识、技能等等）来解决的。而通过积极活动去满足需要，就必然会不断产生更高水平的需要。因此可以说个性的发展是不断满足更高的、新的需要的结果。作为"人类灵魂工程师"的教师主要任务就在于使儿童的需要得到正确的选择和培养，使他们的需要朝向共产主义社会的人所具有的那种高度发展。在建设中国特色社会主义过程中，培养全心全意为人民服务的新人。

遗传决定论和环境决定论关于个性发展的观点都是片面的。但这并不意味着在考虑个性发展问题上可以全然不顾这些因素的作用。问题在于如何摆正遗传、环境和教育三者的关系。教育根据社会所需求的目的组织个性的发展和形成。教育不仅以某种形式组织和调节儿童的生活和活动，而且要遵照现行教育方针和原则，创造和发展特殊情境来引导和形成个性，发挥个性积极性。因此，在影响个性发展的许多因素中，先天遗传素质是个性形成发展的自然前提，社会生活条件与社会实践活动是个性形成发展的决定因素，教育在个性形成发展中起着主导性作用，在实践活动中形成的人的主观能动性心理（状态、倾向、水平等）是个性形成发展的内在动因。

第二节　个性心理结构

一、个性心理结构的分类

个性心理结构的分类，必须从辩证唯物主义整体观出发，反对把整体结构中的各成分机械地割裂开来；也不同意由于强调整体性，而忽视各个组成成分的作用。为了研究的需要，科学上允许对个别心理特征作科学的抽象，进行分析性研究。但探讨个性心理特征时只能在整体的背景上进行。

从界定个性为一个人的精神面貌来看，它包括心理活动各方面。即：个性倾向性、个性心理特征、心理过程、心理状态、自我意识。

从诸多心理现象中分离出来那些足以标明个性特性的心理现象有：个性倾向性和个性心理特征。

个性倾向性指的是人的个性的动力系统，是人对现实的态度（含认知倾向、情绪情感倾向与行为意向）。它包括相互作用的需要和动机、兴趣与爱好、理想与信念（含思想和实践目标的体系）、价值观以及情绪的表达、调节和引导。倾向性的各个成分中总有一个成分占统治地位，起主导作用，影响其他各成分的活动，进而也影响个性的所有心理活动。比如，一个学生的认识需要占优势，就会使他们注意听讲，主动做笔记，积极思考问题，排除一切困难和干扰，生动活泼地学习，争取优秀成绩，同时其他需要就退居第二位，表现出勤奋好学的个性品质。

每个人的个性总有一定的倾向性。一些人倾向于在科学活动中看见生活的意义；另一些人在艺术活动中看见生活的意义；而其他一些人则在社会活动中看见生活的意义。当然，每个人的出发点和动机可能不一样，有些人是有深刻认识、诚心诚意为人民服务，热心从事他认为有意义的活动，而另一些人可能是认识肤浅，隐蔽有自私自利之心。

个性心理特征包括能力、气质和性格，这是在个性结构中比较稳定的成分，表明一个人的典型的心理活动和行为。个性心理特征在心理过程中形成，而形成之后又反过来影响心理过程的进行。比如，人的观察力得到发展，可以提高感知过程的质量。熟练的研磨工能辨别 1/2 000 毫米的微隙，而一般人只能辨别 1/100 毫米。一个具有勤奋、勇敢特征的人也常常表现出坚强的意志行动。这里，也有优势规律起作用，比如，抑郁质占优势的人，表现为很孤僻、行动迟缓、体验深刻、善于觉察别人不易觉察的细小事物；而多血质占优势的人，则活泼好动、反应迅速、喜欢与人交往、注意力容易转移、兴趣容易变换，等等。

心理过程包括感觉、知觉、记忆、思维、情感、意志等。是人脑对客观现实的不同反映形式。没有心理过程根本就谈不上心理活动，也就谈不上个性心理特征。观察力这样的心理特征就是通过长时期反复感知和思维等过程在反映客观现实中形成的；记忆力是在学习中长期锻炼的结果。一个人的各种心理过程中也表现出优势规律。比如，有些人的听觉表象占优势，有些人的视觉很生动，等等。前者在音乐家的个性结构中表现较明显，后者在画家的个性结构中表现较明显。

心理状态指的是当前时刻脑功能的积极性水平或心理活动水平。起码的水平是觉醒水平，遇着紧急情况时刻产生应激状态。心理状态好比是心理活动的背景，一切心理活动都在它上面进行，在不同心理状态下，心理活动规律就可能表现出很大差异。人的觉醒水平直接影响他的智力活动水平，在不同的应激状态下，调动各种心理潜力应付紧张局面也有所不同。心理过程受它的制约，同时它的动力和性质又依赖于个性特征。这里也表现出优势规律。比如，神经系统惰性类型的人的心理状态比灵活性类型的人的心理状态具有更大的稳定性。一些人受了批评，可能使他们动员自己的力量积极起来；而另一些人却导致积极性降低，产生消极情绪。

自我意识是指个体对自己的存在，以及自己和周围的人或物之间关系的意识。它是意识的核心部分，以完整、系统的形式存在着。它在个体身上的发生和发展，标志个体日趋成熟。它担负着协调人的内部世界以及内部世界和外部世界之间的协调工作。

如上所述，个性结构中的各种心理现象并不是孤立存在的，而是错综复杂交织在一起的，多侧面的动力结构，是人的心理活动的高级形式。它在不同的人身上占主导地位的成分也不一样。从这个意义上讲，人的个性之所以有个别差异是不难理解的，也是可以作科学分析的。

二、西方心理学中关于个性结构的理论

关于个性结构的学说是多种多样的。由于观点不同，所走的道路和采取的方法也不同，下面简介两种有代表性的学说，以见一斑。

（一）弗洛伊德的学说

在弗洛伊德的个性学说中，把个性结构分成三部分：伊特（本我）、自

我和超我。"伊特"蕴藏着本能的内驱力，在无意识中起作用。弗洛伊德说，"我们把它叫做一团混沌、一口充满沸腾的激动的大锅"，以无意识的非理性冲动为特征，按"惟乐原则"操作，不顾后果，寻求即刻的本能满足。"自我"在现实需要与伊特的非理性需要之间起中介作用，按"惟实原则"操作，为了在以后适当的时候得到更大程度的满足，它往往推迟不适合的即刻的满足。弗洛伊德认为，二者奇妙地相互作用着，自我不能脱离伊特单独存在，他的力量从伊特那里来，并为伊特服务，力图合理满足它的需要。弗洛伊德把二者的关系比作骑士和马的关系。马提供能量，而骑士则指导马的能量朝着他想去游历的路途前进。

"超我"是从童年早期发展起来的，当时父母用一系列奖惩所教导的行为规则都被儿童加以同化。"坏的"行为成为儿童良心的一部分，而良心则是超我的一部分。"好的"行为成为儿童自我理想的一部分，而自我理想则是超我的另一部分。超我具有抑制本我冲动、对自我进行监控、追求完善境界等功能。超我一旦形成，它就对自我进行监视和统治。

如上所述，弗洛伊德关于个性结构的动力性归根结底是由本能起决定作用的，显然是不科学的。但是，弗洛伊德使人们注意到人的心理生活的无意识部分和结构的动力观却是他的功绩。其人格结构是心理咨询与治疗早期与现代的一个重要理论派别。当人格结构的三者处在协调状态时，人格表现为健康状态；当三者不一致和发生冲突时，就会产生心理疾病。

按照弗洛伊德的解释，意识层和个性结构三个层次的关系，用图表表示如下：

意识过程···}自我
                  前意识·····························}超我
无意识过程{   压抑力·····························
         潜意识{被压抑的
                  原初无意识·························本我

（二）德国的"人格层"理论

这一派学者，如卢特卡尔（E. Rothacker）和莱尔喜（P. H. Lersch）都主张人格是由若干层次构成的，并认为下部构造层向上部构造层发展，而且当上部构造层发展之后，它又反过来控制下部结构层。卢特卡尔把人格作为整个结构，分为五层：自我层、人格层、动物层、植物层和生命层。莱尔喜把人格分为两层：基础层与上层建筑层，基础层指身心发展的生物因素，上层建筑层指身心发展的社会历史因素。

卢特卡尔的结构层次如下表：

自我层（人性层）——这是随着人的生活方式而出现的，并在社会生活中改造过的最高层。它具有理性和性格的表现，是社会的、道德的、宗教的和观念体系化，是人格各层的重要调节机制。由于它经常保持清醒的意识状态，当低层次的冲动性活动发生时，自我层便发挥指导和控制作用、防止盲目行动。人性层是理智、自信心和责任感的基础，所以它是最高的命令者。

人格层（精神活动层）——这是通过社会和自我教育所形成的组织体，是人所特有的。这一层具有高度的憧憬和表象力。这个阶段出现了清醒的意识状态。儿童、艺术家的心理生活主要是这一层的表现。

情绪层（动物层）——在这一层中，本能和冲动活动已具有方向性，形成了同情感和爱。但这个时候人还不是作为自我存在，而是作为动物对外界进行反应，因此，其活动的大部分是无意识的，这一层是人和动物所共有的，大部分是无意识的，它属于人格下层。这一层的高级表现，据说相当于儿童行为表现，在成人活动中有时也流露出儿童行为。

植物层——指对生活的植物性的自主调节活动，如营养、腺体等机能。在这一层出现了原始情绪和驱动力。

生命层——指机体的最基本的生命力，包括对刺激的感应性。

这一流派学者把人格作为整体看，并注意到人格多层次之间的相互制约关系；也看到了生物因素和社会因素两方面在形成个性中的作用，这些都是有益的。但是，他们不把个性放在制约着它的环境中作科学分析，揭示出个性的积极性，而是作一些比拟、类推，采取封闭式的研究方法，则是不能理解个性的实质的。至于他们在处理生物因素和社会因素的关系上，基本上采取平行的观点，显然也是不恰当的。

第三节 个性倾向性

倾向性是个性的主要特征之一。如前所述，个性是在人和周围环境积极相互作用中形成的。揭示人的个性动力特征与积极性的原因、心理状态和表现形式，就意味着从个性的倾向性和最重要的生活态度方面来分析与评定人的个性。个性倾向性主要包括：

一、需　要

（一）什么是需要

需要是维持个体和社会生存与发展的必需的事物在人脑中的反映。它通常在主观上以一种缺乏感或丰富感被体验着，是个性动力性与积极性的最基本的源泉。

人既是生物实体，又是社会实体。人为了个体的和社会的存在和发展，必定需要一定的事物。比如食物、配偶等，这是维持个体存在和延续种族发展所必需的；从事劳动，并在劳动中结成社会关系、人际交流活动等都是维持社会存在和发展所必需的。这种必需的事物反映在人脑中就成为他的需要。

必须指出，人和动物的需要种类和满足需要的行为是不同的。即便是饮食、配偶等本能需要在人和动物身上的表现也有所不同。动物以追求自然物品为食物去适应环境；而人则制造并使用工具改变自然物品的形式使它适合自己的需要。人满足饮食需要的过程极为复杂，所用进食的方法是当时社会环境中历史上约定俗成的方式方法（如摆好席位，一日三餐），还需要一定的餐具等。在满足配偶的需要上人与禽兽的不同则更是显而易见的。满足配偶需要要受一定法律手续和道德规范所制约。在旧社会一般是要有父母之命，媒妁之言，订婚结婚成礼。新社会尽管是恋爱自由，也必须履行一定法律手续才能正式结婚。

（二）需要的种类

人的需要是复杂多样的，一般分为天生的需要和后天获得的需要。

1. 天生的需要

它是有机体维持生命和种族延续所必需的。这种需要又可有如下分类：①内部稳定性的需要（如饥、渴、呼吸、排泄、休息、睡眠，等等）；②回避危急的需要（机体对有害的或不愉快的刺激有回避或加以排除的需要）；③性的需要；④内发性需要（如好奇、寻求刺激，等等）。

天生的需要从其产生机制来说，是生理学研究的课题，但是这种需要朝向什么对象，以什么样的形态存在，特别是由于人们所处的文化不同，因而需要的对象和满足的方式方法也有所差异，这些则是心理学的问题。

2. 后天获得的需要

后天获得的需要是在天生的需要基础上派生的。人在一定社会成长过程中，通过各种经验，获得各种特有的需要，如成就需要、交往友谊与社会赞许的需要、劳动的需要等等。人们的社会生活和活动受这些需要所制约，使人们的活动复杂化、多样化。由于这种需要受文化的、社会的因素以及经验的影响，它既表现出阶级差异，民族特点，也表现出较大的个人差异。

(三) 西方心理学中的几种需要理论

1. 弗洛伊德的本能欲望理论

关于个性积极性问题历来争论很激烈。弗洛伊德认为人身上有显示出动物祖先遗传给他的本能的诱因，首先是性本能和自卫本能的诱因而积极起来的。但是在社会中，人自诞生起，一切原始的冲动都不可能像动物那样随便显示，总是受到社会的压抑。社会把道德品质和约束强加于人的行为结构之中，强迫人抑制自己的本能欲望。这样就使人的原始欲望变成毁损名誉和羞耻的东西，不能被容纳在由文化和伦理势力所铸造的人的意识之中。因而把它排除出人的意识，进入无意识的范围，但它只是受到压抑，并没有消失。它们仍保存自己的精力和积极性。从无意识的范围经过乔装打扮，又被意识所容纳，仍继续控制人的一切行为活动。人类文化生活的各种形式和活动的产品都是本能欲望控制人的行为而产生的"升华物"。弗洛伊德认为，在无意识范围内，本能的欲望随着它的产生而结合为各种"情结"，这些"情结"就是个性积极性的真正原因。后来，新弗洛伊德主义者修正了弗洛伊德的这种露骨的生物主义观点，不同意弗洛伊德关于泛性论观点，而把个性对环境的依赖性提到了应有的地位，但他们仍没有从个性和社会环境的相互作用中去阐明个性积极性，而是把个性看成像自动机那样被社会环境所决定的。这同样是不科学的。

2. 马斯洛的需要层次说

马斯洛是人本主义心理学派的代表人物，他通过对各种人物的观察和对一些人物传记的研究，把人类行为的动力从理论上加以系统整理，提出了需要层次说。马斯洛把人类的需要按其重要性的顺序分为五类（见图 9-1），从最低层的生理需要到最高层的自我实现。这五类需要，其中除"自我实现"外，其他四种顾名思义，一目了然，不难理解。所谓"自我实现"指的是个人天赋自我潜能的极度发挥，是一个人的创造天赋与成就目标的实现。满足自我实现的需要是很多人努力追求的目标。但是，只有极少数人能真正达到这种目标并满足自己的需要。

人类需要的层次，马斯洛是按照如下几条原则加以安排的。首先，人类基本的需要必先得到满足，然后才会进一步追求较高层次需要的满足。

其次，人类的需要与个体的生长发展密切相关。一个人初生时，最主要的是满足生理需要，然后才逐渐考虑到安全、爱与归属（社交）、自尊，最后才追求自我的实现。再次，人类需要的高低与个体的生存有关。基本需要为生存所必需；较高层次的需要，在维持个体生存上并没有基本需要那样重要，这与我国古代管子说的"衣食足则知荣辱"是一个道理。

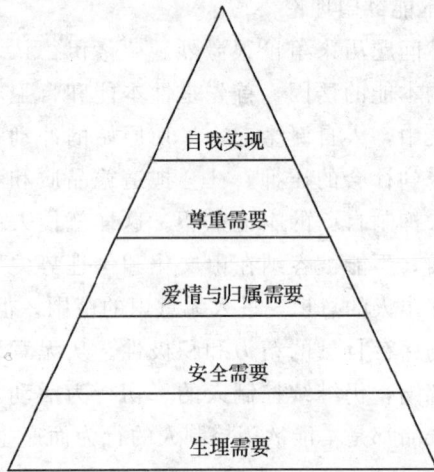

图 9-1 人类需要的层次（Maslow，1970）

马斯洛认为，一个理想的社会，除了应该满足人们的基本的生理需要外，还要使人们满足较高层次的需要，并且鼓励个人去追求自我实现。在这里，我们必须指出，在我们社会主义社会里，一个人只有把个人的需要和国家的需要以及社会发展的需要联系起来，才能有永不衰竭的动力，才能最充分地发挥个人的潜能，才能达到最大限度的自我实现，才能促进社会主义的进一步自我完善和发展。

二、动 机

（一）什么是动机

如上所述，各种不同的需要是个性积极性的源泉；而动机，则是与满足某种需要有关的活动的动力，是需要的具体表现。是与满足人的需要紧密联系引起、改变、调整和制止行为活动的内在心理原因。

在研究人的行为举止时，必须揭示行为举止的动机。只有这样才能判断某种行为举止对某人来说是偶然的还是合乎规律的，才能预见某种行为举止重复出现的可能性，才能防止不良个性品质的产生，才能促进良好个性品质的发展。掌握关于动机的实质并善于加以应用，对于教育工作者是非常必要的。

由于动机所表现的需要种类不同，动机彼此是不同的。复杂的活动通常不只是由一种动机引起，而是由几种动机同时相互作用和相互影响所引起的。以下从学生学习活动方面作一些分析。

（二）学生学习动机的分类和培养

从动机的社会意义看可以分为正确的与错误的两种。在社会主义制度下，在促进和谐社会发展的过程中，为人民为祖国利益而学习的动机是高尚的，为个人利益而学习的动机是初级的，前者可以长时间调动学生的学习积极性，后者在一个时期也有一定的积极作用；当个人利益与国家、人民利益不一致时，有可能使学生灰心丧气，积极性受挫，甚至危害社会秩序。教师必须利用一切机会，对学生进行学习目的教育，发展正确的学习动机。对于有狭隘利己动机的学生要因势利导，耐心教育，宣传社会主义制度下个人利益和国家利益的一致性。当两者发生矛盾时，要服从国家需要。只有这样，才能使学生的学习活动向着健康的道路发展。

从起作用的主次看，动机可以分为起主导作用的动机和起辅助作用的动机。年龄不同，儿童心理发展阶段不同，在学习上起主导作用的动机也就可能不同。学龄初期儿童，知道"我是学生"，意识到自己应该学习，为得高分受到鼓励而学习。这是他学习的主导动机。后来，起主导作用的动机可能是想成为班集体的"三好生"，履行团队交给的任务或为组织争光。到高年级，起主导作用的动机可能与未来的理想联系在一起，如想升学、当科学家，等等。因此，在培养和发展学生动机时必须符合青少年的年龄特征。而且，当学生缺乏学习动力时，可以把学生喜爱的其他活动动机迁移到学习上来。比如，班级中的差等生对学习意义没有认识，缺乏学习习惯，成绩较差，但他们总有一些优点，如爱劳动，喜欢文娱活动等。有经验的教师往往会巧妙地组织这些活动，把他们参加这些活动的动机迁移到学习上，引起学习动机。

从动机影响的范围和持续时间看，可以区分为长远的间接的动机和短暂的直接的动机。比如，为社会主义现代化建设而学习，这就是长远动机，这种动机来自对学习的高度认识，来自对祖国的义务感和责任心。这种动机一旦形成，就具有很大稳定性，不受偶然情境的干扰，一直指导整个学习活动。短暂的动机不够稳定，易受情境变化的干扰，如学生积极学习，是为了争取高分得到老师和家长的表扬，或怕学习不好受到斥责等。短暂动机起作用的实际效能不如长远动机，但也要估计到这种动机在学习中的作用。教师必须善于把两种动机结合起来发挥相互补充的作用。

为了有针对性地指导学生学习，教师对学生的学习动机必须有所了解。目前我国中学生一般学习动机，根据全国十省市北京地区的调查结果，可以看出大概情况。① 这个调查根据中学生的动机内容，把动机分为四种类型：①学习动机不太明确。为了应付家长、老师的"差使"，学习很被动；学习没有什么目的，也缺乏学习兴趣；或学习是混日子，混张毕业证书好找工作。这类学生占少数，仅占总体的 15％。②学习是为了履行社会义务。比如，为了给家长争光，给班集体或团组织争荣誉；学习为了入团或为了免受老师的批评；学习为了不当后进生或留级生；或者为了取得老师的好评等。这类学生占 18％。③学习为了个人前途。比如，认为学习成绩是基础，只有学习好，才能有前途；为了升大学，上中专，找出路；或者为了成名成家。这类学生占 23％。④学习为了国家和集体的利益。比如，想到学好文化知识就能为"四化"作贡献；学习为了提高中华民族的文化水平；经常考虑到要努力学习，把"实现四化从我做起"作为自己的行动准则。这类学生是大多数，占总体的 44％。

由此看来，在我国社会主义制度下，我国中学生的学习动机，一般说来，大多数是健康的。但是，也存在一些问题，教师应从学生的实际情况出发，有的放矢地进行学习目的教育，培养和发展学生的正确的学习动机。

三、兴　　趣

（一）什么是兴趣

兴趣是人的认识与活动需要倾向的情绪性表现。即与人的积极愉快的情绪相联系的认识倾向性与活动需要倾向性。一般心理学中所说的兴趣往往包含了爱好。其实它们之间是有区别的：从活动对象上看，兴趣指认识的倾向性，爱好指活动的倾向性；从程度上看，人对某个对象感兴趣不一定对它爱好，而人对某个对象爱好其必定对它感兴趣。从人自己的体验说，兴趣表现在认识过程的良好的情绪方面，表现在愿意更深入地更多地认识对他有意义的事物方面。满足认识需要有助于补充知识的缺乏或空白，使人更好地定向、理解和认识对他有意义的事物并爱好参加与其相关联的活动。

---

① 北京地区调查协作组. 中学生理想、动机和兴趣的研究. 北京师范大学学报，1982，（1）

兴趣在活动过程中起很大作用。它使人积极地寻找满足认识需要的途径和方法。一般说来，在满足对一个人具有稳定意义的事物的兴趣之后，通常不会使兴趣消失，而会使兴趣改变、丰富和深化，从而产生与更高水平的认识活动相适应的兴趣。比如，一个对足球有兴趣的学生，在他把报上有足球比赛的报道剪下来集成一个剪报册子之后，这并没有就此结束了他对足球比赛的兴趣，很可能引起了他对足球比赛的更深入的兴趣，立志要编一部世界足球比赛运动发展史。由此看来，兴趣在认识过程上起着很大的推动作用。稳定的兴趣是个性倾向性表现的一个重要方面。

（二）兴趣的分类和培养

人的兴趣是各式各样的，可按不同的标准加以分类。根据兴趣的目的性可以分为直接兴趣和间接兴趣，所谓直接兴趣是由于有意义的事物（或活动）本身在情绪上引人入胜而引起的。比如，戏剧、电影、一堂讲得生动的课或者生动有趣的活动等。间接兴趣不是由于事物或活动本身而是由于事物或活动的目的与结果使我们感到有重要意义而引起的。比如，学习科学知识与掌握科学技术，对于各种复杂公式，学习起来有时确实乏味，不感兴趣，但我们意识到学好科学知识与技术能更好地为社会主义现代化建设和促进和谐社会发展服务，就深感有刻苦学习的必要而对它产生了兴趣。

学生在学习过程中，并不是一切活动环节都直接在情绪上引人入胜而能轻松自如地进行学习的，而是要用很大的意志力，是相当艰苦的。因此，教师必须循循善诱进行学习目的教育，使学生逐渐形成间接兴趣，使他们刻苦努力克服学习上的困难。两种兴趣是可以相互转化的，有经验的教师是善于运用这种规律而进行生动活泼的、教学目的明确的高质量的教学的。

按兴趣的广度可以分为广博的兴趣和狭窄的兴趣。有些人的兴趣广博，对一切事物都喜欢探求；有些人的兴趣则比较狭窄，把自己限于比较狭小的圈子里。有广博兴趣才可能获得渊博的知识。许多思想家、科学家以及作家都具有很渊博的知识，这与他们兴趣广博是有关的。马克思在给他女儿的一封信中曾说过一句有名的格言："人类的一切东西对我都不是陌生的。"达尔文也有广博的兴趣，他在自传中写道："就我记得我在学校时候的性格来说，其中对我后来发生影响的就是我有强烈的多样的兴趣，沉溺于自己感兴趣的东西，酷爱了解任何复杂的问题和事物。"

兴趣狭窄的人，不但影响他的人格全面发展，也影响生活内容的丰富。

当今是科学技术迅猛发展的时代，每种科学都在高度精细分化和综合，相关科学越来越多，因此对知识有广泛兴趣，就成为获取丰富知识，发展多方面能力的重要条件。

兴趣广泛不等于事事精通，综观古今中外，凡有成就者，均兴趣广博、终生努力。耐心和专注在各行各业中都会大显神威。

兴趣的广博为事业成功奠定了基础，对事业的专注才是成功的关键。钱学森对空气力学、铁道机械工程学、薄壳结构理论、工程控制论、物理力学、系统工程学等学科都有所研究，对小提琴、绘画也有兴趣。他正是在拥有广泛知识的基础上，利用事物之间的多种联系，数十年如一日，潜心研究，而在航空航天工程领域有重大突破。

按兴趣的稳定性程度可以分为暂时兴趣和稳定兴趣。具稳定兴趣的人长期地对他们从事工作或研究的问题保持浓厚的兴趣。稳定的兴趣最充分地显示出一个人的个性特征，这样的人对他的工作非常热爱，不论在工作中遇到什么困难都能加以克服，甚至以克服困难为乐趣，而且越克服困难，能力越强，从而越有兴趣，埋头于工作，日日夜夜，好像着了迷似的。在事业上、科研上具有稳定兴趣的人肯定是有所成就的。兴趣不稳定的人表面上看来有时对某些事物或问题也很有兴趣，甚至好像"着了迷似的"，但是狂热一时，浅尝辄止。这样的人在工作上不刻苦，遇到困难，不是面对困难，设法克服，而是回避躲闪，害怕困难。这种人想要在事业上做出什么出色的成绩，肯定是不可能的。

但是，必须指出，兴趣的不稳定性是中小学生的特征。他们的兴趣往往热烈而短暂，什么都想学，有时喜欢语文，有时喜欢历史，甚至有的同时喜欢几门学科。在青少年时期对各科突然勃发而又逐渐消失的兴趣正表明青少年正在积极寻求志向，显示才能。教师的任务当然不在于只许青年从事他们首先感兴趣的那门学科，而在于使他们的兴趣深入和扩大，发生积极作用，变成志向，并引导他们爱好从事成为他们兴趣中心的那种活动。

掌握学生兴趣的发展情况是做好教育和教学工作的重要条件，目前我国中学生的兴趣情况，根据以下所举北京地区的调查表明：①对不同学科的兴趣。被调查者有95％能明确指出他们"最喜欢的一门课"和"最不喜欢的一门课"。他们最喜欢的学科是数学，最不喜欢的是外语。最喜欢某门学科的原因是老师讲得好（34.4％），从小就喜欢（22.5％），能动脑子（19.2％），学了有用（13.8％），等等。最不喜欢某门学科的原因是，基础不好（40％），老师讲得不好（23.3％），学了没有用（13.4％），不喜欢文科或其他学科（11.7％），等等。从这里看出，教师的教学水平和早期教育，是中学生学科兴趣形成的最重要条件。同时还发现对文、理两科的兴趣是有性别差异的。男生对理科的兴趣稍大于女性，女生对文科的兴趣又大于男生。②对课外阅读的兴趣。目前中学生的兴趣分为三级水平，第一级是不阅读或很少阅读，第二级是能够阅读，但只满足于书本的情节或趣味，第三级是对课外材料有目的地深入阅读、钻研。在调查中发现，随着年级（初一、初二、高二）的增高，课外阅读水平也随着提高。③对课外活动的兴趣。也可分为三级水平，第一级不感兴趣或只参加学校规定的课外文体活动，第二级能够积极参加各种课外活动，但未见专长，第三级不仅积极参加，而且还能取得一定成绩。在调查中发现，兴趣随着年级（初一、初二、高二）增高而变化，表现为第一级水平的人次随年级增高而减少，第三级水平的人次随年级增高而增多。以上这些材料揭示出，掌握学生兴趣发展变化的规律，在培养学生具有显示个性倾向性的广博而又有中心兴趣的优良品质上是很重要的。

此外，人的兴趣还可以有效能与无效能、高效能与低效能之分，那种叶公好龙式的兴趣，无助于人的学习与专业、人格与才能、工作与事业的发展，有的还会痴迷成瘾、走火入魔、玩物丧志；只有和学习与专业、工作与事业、娱乐与休息、健康与发展等活动紧密相联系的适当的兴趣才是有效能与高效能的。

四、价值观

（一）什么是价值观

价值观作为心理结构的核心部分，一向为心理学界所关注，并加以研究。在心理学中，把它界定为：个体在社会化过程中，人们对他所作、所为、所想的认知判断和评定的标准，是推进和指引行为的核心因素。

（二）价值观的主要特点

1. 价值观具有广泛性、多样性、具体性与主导性等多种特点。它深入到社会的各个领域，与各种生活实际问题相联系。如对金钱、财富、权力、社会地位的赢得；对精神与物质的价值问题；对政治与经济的看法；对社会所做贡献的看法；对宗教的看法；等等。在多元价值观同时存在的任何社会之中，往往存在主流的或主导价值观。

2. 价值观具有差异性，人们的社会政治经济地位、知识经验、性别、年龄各方面都对人们的价值观产生影响。资产阶级有资产阶级的价值观，无产阶级有无产阶级价值观，西方人和东方人的价值观也不一样，不同国度的人们对人生价值的看法也各异。不同集体的生活工作环境也影响到群体的价值观。科学家重知识，追求真才实学的原则，艺术家追求艺术美的价值。

3. 价值观是一种高层次的意识，在整个动机活动中，它起到自我评价、自我体验、自我调控的作用。当一个人由某种需要产生活动动机时，最初是以愿望、兴趣、爱好、情绪、情感、意志等心态存在着。作为主体的人，又通过头脑中已形成的价值认识和评价来衡量该项活动是否有价值，是否是应该追求的价值目标，是趋向还是躲避。这样，人的价值观就具体化为生活行为的意识。当它与一定的客观生活条件相结合，就成为推动、制约、支配、调控生活方式的动力。可见，价值观和生活方式是紧密相联系的，它既支配人的生活方式，又在生活方式中得以表现。

（三）价值观的类型

人们的价值观既有独特性，又有共性。为了便于研究，心理学家依据独特性和共性的统一原则，把价值观划分为不同类型。

1. 莫里斯（C. W. Morris）依据价值观在生活方式中的表现，划分为十三种类型：

第一，生活是为了要了解、欣赏和保存人类已有成就中最好的东西。

第二，生活必须摆脱依赖他人或外物，其真谛应该从自我中体验。

第三，在人生中只有同情心才能赋予生活以意义，人应该净化自己，约束自己，以便接纳和帮助别人。

第四，人生是一个欢乐的节日，而不是一个工厂或一所训练道德纪律的学校，生活是供人享乐的。

第五，人生应该是充满有活力的团体活动与合作性的团体享受。

第六，人应当把在生活中不断发生的新问题当做生活目标去追求，干什么事都应尽善尽美。

第七，人生的目的应该是尽可能利用可以利用的生活方式，在相互补充中建立生活。

第八，安闲的享受是生活的主旨，人应该在无忧与有益的享受中度日。

第九，接纳与享受应该是生活的主旨，人生中那些美好的东西都是自然而然地不求自来的。

第十，以自我控制为生活主旨，既不期待虚幻的理想社会，也不相信最后的胜利，以理智来引导自己的行动。

第十一，冥想静观的生活才是美好的，充满理想、情感、梦幻和自知的丰富内在世界才是人的真正归宿。

第十二，只有在克服、控制和扫除困难时，生活才有意义。

第十三，人应该为别人及宇宙意志所用。

2. 斯普兰格（E. Spranger）提出六种价值类型：

第一，经济型。这类人注重实际效率，其生活目的是为了追求利润和获得财富。实业家属于这种类型。

第二，理论型。这类人有浓厚的认识客观事物的热情，而冷静地观察事物，力求把握事物的本质，尊重事物的合理性，重视科学探索。

第三，审美型。这类人对实际生活表现得不够关心，他们把感觉的事实的美当做人生的本来价值，重视艺术活动，追求美感。

第四，宗教型。他们把信仰的核心作为存在的最高价值，总是感到圣主的拯救和恩惠。

第五，权力型。这种人倾向于权力意识和权力享受，有强烈的支配和命令别人的欲望。所有的生活价值领域都服务于他的权力欲望，知识是作为支配的手段，艺术服务于权力冲动，凡是他的所作所为总由自己决定。

第六，社会型。这种人对待社会的态度是以关心他人为己任。通常是在与献身精神的同时体验着自我价值。

斯普兰格的价值类型论影响很大，一些心理学家吸取其积极方面开始研究。美国的奥尔波特（G. W. Allpor）、维尔侬（P. E. Vernon）、林兹（G. Lindzey）等人曾以此为标准编制量表，作为价值态度的测定尺度。

五、信念和世界观

（一）信念和世界观的内涵

信念是行为的主要动机。信念表现为人们对自然和社会的理论原则、观点和知识的真实性确信无疑，不仅对它有所领悟和理解，而且还对他具有深刻的情感和热爱，并在生活中坚定地把它作为指导原则和奋斗目标。

当信念组成一定体系时，就成为世界观。换言之，世界观是人对整个世界的总看法，也是人的整个的动机体系。在阶级社会里，世界观具有阶级性。在这里，必须区分阶级的世界观和个人的世界观。阶级的世界观是社会意识的组成部分，主要是哲学研究的课题，个人的世界观是个人意识的组成部分，主要是心理学研究的课题。心理学研究个人的世界观在各种心理活动中的作用及其形成过程和规律。但是，同时也必须指出，个人的世界观受阶级的世界观所制约，是在一定阶级的世界观的影响下形成的，无产阶级的世界观是科学的世界观，它不仅阐明了自然现象发生发展的规律，而且也指明了人类社会走向共产主义的必然性。

个人的世界观是个性倾向性的集中表现，它影响人的整个精神面貌，是个人思想言论和行为举止的最高调节器。

科学的世界观是建立在自然科学和社会科学知识基础之上的，它是经得起生活实践考验的颠扑不破的真理，使人对它坚信无疑，并为之奋斗不息。具有科学世界观的人遇到一切问题，总是用一致的观点和方法加以处理，站在坚定的立场上，满怀信心地按一定的道路奋勇前进，走向预定的目标，有时甚至献出宝贵的生命。夏明翰在就义前的那首可歌可泣的诗："砍头不要紧，只要主义真。杀了夏明翰，还有后来人。"就是怀有必胜的革命信念和科学世界观的光辉典范。具有科学世界观的人言行一致，在行为中表现出高度的自觉性，这是他的个性品格的最重要的表现之一。

（二）学生世界观的形成

学生世界观的形成萌芽于初中，而逐渐成熟于高中阶段。在中学期间，通过各科教学和教育工作，特别是开设社会发展史和辩证唯物主义基本常识两门课，有意识地传授给学生有关自然和社会发展的规律，提供系统而全面的知识，为中学生世界观的形成奠定了理论基础。中学期间，实验课、野外见习、参观访问和生产劳动等系统的社会活动，为他们世界观的形成打下了实践基础。一般说来，目前我国中学生的世界观是朝着正确的方向发展的。

中学生世界观的形成，据新近研究，有这样几个特点：首先，世界观的形成过程是与中学生对世界的全面而深刻的认识程度相联系的，中学生的知识和智力水平直接影响着世界观成熟的程度。研究表明，对初二到高二学生统一讲"物质运动规律"，初二学生只能从具体事例中领会点滴常识；初三和高一学生能够通过物理运动、化学运动、社会发展三方面理解物质和运动的辩证关系与内在规律；高二学生由于系统地学习了各种基本知识及哲学常识，不仅能掌握物质运动的五种基本形式，而且能从辩证唯物主义的对立统一、量变质变、否定之否定三大规律解释物质运动的规律性及物质对精神的决定性的基本原理。由此可见，正确世界观从萌芽到形成是有一个过程的，教师和家长要针对学生认识水平、年级和文化背景，使他们逐步加深对哲理关系的科学的和全面的理解。

其次，在中学生世界观的形成过程中，主要是要解决关于人生意义的问题。有人调查，提出20种看法，让初一、初三、高二学生回答这样五个问题：①"以雷锋同志为榜样，一心想着革命，想着他人、想着工作"；

② "当我临死的时候，可以无愧地说，我的一生已献给人类最壮丽的事业，为人类解放而斗争"；③ "艰苦奋斗是一种美德，一种优良的传统，是成才的基础"；④ "人走时运马走膘，有人走运有人想"；⑤ "不吃不喝，一生白活，不穿不打扮，实在不划算"。调查结果如下表：

从表 9-1 可以看出，中学生对人生意义的理解水平随年级的增高而提高；但赞成某些正确人生意义观点的人数，却随着年级的增高而减少。出现这种状况的原因很多，一方面反映了他们的人生观越来越复杂，另外也涉及十年动乱的不良影响。教师和家长要善于引导，加强对他们的思想政治教育，树立正确的人生观。

表 9-1　不同年级中学生对五个不同哲理问题理解和赞成情况

年级 \ 问题 理解或赞成的百分数（%）		1	2	3	4	5
初一（200 人）	理解	100	78	91	76	100
	赞成	95	72	86	26	12
初三（200 人）	理解	100	86	100	93	100
	赞成	90	67	84	27	18
高二（200 人）	理解	100	93	100	97	100
	赞成	90	68	87	30	21

最后，中学生的世界观处在萌芽到初步形成的阶段，还不是很成熟、很稳定的，可塑性很大，尚待在以后生活的道路上继续磨炼。

我国的社会主义制度是中学生世界观正确而健康发展的保证。但同时也要看到，我国的社会主义制度毕竟是从半封建半殖民地的旧中国脱胎而来的，社会上的资产阶级和封建主义的残余思想和习惯势力仍然随时在腐蚀着年轻一代，加上中学生认识问题的偏激性，不免会染上一些不良的习惯和接受一些不正确的观点。教师和家长要抓住中学生世界观尚未最后定型，可塑性很大的时机，加强政治思想教育，培养中学生逐步学会善于辨别是非，自觉地抵制精神污染，敢于向不良的思想和行为进行斗争，使他们逐渐形成科学的世界观，自觉地走历史必然之路——社会主义道路。

第十章 能 力

第一节 能力概述

一、什么是能力

能力是大家比较熟悉的心理现象。现实生活中，有人运算敏捷思路灵活，人们就说他运算能力强；有人过目成诵，大家就夸他有惊人的记忆力；有人富于幻想和想象，有很高的创造能力；有人擅长组织管理，具有较强的组织能力；有人擅长音乐和绘画，有较高的艺术才能等。凡是直接影响人的活动效率，促使活动顺利完成的个性心理特征叫做能力，它是人胜利完成某种活动的必要的心理条件。

能力与活动是紧密联系的。一方面，个人的能力总是在活动中形成和发展起来，并在活动中得到表现的。如人民教师的口头言语表达能力和组织能力，总是在人与人进行言语交流和社群集体活动中锻炼培养起来的。另一方面，从事某种活动又必须有一定的能力作为条件和保证。如学习活动需要感知能力、理解力、记忆力和思维能力；文艺创作活动需要观察、思维、表象、创造想象和写作能力等。

能力不是人完成活动的全部心理条件，它是顺利完成活动直接有效的可能性心理特性。拿教师教学活动来说，对其有影响的心理条件就很多。如目的与动机，立场与观点，兴趣与爱好，思想、信念、世界观等个性意识倾向性特点；活泼好动与沉着冷静，急躁与温和，内向与外向等气质特征；谦虚与骄傲，热情与冷漠，勤奋与懒惰，细心与粗心，克己奉公与自私自利等性格特征，上述这些个性心理特征对完成活动都有不同作用。但这些特征不是直接决定活动的完成的可能性特征。只有观察能力、判断能力、创造性的思维能力、想象力、注意分配和转移的能力、组织能力、生动形象的有感情的言语表达能力和进行政治思想教育的能力等，才是成功地进行教育工作必备的心理条件，才属于个性的能力特征范围。

顺利完成某种活动，不是单一种能力所能胜任的，而需要多种能力的结合。如画家的活动必须有观察力、形象记忆力、彩色鉴别力、视觉想象力等结合；音乐家的活动必须具有听觉记忆力、曲调感、节奏感、音乐想象力等能力的结合。为了完成某种活动任务的各种能力的独特结合就是才能。如果一个人的各种能力在活动中达到了最完备的发展和结合，能创造性地完成某一领域的多种活动任务，通常被称为天才。天才不是天生的，它是人凭借先天获得的生理条件，在环境教育的影响下，加上主观努力而逐渐发展起来的，它是高度发展的才能。

二、能力与知识、技能

能力与知识、技能是紧密联系而又相互区别的概念。

能力与知识经验不同。知识是人类社会历史经验的总结和概括，是客观事物及其信息在人头脑中的储存与表征方式。人类已经积累的知识经验是社会的财富，它既是人的心理活动的结果，又是个体心理活动的对象和内容。当它以思想、观念等内容的形式被个体认识（领会、理解、掌握）接受与占有时，就变成个体意识和个体的知识系统，从而有利于人们去完成改造现实的某些活动。但是，知识本身并不是个性的能力特征。因为知识作为心理活动的对象，它具有客观性，不存在个别差异，人对知识的掌握（即认识加工）是一种心理活动过程，虽有个别差异，但差异不稳定，也不是能力特征。只有在加工过程掌握知识的快慢速度，领会理解知识的深浅，记忆的敏捷、持久、精确程度，运用知识是否灵活等，才存在较明显的个别差异。这是对知识材料进行加工的心理活动过程的概括化程度差异，即调节认识活动的能力（即智力）差异。如学习和掌握某数学公式及其推导过程，是属于知识的范畴。而调节这个推导过程的分析、概括活动的动力（敏捷、灵活、简缩、逻辑等）特性便属于能力（智力）的范畴。

能力也不同于技能。技能是一种通过练习而巩固了的自动化活动方式（即一种合乎法则的活动方式）。它分为动作技能（如吹、拉、弹、唱、体操、游泳、滑冰、球类运动等）与心智技能（如演说、写作、解题、计算等）两大类，均是以行动方式的形式被人所掌握，基本上属于心理活动过程的范畴。而能力是指心理活动的可能性和动作的可能性而言。能力和技能都有概括性，但概括水平不同。技能是动作和动作方式的具体概括，能力是调节技能行动方式的心理活动的概括，这是较高水平的概括。

总之，知识、技能同能力不能混同。婴幼儿掌握的知识和技能都不多，但其能力发展却前途无量。年长者知识经验丰富、技能熟练程度高，但其能力发展却越来越慢。

知识、技能与能力又是紧密联系相辅相成的。

首先，知识的掌握，有助于技能形成，而知识掌握和技能形成，就能推动和促进能力的发展。能力就是概括化的调节认识活动和行为方式的心理活动，这种概括化的调节水平达到迁移程度并在个体身上巩固下来，就促进能力发展。如学生掌握数学知识的同时，也掌握某些运算技能（心智活动技能），这些有利于逻辑思维能力的发展。相反缺乏必要的知识和技能，会造成能力发展的巨大障碍。

其次，掌握知识形成技能，又是以一定能力为前提的。能力往往制约掌握知识以及形成技能的快慢、深浅、难易、灵活性和巩固程度。

三、能力与素质

人的能力是借助遗传素质这个自然生物前提，通过社会生活、实践和教育的影响，加上主观努力逐渐形成发展起来的。揭示能力与素质的关系，有助于理解遗传、环境、教育在能力发展中的辩证关系，正确认识能力的生理机制。

首先，人并非生来就具有某种能力，人生来具有的只是通过生物性遗传提供的解剖和生理的特点。这些形成人的天生差异的解剖生理特点，叫做遗传素质，素质包括感觉器官、运动器官以及神经系统和脑的特点，其中主要是脑组织的特点。

素质是能力发展的自然前提。没有这个自然前提做基础，能力的发展是会受限制的，例如生来就双目失明者，不可能有颜色辨别的能力；生来就耳聋的人，不仅没有声音分辨能力，而且也不可能有口头言语表达能力，"十聋九哑"说的就是这种情形。

遗传素质特征，特别是中枢神经系统的特征，对人的能力的形成和发展有一定的影响。例如安静与好动、灵活与惰性、敏捷与迟钝等人的高级神经活动类型的特点，在一定程度上能影响一个人的学习能力的形成和发展。素质的生理特性是较为简单、单一的，但对心理能力的影响却是多方面的。例如，人手的解剖特征，手指长短粗细，可能影响写字、打字、弹琴、绘画、绣花、机械操作等多方面技能的形成，以及能力的发展；听分析器的特征，也可能影响一个人的辨音能力、曲调感、节奏感与听觉表象等方面的能力。

其次，遗传素质本身并不属于能力的范畴。它只能提供能力发展的自然前提和可能性，绝不能预定或决定能力的发展。决定能力发展的最根本原因是社会实践（家庭、环境、教育），其中教育条件则起主导作用。一个言语器官生来很健全的儿童，如果不与人类社会实践接触，就不可能发展起说话的能力。一个听觉器官生来很健全、音乐素质很好的儿童，如果没有适当的音乐环境和音乐教育，就不能成为音乐家。例如，某幼儿园曾有一个四岁的小女孩，有较好的音乐素质，十二岁已成为学校有名的"歌星"，由于没有得到专业训练的机会，后来她始终没有发展起优异的音乐才能，也没有什么显著的音乐成就。相反，虽然遗传素质较差，感官有某些缺陷，但由于实践活动中的机能补偿作用，以及个人的意志努力，其能力也能得到较好地发展。苏联有一位盲聋哑者名叫奥·伊·斯科罗霍道娃，虽然感官有严重缺陷，但仍然成为一个卓越的诗人和科学工作者。我国优秀体操运动员马艳红、优秀乒乓球运动员邓亚萍，身体素质并不佳，但是，通过教练的指导和个人的努力，科学的训练，终于迈进世界女子体操与乒乓球优秀运动员的行列。

再次，素质不是能力的直接生理机制。在遗传素质——先天解剖生理特征的基础上，通过后天反映现实的活动，所形成起来的大脑皮层暂时神经联系，以及高级神经活动类型的特点，则是能力的直接生理机制。例如，条件反射形成的速度和稳定性；抑制，特别是分化抑制反应形成的速度和稳定性；神经活动动力定型形成的速度和改造的难易等，在能力形成上起着比解剖生理特征更直接的作用。这些先天与后天之"合金"构成的高级神经活动类型特点，则是掌握新知识和新技能，分辨物体和对象之间的差异，形成或改变行为习惯，顺利完成各项活动的重要生理机制。由于两种信号系统处在不同的协同活动中，因而又会形成不同的能力类型。

第二节 能力的结构、分类与测量

一、能力的结构学说

能力不是某种单一的心理特性，而是具有复杂结构的多种心理特性的总和。探讨能力的结构，分析能力构成的因素，对于深入认识和理解能力的实质有非常重要的意义。

（一）能力的二因素说

这是英国心理学家斯皮尔曼（G. Spearman）于 1904 年用自己创始的"因素分析法"研究能力时，提出的能力结构说。该学说认为，能力是由一般因素 G 和特别因素 S 构成的。完成任何一个作业都需要由 G 和 S 两种因素来决定。例如，一个算术推理作业是由 $G+S_1$ 决定的；而一个言语测验作业是由 $G+S_2$ 决定的。两套测验结果出现正相关，是由于它们之间有共同因素 G 造成的；两套测验结果又不完全相关，是由于它们之间分别含有特殊因素 S 造成的，这里 G 因素只一个，参加所有能力活动，在能力结构中是第一位和重要的因素；S 因素有许多（$S_1S_2S_3\cdots$），它们分别参加某一种或几种特殊的能力活动。

（二）能力的群因素说

美国心理学家塞斯登（L. L. Thurstone）采用他自己设计和发展的因素分析法，于 1938 年提出了另一种能力结构理论。他认为，智力是由一群彼此无关的原始心理能力所构成的，一般有七种原始因素：即①计算（类似加减乘除简单算术运算的能力）；②词的流畅（对图中的各种物体命名的速度）；③言语的意义（找出相似词和反义词的能力）；④记忆；⑤推理；⑥空间知觉（确定各物质的空间关系能力）；⑦知觉速度（迅速确定各形状的异同点的能力）。他对每种因素实施测验的结果，同他原来的设想相反，各原始能力之间都有不同程度的正相关。例如，计算与词的流畅的相关为0.46；计算与言语意义相关为 0.38；计算与记忆相关为 0.18；语义与词的流畅相关为 0.51；语义与记忆的相关为 0.39；语义与推理的相关为 0.54等。这充分说明，各种特殊能力之间也不是绝对割裂的，它们之间包含有一般的共同因素"G"。

（三）智力的三维结构说

美国心理学家基尔福特（J. P. Guilford）于 1959 年提出了新的能力结构的设想，即"智力的三维结构"的理论，这是对群因素说的发展。

该学说认为，每一种智力因素都包括操作、内容和产品三个方面，它的构成正像一个有长、宽、高三个维度的立方体。每一个方面又是由一系列有关因素组成的。智力操作（即智力活动方式）包括认知、记忆、分散思维、聚合思维和评价。智力活动的内容（或材料）方面包括图形后来分为视觉材料、听觉、符号、语义和行为五种。智力活动的结果产品方面包括单元、分类、关系、系统、转换（即从一个事物的认识转换到另一事物上去）、蕴涵（即了解隐喻等）六类，将每一个方面中的一个小因素同另外两个方面中的任意两个小因素结合，一共可得"4×5×6＝120"种组合（按其后来的观点将图形内容分为视觉与听觉两种，应包括"5×5×6＝150"种组合）。每一种组合代表一种智力因素。例如：对图形进行分类的认知操作，构成一个单元（见图 10-1 中黑方块所示），就是一个智力因素。如果给被试呈现 10 种语音材料，然后要求他们立即（或延迟一些时间）回忆出来。在这一测验中，智力活动的内容为听觉的，操作为记忆，产物为单元。这一测验的成绩即可度量一个人的听觉记忆能力。到 1975 年为止，基尔福特已发现约 80 种智力因素，他预示最终可能找到 120 种智力因素。

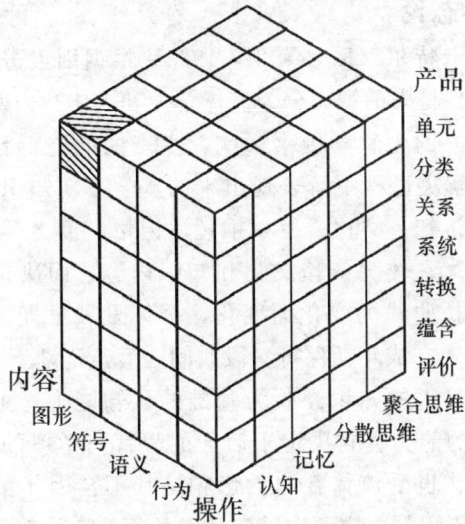

图 10-1 基尔福特的智力结构图

基尔福特的智力结构理论是对智力结构认识的一个深入。这个理论虽过于繁琐，但是，有助于对心理能力进行分析，其对心理测验及其理论研究有重要意义。

（四）阜南的智力层次结构说

1960 年英国心理学家阜南（P. E. Vernon）认为智力结构不是立体模型，而是按层次排列的结构（见图 10-2）。

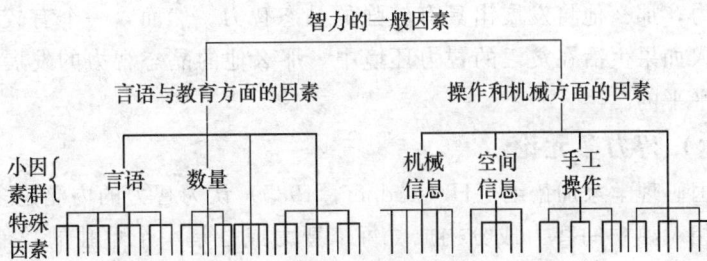

图 10-2 智力的层次结构模型

这是斯皮尔曼二因素说的深化，在 G 与 S 因素之间增加了大因素群、小因素群两个层次。

（五）智力形态论

美国心理学家卡特尔（R. Cattell，1963）根据因素分析结果，按心智能力功能上的差异，将人的智力分为流体智力和晶体智力两种不同的形态。

流体智力是受人的生物学因素影响，生来就能进行智力活动的能力，在信息加工和问题解决过程中所表现出来的，学习新知识和解决新问题的能力。如对关系的认知、类比、逻辑推理、记忆广度、解决抽象问题和信息加工速度等能力。它较少依赖文化和知识内容，而决定于个人的秉性。流体智力随生理成长曲线的变化而变化，个体发展早期，其有明显发展，20 岁左右达到顶峰，在成年期保持一段时间之后，逐渐下降。

晶体智力是以习得的知识经验为基础的认知能力，主要指获得语言、数学等各方面知识的能力。它决定于后天的教育与学习的知识经验，与社会文化有密切关系，也受流体智力的影响。其不会因年龄的增长而降低，可能因知识经验的累积与丰富，有随年龄增长而升高的趋势。

这是斯皮尔曼二因素说的深化，在 G 与 S 因素之间增加了大因素群、小因素群两个层次。他认为智力的最高层次是一般因素（G）；下一层次是两个大因素群（即言语和教育方面的因素、操作和机械方面的因素）；第三是小因素群，其中言语和教育下面的小因素是言语和数量等，操作和机械下面的小因素是机械信息、空间信息、手工操作等；第四层次是各种各样的特殊能力。

两者之间彼此相关，在智力测验中，均包括这两方面的智力问题。晶态智力依赖于液态智力。如果两个人具有相同的经历，其中一个有较强的液态智力，那么他将发展出具有较强的晶态智力。然而，一个有较高液态智力的人如果生活在贫乏的智力环境中，那么他的晶态智力的发展将是低下的或平平的。

（六）智力多元论

美国心理学家加德纳（H. Gardner，1985）认为智力的内涵是多元的，由七种相对独立的智力成分构成。每个智力成分是一个单独的功能系统，这些系统可以相互作用，产生外显的智力行为。

七种智力成分是：①言语智力，也称语文能力；②逻辑推理与数学能力；③空间智力（导航、辨方向、认识环境能力）；④音乐智力；⑤身体运动智力；⑥人际智力（人际互动、和睦相处能力）；⑦内省智力（反省、认同、接纳自我，选择自己生活方向的能力）。后来，加德纳又补充了第 8 种成分即认识自然的能力。

　　传统智力只包括前三项，加德纳的智力多元论反映了智力结构与理论研究的新变化，根据这一变化，我国心理学与教育学的学者在幼儿教育与中小学教育中进行了多元素质的实验，其有助于促进对学生进行素质教育的创新与发展。

（七）三元智力论

　　美国耶鲁大学教授斯滕伯格（R. J. Sternberg，1985）受认知心理学信息加工理论的影响，试图从认知过程的观点，解释人类认知活动中所需要的能力问题，提出了三元智力理论。他认为一个完备的智力统合体应包括：组合性智力（即智力的内部结构成分）、经验智力（即智力内部结构成分与经验的关系）、实用性智力（即智力的情境性或实践性的外部应用）。

　　组合性智力涉及思维的三种成分：①元成分（metacomponents），是指人们决定智力问题性质、选择解决问题的策略以及分配资源的过程，也是控制行为表现和知识获得的过程，包括行动的计划、策略与监控等；②执行成分（performance components），是指人实际执行任务的过程，即指执行元成分的决策，做出判断和反应的过程；③知识习得成分（knowledge-acquistion components），是指人筛选相关信息并对已有知识加以整合从而获得新知识的过程。知识获得成分即获取和保存新信息的过程，负责新信息的编码与储存。在认知性智力活动中，元成分起着核心作用。

　　经验性智力指个体运用已有经验处理新问题时，统合不同观念而形成的顿悟或创造性能力；也包括自动地应付熟悉的事情的能力，如阅读、驾车、打字等技能活动的自动编码。

　　实用性智力也称情境性或实践性智力。指在日常生活中，运用学得的知识经验来处理日常事物的能力，它有三种形式：一是适应，指人们通过发展有用的技能和行为使自己适应环境的能力；二是选择，指人们在环境中找到自己适当位置的能力；三是塑造，如果个人不能或不能很好地适应他的环境或不能选择一个新环境，在这种情况下，智力活动可能对环境本身进行塑造。

二、能力的分类

　　人的能力可以按不同的标准进行分类。了解能力的种类，对认识人的能力差异，实施因材施教和因人而异的管理有重要意义。

（一）按能力的倾向可分为一般能力和特殊能力

　　一般能力是指在很多种活动中表现出来的基本能力，即各种活动都必须具备的能力。例如，观察力、记忆力、思维力、想象力都属于一般能力。学习、工作、创造发明、任何活动的顺利完成，都离不开这些能力。通常所说的智力主要是指一般能力综合而言。

关于智力的定义，心理学界有不一致的看法。法国比纳（A. Binet）称其为"善于判断、善于理解和善于推理的能力"；美国推孟（L. M. Terman）称其是"抽象思维的能力"；瑞士心理学家皮亚杰（J. Piaget）称"智力实质上是一个活跃的和积极的操作系统，它是最富于推动力的心理适应作用，也就是说，是主体与环境之间进行交流所不可缺少的工具"；德国施腾（W. Stern）称"智力是指个体有意识地从思维活动来适应新情境的一种潜力"；还有人称智力为"学习的潜能"、"智力就是智力测验所测量的那种东西"。上述见解都只从一个侧面论述了智力的含义，有的是说智力的性质和特点，有的是说智力的作用，有的是说智力的结构，有的则是描述性定义。由于这些见解的理论根据不同，所以很难有一致的结论。我们认为智力是人的认识活动中的一种具有多维结构的综合性能力，个体认识过程中的各种能力（即感觉能力、知觉与观察能力、记忆力、想象力、思维能力等）都包括在智力的范围，其中抽象逻辑思维能力是智力的核心，创造能力是智力的高级表现。

特殊能力是指在某些专业和特殊职业活动中表现出来的一般能力的某些特殊方面的独特发展。例如，数学、音乐、文学、艺术表演、飞行等方面的能力都是特殊能力。每一种特殊能力都是由该活动性质所制约的几种基本的心理品质构成。例如，构成音乐能力的基本组成成分有：①曲调感，即区分旋律的曲调特点的能力；②听觉表象，即能随意地使用反映音高关系的听觉能力；③音乐的节奏感，即感受音乐的节奏并能准确地再现它的能力。

人要顺利地完成某种活动，必须具备一般能力和该种活动的特殊能力。在活动中，一般能力和特殊能力相互联系构成辩证统一的有机整体。一方面一般能力在某种特殊的活动领域得到特别发展时，就可能成为特殊能力的组成部分。例如，观察力属于一般能力，但在机械检修工的检修活动中，敏锐的观察能力就是一种特殊能力；又如想象力属于一般能力，但在文学艺术家的创作活动中，形象思维（即创造想象）的能力就是一种特殊能力。另一方面，特殊能力在得到发展的同时，也发展了一般能力，如机械师在机械操作中的观察能力也能迁移到其他活动中去，从而表现出一个人对一般事物的观察都很敏锐。一般能力和特殊能力都是在活动中统一的，离开活动既谈不上特殊能力，也谈不上一般能力。

许多研究表明：每种特殊才能都是由特定的活动所要求的多种基本能力的有机组合，而这些基本能力，也就是一般能力在具体活动中的特殊化或具体化。以数学才能为例，它的基本组成部分是：对数字材料的概括能力；对几何图形的空间想象力；数学命题能力；运算过程的"简化"与"展开"能力；灵活的逆运算能力；以及数学定理公式的逻辑推理能力等。所有这些都是一般思维能力与想象力在特殊的数学运算活动中的具体表现。

（二）按能力创造性程度可分为再造性能力和创造性能力

再造能力是指人们迅速地掌握知识，适应环境，善于按照原有模式进行活动和解决问题的能力。这种能力有利于学习活动的要求。人们在学习活动中的认知、记忆、操作与熟练能力多属于这种能力。模仿能力也属再造能力，模仿能力就是仿照他人的言行举止去做，以便使自己的行为方式与被模仿者相同的能力．模仿中主要包括两种成分：观察和仿效。

创造能力是指具有流畅性、独特性、变通性、创新性特点及超越平常的思考与活动能力。这种能力符合于创造性活动的要求。在创造能力中，创造思维、创造想象与创造性活动起着十分重要的作用。

无论是智力还是特殊能力中，都含有再造与创造性能力的成分。通常再造性能力的测验内容多属于常识性的和具有固定性答案的问题。创造性能力的测验内容虽然简单，但要求的标准不在于事实性的记忆、认知与熟练，而在于独特、流畅、变通、创新和超越平常的思考能力。芝加哥大学的心理学家在 20 世纪 60 年代初曾编制了由词汇联想、物体用途、隐蔽图形、完成寓言、用短文组成多种数字问题五个项目组成的创造力测验。南加利福尼亚大学吉尔福特等人设计的测量发散思维能力的测验也属于创造能力测验的一种。

（三）从能力测验的观点看，可分为实际能力和潜在能力

实际能力是指人们经过学习、训练和实践活动锻炼之后，已经达到的实际水平和能力程度。通常用"成就"（achievement）一词代表实际能力。成就测验是用来测定个人或团体经过某种训练或教育之后，在知识或技能方面达到的水平，在功能上是考查"到目前为止已有能力的高低"。

潜在能力是指人们将来有机会学习或接受训练时，可能达到的水平与程度，即指可能发展的能力。通常"性向"（aptitude）一词代表潜在能力。性向测验是用来预测或估计某个人将来接受训练，在知识或技能方面可能达到的水平或程度，在功能上是预测"将来可能达到的能力的高低"。

（四）桑代克（E. Thomdike）的能力分类

桑代克把人的智慧活动能力分为三种："社会的智慧"是了解和处理人与人之间相互交往、相互关系的能力，这种能力对教师与各级领导者、管理者来说是非常重要的；"具体的智慧"是人对事的了解以及对技术和科学的应用能力，这种能力对人们从事各种操作活动、技艺活动、科技应用活动都有很重要的作用；"抽象的智慧"是人们应用文字或数学符号的能力，这种能力有利于科学家的科学研究和科学发现，也有利于艺术家的艺术创作以及人们的发明创造活动。

（五）学业智力与职业成功智力

学业成绩优秀的学生在以后的职业生涯中不一定取得卓越的成就，学业成绩中上等者可能在以后的工作中表现出色，取得优异成就。根据这种现象斯滕伯格（R. J. SternBerg）将智力分为学业智力与职业成功智力。他将学业智力称为"惰性化智力"（inert intelligence），它只能对学生的学业成绩和分数做出部分预测，而与后来的职业成败较少发生联系。学业智力是学习、领会、理解、掌握知识与技能的能力。智力是可以发展的，特别是成功智力，在现实生活与职业生涯中，真正起作用的是可以不断修正和发展的成功智力。职业成功智力包括分析智力（即指解决问题和判定思维成果的质量，强调比较、判断、评价等分析思维能力）、创造性智力（机制发现、发明、创造、想象和假设等创作思维能力）、实践性智力（即指解决实际生活与职业活动中实际问题的能力，包括使用、运用和应用知识的能力）。

三、优秀教师所需要的能力

一个优秀的人民教师，不仅要在思维觉悟、道德品质、情感意志、性格修养等方面做学生的榜样，而且在业务方面也应具有特殊的能力。优秀教师所需要的能力主要包括以下内容：

组织和使用教材的能力。教师应在具有心理学、教育学、教学法的知识，精通专业、全面掌握教材的基础上，具有分析综合、加工处理教材重点难点的能力，善于根据学生特点，化繁为简，深入浅出，用生动直观例证，帮助学生尽快掌握抽象理论的能力。

言语表达的能力。善于清楚地、有说服力地表达自己的思想是优秀教师基本品质之一。教师的语言与言语（包括书面语言，特别是口头言语）应该简单明了，内容充实，生动形象，思路严谨，用词恰当，表达流畅，有较强的吸引力、感染力和逻辑性。

敏锐的观察力和判断能力。借助这两种能力，通过学生的言语、表情、行为活动变化，有才干的教师能正确地了解掌握和判断学生的心理。能根据学生心理活动的水平、状况、特点及个别差异，实施有效的教育来影响学生。

组织教学与组织集体的能力，组织教学与集体的能力是对学生施加影响的有效手段之一。组织教学的能力表现在：制订教学计划、教学大纲；实施教学计划组织教学活动；维护教学秩序和纪律；用启发式方法充分调动学生学习积极性等方面。组织集体的能力包括班主任和团队工作的组织能力，具体说，包括选拔和培训干部组成坚强的领导核心；组织集体活动；形成优良集体作风的能力。

丰富的想象能力与富于独创性的思维能力。这对于总结新经验，探索新途径，因材施教，创造性地进行工作有很大的影响。

教师不仅要具备传授科学知识的能力，还应具备对青少年进行思想政治教育的能力。

优秀教师所需要的能力结构除上述共同因素外，还应包括任课教师必备的专门能力。如文学教师的文艺欣赏和文学的创作能力；美术教师的绘画与欣赏能力；数学教师的数学才能；音乐教师的音乐才能等。

四、能力的测量

能力的测量是一个非常复杂而又有争论的问题。它不像用秤或尺去衡量物理量那样简单。它不仅是因为要设计一种精确有效的测量工具（即能力测量的量表）相当困难；也因为影响能力的因素较多，想用单一的任务和标准来测定复杂的能力，也必然会失败。但是，到目前为止，"能力测量"还是有很快的发展，运用也是相当广泛的。

能力测量在我国不但早有各种科举考试制度，而且早有一些测定的办法和标准。孔子早在两千多年前，就根据自己的观察评定学生的个别差异，在《论语》中把人的智力分做上、中、下三个等级，明确地说："唯上智与下愚不移""中人以上，可以语上也；中人以下，不可以语上也。"孟子（约前372—前289年）说："权然后知轻重，度然后知长短"，认为用数量来权衡心理特征是理所当然的。到汉魏时代，刘劭用左手画方、右手画圆的方法，测量注意的分配；扬雄以言语和书法的速度来判定人的智慧。[①] 此外，还有用

---

① 程俊英. 汉魏时代之心理测量. 载心理杂志选存. 下册. 北京：中华书局，1933. 723~730

猜谜语、解九连环、做诗、对对联等办法来测定智力的。上述方法都比较简单,采用系统而又科学的方法测定智力开始于近代。

1905年,法国心理学家比纳(A. Binet)和医生西蒙(T. Simon)受法国教育部委托,为了便于按能力分班,他们研究缺陷儿童,编制了包括30个项目的智力测验量表,来判别能力的差异。从此,能力的测量引起各国广泛注意。

1913年,美国斯坦福(Stanford)大学推孟(L. M. Terman)教授修订了比纳—西蒙量表,1916年制定了适合美国应用的"斯坦福—比奈智力量表"。后来,1937年,1960年,1972年又三次修订而成为最有名的量表。

1914年,我国广东省首先从事心理测验研究,对500名儿童进行了记忆和比喻理解能力的测验。1918年清华学校应用了推孟修订的"斯坦福—比奈智力量表",1920年廖世承、陈鹤琴在南京高师应用了自编的智力测量方法。1924年陆志韦发表了修订的比奈智力量表,1936年陆志韦和吴天敏对它进行了再次修订。该量表共包括75个问题,具体内容见表10-1。

表 10-1　陆志韦、吴天敏修订比纳—西蒙量表

1. 比较线段的长短(3:1)	39. 填数目字(9:3)
2. 说出自己的姓(3:2)	40. 描画图样(9:4)
3. 数组扣四枚(3:3)	41. 顺背数目(7位)(9:5)
4. 说出自己的年龄(3:4)	42. 心算(9:6)
5. 指出身体各部(3:5)	43. 词句重组(10:1)
6. 顺背数目(4~5位)(3:6)	44. 学说语句(10:2)
7. 辨别几何图形(4:1)	45. 对答问句(10:3)
8. 数组扣13枚(4:2)	46. 有意义的记忆(10:4)
9. 说出4种基本颜色(4:3)	47. 数学巧术(10:5)
10. 说出物名(刀、书、表等)(4:4)	48. 剪纸(10:6)
11. 三种差遣(4:5)	49. 时辰计算(11:1)
12. 摹画方形(4:6)	50. 解决问题(11:2)
13. 问手指数(5:1)	51. 填字(11:3)
14. 分辨上下午(5:2)	52. 数立方体(11:4)
15. 倒数数目二十至一(5:3)	53. 倒背数目(11:5)
16. 三角形拼成长方形(5:4)	54. 比喻(11:6)
17. 说明性别(5:5)	55. 方形分析(12:1)
18. 简单的迷津测验(5:6)	56. 迷津测验(12:2)
19. 解说图画(6:1)	57. 计算匣子(12:3)

续表

20. 学说语句（6：2）	58. 几何图形分析（13：1）
21. 顺背数目（6位）（6：3）	59. 默写（13：2）
22. 有意义的记忆（6：4）	60. 指出谬误（13：3）
23. 方形分析（6：5）	61. 归纳测验（14～15：1）
24. 指出谬误（6：6）	62. 方形分析（14～15：2）
25. 做语句（造句）（7：1）	63. 数立方体（14～15：3）
26. 对比（7：2）	64. 顺背数目（8位）（14～15：4）
27. 指出图中缺点（7：3）	65. 倒背数目（6位以上）（14～15：5）
28. 找寻失物（7：4）	66. 有意义的记忆（14～15：6）
29. 对答问句（7：5）	67. 数学巧术（16～18：1）
30. 解决问题（7：6）	68. 三物相同之点（16～18：2）
31. 有意义的记忆（8：1）	69. 几何形分析（16～18：3）
32. 默写（8：2）	70. 词句重组（16～18：4）
33. 找寻数目（8：3）	71. 心算（16～18：5）
34. 方形分析（8：4）	72. 复杂的填字（16～18：6）
35. 学说语句（8：5）	73. 分别抽象字（16～18：7）
36. 说出日期（8：6）	74. 理解问题（16～18：8）
37. 寻找图样（9：1）	75. 数立方体（16～18：9）
38. 正确答案（9：2）	

此智力量表中，每道题表示两个月的智力年龄，六道题表示一周岁的智龄。通常这些题目都是经过标准化处理而选定的，恰能表示某一个年龄的智力水平，不适合表示某一年龄智力水平的太难或者太容易的题目都没有选入。

持上述量表施测时，要按测验手册进行。环境要自然、安静、光线充足；主试的指导语言要清楚，态度要自然、热情；被试要明确测验要求，逐项填写基本情况，采取积极合作的态度。

测验的结果，通常以智力年龄和智力商数来表示。如果某儿童通过了五岁的 6 道题，还通过了六岁的 2 道题则智龄为五岁四个月，另一儿童六岁题通过 5 道，七岁题通过 3 道，八岁题通过 1 道，则智龄为六岁半。智力年龄虽然标志着一个人智力的绝对水平，但对不同年龄被试，不好比较和判断其聪明程度。为了比较不同年龄儿童智力的高低，推孟在 1916 年采用了施腾首创的智商概念。智商（Intelligence Quotien）简称"Q"，是实足年龄（CA）和智力年龄（MA）的一个比例，为避免小数就再乘以 100，其具体公式如下：

智商（IQ）＝心理年龄（MA）/实际年龄（CA）×100

这里应用智力年龄有许多不科学的地方，因为到成人阶段，智力不再随年龄而增长，到老年还可能衰退。后来韦克斯勒（D. Wechsler）又制定了新的智力量表：韦氏儿童智力量表（SISC）、韦氏成人智力量表（SAIS）、韦氏学前和学龄初期儿童智力量表。韦氏智力量表包括言语和操作两个分量表。言语分量表包括的项目有：词语、常识、理解、回忆、发现相似性和数学推理等；操作分量表包括的项目有：完成图片、排列图片、实物组合、拼凑、译码等。韦氏量表既可测出综合智商，也可分别测出言语智商和操作智商。韦氏智力量表的重要特点是：废弃了智力年龄的概念，保留了智商的概念。但是韦氏量表的智商已不是传统的比率智商，而是离差智商（deviation IQ）。1960年斯坦福大学修订比纳量表时也采用了离差智商。所谓离差智商就是用标准分数来表示的智商。即让每一个被试和他同年龄的人相比，而不像以前比纳量表所用的智商是和上下年龄的人相比。1960年修订的斯坦福—比奈量表的离差智商使每一年龄都有平均分数，$M=100$，标准差 $\sigma=16$；而韦氏成人和儿童智力量表，其均数也定为100，但标准差 $\sigma=15$。其公式如下：

$$IQ=100+15 \cdot (X - \overline{X})/\sigma=100+15 \cdot Z$$

（前 X 为个人原始分数，后 X 为团体平均分数，σ 为标准差，标准分 $Z=(X-\overline{X})/\sigma$）

假定某个年龄组的平均分数（$\overline{X}$）为70分，标准差为10分，甲生测验得80分，他的标准分数即为正1；乙生得60分，他的标准分数即为负1。标准分数为正1者（即 $+1\sigma$），智商是115，说明他的智力比84％的同龄人要高；标准分数为负1者（即 -1σ），智商是85，说明其智力比16％的同龄人高而低于一般人的水平。因此，离差智商就是根据同年龄的被试在总体中的相对位置计算出来的智商，也就是根据标准分数计算出来的智商。

以上两种量表测得的智商是相关的，其相关率可达0.80左右，人们常以这两种量表作为标准来应用。

除智力测验外，还有创造力测验。创造力测验的内容不强调对现成知识的记忆和理解，而是强调思维的变通性、流畅性和异乎寻常的独特性，测验的结果主要反映个人的发散式思维能力。盖茨尔斯和杰克逊（Getzels & Jackson，1962）设计的一套创造力测验包括五个分测验如下：①词汇联想测验——如让被试对"螺钉""口袋"之类十分普通的单词，说出尽可能多、尽可能新颖的定义。以定义的数目、类别、新颖性等进行评分。②物体用途测验——如让被试对"砖"之类的普通物品，说出尽可能多的用途。根据说出用途的种类及独创性进行评分。③隐蔽图形测验——给被试看一张印有各种隐蔽图形的卡片；让被试找出这些图形。根据找图形的复杂性和隐蔽性进行评分。④寓言解释测验——给被试呈现几个短寓言，但却缺少结尾，要求被试对每个寓言都做出三种不同的结尾："有教育意义的""幽默的"和"悲伤的"。根据结尾的数目、恰当性和独创性进行评分。⑤组成问题测验——给被试几节短文，让其用所给的材料尽量组成多种数学问题。根据问题的数目、恰当性、复杂性及独创性进行评分。

还有各种特殊能力测验，如音乐能力测验、绘画能力测验、飞行能力测验、机构能力测验等。梅尔美术判断测验（Meier Art Judgment Test），分析了美术家绘画活动的特点，以比例、平衡、明暗排列顺序、线条排列匀称、构图的统一等为指标，将著名的图画加以改编制成 100 对图画，要求被试从每对画中选择出他感到的满意的图画。由于"正确的图画"反映了上述的艺术特点，并被 25 名美术家公认为较好的画。因此，被试的得分就表明其判断与美术家的判断相一致的程度。西肖尔（Seashore, 1939）分析了学习音乐的能力，区分出构成音乐才能的六种特殊能力：辨别声高、响度、持续性、音色的差别，判断韵律的异同和音调记忆力，从而设计出 6 个分测验。张厚粲等（1988）编制的机械能力测验包括纸笔测验和操作测验。纸笔测验由机械常识、空间知觉、识图理解、工程尺寸计算和注意稳定 5 个分测验组成；操作测验由手指灵巧、拼板组合、间接手部动觉反馈、双臂随意调节、理解性操作、操作知觉、双手协调和复合操作 8 个分测验组成。测验结果表明，一般智力同绘画能力、音乐能力、机械能力、运动能力的相关是低的，但却是正的。这说明上述这些特殊能力相对地不依赖于一般的智力。

标准化的测验量表必须具备如下条件：

（1）有常模作为解释测验结果的统一标准与依据。个人接受测验所得到的分数叫原始分数，原始分数本身没有任何实际意义，只有把它同别人在该测验上得到的分数进行比较，才能判断其优劣高低。为了使原始分数有意义，同时为了使不同的原始分数可以比较，在编制测验时必须建立解释原始分数的参照标准。这个参照标准分数就是常模。常模的建立是一个相当复杂的过程。通常用平均数与标准差作为常模（即对样本施测后所得的分数加以统计整理，得出平均值和标准差，即可作为该总体在该项测验上的常模）。

（2）无论哪种测验都必须具有较高的信度和效度，否则是不能使用的。所谓信度，指的是测量的可靠性，即多次测量结果的一致性；所谓效度指的是测量的有效性，即对所欲测量的特性是否测得和测得有多好。经常用来估计测验信度的有三种：折半信度是估计测验信度（测验内部的一致性）的一种常用方法；再测信度对于估计测量某种相对稳定的特质（如能力）是特别有用的；根据每份试卷的两个评分者所评分数计算其相关系数，即得评分者信度。确定一个测验效度的方法，通常是以一群人在该测验上的得分和另一个效度标准之间求相关，以其相关系数的大小来表示效度。

（3）为了使测验结果可靠和有效，测验的编制、施测、评分以及对分数的解释，必须遵循严格的程序。心理测量是一项十分严肃的工作，切忌乱编滥用，以免产生不良的社会后果。

第三节　能力的个别差异

为贯彻因材施教的原则，了解学生能力的个别差异是十分必要的。

世界上没有个性完全相同的人，能力也如此。列宁曾指出："期待在社会主义社会中人们的力量和能力的平等是不合理的。"优越的社会制度和教育条件，为人的能力的全面发展开辟了无限广阔的道路，但是这不等于说，每个人的能力完全相同。人的能力总是存在着个别差异的，主要表现如下：

一、一般能力的个别差异

一般能力的差异主要指智力的差异。

人的智力方面的个别差异是十分显著的。西方各国心理学家经过大量测验研究，基本上得到一个共同的结论，智力的个别差异在一般人口中都呈常态曲线式的分布，图 10-3 是推孟 1937 年修订"斯坦福—比奈智力量表"时，从参加预测的全体被试中所测得的智商分配曲线。

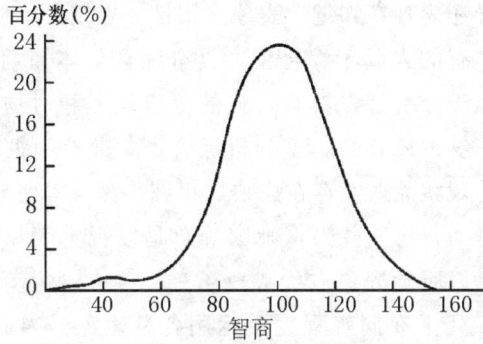

百分数(%)

图 10-3 推孟统计智商分配曲线

表 10-2 还确定了智力各种等级在一般人口中所占的百分比例。

表 10-2 推孟统计智商百分数

智 商	占人口（%）	类 别
140 以上	1.3	天 才
130～139	3.1	异常优秀
120～129	8.2	
110～119	18.1	优 秀
100～109	23.5	中 等
90～99	23	
80～89	14.5	中下（迟钝）
70～79	5.6	近似缺陷
60～69	2	智力缺陷
60 以下	0.7	

表 10-3 是 WAIS 智商的分类表。二者的基本趋势是一致的。

表 10-3 WAIS 智商分类

智 商	占人口（%）	类 别
130 以上	2.2	非常优秀
120～129	6.7	优 秀
110～119	16.1	中上（聪明）
90～109	50.0	中 等
80～89	16.1	中下（迟钝）
70～79	6.7	临界迟钝
60 以下	2.2	智力缺陷

人的智力差异还表现在知觉、表象、记忆、思维的类型和品质方面。

在知觉方面,有的人属于综合型,具有综合整体知觉的特点,分析能力较弱;有的人属于分析型,具有较强的分析能力和对物体细节感知清晰的特点,整体性不够;还有的属于分析综合型,兼有上两类型的特点。此外,在观察能力与观察品质上存在广狭、粗细、深浅等明显差异。

在表象活动方面,有一些人(画家等)是以视觉表象占优势;另一些人(音乐家等)是以听觉表象占优势;还有一些人(运动员等)是以运动表象占优势;有人几乎在同等程度上运用各种表象,因而形成了视觉型、听觉型、运动型和混合型四种表象类型。

在记忆能力方面,有记忆类型差异,也有记忆品质的差异。有人善于视觉记忆,有人长于听觉记忆或动作记忆。有人(艺术家)需要高度发展的形象记忆,而另一些人(数学家)则要求高度发展的抽象数字符号记忆。有人记忆敏捷准确,保持长久,提取运用方便;有人则记忆迟钝,遗忘得快,再认回忆的效率差;还有的人虽记得缓慢,但记得扎实,保持长久。

在想象方面,个别差异首先表现在想象力的强弱程度上。想象力强的人,想象表象鲜明生动,似乎看到听到或触摸到当前并不在面前的对象;想象贫乏的人,则想象表象较模糊。此外,在想象范围的广阔性,想象内容的丰富性,想象形式的独创性及想象活动的敏捷性等方面也存在着个别差异。

思维的个别差异主要表现在思维活动的敏捷性、深刻性、灵活性、独创性等方面。有的人思维敏捷反应速度快,有人则思维迟钝反应慢,有人统计5～18岁的"超常"学生的数学运算速度,他们做题所用时间为正常学生的1/2～1/3。有的人思路灵活。善于采用发散式的方法;有的人思维呆板,只限于用聚合的方法。有的人思路清晰、深刻、逻辑性强;有的人则思路凌乱、模糊、肤浅、缺乏条理性。有的人善于独立思考,有批判性,有创新精神;有的人则依赖性强,易受暗示,过于保守,缺乏变通。另外,思维的个别差异还表现在类型上:有人长于动作思维;有人习惯于形象思维;有人则善于抽象逻辑思维。

以上一般性能力各方面的差异,在同一个人身上总是互相联系着地、统一地表现出来。例如,视觉表象占优势的人则善于视觉记忆;听觉表象占优势者长于听觉记忆;动作记忆好的人则动作表象占优势,其思维往往带有实践性，习惯于动作思维；具体形象记忆强的人，则想象力丰富，思维活动往往带有具体形象的特点。而抽象记忆强的人，思维活动则带抽象逻辑性强的特点。

二、特殊能力的差异

特殊能力是一般能力在专门职业与活动中的特殊表现。它们的独特结合表现出个人的才能特点。

具有文学方面才能的学生，往往表现为具有敏锐而又深刻的观察自然和社会的能力；具有丰富的创造想象能力和高度发展的运用语言表达思想的能力；具有良好的阅读、欣赏和写作能力；他们总是趣味盎然地感受着现实的影响。

具有技术方面才能的学生，在研究、设计和制作机械、教具或有关模型时，能深入考察它们的细节和细节之间的关系，表现出极为细致的技术观察力；具有较合理的操作能力、设计能力、空间构造的创造想象能力和技术思维的能力等。

具有绘画才能的学生，知觉不仅具有完整的特性，而且善于区分最能突出整体轮廓的重要特点；视觉的敏感性（线条感知、比例感知、色调感知等）强；艺术的创造想象力丰富；具有较强的形象记忆力以及手指运动的高度灵活性和准确性等特点。

具有音乐才能的学生，有敏锐的音乐感觉能力（音调、音强、节律、音色、和谐、音量等感觉）；有较强的音乐记忆（听觉表象与动觉表象）与想象能力；有较精细准确的音乐动作（演唱和演奏能力）；还有一定的音乐创作能力。就是音乐爱好者中，以上能力差异也较明显。图10-4是某音乐学院测定两个被试辨别音高、音强，测量时间、和谐、记忆、节律方面的能力，其差异非常明显。

总之，在特殊能力方面，有的学生较多地显露出音乐、美术、舞蹈、雕刻、体育等艺术型的才能；他们善于表演，惟妙惟肖，善于操作，心灵手巧；有的则表露出数学、物理、化学、工程建筑、地理、天文等思维型的天资，他们善于抽象逻辑思维，善于研究、分析、综合；有的则表现出交际、管理、组织、教育等社会活动型的才干，他们组织能力强，处理问题井井有条，善于社交，化难为易。

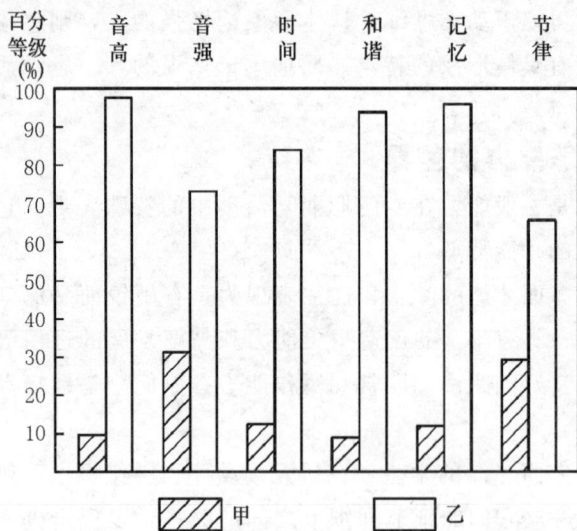

图 10-4　两被试音乐能力测定比较

三、能力表现早晚的差异

各种能力不仅在质或量的方面表现出明显的差异，而且能力表现的早晚也存在着明显的差异。

有的人在儿童时期就显露出非凡的智力和特殊能力，这叫"人才早熟"或能力的早期表现。在古今中外能力"早慧"的事例不胜枚举，在这里仅择其一二为证。

据我国史书记载，初唐四杰之一的王勃六岁善文辞，十岁能赋，少年时写了著名的《滕王阁序》，以"落霞与孤鹜齐飞，秋水共长天一色"的名句流传千古。李白自述："五岁诵六甲，十岁观百家。轩辕以来，颇得闻矣。"宋朝寇准七岁就写了《咏华山诗》，诗云："只有天在上，更无山与齐。举头红日近，回首白云低。"新中国成立后，这样的事例更多了。如旅顺市一小画家董小岩三岁学画，五岁已画了八百多幅很生动的画；工人的儿子黄飞豹五岁已能写一手老练刚劲的魏碑字体。1977 年以来，中国科技大学破格选拔了一批智力超常、成绩优秀的青少年，成立少年大学生班，该班学生谢彦波十岁就学完解析几何和微积分；宁铂两岁半就能背诵毛泽东诗词三十余首，五岁上小学，六七岁攻读医书，九岁学习天文，能识别几十个星座，十一岁开始下围棋，半年后获赣州市少年和成年组围棋第二名，十二三岁已能写出有一定水平的诗词，入大学应考时，二十分钟还写出七律《报考有感》："正叹惆怅身无处，不待今朝闻明昭。倦时倍觉丹卷美，喜后再思天路高。朱日明松笑健伟，银月暗柳乐菲瑶。九天遨游指日待，何见小丑奈何桥。"

在国外，"早慧"的例子也很多。俄罗斯著名诗人普希金八岁时就能用法文写诗；奥地利作曲家莫扎特三岁就发现三度音程，五岁开始作曲，六岁主演演奏会，八岁试作交响乐曲，十一岁就能创作歌剧；德国数学家高斯在四五岁时就能纠正父亲算题错误，九岁就能解决级数求和的问题（从 1 累积加到 100 的和等于首尾之和乘以级数个数的 1/2，即 5050）。美国著名的科学家，"控制论"的创始人之一的维诺，七岁开始阅读但丁和达尔文的著作，九岁破格升入高级中学，十一岁写出论文，十四岁大学毕业，十八岁就获哈佛大学哲学博士学位。

目前国外的智力超常儿童也十分引人注目。西班牙罕见的才子伊万·迪亚斯七岁就写了不少童话和短篇小说，1980 年未满十五岁已经写了近六十篇小说、散文、诗歌、故事和童话，有的还获得过欧洲委员会颁发的优秀作品奖。1978 年年仅十二岁的日本儿童翻译家三轮光范也是一个智力超常的儿童，他一岁零八个月就读书、写字，两岁开始写日记，六岁时智商达到 196，小学一年级随广播电台学习中国语，1977 年 6 月开始翻译《詹天佑传》，同年 9 月就自费出版。

根据哈克齐汉的统计，儿童在三岁左右开始显露音乐能力的情况为最多（见表 10-4）。

所有上述智力"早慧"与超常者都不是天生的，除他们具有良好的素质条件外，主要是从小有一个良好的接受早期教育的环境，以及勤奋学习的主观和客观条件。

表 10-4 不同年龄阶段音乐能力显露的百分比

占百分比 性别 \ 年龄	3岁前	3〜5岁	6〜8岁	9〜11岁	12〜14岁	15〜17岁	18岁以上	合计
男	22.4	27.3	19.5	16.5	10.7	2.4	1.2	100%
女	31.5	21.8	19.1	19.6	6.5	1.0	0.5	100%

人的能力除"早慧"外，还有"大器晚成"的现象，即有的人的才能一直到很晚才表现出来。我国古代早就有"甘罗早，子牙迟"的记载，战国时代秦国的甘罗十二岁就当了上卿，而姜子牙辅佐武王，七十二岁才任

宰相。我国近代著名画家齐白石，四十岁才表现出他的绘画才能。著名生物学家、进化论的创始人达尔文少年时期智力在一般水平之下，直到五十多岁才开始有研究成果，写出名著《物种起源》一书。耶·伊·古谢娃出生在西伯利亚省的荒村里，四十岁才学文化，后来跟儿子一起毕业于农业大学，很快获得科学副博士学位，七十三岁时完成了博士论文答辩。

为什么会出现智力的"早晚"差异呢？这方面的原因很多，有的是因为专攻学科的复杂性，不能一蹴而就，需要经过长期努力奋斗；有的是因为社会制度和环境条件的限制，没有培养和发展能力的可能性；也有的是早期不努力，后来加倍勤奋的结果；还有的是从小虽智能平庸，但由于主观努力，经过长期艰苦奋斗，花费了更大量的心血和精力，终于取得了后来的成就。唐代诗人陈子昂，到十七八岁还贪玩不学，后来进了"乡学"才猛然悔悟，痛下苦功，果然成了文坛领袖，为唐代诗歌发展做出重大贡献。

四、能力的团体差异

其一表现为能力的性别差异。大量研究表明：男女性之间在总的智商方面没有显著差异。20世纪90年代以来一些研究发现：男女在智商上存在一定的差异，主要表现在空间能力、数学能力、言语能力等方面。一般来说，男性在空间能力上具有一定优势，尤其成年男性更优于女性；女性在初中之前数学能力优于男性，但青春期以后，男性数学能力占优势；女性在言语能力上具有较大的优势。

其二表现为能力的职业差异。对不同职业团体进行大量研究发现：从事脑力劳动的人群比从事体力劳动的人群具有更高的IQ，如技术人员、财会人员等均具有较高的IQ。

其三表现为能力的种族差异。这方面有过争论：持种族主义观点者认为白人、黑人智商（IQ）有明显差异，并把此作为种族优劣的依据。反对种族主义观点者和相当一部分学者认为，白人与黑人的智商（IQ）没有显著的差异，即使存在差异，也是智力测验本身的文化不公平性造成的，不能作为种族优劣的依据。应该克服这种文化不公平性的干扰。

第四节　能力的发展、形成和培养

一、能力发展的一般趋势与特点

在个人一生的发展过程中，智力水平随个体年龄的增长而变化。美国心理学家贝利（Baylay）用贝利婴儿量表、斯坦福—比奈量表和韦克斯勒成人智力量表等，对同一群被试从其出生开始做了长达 36 年的追踪测量，把测得的分数转化为可以互相比较的"心理能力分数"。发现智力在 11～12 岁以前是直线发展的，其后发展较缓慢，到 20 岁前后达到了顶峰，大致到 26 岁前后即保持水平状态直至 36 岁，而不再增长。其他的研究也表明，人类的智力在 35 岁左右发展到顶峰，以后缓慢衰退，到 60 岁以后衰退速度极快。这是一般人智力发展的趋势，但是个别差异也是非常显著的。智力优异者不仅发展速度快，而且延续发展的时间也长；而智力落后者不仅发展缓慢，并且有提前停止发展的倾向。

智力不仅整体发展，而且智力的各成分发展速度也是不同的。12 岁时知觉速度已发展到成人水平的 80%；而推理能力、词的理解力和词语运用能力等则要到 14 岁、18 岁和 20 岁以后才分别达到同一水平。

创造力的表现与智力不同。创造力的发展与表现主要在 30～40 岁这段年龄。有人统计了 1901～1965 年间诺贝尔物理学奖和化学奖获得者的年龄，物理学奖获得集中在 45～49 岁，化学奖获得集中在 50～54 岁，大部分人在 40～50 岁得奖。佩尔兹和安德鲁斯的研究认为，科学家创造力的发挥有两个高峰期：第一个高峰期在 30～40 岁，第二个高峰期出现在 55 岁左右。因此，成人中期（35～50 岁）是从事科学创造最旺盛的时期。

一般来说能力发展可分为增长期、稳定期和衰退期三个阶段。儿童期、少年期（三四岁到十二十三岁）智力的发展与年龄的增长几乎是同步等速的过程，是能力发展最重要的阶段。

18～25 岁能达到智力发展的顶峰状态，也有的认为 40 岁左右达到顶峰。25 岁、26 岁至 40 岁是最有创造性与多出成果的时期。

成人是人生最漫长的时期，也是能力发展相对稳定的保持时期，可持续到 60 岁左右。进入老年阶段（60 岁以后）智力发展表现出迅速下降趋势。即使进入衰退期，人的晶体智力仍保持很高的水平。

二、能力形成的条件

人的能力的一般与特殊、"早熟"与"晚成"、"超常"与"低常"等方面的巨大差异，是在遗传素质的基础上，通过环境与教育的作用，在学习与实践活动中逐渐形成的。大量研究证实，影响能力个别差异的主要条件和因素有以下几点：

（一）遗传因素及营养状况

许多研究者对不同遗传关系人的 IQ 进行相关研究，结果表明：遗传关系愈相近，测得的智力愈相近，父母的 IQ 和亲生子女的 IQ 相关为 0.50，养父母和养子女 IQ 的相关为 0.25；同卵双生子是由同一受精卵发育而来，遗传的关系很密切，IQ 之间的相关很高，为 0.90，异卵双生子是由两个受精卵发育而来，其遗传的相似性类似于同胞兄弟姐妹，他们在 IQ 之间的相关为 0.55；分开抚养的同卵双生子，其 IQ 的相关为 0.75，比在一起抚养的异卵双生子的相关还高。这些研究一方面说明遗传对智力的重要影响，但同时也说明环境对智力的重要作用。

胎儿及婴幼儿的营养状况能影响智力的发展。这一假说近年来已被许多研究证实。

细胞学的研究，通过对营养不良而死亡以及其他原因死亡的婴儿作比较研究，发现营养不良死婴的脑内 DNA（脱氧核糖核酸）含量比营养良好的婴儿要少得多；另外研究也发现，营养贫乏的妈妈的胎盘上的 DNA 含量也远远低于一般人的平均值。而发育期间 DNA 增加的速度，往往直接关系到细胞数目的增加。

伦敦教育研究所蒂泽尔曾指出：“营养不良儿童的智力测验成绩都差。”墨西哥的格拉维奥特认为，低营养最初的症状是心理障碍，这些儿童入学后，表现出失去好奇心和探索心理。

儿童在胚胎期和出生后，身体和脑都处在迅速发育的时期。脑的机能活动则依靠由血液输送的养料来维持，母亲的乳汁和蛋白质含量高的食物能提高神经细胞的化学成分，从而保证脑细胞的化学成分的满足，及其机能活动的需要，这些都将影响儿童智力的发展。

下列事实也都说明遗传和营养不良对儿童智力发展的影响。如先天愚型、脑类脂沉积症、苯丙酮尿症、半乳糖血症、头颅畸形等遗传性疾病；孕妇妊娠期间病毒感染、药物过敏、酒精中毒、其他疾病及吸烟和营养不良等影响胎儿发育；新生儿的脑创伤、中枢神经系统的感染及营养不良都会不同程度影响智力的发展。所以注意孕妇的健康、胎儿与婴幼儿的营养是十分重要的。例如较典型的智力落后疾病如唐氏综合征、苯丙酮尿症等。唐氏综合征患者脑袋小而圆，面宽扁，眼睛狭斜，鼻梁塌扁，舌尖厚且突出在外，身材矮小，五指短小，智力大多低下。唐氏综合征患者通常为年龄大的母亲所生。20 多岁的母亲生出的婴儿患此病的概率为 1/2 000，40 岁以上的母亲生出的婴儿患此病的概率高达 1/50。唐氏综合征不是遗传病，而是母体内的卵子长期暴露在体内环境中受到损害，出现额外的染色体（47 个染色体）之故。

（二）早期经验

　　人的智力发展的速度是不均衡的，在早期阶段所获得的经验，促使能力发展得最快，不少人把学龄前称为智力发展的一个关键时期。美国布鲁姆（B. S. Bloom）在总结前人及自己研究成果的基础上，在 1964 年出版的《人类特性的稳定与变化》一书中，他提出了一个重要假设，把五岁前视为智力发展最迅速时期。如果把十七岁的智力水平视为 100％，那么从出生到四岁就获得 50％ 的智力，其余 30％ 是四岁至七岁获得的，另外 20％ 是八岁至十七岁获得的。苏联的教育家马卡连柯也指出过：“教育的基础主要是在五岁以前奠定的，它占整个教育过程的 90％。在这以后，教育还要继续进行，人进一步成长、开花、结果，而您精心培植的花朵在五岁以前就已绽蕾。”中国学者查子秀等对 20 多名超常儿童的调查情况也表明，他们几乎都享有优越的早期教育条件。理想的早期教育是超常儿童成长的主要条件。

　　另外，许多人的研究也证实，婴幼儿的早期经验，对儿童心理的发展有很大的影响。一般来说，生动的和社会性的刺激有益于儿童感觉能力的发展；与成人交往机会频繁则有利于儿童言语的发展，相反交往机会太少则言语发展就缓慢；如果完全隔离失去交往机会则心理发展会受到严重障碍，“狼孩”及被遗弃的“野童”就是典型事例；某些智力“低常”儿童（动作、感觉、记忆、思维能力较差的“愚钝”型）早期发现，早期治疗效果要好。例如患苯丙酮尿症的智力落后者是由于苯丙酮尿新陈代谢失常而引起，其特征是头发和皮肤缺乏色素而呈白色，大多数属重度智能不足者。如果早期发现，喂以低苯丙氨酸食物可防止其恶化。两岁前用低苯丙氨酸食物可治苯丙酮尿症，及早进行辅助性教育，可使某些心理障碍明显减轻。

　　儿童心理学的研究表明，婴幼儿对周围世界是积极的探索者，有相当惊人的反应和学习能力。出生两三天的婴儿能在 30 分钟内学会对声音辨别的条件反射。有的学者对 4 000 名幼儿进行 20 分钟的识字、阅读教学研究，结果证实大量正常的普通幼儿都能成功地学习识字和阅读，而且对视力和其他身心方面没有不良影响。苏联早在 1961 年起，就在几百所幼儿园里实验从五岁（甚至四岁）起就学习一门外语，结果也表明：这些儿童在一年内大约掌握了 150～200 个单词和 100 个典型句子。

　　早期教育和神经系统的成熟与发展关系密切。儿童出生后神经细胞急剧地在适应环境过程中生出分支（树状突起）；140 亿～160 亿个神经细胞的 70％～80％ 在三岁前形成；五岁前大脑神经细胞绝大部分已形成，大脑的语言、音感和记忆细胞及各种主要机能特征已趋完善。因此，儿童的智力有很大潜力，有接受早期教育的可能。而且，学习并不需要完全成熟的神经系统和大脑，相反，神经系统和大脑正是在活动和学习过程中逐步发展和成熟起来的。

（三）教育与教学

能力不是天生的，不是自然恩赐的。它是社会实践培育的结果，教育和教学对能力的发展起着主导作用。

"小时了了，大未必佳"，宋朝的方仲永就是一例。王安石所著《伤仲永》短文记载，方仲永幼时聪明，五岁就会赋诗，人们都赞扬他，给他父亲送钱财，他父亲常带他会宾客，由于他没有受到良好的教育，没有抓紧学习，到十二三岁写的诗就不突出了，到二十岁左右完全变成一个平庸的人了。而小时不太突出的爱迪生的事例则与此相反，刚上小学时，傻淘傻闹，功课不好，考试总是全班倒数第一。有一次老师说"一加一等于二"时，他拿出一支麦芽糖，掰成两截又呵热气粘成一根说："这不是一加一等于一吗？"为此，启蒙老师恩格尔粗暴地训斥他是一个"愚钝糊涂"而又"捣蛋"的"低能儿"，并把他赶出了学校。以后他的母亲南希承担起教他识字念书的任务，从他的恶作剧中，培养起他对科学的兴趣，终于使他成长为世界上最伟大的发明家，他一生正式登记的发明共达 1 328 项。现实生活中"优胜劣汰"的实例虽很多，但上述"劣胜优汰"的实例也不少，可见，良好的教育（学校与家庭教育），再加上个人努力，对一个人的能力的形成与发展是多么重要啊！

教育和教学不但使儿童获得前人的知识和经验，而且通过"传道""授业""解惑"，唤起儿童心理能力的发展。例如，教师在运用分析和概括的方法去讲授课程内容时，学生不仅获得有关的知识，也学习和掌握了把这种方法作为思维的手段，如果把这种外部的教学方法和学习方法逐渐转化为内部概括的思维操作，则这方面的能力便形成起来了。又如，拼音教学法和偏旁归类教学法，为汉字教学提供了很大的方便，同时也培养和训练了儿童归纳分类的思维能力。

教学方法是过河的桥梁，良好的教学方法可以把平常儿童甚至"低常"儿童塑造成才。例如北京通州某中学模范班主任用"动之以情，晓之以理"的方法，使一个比较后进的学生，成为有特殊数学才能的学生。苏联心理学家 A. H. 列昂节夫采用特殊的方法训练，使那些缺乏音乐才能的儿童，提高了音乐听觉的能力。

（四）社会实践

人的智力是按照人如何学会改造自然界而发展的。社会实践不仅是学习知识的重要途径，也是智力发展的重要基础。爱迪生的启蒙教师是自己的母亲，但实验是他创造发明的基础，是他才智形成的重要条件。他从小喜欢实验，曾惹过不少麻烦：十二岁在火车上当报童，因实验引起火灾被车长打聋了右耳，几乎弄瞎了眼睛，但他仍没有后退半步，而继续顽强地实验，所以才有那么多的创造发明。高尔基的聪明才智也是在社会实践中形成的，他很自豪地把社会实践命名为"我的大学"。

劳动实践对各种特殊能力的发展也起着重要的作用。我国古代思想家王充早就指出"施用累能"，即指能力是在使用中积累的。他说：齐的都城世代刺绣，那里的平常女子都能刺绣；襄地传统织锦，即使不聪明的女子也变成了巧妇。还提出"科用累能"，即指从事不同职业活动就能够积累不同的能力。他说：谈论种田，农夫的能力高于一般人；谈论做买卖，商人的能力强于一般人。可见，不同的职业，制约着特殊能力的发展。以感知能力的发展为例，炼钢工人辨别火焰颜色的能力要比一般人高得多；对微小音高差别的分辨能力，弦乐师要比钢琴家高得多；画家对亮度比值评定准确性比一般人高 45 倍；品尝剂师用味觉、嗅觉分辨制品品种和质量等级的能力是一般人无法相比的。

无产阶级革命家卓越的组织和领导才能，以及一大批行政领导者和职业经理人的管理才能，都是在长期革命斗争以及社会实践和职业实践活动中逐渐形成起来的。郭沫若曾高度赞扬周恩来同志的这种才能说："我对于周公向来是心悦诚服的。他思考事物的周密有如水银泻地，处理问题的敏捷有如电火行空。""经他这一部署和指引，使纷乱如麻的局面立地生出了条理来，使混沌一团的大家的脑筋也立地生出了澄清的感觉。"这一切都说明实践是影响能力形成和发展的决定因素之一。

（五）天才与勤奋

环境和教育的决定作用，不是机械和被动影响能力发展的，没有主观努力和个人的勤奋，要想取得事业的成就和能力的发展是根本不可能的。

歌德曾说过："天才就是勤奋"；蒲丰又说："天才就是毅力"；日本人木村久一则认为"天才就是入迷"。这三种意见结合起来，是接近正确的。它反映了杰出人物坚持不懈，勤奋努力，刚毅顽强，百折不挠，战胜困难，争取胜利，造就伟大天才的真理。马克思就是这样造就的天才，他为写《资本论》曾不顾疾病，克服重重困难，极其劳苦地奋斗 40 年之久，仔细钻研和作过摘要的书籍达 1 500 多种，为写该书前两章，他曾从各种书籍作摘录 200 处以上，为了写英国劳动法 20 多页的文章，他查阅了英国博物馆整个图书馆里凡载有英国调查委员会和工厂视察员的蓝皮书，并从头到尾都读过了。达尔文写《物种起源》用了 15 年；司马光编《资治通鉴》用了 19 年；李时珍的《本草纲目》成书用了 27 年；歌德写就《浮士德》前后用了 60 年的时间。瑞典化学家诺贝尔出生入死，不怕牺牲，以顽强的意志研究成功多种炸药，被誉为"不怕炸死的人"，这说明科学需要人的勇敢和献身的精神。天体运动三定律的首创者德国天文学家刻卜勒，出生不足月，体质虚弱，三岁母亲出走，四岁时因天花险些丧命，视力永久损坏。以后家贫如洗，他忍饥寒，边做工，边求学，度过了学生时代。以后又经过 25 年的艰苦奋斗，历尽挫折和失败，终于提出了著名的天体运动三定律，而成为天文学史上一颗永不熄灭的明星。毅力、恒心、求实和严谨是我国卓越科学家竺可桢教授成功的"秘诀"。他锲而不舍，持之以恒，乐于做平凡细小的工作。他的 40 多本笔记每天都记着天气、风力、气温、物候；在京的 22 年，每年都记北海公园的物候现象，直到临终前一天（1974 年 2 月 6 日）仍不止息。真是献身科学，死而后已。可见"宝剑锋从磨砺出，梅花香自苦寒来"，"只有懒汉是没有天才的"。

三、能力的培养

教师和家长采用什么样的途径和方法培养学生的能力呢？应注意以下几点：

（一）重视早期教育，适时进行早期教育

有人担心"早熟早衰"，因而轻视早期教育。美国心理学家推孟用斯坦福—比奈量表进行测验，为早期发现和培养人才的主张提供了依据。早在 1912 年前后他挑选了 1 500 名从幼儿园到中学平均智商为 150 左右的儿童，进行了长期追踪研究。1939～1940 年，1951～1952 年两次测验，1 000 余人的成绩都超过一般人水平。1950 年时，800 个男子个案平均年龄 40 岁，其中有 78 人获博士学位，48 人获医学学位；85 人获法学学位；74 人在大学任教；51 人进行基础理论研究；104 人任工程师。科学家中有 47 人编入 1949 年年鉴。所有以上数字和从总人口中任意选取 800 个相应年龄的人相比较，几乎大 10～20 倍或 30 倍。他对 800 名男性被试中成就最大的 20% 与成就最小的 20% 的人，作了比较研究。发现在这两组人中，最明显的差异是个性特点不同。成就最大者在谨慎、自信、不屈不挠、进取心、坚持性、不自卑等个性品质上，明显地优于成就最小者。其次是家庭背景不同，

前者 50％的家长大学毕业，家中有许多书籍，家长重视早期教育；后者只有 15％的家长大学毕业。可见，超常儿童能否在事业上做出成就，在很大程度上取决于社会生活条件和他的个性特点。因此，我们在超常儿童的教育方面，既要重视培养他们的能力，更要重视德智体全面发展的教育。

至于"早熟必损寿"的说法也是没有根据的。推孟在 1921～1927 年期间，用斯坦福—比奈量表对从幼儿园到 8 年级的儿童进行了测查，发现 1 528 名天才儿童（他们的平均智商 150），并对他们进行长达 30 年的追踪研究。结果表明，在他们的被试中，死亡，不健康，精神错乱，酒精中毒等情况，都低于相应年龄的成人，绝大多数人社会适应良好。大脑神经细胞的发育是根据"用进废退"原理活动的，它有巨大的潜在能力，与脑力的用量过度和枯竭程度相差甚远。在用脑过度的名人中，高寿者不乏其人，英国著名的物理学家汤姆逊活了 84 岁，德国著名诗人歌德活了 83 岁，我国古代诗人白居易活了 74 岁，这些都是早期"超常"和接受早期教育的典型例子。在革命导师中间，马克思活了 65 岁，恩格斯活了 75 岁，列宁活了 54 岁，斯大林活了 74 岁，毛主席活了 83 岁……他们可谓用脑过度的典范。有人曾对 16 世纪以来欧美的 400 位名人分析研究，平均寿命为 66.7 岁，最短 58 岁，最高 89 岁。

但是，也有人否认儿童的年龄特征和早期能力的人体差异，向幼儿提出了过高的要求或采用了不适当的方法，结果反而挫伤了儿童的积极性，不利于能力的发展。目前，许多家长和托儿所、幼儿园都普遍重视早期教育，在学龄前期进行拼音、汉字、外语、计数等教学，以及音乐、绘画、体育等特殊能力与才能的培养。这是可喜的尝试。但是，我们一定要按教育与心理规律办事，要继续重视和总结这方面的经验，为尽早发现和多出人才作出贡献。早期教育应重视对儿童进行观察力、注意力和兴趣品质的培养，重视言语能力和行为能力的培养。

(二) 通过教学活动培养学生的能力

学习领会知识，掌握技能对能力的形成与发展起着重大的作用。

当代人类的知识经验的积累几年就翻一番的情况，迫切需要青年一代尽快学习和掌握前人的知识经验及最新的科学成果。这就要求教师采用特殊教学方法与手段，既向学生传授知识，训练各种技能，又要传授学习知识和训练技能的方法，培养学生的自学能力，促进学生各种能力尤其创造能力的发展。

认知派心理学家杰罗姆·布鲁纳等提倡的"发现学习"是一种重要的

新的带有"探究型"与"研究型"特性的教学法，其特点是个人依靠自己的观察、经验、探索和思维进行学习，教师的指导或干预则达到最小限度。这种方法的优点在于：可以帮助学生学会如何学习，掌握自我学习的方法；可以帮助培养学生的好奇心，激发学生的求知欲；发展学生的观察能力和推理能力；提高学生的独立性和减少对教师或教科书的依赖性。发现学习的教学没有固定公式或步骤可循，它意味着教师提供方便和鼓励、要求和机会，让学生自己去发现或去思维，造成一种有助于独立思考的自由和赞助的气氛。

人的思维活动有聚合式与发散式两种基本类型，有的称之为求同思维或求异思维。前一种形式是求得一个正确的答案，后者则要找出两个或两个以上可能的答案、结论，解决方案或假说。这两种活动形式都是人类必需的，前者有利于知识经验的巩固与强化，后者有利于创造。而促进能力的教学，既要发展求同思维，也要鼓励求异思维；既要传授知识，又要使学生学会自己去学习和运用知识；既不要轻视程序式的传统教学法，又要提倡"发现式教学"。教师应根据不同的目的、灵活运用教育手段与方法，以促进学生能力的发展，培养学生多种能力与才能。

（三）在科技与课外活动中培养兴趣促进能力发展

好动是青少年的特点，引导青少年在活动中培养广泛兴趣，发展能力，开阔知识眼界是十分重要的。

有益的活动可以调剂人的精神，增强体质，陶冶情操。青少年正是长身体、长知识、心理飞跃发展的时期，过于沉重的负担，精神长期紧张，刺激太单调，内容太枯燥，容易引起疲劳，降低学习兴趣，影响身心健康，适时地组织有益于身心健康的活动是非常必要的。

有益的活动可以促进学生兴趣的养成和观察、想象、思维能力的发展。根据学生的年龄特点，组织学生开展游戏、棋类、谜语、球类、航模、科技、桥牌、文艺（包括文学、戏曲、诗歌、舞蹈、音乐）等多种形式的活动，可以使学生趣味盎然，增进知识；培养勇敢、团结、互助的品质；锻炼学生的观察仔细、想象丰富、思路敏捷、判断正确、反应灵活的良好心理品质。

有益的文艺、体育、科技活动可以培养许多专门人才。长期积累的实践经验表明：在中小学课外活动的基础上，选拔人才参加市区业余体校、少年宫、科技站活动，是培养未来体坛健儿、文艺新秀、科技新星的一条重要途径。

总之，我们一定要创造良好的教育和活动条件，促使学生各方面能力得到发展，使他们茁壮成长。

（四）注意能力的个别差异，实行因材施教

首先，应对超常儿童予以特殊形式的教育，以满足他们的学习和能力发展的需要。对能力超常儿童的教育已引起世界各国的重视。德国曾经为具有异常才能的学生开办了专门学校，美国也曾经实行一项专门发掘有数学天才学生的计划，让超常儿童在少年期就到大学和研究院攻读；我国科技大学及其他大学也曾开设过少年大学生班等。目前，国内外对能力超常的儿童采取了能力分组（根据学生智龄设专门班或专修小组）、加速教育（允许年龄小的孩子提前上幼儿园、小学、中学、大学，允许跳级）、加深学习（为高材生增加学习内容）、专门开设实验班等多种培养办法。在超常儿童的教育中，根据初步探讨，应注意以下几点：①要求合理。要求太低不利于能力的发展，太高易挫伤学习的积极性；②全面教育。在注意智育的同时，特别要注意德育、体育和美育。不要滋长学生自高自大和追求名利的思想，不要对他们过分宣扬以避免产生特殊感和背上"超常"的包袱，应使学生心无杂念，全力以赴朝既定目标前进；③全面发展。要在发展一般能力的基础上去发展他们的特殊能力，不能因发展特殊能力而忽视一般能力的培养。

其次，对于常态范围的学生，也要针对他们的特点，进行有的放矢地教育。

对于常态范围内学习有困难的学生，应重点辅导，个别帮助。要帮助他们消除自卑心理，增强学习信心，端正学习态度；要帮助学生补习所欠缺的知识；要帮助学生了解和掌握知识的难点和重点，逐渐培养起对学习的兴趣；要帮助学生培养起自学的能力。

对常态范围的优等生的个别教育应注意以下各点：帮助学生端正学习态度，踏踏实实，切戒骄满；要提更高的要求，吃一点"偏饭"，以满足他们学习与能力发展的需要；要帮助学生及时发现自己在德、智、体各种能力方面的优点和缺点，扬长补短，全面发展，不断前进。

对中等生也应重视。中等生是不稳固的，可能向两极分化。在能力上有很大差异，有的能力还可以，但不努力，爱耍小聪明；有的能力差点，但学习努力，能保持一般成绩。我们应帮助他们克服弱点，向优等生转化。

此外，对那些生理或智力有缺陷的学生，我们应耐心、热情，不要歧视、厌弃，要坚持长期不懈地教育和训练，应予以特殊的照顾和教育，以

促进学生能力的发展。智能不足儿童由于其心理缺陷，无法与正常儿童随班上课，因此有设置特殊教育机构之必要。在这方面应注意要用可靠的智力测验工具确定其是否是真正的智能不足以及低能的程度，编出各种适合于他们的教材，用形象具体的方法进行教学，教师对他们应抱有同情和理解的态度，耐心地给予指导、多鼓励少批评，训练他们掌握几种简单而实用的技能，使他们成为自食其力的人或生活能自理的人。

四、坚持教育创新、深化教育改革、大力推进素质教育

推进教育创新，深化教育改革是我们时代的一个重要课题。基础教育新课程改革有利于全面推进素质教育的发展，"造就数以亿计的高素质的劳动者、数以千万计的专门人才和一大批拔尖创新人才。"落实新课程改革方案，做到课程内容与组织形式多元化，设置学科课程、研究性课程和综合活动课程；课程主体多元化，设置国家课程、地方课程、校本课程；强化启发式、指导性、探究性教学与学生的自主性、合作性、探索与研究型学习；实现课程目标多元化，使学生在知识掌握、分析能力、实践能力、课程兴趣、合作能力、表达能力等方面综合地、全面地得到发展。

改变制约素质教育的瓶颈，落实中小学评价与考试制度的创新改革。建立有利于促进学生、教师和学校健康发展的评价体系。

逐渐在高中阶段试行走班制、学分制、弹性选课制，修满学分可提前参加高考，从而使制度灵活，观念更新，管理民主科学，学生选课自主，能力发展健康自主，既强化通才价值观，也强调偏才的价值，对教师的发展也提出了更高的要求。

第十一章　气　质

第一节 气质概述

气质（temperament）一词源于希腊语（temperamentam），意指混合，按适当比例把原料因素配合在一起，后来气质被用来描述人们情绪与行为的兴奋、忧喜等心理特点。

一、什么是气质

气质这一概念与我们平常说的"禀性、性情和脾气"相近似。在日常生活中，我们可以看到，有的人总是活泼好动，反应灵活；有的人总是安静稳重、反应缓慢；有的人不论做什么事总显得十分急躁，有的人情绪总是那么细腻深刻。人与人之间在这些心理特性等方面的差异，就是气质特征的差异。

气质是不以人的活动目的和内容为转移的，受高级神经活动类型制约的，典型的、稳定的动力性方面的个性心理特征。气质的这一定义包含有如下几方面的内容与特点。

（一）气质是表现在心理活动的速度、强度、灵活性方面的动力特征

所谓心理活动的动力特征，是指心理过程的强度（例如，情绪体验的强度、意志努力的程度）、心理过程的速度和稳定性、灵活性（例如，知觉的速度、思维的灵活程度、注意力集中时间的长短）以及心理活动指向性特点（有的人倾向于外部事物，从外界获得新印象；有的人倾向于内心世界，经常体验自己的情绪，分析自己的思想和印象）等方面在行为上的表现。气质不仅表现在情绪活动中（例如冯特就是持这种观点），而且也表现在包括智力活动等各种心理活动中。具有某种气质类型的人，常常在内容很不相同的活动中都显示出同样性质的动力特点。具有不同气质类型的人，常常在内容很相同的活动中都显示出不同性质的动力特点。有的人性情急躁，易动肝火，遇事不假思考而大发脾气；有的人处理事情冷静沉着，不轻易发脾气；有的人动作伶俐，言语迅速而有力量，易适应变化了的环境；有的人行动缓慢，言语乏力。这些心理活动的动力特征，给个体的心理活动涂上一层色彩，体现人的气质特点。

当然，心理活动动力性特征的表现并不都属于气质特征。任何人无论有什么样的气质特征，当他遇到能使他产生愉快的事情时，总会精神振奋，

情绪高涨，干劲倍增；反之，遇到不幸的事则会精神不振，情绪低落。这种与活动内容、目的和动机相关联的心理活动的动力性表现则不属于气质特征。因为气质更多地受个体生物组织制约。

（二）气质的天赋性

气质在个体刚刚出生就有所表现，具有明显的天赋性。新生儿，有的喜吵闹，好动，不认生；有的比较平稳，安静，害怕生人。这些差异是受从胎儿发展起来的个体生物组织（即高级神经活动类型）制约的。这种先天的生理机制构成了个体气质的最初基础，在儿童后来的游戏、作业和交往活动中表现出来。同时，由于成熟和环境的影响，在个体生长发育过程中气质也会发生改变。盖赛尔（A. L. Gesell）观察新生儿在运动中的敏捷性、反应性以及是否容易产生微笑等表现时发现，不同儿童有个体差异。

在研究中也发现，气质特性和遗传也有关系。同卵双生儿要比异卵双生儿在气质特点上有更多的相似。即或把同卵双生儿和异卵双生儿分别放在两种不同的生活环境和教育条件下培养，他们还仍然保持原来的气质特点，变化不大。

（三）气质的个性心理特征稳定性和可塑性

气质是个性心理结构的一种特性，由于气质依赖于生物组织而存在，它虽然在生活进程中能发生某些变化，但和其他个性心理特征——如活动动机和兴趣等个性倾向性相比，它的变化是缓慢的，俗语所说"禀性难移"，即指气质具有稳定、不易改变的特点。

气质虽受个体生物组织制约，具有稳定性，但它又不是固定不变的。在生活过程和教育以及在实践活动中形成的各种个性特征，对气质的变化能给以影响。即后天获得的暂时联系系统，可以掩盖神经系统的特性，并可以在长期影响下使其得到发展和改造。从这种意义上说，人的气质也是在社会生活与教育条件影响下得到发展和改造的。

从一个实验观察实例可以说明气质被掩蔽和改造的事实。一个中学的女学生，在学校里表现的是胆怯、孤僻、羞涩、烦恼和爱哭，从神经系统类型看，属于弱型，在气质上是抑郁质类型。经过实验者与学校工作的配合，对她进行专门工作，引导她积极参加集体活动，委托她担负一些重要任务，选举她做团的工作。经过较长期的教育和锻炼，这个女孩子消失了胆怯、怕羞、孤僻等特征，显现出主动性、独立性和不怕困难的特点。

气质既然是可以变化的，就要求教育工作者有效地掌握学生的气质特点，以便促进他们良好的个性特征。

二、气质类型

依据气质的心理与行为特性在人身上的表现所划分的类型叫气质类型。它是在某一类人身上共有的或相似的特征的有规律的结合，也是心理特性的神经系统基本特征的典型结合。

气质是古老的概念。早在古希腊医学家恩培多克勒（Empedocles，约公元前 483—前 423）的"四根说"中就已经具有了气质和神经类型学说的萌芽。恩培多克勒认为，人的身体是由四根（土、水、火、空气）构成：固体的部分是土根，液体的部分是水根，维持生命的呼吸是空气根，血液主要是火根；思维是血液的作用。火根离开了身体，血液变冷些，人就入眠。火根全部离开身体，血液就全变冷，人就死亡。他还认为，人的心理特性依赖身体的特殊构造；各人心理上的不同是由于身体上四根配合比例的不同。他认为，演说家是舌头的四根配合最好的人，艺术家是手的四根配合最好的人。这可以说是后来的气质概念的萌芽。

古代希腊的学者兼医生希波克拉底（Hippocrates，公元前 460—前 377）提出了关于气质的概念。罗马医生、解剖学家加伦把气质分为十三类。后来被古代医学界逐渐简化为四类，即多血质、胆汁质、黏液质和抑郁质。这四种类型的各自特征如下：

多血质的人具有反应迅速，情绪发生快而多变，动作敏捷，有朝气，活泼好动，喜欢与人交往，注意容易转移，兴趣易变化等特征。

胆汁质的人具有精力旺盛、坦率、刚直、情绪易于冲动的特征。他们的心理过程和活动都笼罩着迅速而突发的色彩。

黏液质的人具有稳重、安静、踏实、反应迟缓、情绪不易外露、注意稳定但不易转移、忍耐力强等特征。

抑郁质的人具有情感体验深刻、善于察觉细节、外表温柔、怯懦、孤独、行动缓慢，但对事物的反应有较高的敏感性等特征。

上述这四种气质类型及其表现特点曾被许多学者所承认，并一直沿用到现在。德国心理学家冯特根据情绪情感反应的强弱与变化快慢也曾经将气质分为：感情反应强而变化快的胆汁质；感情反应弱而变化快的多血质；感情反应强而变化慢的抑郁质；感情反应弱而变化慢的黏液质。

目前，根据已有的研究，构成不同气质类型的心理特性有如下几种：①感受性，即对刺激的感觉能力，是神经系统强度特性的表现；②耐受性，是对刺激在时间与强度方面的耐受程度，也是神经系统强度特性的表现；③反映的敏捷性，即心理活动的速度与灵活性（含思维、记忆、注意、动作等的灵活性）；④不随意的反应性，也是神经过程灵活的表现；⑤可塑性与刻板性；⑥情绪兴奋性，是情绪的强度、平衡、外露与抑制性的表现；⑦外倾性与内倾性。由上述心理特性构成的气质的心理特征类型如下：

气质类型	感受性	耐受性	反映敏捷性	不随意反应性	可塑性	情绪兴奋性	外倾性与内倾性
多血质	低	高	快	快	可塑	高而不强	外倾
胆汁质	低	高	快	快	不稳定	高而强烈	外倾明显
黏液质	低	高	迟缓	迟缓	稳定	低而不强	内倾
抑郁质	高	低	慢	慢	刻板	高而体验深	严重内倾

当然，心理学史上，除了气质类型的四分法外，也还有多于或少于四分法的，这里就不一一列举了。

第二节 气质学说

关于气质的生理机制有许多学说。现就其中主要的几种列举如下。

一、阴阳五行说

我国春秋战国时期的医书《黄帝内经·灵枢》中，曾依据阴阳五行学说，把人的某些心理上的个别差异与生理解剖特点联系起来，归纳总结出木、火、土、金、水五种不同的类型，也各有不同的肤色、毛发、筋骨特点和情感特点，用来说明人的个别差异。如金型人为人清廉、急躁刚强、认真、果断；木型人身材弱小、忧虑多，很勤劳；水型人秉性无所畏惧，但不够廉洁；火型人理解敏捷，真诚朴实，多气轻财；土型人内心安定，安于助人，诚恳忠实。又按阴阳的强弱，把人分为太阴、少阴、太阳、少阳、阴阳和平五类。并分别叙述了每一类型人的性情、体质和形态。

用阴阳五行学说划分人的类型，表明人的体质是由其内部阴阳矛盾的倾向性所决定，这与近代生理学研究的兴奋和抑制的关系有某些类似之处。如太阴之人，即多阴而无阳；少阴之人，即多阴少阳；太阳之人，即多阳无阴；少阳之人，即多阳少阴；阴阳和平之人即阴阳均等。每种类型具有不同的体质形态和心理特点。这种类型的划分虽然还缺乏科学根据，但医学界为了掌握不同个体差异，从不同角度对人的身心作若干分类，在当时的历史条件下还是起了一定作用的。

二、体液说

前面涉及气质类型时提到的希波克拉底关于气质的思想，就是以体液为依据的。他把四根说进一步发展为四液说。他在《论人类的自然性》这篇著作中写道："人的身体内部有血液、黏液、黄胆汁和黑胆汁，所谓人的自然性就是指这些东西，而且人就是靠这些东西而感到痛苦或保持健康的。"他认为人体内有四种液体，黏液生于脑，黄胆汁生于肝，黑胆汁生于胃，血液生于心脏。正是这四种体液"形成了人体的性质"。并根据哪一种体液在人体内占优势，把人分为四种类型：多血质、黏液质、胆汁质和抑郁质。在体液的混合比例中血液占优势的人属多血质，黏液占优势的人属黏液质，黄胆汁占优势的人属胆汁质，黑胆汁占优势的人属抑郁质。希波克拉底认为，每一种体液都是由寒、热、湿、干四种性能中的两种性能混合而成，血液具有热—湿的性能，多血质的人温而润，好似春天一般；黏液具有寒—湿的性能，黏液质的人冷酷无情，似冬天一样；黄胆汁具有热—干的性能，黄胆汁的人热而躁，如夏季一般；黑胆汁具有寒—干的性能，抑郁质的人冷而躁，有如秋天一样。这四种体液配合恰当时，在体内调和，身体便健康；在配合异常与不调和时，身体便生病。当这些元素有一种太多或太少，或在体内孤立而不与其他元素结合时，人就感到痛苦。机体的状态决定于四种体液的混合比例。

按照希波克拉底的原意，他所谓的四种气质类型，其含义是很广的——即决定人的整个体质（也包括气质），而不是单指现在心理学上的所谓气质。这种思想经过后来医学代表们总结成四种气质类型，并以人体这四种体液混合比例孰占优势决定某种气质类型。即人体内体液的混合比例血液占优势属于多血质类型，体内黄胆汁占优势属于胆汁质类型，体内黏液占优势的人属于黏液质类型，体内黑胆汁占优势属于抑郁质类型。但限于当时的条件，用四种体液来解释气质类型是缺乏科学依据的，体液的调节必须以神经生理活动为基础。

三、体型说

德国精神病学家克瑞奇米尔（Kretschmer，1925）根据他对精神病患者的临床观察，提出按体型划分人的气质类型的理论。他认为人的身体结构与气质特点以及可能患的精神病种类有一定的关系。而精神病患者与正常人只有量的差别，没有质的区别。他把人分为三种类型：①肥胖型，（身材短胖，肩圆腰阔）易患躁狂抑郁症；其特点是好社交，通融，健谈，活泼，好动，表情丰富，情绪不定；此谓躁郁性气质。②瘦长型（高瘦纤弱、细长、窄小）易患精神分裂症；其特点是不善社交，内向，退缩，世事通融，害羞沉静，寡言多思；此谓分裂性气质。③斗士型（骨肉均匀，体态与身高成比例），易患癫痫症；其特点是正义感强，注意礼仪，节俭，遵守纪律和秩序；此谓黏液性气质。

其后美国心理学家谢尔顿（Shelden，1940，1950）发表了类似的见解（见表 11-1）他把人的体型分为三类：内胚叶型（柔软、丰满、肥胖）、中胚叶型（肌肉骨骼发达、结实强壮、体态呈长方形）、外胚叶型（虚弱、瘦长），认为每一种体型都可以用一个七点量表对人们的体型进行测量并认为体型与气质之间有密切的关系。据他所收集的资料，他认为内胚叶型的人图舒服、闲适、乐群（称为内脏气质型）；中胚叶型的人好活动、自信、独立性强、爱冒险、不太谨慎（称肌肉气质型）；外胚叶型的人爱思考、压抑、约束、好孤独（称为脑髓气质型）。

表 11-1 体型和气质以及行动倾向的关系（克瑞奇米尔）

体 型	气 质	行动倾向
细长型	分裂气质	不善交际、孤僻、神经质、多思虑
肥胖型	躁狂气质	善交际、表情活泼、热情
筋骨型	黏液气质	迷恋、一丝不苟、理解缓慢、情绪爆发性

这种类型学说依据体态作为划分不同气质类型的根据，是不科学的，从他们所观察的材料和日常生活实践都不足以说明体态与气质特征有必然联系。

四、激素说与血型说

在解释气质的生理基础问题上，柏尔曼的气质激素理论影响较大。许多研究表明，内分泌腺分泌的不同激素激活着身体的不同机能。内分泌腺素的缺乏或过剩，对人的情绪和行为有影响。例如一个肾上腺特别发达的人，情绪易于激动，而且表现为神经质特征；一个甲状腺素分泌过多的人会表现出感觉灵敏，意志力强的气质特征。因此，内分泌类型学家断定，激素分泌的差异是人的气质互不相同的原因，他们根据人的某种腺体特别发达而把人分为甲状腺型、脑下垂体型、肾上腺分泌活动型、副甲状腺型和性腺过分活动型等。例如甲状腺型，其体态为身体健康，头发茂密、双眼明亮，其气质特征是知觉灵敏、意志坚强、不易疲劳；脑下垂体型，其体态为发育较好，体格纤细，其气质特征是情绪温柔、自制力强等。

现代生理学研究证明，从神经—体液调节来看，内分泌腺活动对气质影响是受神经—体液调节的。但激素说过分强调激素的重要性，忽视了神经系统，特别是高级神经系统活动特性对气质的更为重要的影响作用。气质的直接生理基础主要是神经系统的特征，但是从皮质与皮质下部位的相互关系以及从神经体液调节来看，内分泌腺的机能对气质的影响也是不可忽视的。

血型说是另一种用体液来解释气质类型的理论。日本学者古川竹根据血型，把人的气质划分为四类：A 型血的人，气质内向、保守、多疑、焦虑、富于感情、缺乏果断性、容易灰心丧气；B 型血的人，气质外向、积极、善交际，感觉灵敏，轻诺言、寡信、好管闲事；O 型血的人，气质胆大、好胜，喜欢指挥别人、自信、意志坚强、积极进取；AB 型血的人，兼有 A 型和 B 型气质特征。

五、高级神经活动类型学说

巴甫洛夫通过动物实验研究发现，不同动物在形成条件反射时有差异，不同动物高级神经活动的兴奋和抑制有独特的、稳定的结合，构成动物神经系统类型，或叫做动物高级神经活动类型。

动物神经系统有三种特性，即兴奋和抑制的强度；兴奋和抑制的平衡性；兴奋和抑制的灵活性。

所谓神经过程的强度，标志着神经细胞接受强烈刺激或持久工作的能力。这里有强弱之分。在一般情况下，神经细胞的兴奋是与刺激物的强度相适应，强刺激物引起强的兴奋，弱刺激物引起弱的兴奋。可是当刺激物非常强时，就不是每一个动物的神经系统都能以相应强度的兴奋对它发生反应，有些动物对该种刺激不发生什么困难就可以形成条件反射，这说明它们的兴奋过程强，有忍受高度紧张的能力；另一些动物对该种刺激则不能形成条件反射，甚至会发生抑制或破坏已形成的条件反射，这说明它们的兴奋过程弱。

所谓神经过程的平衡性，是指神经过程兴奋和抑制两种过程的相对关系而言。兴奋过程和抑制过程的强度相差无几，它们的基本神经过程属平衡型。在平衡性中，还存在兴奋占优势或抑制占优势的不同，其中之一占优势则为不平衡型。

所谓神经过程的灵活性，是指对刺激反应速度和兴奋与抑制相互转化的速度而言。实验表明：神经过程灵活性高的动物可以顺利地将阳性条件反射改造成阴性条件反射，或者能顺利地变阴性条件反射为阳性条件反射。神经过程灵活性低的动物，条件反射就不易改变，反射活动会发生紊乱，严重的可以引起神经活动的失调。

巴甫洛夫根据这三种特性的独特结合，把动物高级神经系统活动划分成四种类型。

第一，强而不平衡的类型。这种类型的特点是：兴奋过程强于抑制过程，阳性条件反射比阴性条件反射易于形成。这是一种易兴奋、奔放不羁的类型，所以，也称之为"不可遏制型"。

第二，强、平衡、灵活的类型。这种类型的特点表现反应灵敏，外表活泼，能很快适应迅速变化的外界环境。也称之为"活泼型"。

第三，强、平衡、不灵活的类型。它的特点是：较易形成条件反射，但不容易改造，是一种坚毅而行动迟缓的类型。也称之为"安静型"。

第四，弱型。兴奋和抑制都很弱，阳性条件反射和阴性条件反射的形成都很慢，表现得胆小，在艰难工作任务面前，正常的高级神经活动易受破坏而产生神经症。

巴甫洛夫认为，从狗身上所确定的四种神经类型与人类的神经活动类型相吻合，兴奋型相当于胆汁质，活泼型相当于多血质，安静型相当于黏液质，抑制型相当于抑郁质，这种一般类型的外部表现恰恰相当于古希腊学者对气质的分类。因此，巴甫洛夫认为，高级神经活动类型是气质类型的生理基础。其关系如表11-2：

表 11-2　高级神经活动的类型与气质类型对应关系表

高级神经活动类型			气质类型
强　型	不平衡型（不可遏制型）		胆汁质
	平衡	灵活性高（活泼型）	多血质
		灵活性低（安静型）	黏液质
弱型	抑制型		抑郁质

以上四种类型是基本类型，是从现实的表现中抽出来具有典型性的类型。它们之间有许多中间形式和过渡类型。世界上纯属单一类型的人是少数，大多数人属于混合型。

巴甫洛夫关于神经系统基本特性和基本类型学说，是他在晚年对动物实验研究的结果，只是为气质的生理机制勾画出一个轮廓。他的研究成果不断地为后来的研究者证实。苏联以捷普洛夫为代表的一批心理学工作者，在巴甫洛夫关于动物神经类型研究的基础上，用条件反射测定法进一步研究了人的高级神经活动类型特点及其和气质的关系。

六、艾森克的类型理论

艾森克提出鉴别人的心理类型的两个标准，把两个标准画成两条垂线，一条线代表内倾或外倾，从中间向着一端去判断，越接近端点，其外倾或内倾越为明显。另一条线代表情绪稳定与不稳定，若以此线中间为基点，往不稳定一端去判断，越往端点越不稳定，若往稳定的一端去判断，越往端点则越稳定。

根据两个维度的分析，可以把人分成稳定的内倾型、稳定的外倾型、不稳定的内倾型和不稳定外倾型四种类型。稳定内倾型表现为平静、性情平和、可信赖、克制的、有思想、谨慎、被动的，相当于黏液质；稳定外倾型表现为领导性、关心自由、活跃、随便、敏感、健谈、开朗、社交性，相当于多血质；不稳定内倾型表现为喜怒无常、刻板、有理想、悲观主义、有节制、不善社交、安静，相当于抑郁质；不稳定外倾型表现为爱生气、不宁静、敢作敢为、易兴奋、易变动、爱冲动、乐观主义、有活力，相当于胆汁质。

艾森克用双圆图来表示两个维度（见图 11-1）。可以看出，按常态曲线分布的面积大小，居中间位置占多数，只是少数人是极端典型的类型。

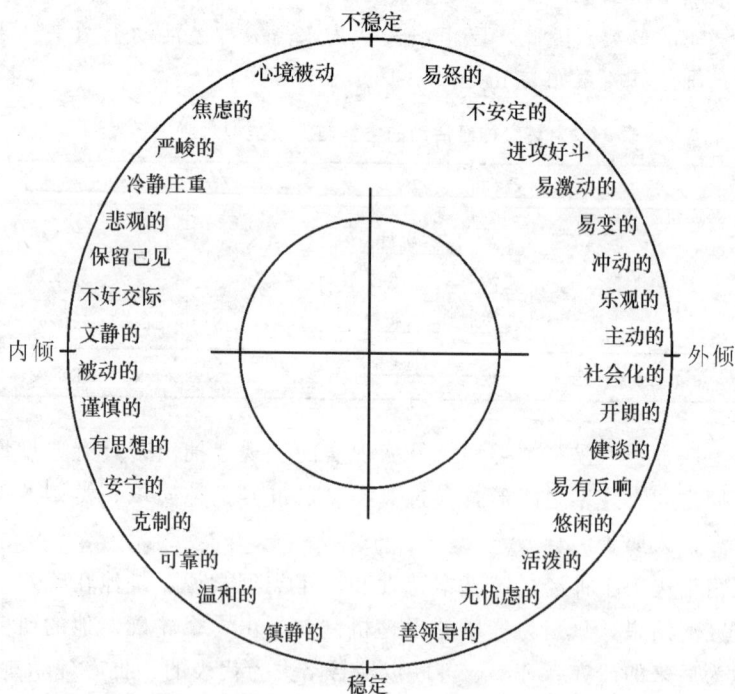

图 11-1 艾森克的类型模式图

七、气质的活动特性说

美国心理学家巴斯（A. H. Buss，1975）发表了《气质理论和人格发展》，用活动性、情绪性、社交性和冲动性等心理与行为反应活动的特性为指标，概括并区分出四种气质类型。活动性气质的人总是抢先迎接新的任务，爱活动，不知疲倦；在婴儿期就表现出手脚不停地乱动，到儿童期时在教室里闲坐不住，成年时显露出一种强烈的事业心。情绪性气质的人觉醒程度和情绪反应强度大；在婴儿期时表现为经常哭闹，儿童期时易激动、难于相处，成年时表现为喜怒无常。社交性气质的人渴望与他人建立密切的联系；在婴儿期时表现为要求母亲和熟人在其身边、孤单时哭闹得凶，儿童期时容易接受教育的影响，成年时与周围的人们很融洽。冲动性气质的人缺乏抑制能力；在婴儿期时表现为等不得母亲喂奶、换尿布等，儿童期时经常坐立不安、注意力容易分散，成年时期表现为讨厌等待，倾向于不假思索地行动。用活动的特性来区分人的气质，是近年来出现的一种新动向。

第三节 气质的鉴定

现实生活中的确存在着各种类型表现，这就为研究和确定气质类型提供了可能。有多种方法可以确定气质。下面仅举几例。

一、问卷法

问卷法是测量气质的有效方法之一。给被试提出一系列标准化的问题，然后分析他们对问题的回答，从中做出气质特征的判断。以斯特里劳的气质量表为例说明问卷法的特点，见表11-3。

斯特里劳的气质量表共有134题，其中44题属测兴奋强度的题目，44题属测抑制强度的题目，46个题属测神经过程灵活性的题目。它们的题号分别为：兴奋强度、抑制强度、神经过程灵活性。

项目举例：

1. 关于兴奋过程的强度方面：①短时间的休息就可以恢复你的工作效率吗？②晚上睡眠后就能去掉一天工作的劳累吗？③你总是靠自己来解决问题吗？④在紧急关头你自信吗？

2. 关于抑制过程强度方面：①你能够在不该笑的场合自制不笑吗？②如果你的欢笑会伤害他人时，你能克制自己不笑吗？③你很容易陷入失常吗？

④在需要控制激动或愤怒时，你感到困难吗？

3. 关于神经过程灵活性：①你能很快地看小说吗？②你看报纸快吗？③你能很快地适应于别人的工作方法吗？④你对新的职业能很快习惯吗？

指导语：

请按题目顺序回答，全卷答完前请不要回头查看，因为气质无好坏之分。回答要诚实。

回答问题时，符合自己情况的记＋1分；介于符合与不符合之间的，或无法回答的记0分；不符合自己情况的，记－1分。

表 11-3　气质评价表

气质类型	高级神经活动类型	各种神经过程特点		
		兴奋强度	抑制强度	灵活性
胆汁质	强而不平衡型	正分	负分	
多血质	强、平衡、灵活型	正分	正分	正分
黏液质	强、平衡、不灵活型	正分	正分	负分
抑郁质	弱型	负分	负分	负分

测试完毕后，分别计算被试在每一部分的得分，参照气质的评价表，就可得出高级神经过程各种特征和类型特点。

二、观察法

观察法是一种有目的有计划地了解人的心理的具有普遍意义的方法。它也适用于确定气质类型。确定气质类型采用的观察法，是在日常生活中观察、记录一个人的行为特征、智力活动特征、言语特征以及情绪特征，经过对它们的分析、判断、归纳、组合，然后对照各种类型的指标，确定一个人属于何种类型。

究竟如何观察记录那些气质类型的心理活动特征，就目前心理学发展状况来看，还没有一个可遵循的较完整的方案。但从目前研究的结果，可以列举如下一些特征。

第一，感受性。即人对外界刺激物的感受能力，不同的人对刺激强度的感受能力是不相同的。一个人在经受外界刺激作用时在时间上的耐受程度也是感受能力大小的指标。如有的人工作易持久，有的人则不易持久。

第二，知觉的广度和精确程度。有人善于区分不同性质的对象，能准确地观察分析事物；有的人则易忽略细节，粗中无细，难于精确地分析问题。

第三，反应的敏捷性和可塑性。这里面包含有：①注意转移的难易和快慢，这和一个人的神经过程灵活性有一定关系；②心理过程进行的速度和灵活程度，如记忆的速度和准确性程度，思维的敏捷和灵活程度；③说话的速度和频率；④动作的灵活迅速程度，有的人在外界事物变化的情况下，能很快地改变自己的行动去适应它，有的人对新的环境则不易适应。

第四，外倾性与内倾性。有的人的心理活动、情绪、言语等一经产生，便迅速地表现于外，有的人则相反，他们尽量摆脱出头露面的工作，情绪很少外露。前者是具有外倾特点的人，后者则是具有内倾特点的人。

在日常生活中观察记录气质特征，比较容易进行。但人的气质往往受生活条件掩蔽，单纯地利用观察法去确定气质类型有不够真实或不确切的情况，因此有必要借助一定仪器测定神经过程的特性。

三、条件反射法

在实验室用一定的仪器对被试形成或改造条件反射的过程中，观察他们的神经过程特性，借以了解气质特征。许多心理学家以不同形式的条件反射测定神经过程特性，现举例说明。

有的心理学家用条件光化学反射的方法测定神经过程的强度。给被试一定强度的光刺激形成血流加快的反应之后，不断增强光的强度，如果在超强度的光刺激下，被试仍然保持已形成的光化学反应，就说明他能忍受较强的刺激，是强型，否则就是弱型。

为了测定神经过程的平衡性特征，可以通过对被试形成阳性和阴性条件反射所需光的强弱比较来确定。如果被试形成两种条件反射所需光刺激的强度相等，就说明他的神经兴奋过程和抑制过程是平衡的，即平衡型，如果阴性条件反射形成比阳性条件反射形成所需的光弱，就可以断定抑制过程占优势，反之就是兴奋过程占优势，这都是神经过程不平衡的表现。

有的心理学家根据已巩固确定的反应时间与刺激物强度的依存性规律，在被试身上建立和改造动力定型研究神经过程的灵活性。具体做法是：较强响度的刺激引起最短促的反应时间，轻响度的刺激引起最长的反应时间。之后，进行通常的定型试验；只给予轻响度的刺激物，发现在某些被试身上观察到了定型，也就是在原来刺激顺序中常常出现强刺激部位的反应时间比经常给予弱刺激部位的反应时间要来得短促。接着，进行破坏定型的实验：原来给予弱刺激的部位现在给予强刺激，以及相反。依据实验的结果可以获得研究定型形成的速度及其改变的容易程度，即可以确定被试神经过程的灵活性。

条件反射法需要一定仪器，主试者经过特殊训练，在实验过程中由于能够控制条件，因此，所测得的结果是比较可靠的。如果有条件可以运用这种方法测定神经过程特性。

第四节　气质对生活、教育的意义

了解气质的实质和气质类型，对于各种实践领域，尤其是教育工作，培养人才具有重要意义。

一、气质本身不能决定一个人活动的社会价值和成就的高低

在同一生活实践领域内可以找出不同气质类型的代表；在不同生活实践领域内的杰出人物中，也可以找出不同气质类型的代表。研究发现，俄国著名的文学家普希金属于胆汁质类型，赫尔岑属于多血质类型，克雷洛夫属于黏液质类型，果戈理属于抑郁质类型。他们虽属不同类型，但都在文学领域内都取得杰出成就。达尔文和果戈理一样同属于抑郁质类型，但他们都在自己的专业方面获得伟大成就。

我们说气质在人的实践活动中不起决定作用，但不等于说它在各个实践领域中毫无影响，气质既可影响活动进行的方式，也影响工作效率，对人的身心健康也有一定影响。因此，在涉及人的某些实践领域时，不能不考虑气质这个因素。

二、气质对人的身心健康的影响

很早就有许多医生和心理学家注意到气质和人的身心健康的关系。

克瑞奇米尔在他的临床实践中发现气质对精神病患者的影响，试图从气质类型中找出精神病的根源，并且针对患者的气质特点采取不同的施治办法。这对有效地治愈病人起了一定的作用。

美国的两个医生曾对毕业于某医学院的学生进行了 30 年的跟踪实验。他们把这些学员分成安静的 α 型、开朗的 β 型和易怒的 γ 型。经过观察发现，γ 型学生有 77.3% 患了癌症、高血压、心血管病、良性瘤和情绪烦躁等毛病，而 β 型和 α 型学生中患有各种病症的只分别占 25% 和 26.7%。从上面情况看到，气质特征与某些疾病的发病率有很大关系。

近一个时期，美国的一些科学家从心理特征方面研究 A 型气质的人。

他们具有不安定性，缺乏泰然自若的态度，不善于适应环境，性急，争强好胜，易动肝火，受懊恼情绪纠缠，经常处在紧张状态之中等等，这些特征恰恰是某些疾病的诱因。在美国全国心、肺和血液研究所召开的一次会议上，许多科学家认为，A型心理类型的人是引起心脏病的重要因素。因为A型的人具有典型的紧迫感，它可以使人的血脂增高，促使血栓形成，血压也会增高。经常处于紧张状态的人，其去甲肾上腺素中的血量标准会提高，儿茶酚胺分泌增加，这将促使心搏有力，心跳加快，血压升高，心肌代谢所需的氧耗量增加，这种不正常的变化，将会引起心律紊乱，如室性心律失常，心室颤动，心脏的传导系统失灵，最终导致心脏停搏，甚至由于心脏的猝裂而猝死。

据调查，在该研究所所制的具有A型心理特征的调查表上表明，具有该特征的人患心脏病的比例高达98％以上。

了解气质特点及其对身心的危害，这无疑会促使人下决心改变气质中的消极方面的特点，把自己培养成具有良好个性的人。

三、气质特征是职业选择的依据之一

研究和实践表明，某些气质特征往往为一个人从事某种工作提供了有利条件。例如，黏液质和抑郁质的人较适合持久而细致的工作，多血质和胆汁质的人对需要迅速、灵活反应的工作较为合适。如果纺织女工是属于黏液质者，由于她的注意力稳定，在工作中很少分心，这在及时发现断头故障上提供了有利条件，但她们也要克服注意不易转移的弱点，只有这样，才能在操作中较顺利地从一台机床到另一台机床转移；如果是属于活泼型的纺织女工，由于她们的注意易于转移，因而有助于她们较容易地从一台机床转向另一台机床，但她们必须控制注意易于分散的缺陷。

有一些职业对人的气质特征提出了特殊要求，如果他们不具备该种气质特征就很难于有成效地完成本职工作。如对宇航员的选拔，就必须考虑他们是否具备顽强的耐力，经受住高度紧张而又具有极灵敏的反应特征，如果不具备这些特征就难于从事该种工作。

当个人的某些气质特征不适应于普通职业活动的客观要求时，可以通过如下途径使自己适应于职业活动：一是扬长避短，发挥自己的气质特长，提高工作效率；二是注意气质互补，使个人有缺陷的气质特征能够从另一些特征中得到补偿；三是端正工作态度，振奋精神与利用积极情绪来克服个人在职业活动中有缺陷的气质特征。

根据上述情况可以这样说，在挑选培训职工时应该测定气质特征。尤

其对从事某种特殊职业的人更有必要。

四、气质在教育工作中的意义

教育工作者掌握有关气质方面的知识，有助于对学生气质类型特征的了解，能有效地组织教育和教学工作。

(一) 善于区分和正确对待学生气质类型的特点

不能笼统地认为某种气质类型好，某种气质类型不好，任何气质类型都存在着有利于形成积极或消极的性格特点，作为教育工作者，要善于区分和正确对待学生气质类型的特征，引导发展其积极品质，克服其消极品质。例如，"胆汁质"的学生，容易形成具有热情、开朗、刚强、勇敢、坦率等品质，但也容易出现暴躁、任性、感情用事等缺点；"多血质"的人，容易形成有朝气、热情、活泼、爱交际、有同情心、思想灵活等品质，但也容易出现变化无常、粗枝大叶、浮躁、缺乏一贯性的缺点；"黏液质"的学生，容易养成自制、镇静、踏实等品质，但也容易形成冷淡、迟缓、固执、淡漠等缺点；"抑郁质"的学生，容易形成思想敏锐、细心、想象力丰富、情感深刻等品质，但也容易形成多疑、孤僻、忧闷、怯懦等缺点。教师掌握这种特点，就可以有针对性地进行教育。

(二) 针对学生气质类型特点，进行个别施教

气质并不是一朝一夕可以改变的，因此教师要根据气质的特点，采取适合学生气质类型特点的教育方法，这会使工作收到良好的效果。例如，对于胆汁质的学生尽量避免激怒他们，要教育、锻炼他们能约束自己的任性行为，引导发扬其坦率、刚强、勇敢等品质。对多血质的学生要求他们在做事中注意克服粗枝大叶和变化无常等特点，引导发扬其热情、活泼、富有同情心等品质。对黏液质的学生进行教育和提出要求时，要让他们有充分考虑的时间，激发其对工作、对别人的热情，多给予班集体活动的锻炼机会。对于抑郁质的学生，要给予更多的体贴和照顾，避免在公开场合指责他们，尽量鼓励他们做事的勇气和前进的信心。

(三) 教育学生善于认识并能控制自己的气质特点

每个人认识自己的气质特点，学会掌握和控制自己的气质，是培养自己良好个性的重要条件。如果教会学生经常有意识地控制自己气质的消极品质，发扬积极品质，就有利于形成良好的个性。相反，如果不能控制和掌握自己的气质特点，而让气质支配自己的行为，那么，任何一种气质类型都有发展成不良个性的可能。因此，教师应该教育学生善于分析和认识

自己气质的优缺点，做自己气质的主人。

当然，人的整个行为不决定于气质，而是决定于在特定社会环境和教育影响下形成的动机和态度。但气质在人的实践活动中也具有一定意义，是人的个性中的一个重要侧面，也是必须予以重视的重要因素。

第十二章　性　格

第一节　性格概述

性格是人们较熟悉的心理现象，早在春秋时期，我国古代教育家孔子就论述过他的学生的各种性格特征。在《论语·先进篇》及《论语·雍也篇》中，他说："闵子侍侧，訚訚如也；子路，行行如也；冉由、子贡，侃侃如也。""柴也愚，参也鲁，师也辟，由也喭。""由也果，赐也达。"

在国外的心理学文献中，性格（character）一词源于希腊语，意为雕刻的痕迹或戳记的痕迹，这个概念强调个人的态度与典型行为表现和由外部条件决定的心理特征。公元前 3 世纪希腊学者提奥夫拉斯塔在《各种各样的人》一书中，把在不同人身上表现的"阿谀奉承""吝啬""贪婪""粗野""虚荣""自私"等三十种特征都用"性格"一词加以概括。这是一本有关性格问题的最早著作。若干年来，哲学家、文学家、心理学家等都对性格进行了不同的论述和描绘。性格已成为人和人之间个别差异的重要特征。

一、什么是性格

性格是指一个人在态度和行为方式中表现出来的稳定的心理特征，换句话说性格是个人对现实的态度体系和习惯化的行为方式相结合所表现出来的稳定的个性心理特征。例如：一位管理者在各种场合都表现得热情忠厚、与人为善、虚心谦逊、严于律己、遇事坚毅果敢、深谋远虑等，就体现了他的性格特点。

上述定义可做如下解释：

第一，性格是人的态度体系与稳定的行为方式结合所表现出来的心理特性。生活在现实社会中的每一个人，都意识到社会现实给予他的影响，并对这种影响有其特定的反应。如果这种应答活动获得成功，就会得到客观现实的积极强化，如果失败了则被否定。长此以往，客观事物对个体的生活不断渗透，从而通过人的认识、情感、意志过程逐渐地保留在心理机构之中，形成一定的态度体系，并以一定的形式调整着行为方式。如果其中某些反应已经巩固起来，成为他经常采取的态度和与之相应的行为方式，这就标志着这个人某种性格特点的形成。例如，一个青年在劳动和工作中勤勤恳恳，一丝不苟，能够克服各种困难，千方百计地去完成任务；对那些出色完成劳动任务的同伴表示赞扬和支持，并诚心诚意地向他们学习；

而对那些在工作和劳动中不遵守纪律，完不成任务的人则勇于批评和热心帮助；对破坏生产的坏人则敢于和善于斗争，等等。这个青年人在对人、对工作、对自己的态度方面总是表现出坚毅、勇敢、顽强和热情的特点。这种稳定的具有高度道德原则性的态度和行为方式，足以标明这个青年的性格特征。至于那些偶然表现出对某种事物的态度和一时的举动，并不能标志其性格特征。如一个勇敢的人，在某种情况下也可能有犹豫、震惊的表现，但不能由此而认为他是怯懦者。一个前怕狼后怕虎的人，在激情状态下，也可能做出冒失的举动，同样，不能因此而认为他是勇敢的人。

总之，作为性格的态度和行为方式，总是比较稳固的、习惯性的，甚至在不同的场合都会表现出来。由于一个人在对待事物的态度和行为方式中总是表现出某种稳定的倾向，那么我们便能预见他在某种情况下将会如何行动，所以说，一个人的性格不只说明他做什么，也说明他倾向如何做。

第二，由于性格是表现在人对现实的态度和行为方式中的一种稳固倾向的心理特征，所以它是个性特征中具有核心意义的部分。也就是说，如果人们之间的能力和气质类型各有不同，从而表征着个性的个别差异，又由于人对现实的态度和在一定场合下采取的行动总是同意识倾向相联系，所以说性格是一种最能表征个性差异的心理特征。

第三，人的性格是后天获得的，是现实社会关系在人脑中的反映。一个人做什么，怎样做，总和人与人之间的关系相关联，并受一定道德规范约束。性格标志着某个人的行为方向和其行为的结果。它可能有益于社会，也可能有害于社会。因此，性格有好坏之分，始终有道德评价的意义。

性格的社会制约性有两种表现：其一，直接属于道德品质的性格特征。如公而忘私、与人为善，或损人利己、冷酷无情等，这些特征明显地表现出道德评价的意义。其二，有一些性格品质，如自尊心、虚荣心、谦虚、傲慢等，虽然不直接和道德品质相关联，但它们往往从属于个人的道德品质，也影响到人与人之间的关系，因此，它们也要受到社会道德舆论的好坏评价。

第四，人的性格是在长期生活环境和社会实践中逐渐形成的。它一旦形成就比较稳定，但也不是一成不变的。客观环境的变化往往使人的性格发生明显的变化。如在某种环境和家庭影响下成长的儿童，养成怯懦、孤独的性格特点，当他进入学校，经过集体的熏陶以及社会交往的日益增多，就可能使他们原来的性格特点有显著的变化。一个活泼愉快的学生，可能由于某种严重的打击，使他精神上蒙受挫伤，变得忧闷抑郁起来。

客观环境的影响，需要通过人的主观因素起作用。意识的自我调节对性格的改造起着重要作用。儿童的行为方式没有定型，意识的自我调节水平较低，他们易受环境影响，性格的可塑性大。当一个人的社会知识经验丰富了，出现了比较系统化的思想，形成理想、信念和世界观，他们的性格能在社会实践中在自我调节的水平上发展、改造。虽然成人的行为方式比儿童稳定，但其性格也仍具有可塑性的一面。

二、性格和人格

性格和人格是两个复杂的概念，要把它们作严格的区分是困难的。在这里只是把它们的区别和联系作简略的分析。

1. 在心理学界往往认为性格和人格都是知、情、意等心理机能的表现，只是有所侧重而已。一些美国心理学家在用人格一词时，强调人在社会情境中所表现的独特动作、情感和思维方式的一整套社会习惯和方式，是完整而稳固的行为倾向总和。而把性格看做是一个人的有关道德和伦理问题的行为倾向的社会系统，也就是说，性格侧重于道德的、伦理的、价值的方面。奥尔波特认为，性格是评价的（价值）人格，而人格则是降低评价的性格。从上述意义来看，性格与人格有重叠部分，把性格缩小到同道德和伦理有关的范围。

J. M. 索里在区分性格与人格时，曾作如下解释。他说："当我们谈到含有道德价值的情境时，当我们处理是非或好坏的问题时，我们讲的是性格，而不是人格特质或特征。我们在关于说谎、欺骗和盗窃的讨论中，谈到一个人的道德和伦理的概念和态度时，我们是从性格方面来讨论他们的。另一方面，当我们按专横与顺从、内倾与外倾等一类品质来评述一个人的社会行为时，我们是在人格特质这一较广泛的范围内来探讨它们的。"

2. 在心理学界有时把性格当做人格的下位概念。德国心理学家捷因（Th. Ziehon）把个性解释为"个人的比较恒定的一般情意反应的总体"。

苏联心理学家把性格作为个性的一方面特征来解释，并指出性格本身的特点。A. T·科瓦列夫用个性中对客观现实态度的概念说明性格。Н. Д. 鲁宾斯坦从态度和意志体系方面确定性格。Н. Д. 列维托夫从意志方面确定性格。

三、性格和气质

性格和气质的关系非常密切，有时人们常把一些气质特征也称作性格特征。例如，有人常说某人性格活泼好动，某人的性子太急或太慢。其实是讲的气质特点。二者的区别在于：气质更多的受高级神经活动类型影响，主要表现在人的情绪和行为活动中的动力性（即强度和速度、灵活性、倾向性等）特征，其在社会评价上无好坏之分，年龄越小其作用越明显；而性格则更多地受社会生活条件制约，它是态度体系和行为方式相结合而表现出来的具有核心意义的个性心理特征，其在社会评价上有好坏差别，年龄越大其作用越明显。

性格和气质不是单方面的联系，而是处在复杂的联系中。同一种气质类型的人，可能有不同的性格；有共同性格特征的人，可能属于不同气质类型。苏联 H. Д. 列维托夫曾对 40 名被试（每种气质类型 10 人）研究其气质与性格（自制力和坚忍性特征）的关系，其结果如下（见表 12-1）：

表 12-1 气质与性格（意志）特征比较

气质类型	学 生 人 数			
	自制力强	自制力弱	坚忍力强	坚忍力弱
多血质	4	6	6	4
胆汁质	5	5	7	3
抑郁质	6	4	5	5
黏液质	8	2	6	4

气质和性格的复杂关系大致有以下三种情况：

（1）有些性格特征在各种气质类型的人身上都可以形成，气质只赋予这些特征以某种"色彩"。例如，具有勤劳性格的人当中，多血质者情绪饱满，精力充沛；黏液质者操作精细，踏实肯干。

（2）气质可以影响某些性格特征形成和发展的速度。例如，就自制力性格特征形成来说，胆汁质者需要经过极大的克制和努力，而抑郁质的人则比较容易形成。

（3）有些性格特征则具有较多的动力性质，鲜明地表现了个性的气质特点。例如，性格的某些情绪特征，往往会引起情绪反应的快慢和情绪活动的强弱。

四、性格的生理基础

同其他心理现象一样，性格也是脑的机能。早在 19 世纪中叶，有人就报道过，额叶受伤的病人性格上有明显的变化。后来，许多心理学家、医学家以及生理学家在探讨性格的生理基础方面做了许多工作。但由于性格问题的复杂性，在研究上有很大困难，因而关于性格生理基础的了解还甚少。巴甫洛夫关于高级神经活动学说对这方面的研究有很大的启示。

巴甫洛夫认为，神经类型不仅是气质的直接生理基础，而且也是性格的自然基础之一。但是，神经类型不是性格。神经类型是性格产生的自然前提。性格是在生活实践中形成的心理特征。从生理机制上来说，性格是神经类型和后天生活环境所形成的暂时联系系统的合金。所谓"合金"一方面是指在现实生活影响下所建立的暂时神经联系和受神经类型特征的制约。在巴甫洛夫实验室中，人们看到，一只弱型的狗，由于生活在顺利的环境中，可以养成沉静、庄重的姿态，它不怕任何东西；而另一条强型的狗，由于生活在经常挨打的环境中，却成为具有明显防御反射的胆小动物。人的性格也如此，后天生活过程中所获得的暂时联系系统，并不是凭空形成的，它总是在一定的先天神经活动类型（即神经系统的强度、平衡性和灵活性的组合）的基础上建立起来的。这种遗传的体质形态特点，制约着暂时神经联系的形成和改造，影响着暂时联系系统对现实信号的处理，而后天形成的暂时联系系统，也改造着先天的类型特征。例如，神经过程的平衡性或不平衡性，强或弱，灵活性或惰性等都影响着人对现实信号的处理方式和加工程度，给人的反应带有一定的色彩。另一方面，暂时神经联系又能掩盖改变神经类型的基本特点，例如，一个不愿出头露面，表现为内倾特点的弱型者，他能够在生活实践的磨炼中，克服各种各样的障碍，最后成为一个坚强刚毅性格的人。正是由于神经活动类型和后来建立的暂时神经联系的"合金"，才使人对外界影响的态度和行为方式带有个体特色。

神经活动类型和暂时神经联系系统，在人的性格形成中并不具有同等意义。高级神经活动类型对性格形成有一定影响，但它不能直接决定性格特征。由生活环境影响所形成的暂时神经联系系统，更为直接地影响着人的性格。从生理机制上看，人在一定情境下所表现出的某种态度和行为方式，都是大脑皮层在两种信号系统的基础上，按照现实关系建立起来的多层次的、复杂的暂时神经联系系统的结果。可以说，稳固的暂时神经联系系统，即动力定型在性格生理机制方面占重要地位。动力定型的稳定性和可变性是性格的稳定性和可塑性的生理基础。

第二节　性格的结构及类型

一、性格结构

性格有着非常复杂的结构，它包含着非常复杂的特征，有的心理学家甚至罗列出几百种性格特征。分析性格结构在于把它的基本组成部分或基本特征划分出来，确定它们在性格结构中的地位，找出它们之间的相互关系，以便深入地了解性格的实质。

在研究性格结构时，通常从四个方面进行分类。

（一）对现实态度和对自己态度的性格特征

人对现实生活的影响，总是以一定的态度与行为方式给予反应。由于现实的对象和现象是多种多样的，因此，人对待现实的态度的性格特征也是多种多样的。

1. 对别人、集体和社会的态度的性格特征

属于这方面的性格特征主要有：集体主义、富于同情心、诚实、正直、热情、公而忘私、见义勇为等，与此相反的是对集体利益和荣誉漠不关心，对人冷酷无情、自私、虚伪、狡诈、孤僻，等等。

2. 对劳动和工作态度的特征

属于这方面的性格特征主要有：勤劳或懒惰、有责任心或粗心大意、认真或马虎、有首创精神或墨守成规、节俭或奢侈、浮华，等等。

3. 对自己态度的特征

属于这方面的性格特征主要有：谦逊或自负、自信或自满、自豪或自卑、开朗大方或狭隘羞怯以及自我批判精神，等等。

（二）性格的意志特征

人自觉地调节自己的行为，克服一定的困难以达到某种目的的心理活动中所表现的心理活动特征属性格的意志特征。

1. 对行为目标明确程度的特征

属于这方面的特征有：独立性或易受暗示性；有目的性或盲目性；组织性、纪律性或放纵无羁、散漫性等。

2. 对行为自觉控制水平的特征

属于这方面的特征主要有：主动性或被动性；自制力或缺乏自制力、冲动性等。

3. 在紧急或困难情况下表现的意志特征

属于这方面的性格特征主要有：镇定、果断、勇敢和顽强以及献身精神等；相反的则是惊慌、犹豫不定、软弱怯懦以及贪生怕死，等等。

4. 对已作出决定贯彻执行方面的特征

属于这方面的性格特征包括：严肃认真、有恒心、坚韧性等；与此相反的是轻率马虎、虎头蛇尾、畏难中辍、动摇性等。

（三）性格的情绪特征

情绪状态经常影响人的活动，当人对情绪的控制具有经常的、比较稳定的表现时，这些特点就构成一个人的性格情绪特征。具体表现如下：

1. 情绪强度方面的性格特征

这种特征表现为情绪对人的行为活动的感染程度和支配程度，以及情绪受意志控制的程度的特征。例如，有的人情绪高涨、鲜明，富于热情，精神旺盛，有的人情绪安宁、冷漠等，就指的这类特征。

2. 情绪稳定性、持久性方面的性格特征

这种特征表现为情绪的持久性、稳定性或起伏波动的程度。有的人忽冷忽热只有几分钟的热情，有的人始终保持高涨的情绪，就体现了人们情绪的性格特征在稳定性、持久性方面的差异。

3. 主导心境方面的性格特征

情绪对人的身心稳定而持久的影响所形成的主导心境状态，显示着情绪的性格特征。例如，一个人可能经常处在精神饱满、欢乐愉快的情绪之中，是个乐观主义者；有的人可能是抑郁消沉，多愁善感者，另一些人则可能是宁静安乐的。诸如此类的主导心境都体现着人们各自不同的性格特征。

（四）性格的理智特征

人的认知活动从水平方面来看，可以表现为能力与智力；从特点与风格来看可以表现出人的性格特点。因而，表现在感觉、知觉、记忆、思维、想象等认知方式与风格方面的性格特点，称为性格的理智特征。

1. 表现在感知方面的性格特征

被动感知特征和主动观察特征。前者易受暗示，易被环境干扰；后者不易受环境干扰，能按照自己的目的、任务进行观察，具有主动性、独立性、计划性和思考周密的性格特征。知觉的详细分析特征和综合概括特征。前者特别注意事物的细节，后者多注意事物的整体和轮廓。还表现在感知的快速性和精确性方面。前者，反应迅速，但"粗枝大叶"，观察不深入，不持久；后者，观察深入精细，表露出敏锐的判断力。

2. 表现在思维方面的性格特征

思维的敏捷性、独创性、深刻性、逻辑性和批判性等品质差异，标志着人和人之间性格的理智特征差异。如善于独立思考或搬用现成答案；偏好分析或偏好综合；富于创造性或思想保守；辩证、全面地看问题或主观、片面、爱钻"牛角尖"等都属于这方面的性格特征。

3. 表现在想象方面的性格特征

有主动想象和被动想象之分，前者借助想象来打开自己的活动界限，后者以想象来掩盖自己的无所作为。在想象中创造和再造成分的多少，往往也反映一个人性格的"独创性"或"依赖性"的特征。

二、性格类型

在一类人身上所共有的某些性格特征的独特结合称之为性格类型。这种结合使一类人的性格明显地区分于另一类人。按照一定原则和标准把性格加以分类，有助于了解一个人性格的主要特点和揭示性格的实质。许多心理学家试图划分人的性格类型，由于理论观点不同以及人的性格的复杂性，至今还没有统一的分类标准。下面简要介绍几种性格类型分类：

（一）按知、情、意在性格中的表现程度分类

英国心理学家培因（A. Bain）按智力、情感和意志在某个人身上占优势程度可划分性格的不同类型。如果某个人通过专门编制的关于知、情、意等心理机能测验，其测验数据标明某种机能超过其他机能，他就被确定为属于某方面的性格类型。情绪型性格的人情绪占优势，行为举止易受情绪左右；意志型性格的人意志占优势，其行动目标明确，行为主动，具有果断、自制、持久而坚定的特性；理智型性格的人理智占优势，易用理智来衡量并支配自己的行动。以上三种只是日常生活中极典型的性格类型，实际上多数人都是中间类型。

这种类型划分是以机能心理学理论为基础的，它脱离人的心理生活内容和倾向性，把性格只看做心理过程或能力的简单组合。这种类型划分只能是一种抽象的模式。

（二）以心理倾向划分性格类型

瑞士心理学家荣格（C. G. Jung）认为人生命中的"力必多"的活动是一切行为变化的基础。如果一个人的"力必多"活动倾向于外部环境，则属于外倾性的人，"力必多"的活动倾向于自己，则属于内倾性的人。外倾

性的人感情外露，自由奔放，当机立断，不拘小节，独立性强，善交际，活动能力强，但也有轻率的一面。内倾性的人处事谨慎，深思熟虑，顾虑多，缺乏实际行动，交际面狭窄，适应环境比较困难。

人格内倾和外倾的概念已为大家所熟悉，在国外这一理论也被应用于教育、医疗等实践领域。但这种类型的划分并未摆脱气质类型的模式。荣格以一种假想的本能的能量，即他称之为"力必多"的东西，作为划分性格类型的基础，并没有考虑人的性格的社会实质，而且，这种分类只有质的区别，没有量的差异，仍过于简单。

（三）文化社会学的类型论

德国心理学家斯卜兰格（E. Spranger）和底尔太（W. Dilthey）从文化社会学的观点出发，对性格予以分类。斯卜兰格把人的基本生活领域分为六个方面，根据人的认识、行为表现，认为哪一种生活方式最有价值，把人的性格区分为理论型、经济型、审美型、政治型、社会型和宗教型六种。底尔太则把人分成官能型、英雄型和冥想型等三种类型。这种类型说是以人类社会意识形态倾向性作为出发点来划分性格类型的。他们没有考虑作为文化价值的社会矛盾和意识形态所具有的阶级因素，也不考虑人的个性倾向形成所依据的生活经历。

（四）按个体认知风格或独立性程度划分性格类型

按照个体认知风格或独立性程度划分性格类型是目前西方比较流行的分类方法。奥地利心理学家阿德勒（Adler）按照个体独立性程度将性格划分为独立型和顺从型。他认为独立型的人不易受外来事物的干扰，能独立地判断事物、发现问题、解决问题，易于发挥自己的力量；顺从型的人易受附加物的干扰，常不加批判地接受别人的意见，应激能力差。

美国心理学家魏特金（H. A. Witkin）根据人的信息加工认知方式不同，提出了性格的认知场（或认知方式）理论。他根据人们从事认知活动时表现出来的不同特点，认知方式是依赖环境还是不依赖环境，把人的性格分成场依存性和独立于场两种类型。他们认为这两种类型的人是按照两种对立的信息加工方式进行工作的。场独立型的人不易受外来事物的干扰，他们具有坚定的信念，易于发挥自己的力量；社会敏感性差，不善社会交往；有支配倾向，不易受暗示性。场依存型的人倾向于以外在参照物作为信息加工的依据。他们易受附加物的干扰，常处于被动、服从地位，缺乏主见，受暗示性强，社会敏感性强，善于社交，紧急时易惊慌失措，抗应激能力差。这是同一个性格维度连续体的两个极端类型。

卡根等人（Cagen，et al.，1964）又提出了另一种认知风格类型——冲动与沉思的性格类型。冲动（impulsivity）型是反应迅速，但精确性差，采取整体性学习策略；沉思（reflection）型是反应慢，但精确性高；两者在元认知知识、认知策略和学习能力上的差别显著。后来，奥尔特等人（Ault et al.，1972）对卡根认知风格加以改进，增加了快—正确型和慢—错误型两种，最终产生了四种认知类型：快—正确型，慢—非正确型，冲动型（快—非正确），沉思型（慢—正确）。

（五）按人格特征与职业选择的关系划分性格类型

美国心理学家 T. L. 霍兰德根据人格特征与职业选择的关系，把人的性格划分为六种类型。

1. 现实型：这种人重物质和实际的利益，而不重视社交。遵守规则，喜安定，但缺乏洞察力。希望有一个有明确要求、能按一定程序进行操作的职业。

2. 研究型：好奇心强，重分析，处事慎重，愿意从事有观察，有科学分析的创造性的工作。

3. 艺术型：想象力丰富，有理想，好独创。喜欢从事无序的、自由的活动。

4. 社会型：乐于助人，善社交，重友谊，责任感强，愿意从事教育、医疗等方面的工作。

5. 企业型：有冒险精神，自信而精力旺盛，喜欢支配别人，遇事有自己的见解。他们愿意选择从事组织和领导工作。

6. 常规性：易顺从，能自我抑制，想象力差，喜欢有秩序的环境。对重复性的、习惯性的如出纳员、仓库管理员等工作感兴趣。

（六）根据社会目的方向性和意志特征划分性格类型

苏联心理学家 Н. Д. 列维托夫依据社会目的方向性和意志特征把学生性格分为四种类型。

第一，目的方向明确和意志坚强的类型。

第二，目的方向明确，但在坚定性、自制力方面有某些缺陷的类型。

第三，缺乏目的方向性，但能克服困难的意志坚强的类型。

第四，缺乏目的方向性和意志薄弱的类型。

（七）按感觉寻求划分类型

20 世纪 60 年代，人格心理学家从感觉剥夺实验的研究中，发现人体内有一种寻求刺激的需要，有一种对外界信息刺激的渴求。这种人格因素称其为感觉寻求。

感觉寻求在不同人身上有所差异，可以划分为感觉寻求高低两种不同的类型。

感觉寻求强者，有对强刺激的忍耐力，喜欢冒险，行为不受约束；不分场合，尽情地宣泄自己的感情和欲望；活泼好动，精力充沛；不甘孤独，不甘寂寞，喜欢探讨外界的各种问题；有高创造力，越奇怪的东西越能引起他们的好奇心和探索欲望。

感觉寻求低者，不喜欢强刺激，回避危险；不愿从事冒险活动；耐受性差，很难忍受痛苦；言行谨慎，循规蹈矩；喜欢独处，过安静生活。

与此相类似，还有美国心理学家弗兰克·法利（Franck Farly）提出的T型性格。T型性格是一种好冒险、爱寻求刺激的性格特征。根据冒险行为的性质是积极还是消极，法利将T型性格又分为两种：①T^+型是积极冒险型（创造，建设性）；②T^-型是消极冒险性（破坏，黑社会性）。在T^+性格类型中又分为：体力T^+型，如喜欢攀岩、登山、极限运动者的性格类型；智力T^+型，如科学家和思想家的冒险与创新性的性格类型。

（八）按成就欲高低划分类型

福利德曼和罗斯曼（Friedman&Rosenman，1974）在研究心脏病与人的个性特征关系时，把人的性格划分为A型与B型两种。

A型性格：性格急躁，缺乏耐性；成就欲高，上进心强，有苦干精神；时间紧迫感，竞争意识；动作敏捷，说话快，生活处于紧张状态；社会适应性差，属于一种不安定性的性格；

容易得冠心病，概率是B型人格的人的两倍多。

B型性格：性情温和，举止稳当，对工作和生活的满足感强；悠闲自得，喜欢慢节奏的生活，可以胜任需要耐心和谨慎思考的工作；处事有耐心，容忍力强，很少敌意，反应平稳，情绪稳定。

第三节　性格的形成

个人性格的形成是在他生活的社会环境影响下，由不稳定到定型的过程。

人经常接触的客观环境包括自然环境和社会环境两个方面。自然环境对人的性格形成有一定影响，而起决定作用的则是社会环境。

人生活的自然环境对其心理会产生深刻的影响。其影响作用既可以是积极的、也可以是消极的。一些边远地区，由于环境恶劣、交通不便，封闭的环境中，使人形成了闭塞、保守、不思进取的性格特征。在城市，人们往往会扩大交往，易形成开放、进取的性格。气候因素对人也有影响。例如，居住在我国东北边境、呼伦贝尔草原上的鄂温克族，世代以放牧为主。由于游牧的生活方式以及战胜自然灾害的需要，形成了好客、善良、慷慨、大方，具有强烈的同情心等性格特征。

家庭是社会的基本单位。家庭是一个人人格的形成和发展具有非常重要的影响，家庭是"制造人类性格的工厂"是培育个体性格的摇篮。社会上各种关系往往通过家庭影响着儿童，在他们的幼小心灵里打上深深的烙印。在旧社会，有些儿童随同父母长年劳累，食不果腹，衣不遮体，受尽了剥削者在政治、经济上的压迫和奴役之苦。因此，在他们幼小心灵中萌发了对剥削者、压迫者的痛恨和反抗的怒火，从而逐渐养成坚毅性、自主性的性格特征，对劳苦群众表现出极大的同情心。而那些随着父母整日过着剥削阶级的那种锦衣玉食、骄奢怠惰生活的儿童，也学着父母，以压迫者自居，在他们身上就可能逐渐形成蛮横、妄自尊大、好逸恶劳、依赖性等性格特征。

父母对子女的教育方式对其性格形成有重要影响。主要有三类教养方式会形成不同的性格特征：①权威型：对子女过于支配，孩子的一切由父母控制。孩子表现通常是：消极、被动、依赖、服从、做事缺乏自主性。②放纵型：父母对子女过于溺爱，甚至达到失控状态。孩子表现通常是：任性、幼稚、自私、无礼、独立性差。③民主型：尊重孩子，给孩子一定的自主权和正确指导。孩子表现通常是：活泼、快乐、直爽、自立、善于交往、富于合作。

家庭气氛和父母榜样以及儿童在家庭中处在什么地位，也会影响他们的性格。例如，父母对待子女不公平时，受偏爱者可能有洋洋得意、高傲的表现；受冷落者则容易有忌妒、自卑等表现。家庭气氛轻松、愉快、民主、和谐，有利于形成孩子的安全感、生活乐观、愉快、信心、待人和善等性格；相反，家庭气氛紧张、冲突、破裂，容易使孩子缺乏安全感、情绪不稳定、紧张、焦虑与敌意与对抗的性格。父母在教育孩子的过程中，表现自己的性格，潜移默化地影响和塑造了孩子的性格。

苏联心理学家 A.T. 科瓦列夫分析了角色在性格品质形成中的作用。

他对两个同卵双生女进行了四年的观察。这对双生女的外貌非常相似,在同一个家庭中长大,从小学到中学,直到大学都在同一个学校,同一个班读书。她们虽然始终在相同的环境中长大,但在性格上两个人则有明显的差别。姐姐比妹妹善谈吐,好交际,也比较果断和主动。在谈话和回答问题时,总是姐姐先说,妹妹只是作补充。后来了解到,姐妹俩在性格上形成这样大的差异的原因之一,就是家长一直责成姐姐照顾妹妹,对妹妹的行为负责,并首先完成大人交给的任务。于是,就使姐姐较早地形成了独立、主动、善交际、处理问题果断等特点;妹妹则养成行为被动,缺乏主见,好依从于人的性格特征。可见,角色的作用也是重要的。

不能把个性形成和发展的原因仅仅归之于家庭,学校教育对儿童性格的形成和发展也起很重要的作用。

学校是通过各种活动有目的有计划地向学生施加教育的场所。学生在学校不仅掌握一定的文化科学知识,也接受一定的政治和道德教育,学习为人处世的方法,形成了自己的性格特征。

教师既教书又教人,在传授科学知识的过程中培养学生有明确目的的、连续的、有条理的工作作风,激励他们奋发图强以拼搏精神刻苦学习,在克服困难中能够培养他们坚毅、顽强的性格特征。学习本身也是一种艰苦的劳动,通过学习活动也能够发展学生的坚持性、自制力、主动性和独立性等良好的性格特征。

学生在班集体中生活,集体的特点、要求、舆论和评价,以及集体活动等,对学生性格的形成和发展都给予具体影响。但不是任何班集体对学生性格的形成都发挥积极作用。班集体必须在教师的指导下,有正确而又明确的目的性;挑选出合适的班干部,组织起领导核心;建立起民主气氛,发扬正气,能与不良倾向作斗争;对它的成员有严格要求,使集体成员既有积极性、主动性又能自觉遵守纪律。只有这样,才能促使该集体的成员形成优良的性格特征。

有的心理学家研究了班级指导对"角色"加工的意义。实验是在小学五年级有47名学生的一个班上进行的。教师挑选在班级中地位较低下的8名学生,任命他们为班级委员,在他们完成工作任务的过程中给予适当的指导。追踪研究这些孩子在班级中所处地位的变化和性格特征变化的情况。一个学期过后进行测定,发现他们在班级中的地位有显著变化。从前,他们一向不被人重视,而当他们在教师指导下,担任一个学期的班级委员之后,班上第二学期选举时,这8名学生中有6名又被选为班级委员。另外也观察到这 6 名新委员在性格方面，诸如自尊心、安定感、明朗性、活动能力、协调性、诚实性、责任心等特征都有所变化。以全班的统计来看，原来不积极参加班级活动的孤独、孤僻的儿童比例也大大下降了。整个班级的风气也有所改变。

人们长期从事的特定职业对其性格的形成和发展也有重要的影响。如教师观察问题的敏锐性，对人态度和蔼，遇事沉着、冷静；医护人员的工作耐心细致、沉着安静、有同情心、富有救死扶伤的革命人道主义精神；文学艺术工作者的明快、创造性、感情丰富；科学家的求实精神、严谨性、独立性；工人和农民的吃苦耐劳、朴实和顽强；政治家的不怕挫折；科学家的好奇喜欢研究；律师的重视公平；会计的谨慎、严谨、刻板等。都是在他们从事该种职业活动中，逐渐形成在该实践领域所需要的行为方式和性格特征。

性格形成是一个十分复杂的过程，它不仅受社会环境的制约，人也是积极活动者，人在接受环境影响的同时，个人的主观因素、心理条件也在积极起作用。自我调控系统是个性中的自控系统，外界环境的作用，要通过自我调控系统起作用。每个人都是他（她）自己性格的工程师。每个人都是在塑造着自己的性格。影响性格形成的心理条件大致有以下几方面：

1. 心理状态是从心理过程，向个性心理特征转化的中间环节

任何一种心理过程发生时，总是伴随有一定的心理状态。心理状态在心理生活中是比心理过程更加稳定的现象。它是在一定时期内能够表明各种心理过程的一种特殊的暂时的状态。例如，心境、激情、聚精会神、漫不经心、进退维谷、积极、消沉、沮丧等都是心理状态。当这些心理状态多次重复出现，从而逐渐实现心理过程向个性心理特征的转化时，心理状态便由暂时性转变成稳定性。于是"积极""果断""消沉""沮丧"等便成为性格的特征。可见，强化和巩固那些积极的心理状态，抑制和消退那些不良的心理状态，是形成良好性格特征的一个必要条件。

2. 动机的泛化和系统化，以及相应行为方式的巩固是性格形成的基础

性格是在受情境制约的动机的基础上逐渐形成的。这种由某种情境所激发起来的动机，开始只限于具体情境的狭窄的范围，后来随着类似情境的不断出现，人就以类似的行为方式重复地反应。于是，这种情境性的动机在一定条件下便发生泛化，由最初的某一情境而扩展到类似情境中去，并成为在个体身上巩固下来的、带有普遍化性质的动机体系。这种动机体系和特定行为方式的融合，就形成稳定的性格特征。例如，学生的劳动动

机，开始只是指向个别场合和具体的活动，如收拾玩具、打扫房间、教室或院子等，以后指向一切类似的行为方式，于是就形成了"勤劳"的性格特征，所以，培养良好的动机以及形成巩固的行为方式，是形成良好性格特征的又一必要条件。

3. 解决一系列心理矛盾，是性格形成的重要条件

在每个人的性格形成过程中，会碰到一系列的矛盾和冲突，其中如社会生活的新要求与原有心理水平的矛盾；各种相互抵触的影响和要求所引起的心理冲突；认识和行为习惯的矛盾；新旧行为习惯之间的矛盾等。只有解决这一系列的心理矛盾，才可能形成良好的性格特征。以儿童纪律性特征形成来说，就要解决以下四个阶段的矛盾：①已有的认识与新的纪律要求之间的矛盾，提高认识是这个阶段的主要任务；②对行为准则的正确认识与良好愿望之间的矛盾，将初步认识转变为个人行动，是这个阶段要解决的主要矛盾；③新的良好愿望与旧的不良行为习惯之间的矛盾，克服不良习惯的干扰，使良好愿望付诸实现，是这个阶段的主要任务；④儿童初步的自觉纪律行为与客观更高要求之间的矛盾得到解决。可见，性格的形成过程，是一系列矛盾运动的过程。

第四节　青少年的性格特点

性格特征在不同年龄的人身上有年龄差异，在某一年龄阶段有着典型的特点，了解这些差异和特点，是性格培养的一个重要依据。总的说来，人的性格的发展分为三个阶段：学前儿童特有的性格以直接决定于具体生活情境为特征。学龄初、中期为稳定的内外行动阶段但仍为塑造性格阶段。学龄晚期为内心制约行为阶段，对现实的态度稳定了，行为方式定型了。下面着重分析青少年的性格特点。

一、少年性格的主要特点

（一）少年自我意识的发展

自我意识主要包括自我感觉、自我判断、自我评价、自我调节、自信、自尊等。自我意识发展的水平是性格发展的标志之一。少年的自我意识发展有如下特点。

少年时代和儿童时代相比，自我意识发展到新的阶段。他们逐渐能较自觉地认识和评价自己的个性品质、内心体验或内部世界，并能较独立地

支配和调节自己的行为活动。少年对别人的评价已不像儿童那样只停留在人物具体的行为表现上，他们已越来越注意人物的内心世界，常常从一个人的外部举止行为分析评价其内心世界和性格特征。少年从学会评价别人开始，逐渐学会以别人为借鉴自觉地评价自己。他们通过对比和比较，不仅了解别人的性格特征，也能较好地评价自己的性格特征。这对少年的心理发展具有重要意义。因为少年对自身的发展能够提出要求，这就可以更有效地接受社会和教育的影响。

少年的自我评价常常缺乏客观性，比较简单，容易片面地看待自己。特别是在评价时，少年对别人比对自己更有批判力。他们还很幼稚，缺乏生活经验，但又怕别人认为自己缺乏独立性或怕别人说自己也有类似的缺点。还存在"明于知人，黯于知己""严于责人，宽以律己"的偏向。

（二）对行为支配和调节的独立性在增强

少年希望自己成为独立而又有主动精神的人，尽管他们对许多有关意志品质的概念还不太清楚，如对独立性和纪律性、积极性和坚毅精神、大胆和谨慎等的区别辨不清，但他们却尊重具有果断性、大胆和主动精神的人。他们自己也能显示出在完成活动任务中所必要的坚毅精神、自制能力、果断、精力充沛和刚强等性格特征。

少年有较强的"成人感"。他们主观上过高估计自己，认为自己已经长大了，忌讳别人像对待小孩子那样照顾自己。他们有很强的自尊心，宁愿承担比较艰巨的任务，常常表现出不畏风险，不怕困难，敢想敢干，见义勇为的性格。如果缺乏教育和指导，他们也会缺乏耐心、毅力，表现出任性、蛮干、粗鲁、固执、自高自大等不良性格特征。

少年的独立性还表现在他们已能用批判的眼光看待周围事物。他们已经不轻易地迷信和盲从教师和父母的权威，对教师和父母的威信提出更高的要求。忠于职守精通专业的教师能赢得他们的尊敬，父母的崇高的社会品质和道德面貌可以引起少年的自豪和爱戴。相反，有的教师和父母在少年的心目中也可能失掉威信。

（三）道德理想形成是少年性格发展的另一特点

小学儿童只有一些较模糊的、对未来生活的想象，还谈不上有真正的理想。从少年期起，道德理想才逐渐形成和发展起来。他们已能从具体人的形象和概括性的形象两个方面选择行为范例。例如，少年把方志敏、刘胡兰、董存瑞、邱少云、罗盛教、刘文学、雷锋等革命先烈以及科学家、文学家、艺术家等的形象作为自己道德效仿的榜样，模仿学习他们的英勇、机智、坚定、热爱祖国、热爱科学、热爱劳动等个性品质。

少年对理想中的人物有强烈的模仿倾向，而这种模仿还带有表面性、不稳定性和不善于正确选择的弱点。因此，少年的道德理想还有待于进一步发展。

二、青年性格的主要特点

青年期年龄跨度较大，一般从十四五岁到二十三四岁。我们这里主要说的是十五六岁至十七八岁这一年龄阶段。这一阶段也叫青年初期。

（一）青年自我意识的发展

自我认识、自我评价的能力，青年比少年有更进一步的发展。

自我意识的发展是和人的一般意识的发展相联系的。对别人的认识和评价能力的高低，可以作为衡量自我意识发展水平的一个标志，根据对人物道德评价能力的研究，可以看出中学生的自我意识，特别是自我评价能力发展的趋势。如表 12-2：

表 12-2　中学生道德评价能力的比较

评价能力 ＼ 年级	初中生	高中生
通过现象揭露道德行为本质的能力	24％	49.8％
全面、历史的评价能力	54.5％	87.2％
分清主次，一分为二的评价能力	59.8％	72.3％
对具体问题作具体分析的能力	18％	51％

这项研究表明初中生对道德行为的评价能力已得到发展，到高中阶段从人数的比例来看已大大增高。这可以从一个方面说明高中生的自我意识在发展。

青年对自己的认识和评价更自觉、更深刻，要求也更严格了。他们一般都能够提高到具有概括性的个性品质来分析自己，如评价自己是意志坚强还是意志薄弱，是勇敢还是怯懦，具有原则性还是失去原则性，等等。他们已经能够根据政治和道德的标准来分析、评价自己，例如评价自己有集体主义观念或是个人主义严重，富于政治热情或政治热情不高，立场坚定或立场动摇，等等。由于他们能够自觉地认识和评价自己的性格特征，因而调节和控制自己行为的能力也逐渐增强，能够更好地锻炼自己，进行自我教育。当然，青年的自我意识还不十分成熟，有的不能抓住本质特征来评价自己；有的自我批评的态度还没有形成；也有的表现出"高傲""自命不凡"或"自卑"的态度。

（二）行为的目的性更明确，独立性、自制力和坚韧性在增强

青年的行为比少年的行为明显地表现出有明确的目标。他们在行动时，能使个别目的服从于主要目的，并能为达到目的而坚决斗争。青年行为的明确目的性是和他们的世界观的形成以及动机的深化相联系的。

青年的独立性比之少年有明显发展。青年初期已能够独立地从事工作、劳动和学习。许多青年在学校和社会活动中能够在教师指导下独立地组织和领导某项工作。他们在工作中表现出求新的志向，有创造精神，善于思考，遇事总要问一个为什么，喜欢用批判的眼光看待周围发生的事情。

青年比少年有更强的自制力。在少年时期，学生的果断性和主动精神中常常伴有急躁或慌张的情绪，而青年则能比较细致地考虑问题。青年和少年同样具有勇敢精神，认为怯懦是可耻的。但是青年较之少年，他们的勇敢行为中更少蛮干或胡闹的表现。他们喜欢同别人争论问题，但可以不信口开河；他们情绪激昂善于冲动，也可以不感情用事。青年能意识到责任的重要，因而做事的耐力和坚韧性比少年也有很大进步，他们遇到困难时，也力争有始有终，坚持到底而最终完成活动任务。

第五节　性格的鉴定和培养

一、性格鉴定

从性格鉴定中获得的资料是家庭、学校对儿童进行教育的重要依据之一。由于性格这一心理现象的复杂性，性格鉴定往往需要用多种方法，进行多方面的探讨。现将主要方法列举如下：

（一）行动观察法

这种方法是在被了解的对象处于正常的学习、生活、工作、娱乐活动中，主试者有目的、有计划地从被观察者的行动、语言、表情等方面去收集材料，并分析、研究、鉴别被试的性格特征的方法。有人也称此为轶事记录法。

（二）自然实验法

实验室的情境脱离社会过于人工化，对性格的研究和鉴定来说，有它的局限性。而自然实验法保持着在各种科学中所应用的实验法的一切特点，

但它又是在被试者处在游戏、学习、劳动、社会交往等自然活动条件下进行的实验。它把心理学实验和个人的正常生活联系在一起，把观察法的自然性和实验法的主动性结合起来，使被试不疑心自己是在接受心理实验，能较好地控制被试主观因素的影响。因此，它是性格鉴定中常用的一种方法。苏联心理学家阿格法诺夫为研究儿童的勇敢品质设计了"拾柴火"的实验：对象是某保育院的 40 个儿童，实验时把一些湿柴放在离宿舍不远处，干柴放在山洞里。在冬天的夜晚要求儿童取柴烤火，发现有的很勇敢，到山洞取柴，有的埋怨、害怕，宁愿就近取柴。经过教育之后，去山洞的孩子逐渐多起来了，但仍然有半数儿童没什么变化，9 个月时间了解到儿童勇敢方面有显著的差异。又如，对于一个不喜欢也不善于管理自己，缺乏应有的责任感的学生，教师可使他担任一种负责的助手工作，并注意观察这种信赖如何提高学生的责任感。这既能鉴定学生的性格特征，又能了解学生性格的形成和发展。

（三）调查法

性格鉴定中采用调查法就是通过多种途径搜集、研究被试的有关材料，从而对其性格特征作出鉴定的方法。它的主要方法和途径有：

谈话法：是一种口头调查的方法。这是通过相互交谈的方式搜集材料，用以确定和判断一个人性格特征的方法。

问卷调查：是一种书面形式的谈话。问卷调查是指由研究者提出与研究课题有关的问题，要求教师、家长、同学、朋友、学生本人或其他人提供书面材料，从中分析研究性格特征的方法。

自由写作法：是书面调查的一种形式。这是由主试拟定一些同确定性格有关的作文题目，如"我怎样自修""我最爱做……""我喜欢……""我的性格的形成"，等等，让被试按照要求自由写作，从而在一定时间内有可能获得多种多样的材料。

此外，收集活动产品（如日记、书信、自传、保留的纪念品、书面作业、借书卡片等），利用教育工作者和学生家长对儿童的观察材料（如成绩单、教师日记、教师评语、教育工作经验总结等），这些都是了解学生性格材料的丰富源泉。

（四）性格测验

性格测验是西方心理学界广泛采用的一种方法，近年来我国心理学界也在采用这种方法。

性格测验的方法主要有问卷法、作业法和投射法三种形式。

图12-1 卡氏十六种性格因素测验轮廓型（一个被试轮廓）

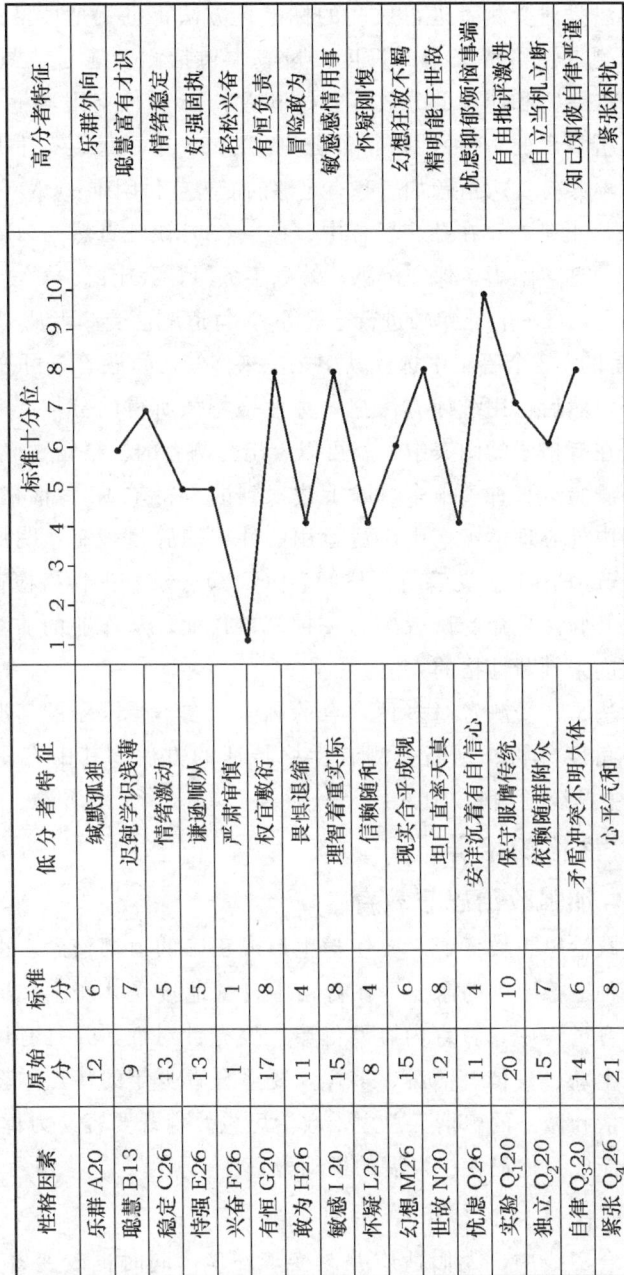

性格因素	原始分	标准分	低分者特征	标准十分位	高分者特征
乐群 A20	12	6	缄默孤独	6	乐群外向
聪慧 B13	9	7	迟钝学识浅薄	7	聪慧富有才识
稳定 C26	13	5	情绪激动	5	情绪稳定
特强 E26	13	5	谦逊顺从	5	好强固执
兴奋 F26	1	1	严肃审慎	1	轻松兴奋
有恒 G20	17	8	权宜敷衍	8	有恒负责
敢为 H26	11	4	畏惧退缩	4	冒险敢为
敏感 I 20	15	8	理智看重实际	8	敏感感情用事
怀疑 L20	8	4	信赖随和	4	怀疑刚愎
幻想 M26	15	6	现实合乎成规	6	幻想狂放不羁
世故 N20	12	8	坦白直率天真	8	精明能干世故
忧虑 Q26	11	4	安详沉着有自信心	4	忧虑抑郁烦恼事端
实验 $Q_1$20	20	10	保守服膺传统	10	自由批评激进
独立 $Q_2$20	15	7	依赖随群附众	7	自立当机立断
自律 $Q_3$20	14	6	矛盾冲突不明大体	6	知己知彼自律严谨
紧张 $Q_4$26	21	8	心平气和	8	紧张困扰

问卷法是对受测者进行质问的标准化方法，也就是性格量表法。所谓量表是指测量性格特征用的尺度。量表中包括测验题目、题目排列次序、测验的标准答案和应用的分数等。如卡特尔 16 种性格因素量表，他根据其用因素分析找出的 16 种性格特征分别编成 16 组，每组有十几个问题，每套测验问卷共有 187 道题如［我有足够的能力应付困难：（A）是的，（B）不一定，（C）不是的；在社交场合中，我：（A）谈吐自然，（B）介乎 A 与 C 之中，（C）息声隐影，保守沉默；筹划事务时，我宁愿：（A）和别人合作，（B）不确定，（C）自己单独进行，等等］，每道题让受测者从"是的""不一定""不是的" 3 个答案中选择其中之一来回答。每题答案可分别得 0 分、1 分或 2 分，然后运用统计方法把每种性格特征所得的分加起来，并换算成标准分填在有格子的图表中，就可以看出受测者的性格轮廓（见图 12-1）。

性格测验量表种类很多，除上边谈到的卡特尔 16 种性格因素量表外，目前在国内外心理学工作中广泛运用的性格测验量表有：明尼苏达多项人格调查表（MMPI）、艾森克人格问卷（EPQ）、Y—G 性格检查表等。

作业测验法是让受试者进行一种简单作业，从作业的质和量，以及对作业的态度来判断性格的方法。

投射法是让受测者对多种含意的刺激，在不受限制的情况下，由实验者从某种角度分析、判断受测者性格特征的方法。其中有罗夏墨迹测验（RIT）、主题统觉测验（TAT）等。

二、性格的培养

（一）加强政治思想教育

通过政治思想教育不仅要使学生形成正确的道德信念，也要使学生产生遵守这种道德原则的需要，在行动中自觉地接受共产主义道德原则的指导。在教育过程中，教育内容要健康，要有针对性，并具有说服力；教育的形式要生动、具体、活泼、多样，要适合青少年的特点；教育者要充满真挚、热情和诚恳的感情。总之，政治思想教育既要容易为青少年所接受，又要有可能成为他们性格发展的推动力量。

（二）在社会实践中培养

在社会实践中，人们适应并改变着环境，同时也改变着自己。因此，社会实践是培养学生接受正确的道德原则和使它变为习惯化的行为方式的有效途径。学生的社会实践包括社会政治活动、各种形式的劳动、科技活动及其他实践活动，等等。组织学生参加适当的社会政治活动，可以使他们经受锻炼，提高思想觉悟，逐渐培养起原则性、坚强、沉着、勇敢等性格特征；引导学生适当参加力所能及的美化校园及工农业劳动，不仅能使他们养成热爱劳动人民的思想感情和热爱劳动的习惯，并能从中培养锻炼他们具有坚韧顽强、艰苦朴实、勤劳勇敢等性格特征；参加青少年科技站的活动，也是培养学生从小热爱科学、追求真理、坚韧顽强、不怕挫折、实事求是等良好性格特征所不可缺少的措施；严格的生活制度可以使学生逐渐形成遵守纪律的习惯；在集体活动中，遵守一定行为准则的要求和接受集体舆论的影响，对性格的形成也有重要作用。

如果已经形成了不良的性格倾向，习惯了不符合社会要求的行为方式，就要有决心去改造它。在改造不良性格倾向的过程中，会出现正确与不正确态度的斗争，还会出现正确认识同不正当行为习惯的矛盾斗争。教师应该认识到这种斗争的必然性。在斗争中还免不了有反复。教师必须善于处理这种反复，在反复斗争的实践中，帮助学生不断克服消极因素，增强积极因素。

（三）家长和教师应该给学生树立良好的榜样

家长和教师的榜样和示范，在培养学生良好性格方面有重要作用。教师应该是德才兼备和具有良好性格修养的人，要以身作则，成为学生的表率。此外，教师还应该通过其他宣传教育方式，以英雄形象和先进典型作为学生模仿的榜样。据研究，榜样对于学生形成道德行为有显著作用。第一，启示作用，启发和推动学生从不愿意做好事或未想到做好事而到主动地去做好事。第二，控制作用，使学生自觉控制那些不符合榜样标准的想法和行为。第三，调节作用，当学生正在做好事，突然出现诱因的干扰，将要中断做好事时，榜样能使学生自觉排除干扰，重新调整行动，坚持把好事做完。第四，矫正作用，使学生用榜样对照自己，改正缺点。

（四）个别指导

青少年不仅存在性格发展的一般特点，也存在个别差异。因此，教师不能只满足于开展一些大面上的教育活动，也要有针对性地个别施教。

第一，对不同性格类型的学生都需要个别指导，帮助他们扬弃不符合社会要求的性格品质，激发其符合社会要求的性格品质。对于性格上已经形成比较明显不良特征的学生，需要帮助他们明辨是非，启发他们树立上进的要求，培养他们的自制力和克服困难的品质。对比较优秀的学生，也要注意防止他们养成傲慢、不虚心等性格特征。

第二，根据学生的性格特征，采取灵活而有原则的方法进行个别施教。

如对固执的学生，要使他认识固执带来的危害，懂得在真理面前善于修正自己的错误意见和勇于改正错误行为，并使之明白这是性格修养问题，对于具有自卑感的学生，如果发生问题，教师应尽量不用过多的批评语言指责他，应更多地用婉言规劝的方式热情帮助他，鼓励他进步。这种学生如有好的表现，就及时予以表扬，使他看到自己的长处，相信自己的力量，增强自信心，克服自卑感。

（五）性格的自我培养

1. 树立"雄心壮志"

雄心壮志具有一定倾向性和目的明确性，它赋予人以一种积极、稳定、持久和坚毅的品格。

2. 确立远大而崇高的目标

远大目标是前进中的巨大动力。追求的目标要从实际出发，要把长远的目标和阶段性的愿望结合起来。光有长远目标，不易看到成果，会丧失达标的信心，如果目标定得太近、太低，轻易就能达到，日久天长，也会失去兴致。

3. 在行动中勇于克服困难

在人生道路上，困难与挫折就像一座必须通过的桥，只有从这座桥上过去，才能到达成功的彼岸。有明确的目的、自觉的行动，能使人在困难中认识人生和驾驭人生，能主动地靠自己的理智面对失败和挫折，能冷静地认识和分析困难，以乐观积极的态度面对现实，从失败挫折中吸取教训，最终战胜困难和挫折而形成完美的性格。

4. 建立美好的自我意象

每个人都有有关自我形象的意识。有的人喜欢自己，爱自己，觉得自己是生气勃勃的，做什么事都是信心十足的；而有的人则认为自己无能、无知，做什么事都觉得自己不如别人，前者是良好自我意象的表现，后者则是不良自我意象的表现。

良好的自我意象可以催人奋进，信心倍增，可以轻松愉快地完成工作任务。当一个人认为自己缺乏能力，真的不如别人，一事当前，首先在精神上崩溃，那么在工作上当然就不会有好的效果。所以，要培养自信、自爱、自尊、进取、勇敢的性格，就要接纳自己，建立起美好的自我意象。

第十三章
智育心理及其应用

前面几章系统地介绍了心理学的基本概念和理论，本章与后两章主要结合中小学实际从几个方面谈谈心理学在教育工作中的应用。

第一节 学习的动机

动机是指激发、引导、维持并使行为指向特定目的的一种力量。它由人的生理和社会需要所引起，是激励人去行动以达到一定目的的内在原因。动机一旦引起，个体就会对某种事物表现出一定程度的兴趣、主动积极的情感和态度、良好的注意力以及克服困难的意志努力，从而发动并维持其行动的进行。

学习动机是直接推动学生学习的内部动力，它是一种对学习的需要，这种需要是社会和教育对学生学习的客观要求在学生头脑里的反映，贯穿了整个学习活动的始终。

一、学习动机的复杂性

由于学习动机是在生活条件和教育影响下形成的，因而不同的学生有不同的学习动机。就是同一个学生，支配其学习活动的动机也往往不止一个；而且随着年龄的增长以及环境的改变，动机也在不断发展变化。另外，一个人的多种学习动机可能彼此一致、互相补充，也可能彼此矛盾、相互冲突，这就构成了学习动机的复杂性。

如此复杂多样的动机如何分类？从动机的社会意义来看，学生的学习动机可分为高尚的、正确的动机与低级的、不正确的动机；从动机与活动目标的关系来看，可分为直接的近景性动机与间接的远景性动机；以动机在活动中所起作用的大小可分为主导性动机与辅助性动机；而如果以动机的来源为依据则可以分为内部动机和外部动机。前者是由于对学习活动本身的兴趣而引起的，学习本身就是目的；而后者则是由外在诱因如父母的奖励、老师的表扬等引起的，动机的满足不在活动之内而在活动之外。学习者不是对学习本身感兴趣，而是对学习所带来的效果感兴趣，学习对他们而言只是达到某种目的的手段而已。

对学习动机的上述划分是相对的，事实上并不是所有学习动机都能分成正确与错误或高级与低级，动机的社会意义往往因社会标准和儿童年龄水平而异；直接近景性动机与间接的远景性动机是相互联系、互为补充的，两者有机结合既构成阶段性的近期目标，又有能将学习导向未来意义的远景目标，因此成为推动学习的巨大动力；主导性与辅助性动机也可以相互转化而非一成不变，在某个阶段占主导地位的动机在下一个阶段可能退居后位，反之亦然。比如一个刚刚转学到一个新班级的学生，其最初的主导性学习动机可能是证明自己、表现自己、获得老师的宠爱或者为自己在班级赢得一定的地位。当这些目标达到以后，其主导性动机可能又变为对学习活动本身的内部动机；内部动机和外部动机的关系也可以辩证地来看待。一个学生可以是外部动机和内部动机都比较高，也可能是二者都低，还可以是其中一种高、另一种低，从这个意义上讲，内部动机和外部动机是两个相对独立的维度，并非一个维度的两极。换个角度来看，当学生从事某一项新的学习活动时，由于并不了解所以刚开始可能是由外部动机所激发的；到后来随着了解的逐步加深，渐渐发展出一定的兴趣，则外部动机又可以变为内部动机。

学习动机既然是学习的动力，则动力的方向和大小自然会影响学习的质和量，但学习动机与学习效果之间并非总是一一对应的，学习动机对效果的影响还取决于许多中介因素，如智力水平、知识基础、方法策略、身体状况等。举例来讲，有的学生本身有很强的学习动机，但是由于学习不得法或环境条件的限制，学习效果可能并不理想；但是有的学生可能学习动机较低，但因为他们头脑聪明、讲求学习策略，反而可能在短期内取得较好的学习成效。不只是学习动机会影响学习效果，反过来学习效果也会增强或减弱后续学习的动机。学习效果具有内在反馈作用，积极的反馈无异于是对以前学习行为的肯定和认可，带来满意的强化；而如果你在某一门功课上倾注了很高的热情也投注了大量的精力，然而一直收效甚微，你后续的学习动机自然会受到影响、有所减弱。

学习动机的复杂性还表现在，学生对自己的动机在意识中可能是明确的、具体的，也可能是模糊的、缥缈的；有时学生虽能明确地说出自己的动机，但并不理解其意义；还有的学生自己所表述的学习动机与他内在的真实动机并不一致。可见，了解学生的真实动机是很难的。困难不仅在于学习动机的内容与表现形式的复杂多样，还在于学生自己意识到的动机与他所说出来的动机，以及真正起作用的动机三者有时是不一致的。这种不一致可能是由于学生自我意识的发展水平不够，也可能是出于社会道德规范的考虑。

因此，对一位教师而言，了解学生真正的学习动机是一项重要又艰巨的工作，因为在此基础上老师才能对症下药、因势利导。上述学习动机的复杂性提醒老师在评价学生的学习动机时，既不能只看学习成绩，也不能只根据谈话或问卷所得的材料做出结论，而应当采用多种方法与途径，特别是要根据学生的学习态度（包括对各种学习任务、对成绩、对竞争、对后进者以及对物质与精神鼓励等的态度）和各种实际的学习行为表现来做出判断。至于学习的积极性和学习效果只能当作参考，因为它只能表示学习动机之有无和强弱，而不能表明学习动机的内涵和方向。

二、影响学习动机形成的因素

学习动机的形成过程受主客观两方面因素的影响。

（一）社会生活条件和教育是影响学习动机的主导性因素

一个国家对科学文化的要求和社会风气对学生学习动机的形成有重要的影响，它奠定了一种是否重视学习的背景氛围。可以说学生的学习动机是社会要求的反映，而社会要求主要通过家庭和学校教育以教学目标的形式提出，因此儿童的学习动机在很大程度上体现了父母和老师的期望与要求。在一般情况下，家庭和学校教育对学生学习动机的培养和激发起主导作用。如果家庭、学校和社会教育是一致的，学生原来已初步形成的正确动机可以得到巩固、深化，原来的错误动机亦能得以矫正；而如果家庭、社会的要求和学校教育之间不一致，则会彼此抵消或破坏，使得学生在这几者之间无所适从，甚至形成有偏差的学习动机。

（二）学习动机随着年龄和知识经验的增长而发展

研究表明，学生在不同年龄阶段，其主导性的学习动机是不同的。学龄初期，学生的学习更多地受直接兴趣以及教师和父母的具体要求的影响，以直接的近景性动机为主。少年期学生的学习兴趣更为多样和分化，责任感和荣誉感也逐渐增强，因而促进了学习动机的深化。到了青年初期，随着知识经验的增长、世界观的逐步形成，学生更自觉地意识到学习的社会意义，其主导性动机就更有社会性。此时，间接的远景性动机和直接的近景性动机都发展到更高一级的水平，变得更加稳定、持久而深刻。

（三）个性特点对学习动机的形成也有一定影响

学生的学习动机是他的道德品质在学习方面的具体体现。一个觉悟高、品德好的学生其学习动机必然是正确的。在一般情况下，学习动机与道德品质是一致的。

学生的意志品质能影响学习动机形成的难易和速度；学生兴趣爱好的广度和深度能影响学习动机的稳固性和深刻性；学生的性格以及智能发展水平也能对动机的形成产生一定影响。

三、学习动机的培养与激发

正确的学习动机不是自发产生的，是在有计划、有组织、有目的的教育下，逐渐培养起来的。学习动机的激发是在学习过程中实现的，通常有下列途径：

（一）以新颖的教学方法和有趣的教学内容来增加学习的内在吸引力

教师可以采用很多方式来引发学生对学习活动的兴趣。首先可以用与课程内容相关的现实问题作为导入来吸引学生的注意。有一位地理课的老师在开始某个小岛的地理环境这个单元时，他拿出一张虚构的小岛地图，在这上面有湖、河流、山、海湾等一些自然地貌，还有关海拔高度、降雨量以及季节平均温度等信息；然后他对学生说，"现在，想象我们班被送到这个岛上并要在上面定居，我们有关于岛上气候和自然地貌方面的一些信息，那么我们应该首选哪个地方来安营扎寨呢？"以这样的问题作为开始不仅很好地抓住了学生的兴趣点，而且能让学生感受到知识的实用价值，从而提高内部动机。

其次，老师还可以利用"认知失调"来激起学生的好奇心。所谓认知失调是指一个人的一种认知与自己先前一贯的认知之间产生分歧，而由于两种认知之间的相互对立又让个体产生不舒适感和不愉快的体验。学习的认知理论指出，个体都有理解外部世界并获得一种控制感的需要，而认知失调恰好是让学生的这种基本需要形成了一种缺口。两种同时存在而又相冲突的认知恰恰是一种激发个体去探求真理或修正已有认知使得二者趋于一致的原动力。在教学实践中，有越来越多的老师开始应用这种方法。比如物理老师用纸锅烧水，学生观察到水已经烧开了但是纸却仍然完好无缺，这就与学生原有的经验——纸会被火点燃——相冲突；化学老师在讲水的电解时说到，"以前我们知道水可以灭火，那水可不可以生火呢？今天我们要看的就是如何用水生火的现象。"这些导入课程的方式使得学生的认知形成了一个巨大的缺口，他们各自的心里都有个大大的问号；有了这种好奇心，学生求知欲也就相应提升了。

此外，老师还可以通过"知识个体化"的方式来提高同学们的兴趣。个体化就是运用在认知上或情感上与个体产生关联的例子来阐明某个主题。比如"民族主义"的概念距离中学生的实际生活是比较远的，因此它就不可能对学生具有内在的吸引力；但是学生们对于他们对自己所属小团体的忠诚却是深有体会的，因此老师就可利用这种对小群体的忠诚体验来与第一次世界大战前欧洲人民对他们国家的感情做类比。富有成效的老师就是这样通过个体化的方式帮助学生看到距离自己生活很远的事情或者一些抽象生涩的概念是如何与他们现在的生活之间发生联系的。

（二）给学生提供及时而具体的反馈以激发进一步努力学习的动机

及时而具体的反馈可以让学生了解自己的学习成效，并为进一步学习提供必要的信息。有许多研究都一致表明了反馈对学习的巨大影响，比如有针对性的评语比那些仅仅是等级的评定或千篇一律的评语对学生有更大的激励作用；表明能力有所提高的反馈有助于增强学生的自我效能感，使得学生对自己更有信心、对学习更有胜任感；此外，反馈还有助于自我管理，反馈提供给学习者关于朝向目标的进展方面的信息。一旦学习者顺利达到目标，他们的自我效能感就会增加；而如果没有达到，学生们也能付出更多的努力或是更有效地改变学习策略。

总的来讲，当反馈是学习取向时（即纵向作比，关注他们对知识的掌握和理解的加深）尤其具有强大的激励价值；然而有社会比较意味的反馈或者是表现取向的反馈则会损害学习动机，表现取向的反馈尤其会对能力较低的学生产生不良影响，并将同时有损高成就和低成就学生的内部动机。

（三）营造一种激励性的学习环境

在一种健康的、激励性的学习氛围中，学生不但有心理上的安全感，同时还带着成就感、挑战和理解。换句话说，学生们被当作有能力的个体来对待；他们理解学习任务的要求、将其视为挑战，并且相信只要自己付出足够的努力就能够取得成功。所以这些积极的感受对于学生来讲都将是学习的巨大动力。

马斯洛的需要层次理论认为，安全是一种基本的匮乏性需要（仅次于生存的需要），在提供安全的学习环境的学校和班级里，信任、秩序、合作和高涨的士气会占据主导地位，这也是所有老师都应该追求的目标。老师们可以通过对差异的接纳和尊重而设定一个这种基调，比如说如果同学们因为在某个问题上贸然提出个人的、有创造性的想法而没有受到批评的话，他们就会感觉到很安全——并且很可能愿意再有第二次的冒险。

一旦安全的氛围被营造出来，学生们的成功就成为最重要的关注点。虽然并不是所有的学生都是成功的，但老师却可以通过各种各样的方式来提高大部分学生成功的可能性。为了使学生感到能胜任并提高他们的自我效能感，老师需要以积极的视角来看待学生的成长并善于发现学生的进步。在具体的教学中，老师可以在有效评估学生起点知识水平的基础之上，提供有针对性的"教学支架"，一步步引导学生得出正确答案；在提问时也可以多用开放式的问题，使得学生的多种答案都是可接受的并且总能找到值得肯定之处；在评价学生时，也可以多用过程性的评价，而不只是看最后的学习结果等。在这里还需要提到一点的是，竞赛常常是老师用于让学生体验到成功感、激发他们的学习积极性的一种手段，对于低年级学生更是如此。然而如果使用不当的话，竞赛可能反而会起到消极的作用：比如，过多的竞赛会造成紧张气氛、加重学生负担，而且在某些情况下，竞争还可能使人产生不友善的、自私的或阻碍他人前进的行为。因此，采用竞赛来激发学习动机必须慎重、适量，最好是采用与自己相比纵向的竞赛或者是以能力为依据的分组竞赛，尽量多地设置多元评价的奖项，并且要对个别学生辅以心理支持以防止消极因素的出现。

此外，要能真正激发出学生的学习动机，老师所提供的学习任务还应该是具有挑战性的。在挑战性任务上获得成功会给学生带来极大的鼓舞，而如果仅仅是完成很简单的任务，可能反而会降低学生的学习兴趣。这一点很容易理解，在生活中我们常常看到孩子们在刚学骑自行车的时候即使不断地跌倒也仍然兴趣盎然，但一旦熟练掌握了这项技能，骑车对于他们来讲是轻而易举之事以后，他们就对此失去兴趣了。

（四）对学生保持积极的期望

教师对学生的期待效应通常也被称为"罗森塔尔效应"。1968年，心理学家罗森塔尔及其同事做了一个非常著名的实验，并根据实验结果提出了"罗森塔尔效应"。实验是这样进行的：他们来到了一所普通小学，声称要进行一个"未来发展趋势测验"，要求教师们对他们所教的小学生进行智力测验，然后由罗森塔尔带领的专家组做出权威性的预测。结果出来后，罗森塔尔煞有介事地以赞赏的口吻，将一份"最有发展前途者"的名单交给了校长和相关教师，叮嘱他们务必要保密，以免影响实验的正确性。8个月后，当他们再次对这些学生进行智力测验时，奇迹出现了：他们的成绩显著优于第一次测得的结果。而事实上，名单中的学生根本就是随机挑选出来的，他们与班上其他学生并没有显著不同。那么在短短的几个月内，为什么这些随机挑选出来的所谓有发展潜能的学生真的就印证了最初实验者的预言呢？

后来经过更细致地分析发现，老师们的期望会以直接或间接的方式通过提高或降低学习动机的方式而影响到学生的学习。比如老师们会与他们认为成就水平高的学生互动更多，而且这种互动常常更积极，比如老师常常露出微笑、他们和学生有更多的目光接触、身体更倾向于接近这些学生；

老师们可能还会给那些他们认为成就水平高的学生更清楚和细致的解释，他们的教学更富有热情，他们会更多地提问那些他们认为的成就水平高的学生，允许这些学生有更多的时间来回答问题并且给予更多的鼓励，等等。总之，老师们在有意无意间的这种有区别的对待会反过来影响到学习者对成功和自身能力的信念和期望。事实上，老师对一个学生的期望——不管是高还是低——都会使这个个体倾向于以特定的方式来行动并最终会证实老师的信念和期望。因为不同年龄的孩子都能意识到老师们对学生所持的不同期望。国外有一项研究指出，只要注视或聆听一个老师10秒钟，即使是非常年幼的孩子也能察觉出这个老师是在对一个优秀的还是较差的学生说话，并且可以判定老师喜爱那个学生的程度。而对于年龄较小的孩子来讲，教师期待效应的效力似乎更大，因为这个时候的他们对自己的评价和认知，更多源自于重要他人如老师对自己的评价。

因此，作为教师，应该对自己的言行保持足够的敏感，并有意识地运用积极的教师期望作为提高学生学习动机的手段。一般说来，表扬和鼓励比责骂、体罚、嘲讽、恐吓对激励学生的积极性更有效，前者能使学生产生成功感，后者则会挫伤儿童的自尊心和自信心。

第二节　知识的掌握

知识是人对客观现实认识的产物，反映客观事物的属性以及它们之间的联系。

学生对前人知识的掌握是一种特殊的认知过程，是由教师根据一定的教学目标有计划、有目的地进行传授并通过学生的积极认知活动而实现的。知识的掌握过程一般可分为领会、巩固与应用这样三个彼此相互联系而又有相对独立性的阶段。

一、知识的领会

学生领会知识，主要是通过对学习对象的感知与理解两个认知环节实现的。

（一）感知

学习是从对学习材料的感性认识开始的，感性知识是对事物的表面特征与外部联系的反映。感知活动作为学生学习过程的开始阶段，主要是在直观的教学形式下，学生通过感知、表象和再造想象等心理活动获得对材料的感性知识，如了解事物的现象和教材中的基本事实等，从而为进一步理解事物的本质与规律打下必要的认识基础。

1. 直观的种类

直观教学是为学生提供必要感性材料的有效途径，在实际的教学中有多种不同的教材直观方式，就直观的对象而言一般可分为实物直观、模象直观和言语直观三类。

（1）实物直观

实物直观是在感知实际事物的基础上进行的。观察各种实物标本、演示实验以及教学性参观、实地调研等，都是通过实物直观的途径为理解知识提供感性材料。由于学生同实际事物有直接的接触，他们所得的感性材料就较为真实亲切，这不仅有利于正确理解教材，也易于激发学生的求知欲，提高学习的兴趣和积极性。同时由于实物直观所得的感性材料与实际事物之间的联系较为紧密一致，学生在将来的实践活动中也能直接运用，因此生态化效度较高。但由于实际事物中的本质特征与非本质特征常常是结合在一起的，事物的非本质特征往往又比较显著，因而使本质要素难以在头脑中得到清晰的反映，这就对学生"透过现象看本质"的能力带来了很大挑战。另外，实物直观受时间、空间或感官特性的限制较大、许多事物的特征与联系在实物直观过程中是难以直接觉察的，尤其是自然科学中有许多微观的物质，而社会科学中常常又有许多宏观而抽象的概念。

（2）模象直观

所谓模象，指的是事物的模拟性形象，如模型、画片、图表以及幻灯、电影、电视图像、电脑投影，等等。而模象直观则是在对事物模象的直接感知基础上的一种能动反映。由于模象是人为的东西，因而能摆脱实物直观的种种局限，不仅有助于扩大直观的范围，而且能在很大程度上提高直观的效果。比如为了突出事物的主要特征，可以人为地排除与认识当前对象无关的东西，从而便于突出对象的本质因素；为了便于观察，还可以根据需要通过大小变换、动静结合、虚实转化等方式将以实物直观的方式难以突出的特点清晰地呈现在人们的感受能力可及的范围之内。模象的独特作用使它已经成为现代化教学的重要手段之一。当然模象直观也有消极影响：由于模象与实际事物间存在一定的距离，因此有时学生难以把模象知觉或表象同真实的对象联系起来，甚至可能产生曲解。因此，在制作和使用直观教具时，要注意教具中的事物与事物之间的比例正确，要把学生不熟悉的对象与熟悉的对象作比较，在可能的情况下，还要把模象直观与实物直观结合起来。

（3）言语直观

言语直观是通过形象生动的言语描述，使学生借助想象和表象对所要领会的概念建立起直观形象。言语直观不受时间、地点和设备的限制，因而可以广泛采用；但在一般情况下，表象反映事物往往不如感知觉准确、鲜明、完整和稳定，而想象的个别差异也较明显，这是言语直观的局限性。

曾有心理学家就三种直观方式分别对学习的效果做过实验：在讲述"心脏"这一概念时，被试被分为3组。一组提供给他们真实直观的猪心，让其观察；第二组则采用模象直观的方式，出示心脏的图示；第三组则用详细而生动的言语来描述心脏的本质。结果表明，第二组的学习成绩最好，第三组次之，第一组最差。原因是我们学概念学的是事物的本质，而实物展示的全是其外在的、非本质的特征；相比而言，由于模象是人为制作的，因而可充分突出本质特征而掩盖非本质特征，带来的学习效果当然最好。

总之，上述直观方式都各有利弊。一般而言，模象直观若辅以一定的言语阐述效果更佳。在实际运用时，老师应该根据不同的教学目的、内容性质以及学生的发展水平等选择适当的直观方式或是它们的组合，以达到最佳的教学效果。

2. 影响直观的条件

（1）教师的指导

一般说来，观察的目的性越强、步骤越明确，感知便越清晰。因此为了提高直观教学的效果，教师要加强对观察的指导：如在观察前对所要观察的对象有一个总括性的说明、对观察的目的有明确的指示、对观察的合理程序有所提示等，从而有助于学生始终将注意力集中在所要观察的对象特征上。

（2）对象本身的特点

对象与背景的差别越大就越容易被感知；活动的对象在固定的背景上容易被感知；对象各要素的强度（物理强度与生理强度）不同，其感知效果也有差异；刺激物本身的结构也常常影响直观，凡是距离上接近或形态上相似的部分容易结合在一起。因此，在进行直观教学时要充分利用这些感知规律，使所观察的对象在时间上、空间上组成一个有意义的系统，并能利用对象与背景间的差别和对象的活动性，尤其要突出的是那些强度弱的但是重要的因素。

（3）学生的活动

学生的独立性、主动性以及多种分析器协同活动也是影响直观效果的一个重要条件。实践证明，教师讲、演，而学生仅仅是听、看的教学方式的效果往往不如学生自己动手操作。有关研究还表明，在接受知识方面，看到的要比听到的印象深。单纯靠听觉一般只能记住 15％左右；单纯靠视觉能够记住 25％左右；如果二者结合起来又听又看，则能记住 65％左右。另外，在感知活动中，运动分析器的参与具有重要作用，因为对象的某些特征（如物体的软硬、质地等）只有在运动分析器的参与下才能更好地被感知，而且人对动作的记忆一般比对语言和视、听觉的记忆更牢固。

（二）理解

靠直接感知虽然可以获得一些对客观事物的认识，但仅靠这种认识是很不够的，只有通过理解才能迅速地占有前人的认识成果。离开理解的死记硬背，并不能真正掌握知识，往往只学得了一些空洞无意义的词句和很难加以灵活应用的知识。

理解作为掌握知识过程的中心环节，指的是学生对教材中有关事物的本质和规律的认识。具体包括对言语（口头的或文字的）的理解、对事物意义、类属、因果以及逻辑关系、事物内部结构等的理解。

根据认知规律，应从以下几个方面入手来加深学生对教材的理解：

1. 调动学生思维活动的积极性

积极思维是学生顺利理解新教材的前提条件，而思维活动的积极性是与问题的产生和解决过程相联系的。因此，根据教学目的和教材的重点、难点来引导学生发现问题，常常能有效地调动学生思维活动的积极性并促进他们对教材的理解。

为了启发学生发现问题，通常采用下面三种形式：一是课前向学生布置活动性作业，如观察自然现象、进行实地测绘和做社会调查等，使学生在实际活动中产生教学上需要解决的问题。二是在复习旧课时引出新课题，揭示学生已有知识经验与新课题之间存在的联系与矛盾。三是提问，这是最常用的形式，但不能将提问简单等同于启发；应注意问题的质量，而不是因为片面追求提问而搞形式主义的"启发"式教学。

2. 提供感性材料的变式

理解是通过对感性知识的加工改造完成的，因此缺乏必要的感性材料，或已有的感性材料缺乏典型性、代表性，学生就难以对事物的各种要素进行鉴别，难以区分一般与特殊，本质与非本质。

为了克服感性材料的局限性，教学上常常利用变式。所谓变式就是在向学生提供各种直观材料或事例时，有意地变换同类事物的非本质特征，而使其本质属性保持恒在。关于变式问题前面已讲过，这里就不重复了。

3. 揭示事物间的联系与区别，使学生形成合理系统的知识结构

任何水平的理解都是以旧有知识经验为基础的。经验的丰富性、正确性以及知识的数量与质量等都会影响到学生对教材的理解。

一般说来，原有的知识经验能促进对新知识的理解，但在某些情况下，旧有知识经验也能阻碍对新的概念、法则的领会。这不但表现在相近概念的容易混淆，还表现在学生常常用日常概念来代替科学概念。因此在教学中要通过分析揭示事物间的联系与区别，以发挥知识经验的积极作用，防止消极影响。

知识的系统化对理解也有影响。为了提高教学效果，一定要遵循渐进原则，在讲解新教材时要与学生的已有知识联系起来，讲清其中的关系以协助学生更好地将新知识纳入已有的认知结构中。这个过程不仅可以使学生形成更完善的知识体系从而有助于长时记忆；同时也减轻了学生的认知负荷，让大脑有更多的空间进行其他的认知操作。

二、知识的巩固

知识的巩固是指对所学知识的持久记忆。如果学生不能把教材内容在头脑中保持下来，也就不能真正把前人的经验内化为个体的经验。

为了提高学生的记忆效果、很好地巩固所学的知识，教师要做好以下两方面的工作。

（一）在讲解中使学生初步识记教材

学生对于教材的识记开始于教师的讲解。在这种情况下，识记是伴随对教材的领会而发生的。为了促进学生对教材的这种初步识记，教师必须注意以下几点：

1. 启发学生学习的自觉性

学生的记忆是有选择性的，他们只有对自己认为是重要的或感兴趣的内容才会主动地去学习并试图记住。因此，教师在教学过程中必须使学生认识所学教材的重要性，唤起他们的求知欲并培养对学习活动的真正兴趣。

2. 讲授生动形象，增强识记材料的直观性

前面已经谈到，记忆从其意识程度来看可以分为有意记忆和无意记忆。前者是有明确记忆目的和任务的一种记忆，而后者是不需要意志努力也没有明确的记忆指向的一种记忆形式。学生在课堂上的识记，除了有意记忆

之外，在很大程度上也具有随意性。因此，老师在教学时把词与形象结合起来，增强教学的直观性、形象性，使之带上情绪色彩就常常能引起学生的兴趣，使学生在感知和理解教材的同时产生良好的无意记忆。教师的讲解如果过于冗长繁杂、模棱两可或平铺直叙、缺乏感情，就会妨碍学生的理解与识记。

3. 使要记住的材料成为学生行动或思考的直接对象

研究表明，学生智力活动的积极性对识记教材有很大的影响。例如，让学生自己编写课文提纲较之应用现成提纲，前者对课文的识记效果较好；而应用现成提纲又比没有提纲的单纯阅读为好。由此可见，改变学生在教学过程中的消极被动状态，加强学生活动的独立性、主动性，使学习材料成为活动的直接对象，就能够提高识记的效果。

4. 引导学生把视、听、读、写结合起来

多种分析器的协同活动，是提高识记成效的有效条件之一。如在识字教学中，采用视、听、读、写结合的方法可以提高对字词的识记成效；在地理教学中，仅仅是让学生阅读地图就不如让学生自己绘制地图更能有助于他们对地理地貌的记忆。教学经验和实验都一致证明：来自不同感觉通道的信息同时作用对于知识的巩固有积极的影响。

5. 注意教材的系统性

识记依赖于理解。割裂的材料难以理解也难以识记，相反，系统化了的教材便于理解也便于保持及重现。因此，教师在讲解时要揭示新旧教材的联系及新教材各部分之间的联系，要注意由已知到未知、由易到难、由简到繁的循序性原则。对教材讲授越透彻、越明白，学生就越容易记住。

（二）指导学生对知识进行精细和深度的加工

有心理学家指出，对知识进行精细和深度的加工将同时有助于知识的理解和巩固。有实验结果为证：研究者让被试学习一系列的短句并在一定时间后检验记忆的效果。被试分为两组，一组学习的短句如"一个灰头发的人拿着一个瓶子"这类；另一组学习的短句则是"一个灰头发的人拿着一瓶染发剂。"可以看出，前一组学习的短句是没有经过精细加工的，灰头发的人与瓶子间的联系是任意的；而后一组学习的短句由于附加了"染发剂"一词就使得学生能将这些与他们头脑中已有的结构良好的图式联系起来，使得句子的意义变得更明显，因而能促进较为深入的精细加工。研究结果也确实表明，前一组记忆的正确率较后一组更差，对精细加工的信息的记忆将更牢固。教师可以利用这种规律来帮助学生对学过的知识进行更好的巩固和记忆，具体的方式如：概括段落大意、举出某种观点的相关例证、思考这个主题是如何同自己已经学过的其他更大的主题相联系的，或者以自己的思路重新组织学习材料并做小组呈现，等等。

（三）帮助学生采用正确的识记方法以克服遗忘

知识的巩固涉及两个方面的问题：一是如前所述如何主动积极地提高记忆质量；另一个方面则要致力于帮助学生和遗忘现象作斗争，遗忘一般发生在前后知识之间发生干扰、记忆痕迹由于没有得到增强而衰退或是缺少必要的提取线索时。

指导学生采用正确的识记方法并合理地组织学生复习，是教师的重要职责。根据记忆和遗忘的规律，要提醒学生注意以下几点：①了解自己的记忆规律，有的学生是"猫头鹰"型，而有的属于"百灵鸟"型，要把自己的精力最旺盛的时间用于记忆重要的知识点；②重复感知与尝试再现结合；③整体识记与部分识记结合；④合理分配复习时间；⑤不同材料交错复习等。

三、知识的应用

学习知识的目的在于应用，应用知识解决问题既是检验学生对知识的理解和保持的一种手段，也是使学生加深理解和巩固知识的重要方式。

根据不同学科和不同教学目的，学生对知识的应用可有不同形式，如解决各种口头或书面的问题、通过实际操作去完成各种实验和实习作业、解决生活和生产中的实际课题等。

当前的教育和学习理论越来越注重知识在现实生活情境中的应用，这同时也是对学生学习的一种强有力的推动，让学生可以真切感受到知识的价值，也有助于克服学习内容与学生当前的生活实际相脱节以及学习动机缺乏等问题。有一名优秀的高中数学老师在学生学习"函数"这一章节时，指导学生利用周末和节假日的时间在某市的几个交通要道蹲点，收集在一天的数个时间段内，通过某一路口的车流量、人流量以及某公司公交车的出车频率和乘坐率等数据；经过一段时间的数据收集和整理后，学生们得出了市民对公交车的需求量随时间变化的函数。最后在老师的带领下，他们将这一结果报告公交公司，为公司重新调整管理制度、合理安排车次提供了确切的数据基础。这种形式的知识应用对学生的学习无疑是一个很大的促动和激励。

（一）学生应用知识的一般过程

学生应用知识的具体过程因课题的性质与难度而有所不同，但就其智力活动来说，一般包括以下几个互相联系而又相对独立的环节：

1. 审题

所谓审题，就是了解题中的条件与任务，搞清课题的基本结构，在头脑中建立起课题的映象。审题有时是简缩的因而可以一次完成，但遇到结构复杂而又比较生疏的课题时，则往往需要与后面的环节反复交错进行。

审题是应用知识解决问题的第一步，学生在解答课题中发生障碍或错误常常是由于审题方面的原因造成的。有些学生不重视审题，题意或课题结构尚未弄清就急于猜测或盲目尝试；有些学生不善于审题，往往忽视和遗漏课题中的某些条件或弄不清题目中关键词语；还有些学生不能在解题全过程中始终保持课题映象，常常发生"跑题"现象。为了防止和纠正这些缺点，教师要指导学生养成良好的审题习惯，掌握审题的技能，比如可以引导学生对题目进行改造，用自己的话来叙述题意等；同时，在出题目时要使题目类型尽可能变化，以防止学生简单照搬。

2. 有关知识的重现

巴甫洛夫指出："任何一个新问题的解决都要利用主体经验中已有的同类课题。"在审题的基础上，通过联想使长时记忆中有关的知识复活起来；只有这样，才能产生对课题性质的理解，找到解决的途径或方法。

学生在解题时常常发生重现有关知识的困难，究其原因主要有以下几个：一是刚刚习得的知识还不够巩固；二是受到与其相近的旧知识的干扰；三是由于身心状态的干扰，比如心情过于紧张、大脑处于疲劳状态或注意力涣散等。为了帮助学生顺利地再现有关知识去解决新课题，教师必须针对具体情况采取相应措施。

3. 课题的类化

课题的类化就是把课题归类，即学生通过思维把握具体课题内容的实质，找到它与相应知识的关联，把当前课题纳入同类事物的知识系统中去，从而根据已有知识做出解题方法的判断。

课题的类化是在审题与联想的基础上，通过对习得的概念、原理、法则、公式的重现，对课题进行一系列分析、综合，揭示出当前课题与过去例题的共同本质特征后实现的。为了帮助学生掌握对课题进行归类的本领，教师要注意培养学生的思维或智力技能，使他们学会从具体事物中排除无关的或次要的因素，找到本质的东西。

4. 检验

检验是知识应用的最后一个环节，即将课题解答的结果再重新回到原问题中以检验其是否真正解决了问题；还可以以另外的思路来核实答案的正确与否。如果正确，则一次知识的应用告一段落；若是检验后发现结果有误或者没有考虑到所给的全面条件因而得出不完善的解释，则要重新回到第一步再重复这几个环节，直到得出正确答案为止。

（二）影响知识应用的主要因素

1. 知识的理解与巩固

对知识融会贯通才能用起来得心应手，左右逢源。如果对知识的理解仅仅停留在感性阶段，其应用的范围将很狭窄，往往局限于本人所经历过的事物上而不能解释新的情况；同样地，如果对知识的理解不够确切，也会发生扩大或缩小应用范围的错误。

知识的巩固程度与知识的应用也密切相关。如果学过的知识记不住，那么就无法在解题时将所需要的知识准确地再现出来。

2. 课题的性质

应用知识的难易与课题的性质有关。一般说来，以抽象形式提出的课题比带有具体情节的课题容易；单一的计算题比综合的应用题容易；不需实际操作的"文字题"比需要通过操作来解决的"实际题"容易。造成这些差别的原因主要是课题情境的复杂性不同。抽象的单一的文字题与学习有关知识时的情境较为接近，易于实现课题的类化；而综合的带有具体情节的实际题情境较复杂，没有现成线索可利用，需经过独立分析才能实现课题的类化。能否把知识应用于各种类型的课题，在一定程度上取决于学习这些知识时是否联系实际以及联系实际的范围。

3. 智力活动的方式

学生解题时的智力活动方式和认知风格具有显著的个别差异，从而对知识的应用产生重要的影响。有的学生解题时较为冲动或习惯采用整体性的策略；而有的学生则属于沉思型或更倾向于序列型思维；有的学生擅长发散思维，而有的学生则是聚敛性思维占优势；有的学生缺乏思维活动的灵活性、独立性和创造性，常常刻板地套用法则、定理和老方法，而有的学生却能随机应变，善于根据课题特点采用具体解决办法。作为教师，必须注意培养学生的独立思考习惯与技能，如果只让他们照葫芦画瓢会很容易导致思想僵化、影响创造能力的发展，从而妨碍学生对知识的应用。

第三节　技能的形成

技能可分为动作技能（也叫操作技能）与智力技能两种。书写、打字、骑车、游泳、演奏乐器、使用生产工具等主要是借助骨骼肌肉活动而实现的一系列外部动作，当这些动作以完善合理的方式组织起来并近于自动化时，就成为动作技能。智力技能是指借助于言语在头脑中进行的智力活动的方式如阅读、心算、解题、作文等方面的技能。动作技能和智力技能之间既有区别又有联系。区别在于动作技能具有物质性、外显性和扩展性，而智力技能则具有观念性、内隐性和简缩性。它们之间的联系在于：动作技能是智力技能形成的最初依据、基础和外部体现与标志；但智力技能又是动作技能的调节者和必要组成部分，两者相辅相成，互相促进。学习活动常常是这两种技能有机组合而协同工作的。

技能的形成是领会、巩固和应用知识的重要条件，培养学生的各种技能对于学生智能的发展，特别是独立工作能力和创造力的发展具有极大作用。因此教师不仅要把知识教给学生，而且要使学生学会一些必要的技能。

一、技能形成的阶段和特点

（一）技能形成的阶段

技能的形成是有阶段性的。一般说来，动作技能的形成可分为三个既有区别又有联系的阶段：一是掌握局部动作的阶段，二是初步掌握完整动作的阶段，三是动作的协调和完善的阶段。

智力技能的形成是一个从外部的物质活动向内部的智力活动转化的过程。加里培林提出了以下五个阶段：

（1）活动的定向阶段，即教师向学生提供活动样本、指出程序及关键点以使学生对活动形成表象。

（2）物质活动和物质化活动阶段，即借助实物、模象或图表等为支柱而进行心智活动的阶段。这个阶段的关键点在于"展开"和"概括"两个过程。前者是将智力活动分解为大大小小的操作单元展示给学生的过程；后者是在掌握展开的外部操作的直观水平之上，形成关于智力活动的较为概括的表象。这一阶段常常要求将智力操作和言语的解释相结合。

（3）出声的外部言语阶段，这是指不直接依赖实物而借助出声言语进行活动的阶段。

（4）无声的外部言语阶段，即以词的声音表象、动觉表象为支柱而进行智力活动的阶段。

（5）内部言语阶段，即智力活动简化、自动化、似乎不需要意识的参与而进行智力活动的阶段。

（二）技能形成的特点

由技能形成的初级阶段到熟练地掌握技能的阶段，一般要表现出如下三方面的特征：

1. 活动结构的改变

在形成动作技能时，许多局部动作联合成一个完整的动作系统，动作之间互相干扰的现象以及多余的动作逐渐减少乃至消失。在形成智力技能时，认识活动的各个环节逐渐联系成为一个整体，内部言语趋于概括化和简缩化。

2. 活动速度和品质的改变

动作技能的形成表现为动作速度的加快和动作的准确性、协调性、稳定性、灵活性的提高。智力技能的形成表现为思维的广度与深度，思维的敏捷性、灵活性与独立性的提高。

3. 活动调节的改变

在动作技能方面，表现为视觉的控制减少，动觉的控制加强，动作的紧张性消失，基本动作接近自动化。在智力技能方面表现为认识活动的熟练化，神经活动的能量消耗减少，言语过程较少需要意志努力等。

二、练习是技能形成的基本途径

所有技能都是学来的。练习是有计划的、以形成技能为目的反复进行的学习活动。

（一）练习与技能进步的关系

1. 技能水平随练习而提高

随着练习次数的增加，进行某种操作或智力活动的速度加快，准确性提高，这是技能形成的一般趋势。

在多数情况下，技能在练习初期进步较快，以后逐渐缓慢。产生先快后慢的原因，一是在练习开始时，对较熟悉的一部分任务可利用已有的知识经验和技能，所以进步较快；后来这种可利用的成分逐渐减少，任何一点进步都需要改造旧的动作习惯、学习新方法，所以成绩提高慢。二是在练习初期主要掌握一些简单动作，因而进步较快；练习后期是建立动作协调阶段，比掌握局部动作困难得多，所以成绩提高慢。三是练习初期兴趣高、劲头足，等新鲜劲儿一过，练习就不那么认真了。

在少数情况下，练习初期的进步比较缓慢，以后逐渐加快。例如学外语或游泳，在练习的第一阶段需要下很大工夫掌握有关的基础知识和基本技能，并需要一段较长时间的量的积累才能产生质的突破并表现为外在技能水平的提高。

在个别情况下，练习的进步速度没有先后快慢的区别，技能发展比较均匀。

2. 练习过程中的高原期

在技能形成过程中，当练习到一定时期后有时会出现技能水平暂时停顿、上升曲线趋于平缓的现象，称之为高原期（见图13-1）。高原现象产生的原因，一是经过练习初期的快速进步之后，再想提高成绩，必须改变旧的活动结构和方式方法，而要做到这一点是比较困难的。在尚未完成这一改造过程之前，练习的成绩在一定时期内就会处于停顿状态甚至稍稍退步，当经过努力完成了这一改造、掌握了新的方式方法之后，进步又显著加快了；二是由于经过了较长时间的学习，练习兴趣有所降低甚至产生厌倦等消极情绪，因而妨碍了成绩的提高。

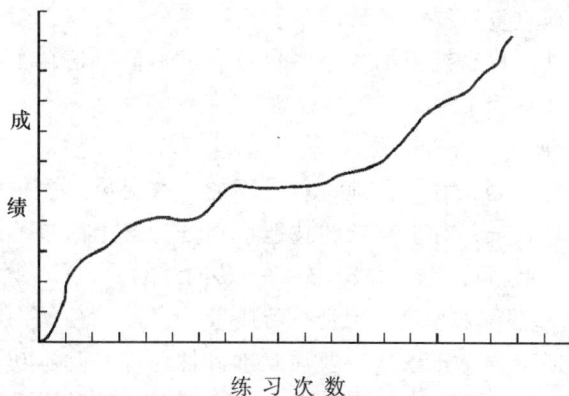

图 13-1　练习过程中的高原期

高原现象并不具有普遍性。如果技能结构比较简单，又没有上述主观原因，就不会产生这种现象。

3. 练习成绩的起伏现象

在成绩随练习而提高这一总的发展趋势下，存在着时而上升时而下降的起伏现象。学习活动愈复杂，波动愈明显。究其原因，一是客观条件的变化，如学习环境、学习时所用工具及教师指导方法的改变等；二是学习者主观状态的变化，如情绪波动和身体好坏、注意力是否集中、努力程度如何，以及练习的方式方法有无改变等。

一般说，练习成绩的起伏现象是正常的。但当学生成绩急剧下降时，教师要对学生加强教育和指导，帮助他分析自己成绩退步的原因，努力克服缺点，争取更好成绩。

4. 技能形成过程的个别差异

技能的形成不仅决定于练习的数量，也决定于其他的条件。由于学生的个性特点、学习态度、知识经验、准备状况、努力程度、练习方式等均不相同，学习同一种技能的练习进程（速度和质量）也各不相同。教师必须分析这些差异产生的原因，因材施教。

（二）有效练习的条件

1. 要明确练习的目的和要求

明确练习的目的、意义和要求可以增强动机，从而提高积极刻苦练习的自觉性。

2. 掌握正确的练习方法和有关的基本知识

单纯机械地重复对技能的形成不一定有好处，掌握必要的知识和方法可以避免盲目性、提高练习的效果。盲目尝试不但事倍功半，而且会把不正确的动作方式巩固下来，以后难以矫正。

3. 要循序渐进，由简到繁

练习必须有计划、有步骤地进行，不能一次提出过多过高的要求。要先简后繁、由易到难、对于复杂的技能可划分为若干简单的局部成分；在掌握这些成分之后再过渡到比较复杂的完整的活动。

4. 要正确掌握练习速度，保证练习质量

在练习初期不要急于求成，要注意准确性，打好基本功，避免错误的动作方式或智力活动方式被巩固下来。初步打下基础后可适当加快练习速度，以便将个别动作及时联结形成完整的动作系统。

5. 要适当安排练习次数和时间

技能的形成和保持，需要足够的练习次数和练习时间，但也不是越多越好。一般说，适当的分散练习比过度集中练习效果好。至于每次练习时间和各项练习之间的时距以多少为宜，应根据练习的性质、内容和学习者的特点来决定。

6. 练习方式要多样化

练习方式多种多样、生动活泼不仅可以保持学生的练习兴趣和注意力，防止疲劳，而且可以培养学生在实践中灵活运用知识的能力。

7. 要使学生知道每次练习的结果

每次练习之后，知道成绩和错误、优点和缺点就可以使正确的动作得到巩固、错误的动作得到克服。为此，教师要加强对学生练习的指导，帮助学生分析错误的性质与数量以及错误的原因，并找出改进方法。

第四节　学习的迁移

在日常生活和学习中我们经常看到：会骑自行车的人很容易学会骑摩托；英语好的人，学德语很容易；而学过汉语拼音却常常对英语字母的发音发生干扰；一个优秀的足球运动员很难同时又是一个优秀的篮球运动员。这种已有的知识、技能对学习新知识、技能的影响，在心理学上称作迁移。积极的影响称正迁移或促进，如我们经常说的"举一反三""触类旁通"；消极的影响称负迁移或干扰，如"反应定势"和"思维固着"。

一、影响学习迁移的因素

（一）学习对象之间的共同因素

研究表明，两种学习在内容和方法上具有共同因素，是迁移的基本条件。迁移的程度取决于这两种情境相同要素的多寡，即共同因素越多，迁移越明显；反之，迁移的程度就越低。当新旧刺激物相同或相似又要求做相同反应时，迁移的效果往往是正的；而当新旧刺激物十分相似却要求做出不同反应时，迁移效果则往往是负的。由于知识技能的结构比较复杂，常常是在某一方面起正迁移作用，而在另一方面又起负迁移作用。如学习了俄语后对于英语字母的学习，在识记字形方面有正迁移作用，而在读音方面则起着干扰作用。

（二）已有经验的概括水平和组织化程度

在经验中学到的原理、原则常常是迁移发生的主要原因。原有知识经验的概括水平越高，从一个情境向另一个情境迁移的可能性越大；如果已有经验的概括水平低，不能反映事物的本质，就很难把新事物归入到已有的经验中去，迁移就会发生困难。

贾德曾做过一个著名的水中打靶实验以证明上述观点。他把十一二岁的小学高年级学生分成 A、B 两组练习水中打靶。对 A 组被试，先教给他们关于光在水中的折射原理，然后再让他们进行练习；而 B 组则只进行尝试和练习，并不教给他们背后的原理。当他们达到相同的训练成绩以后，增加水中目标的深度，结果继续打靶时学过原理的一组学生的练习成绩明显优于没有学过原理的那一组。贾德认为这是因为学过原理的一组已经把折射原理概括化了，从而对不同深度的靶子都能很快作出调整和适应，把原理运用到不同深度的特殊情境当中。

专家和新手在解决问题方面的效果差异也从另外一个侧面反应了组织化程度高的经验有助于知识的迁移。一般而言，专家对于信息的组织主要是依据信息的内在深层结构进行的，而新手则主要依据信息的表面特征加以组织。由于表面信息常常是变化并相互干扰的，因此新手难以适应表面特征发生变化的问题情境，从而无法从原有的知识结构中提取出相应的信息。而专家拥有合理的、概括化的认知结构，就能在抽象和本质的水平上注意到问题间的相似性与情境的适用性，较少受到表面特征的影响，因此他们解决起问题来既快又准确。

（三）分析问题的能力

分析问题能力差的人，往往盲目地尝试、猜测或死套法则、公式与定理，不能根据问题特点去选择适合的解决方法，而能力强的则善于抓住新课题的特点，准确地进行归类。

（四）学习者的心理、生理状态

学习者的不良心理状态，如缺乏信心、过分紧张、注意力涣散等都会影响知识的迁移，特别是学习者对应用知识的准备状态或习惯的思维方向对迁移的影响更大，这就是前边讲过的思维定势现象。习惯的思维方向对解决同类问题是有利的、能产生积极迁移，而对解决不同问题则容易产生强烈干扰，影响人们开拓解决课题的新思路。另外，大脑的疲劳状态也能使正迁移的发生变得困难。

二、如何促进学习的迁移

（一）加强基础知识和基本技能的训练

各种知识和技能之间都或多或少有一些共同的成分和一般的原理。一个人所掌握的基本知识和技能越多，就越容易掌握新的知识和技能。在学校中常会看到，一些基本知识、基本技能掌握得比较好的学生常常能较好地做到举一反三、灵活应用。所以在中小学阶段，应加强基础知识和基本技能的训练，为今后的发展打下坚实的基础。

（二）培养发展学生的概括能力

在实际教学中我们常常可以发现，有的学生对于定义、原理可以背得烂熟，但对其中意义并没有理解，也不能真正应用。他们只能用现象解释现象，重复老师所举的例子，而不能用这些原理解释新的具体事例或举出其他的例子。因此，只有注意培养学生独立分析和概括问题的能力，才能使他们易于觉察事物之间的关系、掌握新旧课题的共同点。

（三）在教学中应用比较法

在学习新知识或技能的时候，教师先要引导学生复习有关的旧知识或技能为新的学习做好准备；然后运用对比的方法，比较新旧两种知识或技能的异同，找出具有干扰作用的因素。这种对比必须在先前的学习已经巩固的基础上进行，否则对比不但无助于积极的迁移，反而会产生干扰。

（四）对学生的练习要加强指导

一般说来，练习越多，知识技能越巩固，迁移的可能性越大，但这种练习必须安排得科学合理，否则便会事倍功半。因此，教师应该加强对练习的指导，使学生掌握正确的练习方法，避免盲目尝试；但指导过多，不给学生留下独立探索的机会和空间，同样不利于迁移的产生。

（五）加强知识、技能的实际应用

为了促进学生对知识和技能的迁移，教师要在课程的组织和安排上给学生提供多方面应用的机会。只有在不同情境中运用原理才能真正把原理搞懂，才会明白某个原理的应用不能局限于狭小的范围。运用的范围越广，将来迁移的可能性越大。因此，要给学生布置各种类型的作业，不仅要有一般的、不带具体情景的课题，还要有内容比较具体和接近实际的课题；不仅要有文字作业，还要有操作作业，这样才能真正做到学以致用。

第五节　智力的开发

现代科学技术的发展要求学生掌握的知识越来越多，而学生的学习时间却是有限的。为了解决这一矛盾，必须在授予学生知识的同时，注意发展学生的智力。

一、掌握知识与发展智力的关系

历史上关于智力与知识的关系的争论基本上分为两派：以洛克

(J. Locke) 为代表的形式教育说认为，人类的知识浩如烟海，不可能全部灌输给学生，教师与其灌输知识不如发展学生的智力；而以赫尔巴特 (J. H. Herbart) 为代表的实质教育说则认为，学生的心灵只不过是一个受纳器，需要通过各种具体知识来充实。学生掌握了知识自然就发展了智力。

我们认为：人的智力是在一定的遗传素质基础上，通过生活实践和教育，在掌握知识的过程中形成和发展起来的。没有掌握知识的活动，智力就无从表现、无从发展；而掌握知识的难易和速度又依赖于智力的发展水平。智力为知识的获得提供了可能，知识的获得又进一步促进了智力的发展。

但是，我们也常看到，学习成绩优秀却在实际工作中能力不强、没有什么成就的大有人在，也就我们常说的高分低能。可见智力与知识既有联系又有区别。智力是一种比较稳定的心理特性。不能认为学生智力的发展会在教学过程中自然而然地实现。在教学中必须提出明确的发展学生智力的目标，并且有意识、有目的地去实现这种目标。目前的学校教学往往更偏重知识的传授、忽视智力的培养，以致学生毕业后独立工作能力较差、缺乏创造精神。教育的这种尴尬境况应该及早改变。

二、如何发展学生的智力

（一）加强科学知识的教学，打好发展智力的基础

知识是活动的定向工具和调节者，是成功地完成活动的心理条件，是构成智力的重要因素。那种把知识排除在智力之外，企图离开知识培养智力或把知识的掌握仅仅看做是锻炼智力的"磨刀石"的观点是错误的。有些人把智力设想为学生身上固有的能量，认为教育的作用似乎仅限于创设一种情境，把这种能量激发起来，否认学习系统知识的必要，这种看法，不过是古老的形式训练说的一个变种。

科学知识是发展智力所必需的，一个人若连起码的常识都不具备，怎么能有很高的智力呢？只有掌握了各个学科的系统知识，头脑中有一个完善的知识结构，才能顺利地向各种情境迁移，有效地进行各种智力活动，否则智力的发展便成了无源之水，无本之木。

（二）采用启发式教学法，培养智力技能

智力的发展有赖于知识的掌握，但获得了知识并不等于发展了智力。要使学生的智力得到发展，教师必须循循善诱，引导学生积极主动地学习，在培养智力技能上下工夫。

实践证明，创设问题情境进行启发式教学对于促进学生智力的发展是行之有效的。这里的关键在于学生要有真正的问题存在并且感到有需要去解决。不要把启发单纯理解成提问，形式主义的提问毫无益处，提出的问题应该是学生找不到现成答案的；只有通过教和学，师生共同协作才能产生适当的解决办法。这不但能激起学生的学习动机和兴趣，而且能提高分析和解决问题的能力。

自 20 世纪 50 年代末以来，美国心理学家布鲁纳（J. S. Bruner）倡导的"发现法"学习在西方国家得到广泛的研究和应用，认为这种方法有利于学生智力的发展。在传统的课堂教学中，学生只是知识的被动接受者，发现法学习则是让学生自己发现问题、解决问题；教师的任务在于创设研究问题的情境、激发学生探索问题的好奇心，使他们学会学习。为此，教师不但要指导学生掌握使用教科书、工具书以及实验仪器的方法，更重要的是要培养学生的智力技能，发展他们的观察力、理解力、逻辑思维能力，帮助他们养成良好的学习习惯。只有这样学生才能提高自主性，并在离开教师的情况下仍然能独立获得知识、发现知识。

（三）正确理解和贯彻量力性原则，挖掘智力潜能

量力性原则是一个有争议的问题。有人认为提倡量力性是鼓吹少、慢、差、费。我们认为这个原则本身并不错，它的实质是教学要从学生实际出发，使主观符合客观。所谓学生实际，一是学生身心发展的水平，二是学生已有的知识经验。问题的关键是对这两条如何掌握，也就是对学生的"力"如何理解。

布鲁纳曾大胆地提出了一个震惊教育界的假设："任何学科都能够用在智育上是诚实的方式，有效地教给任何发展阶段的儿童。"例如，高等数学方面的知识也可以用直观的方法教给小学低年级学生。尽管这个假设尚未得到证实，未免失之武断、片面，但人的智力潜能很大，人的发展所达到的水平，远没达到其极限，这一点是确定无疑的。过去的教育实践中把年龄阶段看得过死，对儿童的能力估计不足，这既表现在课程设置和教学内容上，也表现在教学方法上，因而在一定程度上束缚了学生智力的发展。

无论是反对教学要考虑学生的年龄特征，还是把学生的身心水平估计过低，这两种倾向都是错误的，应从发展的辩证的观点对待学生的"力"。俄国著名的心理学家维果斯基提出的"最近发展区"理论与上述这种观点有着异曲同工之妙。他认为，教学要起到促进个体发展的作用，则必须要考虑个体已有的水平，并要走在个体现有水平的前面。就里就涉及老师在

教学中常常需要考虑的两种水平：一种是学生现有的实际发展水平；另一种是在他人尤其是更有经验的成人的指导下，可以达到的较高的解决问题的水平。这两者之间的差距就是"最近发展区"。如此看来，教学既是一个不断地填平现有的最近发展区，将个体潜在的发展水平变成实际的发展水平的过程；又是一个不断创造着新的、更高水平的"最近发展区"的过程。因此，"跳一跳够得着"的局面可以在很大程度上带动学生的发展；而要真正取得实效，则需要老师在教学过程中给学生提供必要的、适当的"教学支架"，即保证这种支架始终在学生的最近发展区之内。也就是在课程设置、教材编选和教学过程中，既要尊重学生的实际，又不要完全限于这种实际，既要符合学生现有的智力发展水平，又能促进智力向高一级水平发展。

（四）培养良好的个性品质，重视非智力因素

国外有人曾对一大批智力超常儿童进行长达 30 年的追踪研究：在 800 名男生被试中，对 20％成就最大的与 20％成就最小的做了比较，发现主要差别是两组人的个性品质不同。前者自信、有进取心、不屈不挠，后者则缺少这些品质。我国近年来对一些超常儿童心理特点的调查研究也表明，这些儿童一般都有爱问、好学、好奇、认识兴趣浓厚、求知欲旺盛等个性特点，这是他们智力超常的极为重要的主观因素。此外，一个人的勤奋对学习和工作的热情等也都会影响能力的发展。这一切都说明了情绪、性格、意志品质等非智力因素是人们能否取得成功的重要条件，发展能力必须同培养良好的个性品质结合起来。

（五）根据智力的个别差异，因材施教

教师要有效地发展学生的智力，不仅要了解智力发展的一般规律，而且还要了解每个学生智力发展的特点，因材施教。

智力发展的差异表现在智力发展水平的差异和智力发展速度的差异两个方面。人们不但在感知、记忆、思维、想象等组成智力的各种能力方面，存在着发展水平的差异，而且同一种能力，某些人可能表现得较早些，某些人可能表现得较晚些。这就是说，既有智力早慧的，也有大器晚成的。只有承认这些差异，区别对待，才能取得最好的教育效果。

超常儿童在学生中所占的比例很少，为了早出人才，快出人才，对超常儿童的教育可以提出比较高的要求，但要求应该合理，不要"揠苗助长"，要注意引导他们在德、智、体各方面都得到发展。切忌过分宣传吹捧以免对孩子产生不良影响。优秀生的智力发展可能较好，但并不是没有缺

点。如有的记忆能力较好但理解能力较差，等等，这就需要采取相应措施来巩固其优点，克服其缺点。

在每个学校和班级中，还都会存在一些差等生。这些学生之所以学不好，主要是由于学习目的不明确、对学习不感兴趣或某方面能力发展不足导致的，真正属于智力落后者极少。对这些学生一方面要教育他们端正学习态度，一方面要注意培养他们的视、听、动及观察力、思维力、注意力等原来没有得到充分发展的能力。

第十四章
德育心理及其应用

　　我们的教育方针要求学生德、智、体全面发展，培养学生的良好道德品质一直是学校教育所关注的热点和重要任务之一。由于儿童的年龄特点和知识经验的局限性，学生的道德认识、道德情感与道德行为同成人并不完全相同。因此，在对学生进行道德品质教育时，必须考虑到他们的心理特点和心理活动的规律。

　　德育心理并不考察道德教育的全部问题，而只是从心理学的角度去揭示个体道德品质形成的过程、心理机制及其规律性，阐明道德教育的途径与措施的心理学依据。

第一节 品德概述

一、道德与品德

在社会集体生活中，人们为了维护共同的利益，协调彼此的关系，便产生了调节行为的准则。靠国家机器强制执行的行为准则叫做法律，违犯这些准则就要受到惩罚和制裁；而靠社会舆论和良心来支持的行为准则叫做道德；如果人们遵守这种道德准则会受到舆论的赞许并感到心安理得，反之，将会受到舆论的谴责并感到内疚或羞愧。

道德是一种社会现象，是某一个阶级或集团所要遵循的准则，它属于社会意识形态的范畴，是社会学和伦理学的研究对象。而品德（即道德品质）则是一种个体现象，是社会道德现象在个体身上的反映和体现，是个人依据一定的道德准则行动时所表现出来的某些稳固的倾向与特征。譬如，大公无私、舍己助人、勤劳勇敢、艰苦朴素、讲礼貌、守纪律等都是我们国家要求每个公民应该具备的品德。

在理解品德概念时需要注意一点是，品德是内在的心理倾向并由个人的道德行为而表现出来，但是偶尔或一时的道德行为并不足以说明一个人已经具备了某种品德。只有一个人具有某种稳定的道德观念并在它的支配下相对恒定地出现一系列有关的道德行为时，我们才说他具有了某一道德品质。

一个人的道德品质是对社会现实的反映。品德的形成与发展，既受社会制约，也服从于人的心理活动的规律。品德的内容与培养方法是教育学的研究对象，而品德的心理结构、形成过程及其变化规律，是教育心理学的研究对象。

二、品德形成的机制

人并非生来就有所谓善恶之分，人的品德形成是在社会道德舆论及教育的影响下，在实践中将社会规范进行内化并逐渐建构自己的行为判断准则的过程。

社会规范是社会组织根据自身需要而提出的，用以调节其成员的知行的社会行为标准、准则或规则，从而得以控制社会秩序、维护社会稳定。我们每个人都在很小的时候就开始从家庭和学校中受到各种道德和社会规范的潜移默化的影响，如看到道德行为的榜样、听到成人关于各种道德和社会规范的议论和要求，于是个体在这种耳濡目染中就开始模仿并尝试相应的道德行动。他们在实践中取得成败的经验并不断受到成人的奖励或惩罚，慢慢地个体就在头脑中形成某些是非、善恶的观念以及这些观念和特定行为方式之间的联系，而这个也是个体将外在的社会规范要求内化为个人的意识和道德准则的过程。如果这种观念占有一定的优势，它和特定行为之间的联系又比较巩固，那么以后只要一出现某种情境，个体就会自动地出现与此相联系的道德观念并导向特定的道德行动。

儿童的道德观念开始总是具体的，其行为也是比较单一的；随着道德实践的增多以及认知能力的提高，这种道德观念不仅在数量上会增加，而且越来越概括并逐渐形成抽象性的道德原则。同时，实现同一道德观念的行为方式也越来越多样化、越来越灵活。当人脑中的这种概括的道德观念逐渐稳定下来并占据优势地位，同时与实现它的各种行为方式也建立起了稳固的多通道联系系统时，人就可以在不同的情境下迅速地依据自己的道德原则来做出判断和抉择、产生某种道德情感并近似自动化地做出合乎道德要求的举动。

三、品德的心理结构

心理学上一般认为道德品质包含有道德认识、道德情感和道德行为三种基本的心理成分。道德认识是对于是非、好坏和善恶的行为准则及其意义的认识；既包含着对一定的道德知识的领会，也包括将这些知识内化为信念以指导自己的行动并将其作为道德评价的准则。道德情感是伴随道德认识所出现的，对人的道德需要是否得到实现和满足的一种内心体验。道德认识和道德情感常常结合在一起构成能产生和推动相应道德行为的内在道德动机。道德行为是道德动机的具体表现和外部标志，也是实现道德动机的手段。

以上三种基本成分是彼此联系，互相促进的。人的品德既离不开道德认识也离不开道德行为，它是一定的道德动机（既有认识成分，也有情感成分）和一定的行为方式形成稳固联系的统一体。一般说来，道德认识是道德情感产生的基础；道德情感又影响着道德认识的倾向；道德行为是在道德认识和道德情感的指导与影响之下，通过一定的练习和锻炼形成起来的；同时道德行为又可以巩固发展道德认识和道德情感。

因此我们不能将品德教育简单等同于端正对于品德中各种结构成分的作用，存在着两种根本对立的观点。动机论者（唯智派）认为人的品德主要是个道德认识问题，而习惯论者（行为派）认为品德主要是养成良好的行为习惯。两种观点均有其合理成分，但也都有其片面性。前者把道德认识的作用估计过高，把教育工作的重心放在系统的道德知识的传播上，因而可能使学生产生言行脱节的现象，即儿童对道德标准和规则可以说得很清楚，但往往不去遵守；后者把品德看成是一些行动的总和，在教育上只强调行为习惯的培养，而忽视道德知识的传授，造成的结果往往是学生由于不了解道德行为的依据，没有解决认识上的问题，因而对道德行为的评价能力、道德行为的原则性与灵活性以及道德行为的迁移上都会受到限制，有时甚至会出现"好人办错事"的情况。

第二节　品德的培养

　　品德的形成与发展是道德认识、道德情感与道德行为方式这三种基本成分共同发生作用的综合过程。学生道德品质的培养，可从不同方面去进行。有时可从培养道德行为和习惯开始，有时可从激发道德情感着手，有时可从提高道德认识做起。但是不管从哪方面入手，品德的真正形成都需要这三种心理成分的协同作用和均衡发展。而在我国中小学品德教育的实践中却出现了一种偏差，即我们目前的品德教育主要集中在道德观念的强化上，从而出现了高道德认同、低道德行为的现象。具体来讲，学生通过课堂上道德观念的传授，掌握了基本的道德知识；但在实际生活中遇到需要做出道德举动的情境时却做出了与所学道德知识不相符的行为。而且，长期以来学校中道德教育采用的是与其他知识型学科相同的教学方式，即讲课式教学，把道德的培养也看成是一种知识的传授，而不是道德情感的体验和道德行为习惯的养成。因此要想品德教育真正收到实效，我们在实践中就不能厚此薄彼。

一、晓之以理——提高学生的道德认识

　　道德认识是道德情感和道德行为的基础，在品德形成过程中起着重要的作用。道德知识的掌握、道德信念的确定以及道德判断能力的发展，是道德认识形成的主要标志。

　　著名的发展心理学家皮亚杰曾研究了道德的认知发展。他给孩子们呈现一些涉及道德的问题和任务，倾听他们的回答并通过问他们问题以获得对他们思考方式的深入理解。之后，皮亚杰根据自己的研究结果以孩子对于道德问题的反应为依据，将个体道德认知的发展分为两个大的发展阶段：

第一阶段叫做外部道德阶段，也叫他律道德阶段；这个阶段的孩子认为规则是固定的、永恒的，并由外部的权威人物强制执行，是不可协商的；完全服从成人或规则就是对的、就是符合道德的，反之就是不道德的。他们更倾向于根据行为的客观形式和结果来判断什么是不好的，而不能考虑到行为的动机。比如问这个阶段的孩子一个问题："有两个孩子，一个是小明，他为了帮妈妈做家务，在擦桌子时打破了上面的一套（10个）玻璃茶具；而另一个孩子小东偷偷地找零食吃，一不小心摔坏了两个杯子，你觉得哪个孩子犯的错误更严重？"他们会自然地从行为的实际结果做出判断说小明的错误更严重，因为他打破了10个杯子而小东只打破了两个。皮亚杰认为外部道德阶段一般会持续到10岁左右，而那些要求孩子无条件服从成人权威的老师和家长会延迟孩子道德的发展，使得他们在较长一段时期内的道德认知水平停留在第一阶段。第二阶段是自主道德阶段，也叫自律道德阶段。当道德认知水平发展到这个阶段时，个体对道德持理性的态度，他们把规则看成是彼此都认可的结果，是可以协商的，与合作的要求以及相互尊重的原则相一致的行为方式就是符合道德的；他们也能考虑到犯错误者的想法和动机，并将此共同纳入评判一种行为是否符合道德的标准中。总之，处于这一阶段的孩子已经开始能自己决定什么是道德行为而不仅仅是遵守权威的规定。

还有其他心理学家也提出了关于儿童道德认知发展的相关理论，我们在实际的教育工作中应该以这些研究成果作为出发点和依据，只有在充分把握了教育对象所处的年龄阶段和道德认知水平的基础上进行的品德教育才会是有针对性和实效性的。

（一）对学生进行道德知识的教育

道德知识指的是对具体的行动准则以及执行它们的意义的认识。一个人只有知道应该怎样做、了解到为什么要这样做并在内心里接受这种原因，才有可能自觉地产生相应的行动。

研究表明，对于缺乏组织性和十分散漫的小学一年级学生，单纯利用游戏的方式来组织和规范他们的行动如进教室排队、穿衣、洗脸、收拾床铺等，最初具有良好的效果，这些行动所需要的时间明显缩短，而且质量有所提高，但是这样取得的效果并不巩固，而且不能迁移到其他情境中去；游戏一停止，有组织的行动便会消失。如果既有游戏动机，又让他们知道正当行为的目的和意义，就不但能把有组织的活动长久保持下去，而且还能够迁移到其他新的情境中去。可见，了解道德行动的目的和意义对道德行动的效果和持续性有着直接的影响。

　　但是需要注意的是，我们设置的这种品德教育的目标定位和意义的阐释应该是符合学生年龄特点和心理发展规律的，不能盲目追求所谓的崇高和远大，而脱离学生的生活和情感实际。多年来，我国中小学德育目标普遍存在着"高、同、空"现象。"高"就是指德育目标过于理想化、超越现实去追求美好的理想，脱离社会生活实际和小学生思想品德的实际；"同"就是指共同化、整齐划一，德育目标缺乏层次性，没有充分考虑到学生的个体差异；"空"就是指德育目标一般化、抽象化，缺乏明确要求和具体指标。德育目标的"高、同、空"现象，必然带来德育内容、方法、评价的主观性和随意性，从而导致德育实效性偏低。再者，遵守某种道德准则的意义如果不能和学生当前的生活实际联系起来并超越了学生的理解水平，就只能是纸上谈兵，不能真正让学生对此认同和信服。

　　学生对道德知识的掌握，常常以道德概念的形式表现出来，道德概念的掌握是在个体发展过程中逐渐完成的，既有个体差异，又有年龄差异。小学低年级学生的道德概念是具体的，对是非、好坏的意义的认识同成人的禁止与赞许有关，他们是从行动的后果、行动的外部现象上去理解道德概念的。小学高年级学生和中学生，已能从概念内涵的各方面因素中加以概括，指出概念的本质方面，并能从内部动机等内心世界方面去理解道德概念。到青年后期才能掌握诸如"虚伪"和"谦虚"等更概括更抽象的概念。

　　因此，在教育者具体实施道德教育时要充分考虑到上述的这些影响因素，在进行有关道德知识的讲解时不但要有伦理性谈话而且要结合实例，形象地进行榜样教育；为了突出道德概念的本质，在讲述时不能只举出个别典型事例，而应该考虑到变式规律；再者，由于道德概念是由具体的道德情境中的一些共同因素抽象出来的，因此在具有明确而一致的道德规范的环境中，儿童的道德概念较易形成；反之儿童倘若生活在一种冲突的情境中，如父亲与母亲、家庭与学校之间持有不同的道德准则或者成人的要求前后矛盾、言行不一，那么要使儿童产生清晰的道德概念则是比较困难的。为了使道德知识真正贴进学生的生活实际，老师还可以邀请学生一同加入到制定如"班级道德准则和行为规范"的过程中来，以生动活泼的形式将外在的道德要求引导向学生由内而发的道德需要，让他们实实在在感受到道德知识与他们生活息息相关并且能带给他们很多有利的方面，只有这样，才能使道德知识的传播超越表面的依从阶段而进入到真正的认同与信奉。同时，鼓励同伴之间的相互作用也会对道德认知的发展起到积极的影响和促进作用，同伴之间冲突的解决使儿童减少了对成人权威的依赖，同时也使他们意识到，规则是可以改变的，只有彼此都认可和赞成时，规则才有其存在的价值，而这样的意识将有助于学生顺利过渡到皮亚杰所讲的道德认知发展的第二阶段。

（二）引导学生把道德知识转变为道德信念

当一个人坚信某种道德观点正确并使其成为自己行动的指南时，道德知识便转化为道德信念。道德信念是推动个人产生道德行动的强大动力，可以使人的道德行动表现出坚定性，因此它是道德品质形成中的关键因素。

在年龄发展的不同阶段，道德信念具有不同的特点。小学一、二年级学生还没有形成明确的道德信念，只有道德信念的某些因素；三、四年级的学生有了初步的道德信念，但还不够自觉，不够坚定；从青年期开始，比较自觉的、稳定的道德信念才逐步形成和发展起来。

通过实践使学生获得道德行动的经验和有情感色彩的体验，是使道德知识变成道德信念的主要条件。使学生领会某些道德要求与知识是比较容易做到的，但是想把这些要求与知识真正变为他们自己的信念并成为经常起作用的动力，就需要使这些知识、要求被个人经验与集体经验所证明，被实践后果所引起的内心体验所丰富和加强。当学生亲自看到按一定的道德要求行动给集体和别人带来好处，并得到舆论的好评与支持时，就会具体地认识到道德要求的正确性并且产生按这一要求继续做好事的愿望。因此，教师除了要创设条件使学生获得与道德要求相应的经验外，还要防止学生取得反面经验与体验（即不按道德要求办事反而得到了赞赏，按要求办事反而受到了批评），因为这些情况能削弱道德要求的说服力、让学生对此前学习到的道德知识产生怀疑和不确定感，从而阻碍道德知识向道德信念的转化。

（三）发展学生的道德评价能力

道德知识在被理解后还应被接受以成为指导自己分析、评价和判断别人和自己行为的标尺，这就是道德评价或判断能力的发展。简单来讲，道德评价就是应用道德知识对自己和他人的行为的是非、好坏、善恶进行判断的过程。在道德认知三成分中，道德判断作为运用已有道德观念和道德认知对道德现象进行分析、鉴别、评价和选择的心理过程，它是道德认知的核心成分，也是儿童道德发展研究领域里迄今研究最多的内容之一。道德评价能力的发展首先可以有助于道德信念的形成。经常运用道德评价可以帮助学生巩固与扩大道德经验，加深对道德意义的理解，从而把道德知识变成组织个人行动的自觉力量；科尔伯格还指出，儿童的道德成熟首先是其道德判断上的成熟，然后是与道德判断相一致的道德行为上的成熟，因此，道德判断也是道德行为的必要条件。

一个人的道德评价水平，既同他所掌握的道德知识有关，也同他的成熟和智慧有关。学生的道德评价能力是逐步发展起来的。开始只是重复老师或别人的评价，而后逐渐学会独立地对别人进行评价；最初只注重行为后果的分析，而后逐渐转向对行为动机和原因的分析；对行动后果的评价是从行动的直接后果逐步向行动的长远后果过渡，并由对个人后果的关心转向对社会后果的关心；少年对于自己的评价往往落后于对别人的评价，他们往往先学会分析别人的行动，然后学会确切地分析自己的行动；少年的道德评价还带有很大的片面性，往往以点带面，绝对肯定或否定，以后逐渐学会全面地看问题。学生道德评价的程度是和他们对道德要求的理解程度以及思维发展的水平密切联系着的，是存在个别差异的。

为了发展学生的道德评价能力，教师要经常注意道德评价的示范，经常利用教材中或学生日常生活中的典型事例做出简明而正确的评价；同时还应该利用教育和教学中的各个环节，如在作文课、出墙报、班会讨论和优秀生评选等活动中有意识、有步骤地提高学生的道德评价能力；还可以组织学生讨论他们生活中出现的道德两难问题，给予学生机会充分地表达自己的看法，在讨论中不但要清楚地表达他们的道德立场并且要为此辩护以证明是合理的，最后要与学生合作以找到解决这些两难问题的可行方法，使他们的道德评价水平能逐渐由表面到本质、由别人到自己、由片面到全面、由浅入深地得到发展。

此外，特别应当注意学生自我评价能力的培养，因为自我评价对建立道德知识与个人行动间的联系比对别人评价更为直接、更为有效，而鼓励学生的自我管理和自我调节也能充分发挥他们的自主性和能动性。特别是当随着抽象逻辑思维与辩证思维的逐步发展，学生对于学习的"对象"有了越来越多的反思能力时，如果还是只强调教师在道德教育中的指导作用而忽视学生在道德学习中的主体性，那么道德知识的教育最后也将沦为单边的、以灌输为主的教学活动。因此，只有强调儿童在道德教育活动中的主体作用，才会使道德教育成为以儿童主体的活动，才能培养根植于儿童内部的道德性，使他们真正成为具有主体性、能够主动地面对并解决问题和善于思考的人。

二、动之以情——激发学生的道德情感

"你还好吗？"小玲放学回到家时妈妈问她。

"妈妈，我觉得糟糕透了。"小玲轻轻地回答，"我们正在进行小组合作时，小杰说了一些无关的事情，于是我说'闭嘴，谁让你谈这些无用的东西的！'……后来我发现他在接下来的时间里再没说一句话。他成绩不好，我叫他闭嘴一定伤害了她的感情，我不是有意那样做的，当时只是脱口而出。"

"好孩子，我知道你不是有意伤害他的，你有没有告诉他你很抱歉？"

"没有，当我意识到的时候，我就只是像个木桩一样坐在那里，我觉得非常羞愧，我在想如果别人这样蛮横地让我闭嘴的话我是什么感受。"

"这样吧，"妈妈建议到，"明天，你直接去找他，告诉他你很抱歉并且这样的事情再也不会发生了。"

"谢谢妈妈，我一看见他就对他说……，我现在感觉好多了。"

上面这一段小插曲就是关于道德情感的。例如小玲所感到的羞愧（当人们意识到自己没有按照自己所认为的比较好的方式去思考或行动时产生的消极情绪体验）和内疚（当人们知道自己给其他人带来了痛苦的时候就会感觉到这种不舒服的感觉）就是两种典型的道德情感。

道德情感是运用一定的道德标准评价自己和别人的行为时所产生的一种内心体验。行为符合道德标准便产生积极的情绪体验，不符合便产生消极的情绪体验。比如我们看了媒体上"感动中国"一类的专题节目，在了解到这些大公无私、博爱宽厚的"英雄人物"背后所发生的那些感人的故事时，内心都会油然而生景仰和和敬佩之情，我们会深深地被震撼并有一种将这种美好的品德传承下来的冲动；而对那些损人利己、损公肥私、玩忽职守的人产生厌恶和憎恨的情感。同样地，我们也会对自己符合社会道德规范的言行感到欣慰与自豪；对自己与道德准绳背道而驰的言行感到羞愧和内疚。可见，道德感是一种强大的自我监督力量，它可以促使人保持良好行为、制止过失行为，或由于自我反省而改过自新。由于道德感对于人的行为具有这样大的推动和调节作用，因此在提高学生道德认识的同时，还要注意激发学生的道德情感。

道德情感从表现形式上看，大致可分为三种：

第一，直觉的情绪体验。它是由对某种情境的感知而引起的，产生非常迅速和突然，因而主体对道德准则的意识往往是不明显的。例如，儿童由于突然的不安之感而制止了某些不道德的要求，由于一种突如其来的自

尊感而激起了大胆而果决的行动。这种道德感是周围的舆论与个人对这种舆论的态度的一种反映，它能对行动起迅速的道德定向和约束作用，因而在学校中组织健康的舆论并帮助学生形成对待舆论的正确态度是十分重要的。

第二，与具体的道德形象相联系的情绪体验，它是通过人的想象发生作用的一种情感。古今中外的英雄人物是体现社会道德原则的典型，英雄的高大形象和先进事迹具有极大的感染力，能激发出人的各种高尚情感。道德形象之所以能引起人们的道德体验，首先是由于这些形象本身是作为社会道德规范的体现者而存在的，通过这些形象可以使人们更好地认识道德要求及其社会意义，扩大个人的道德经验。其次是由于形象的生动性与感染性可以引起人们情绪上的共鸣。由于儿童的情感主要是和具体的对象相联系，因此道德榜样在学生道德情感的形成过程中起着十分重要的作用。

第三，意识到道德理论的情绪体验，它是以清晰地意识到社会道德要求为中介的高级情感。这种情感是在对重大的社会问题、广泛流行的社会观念以及人生意义的理解的基础上产生的，具有较大的概括性，因而一般在青年期这种情感才开始占据了重要地位。例如，爱国主义情感，只有当人们意识到个人与祖国的关系以及个人对祖国应尽的义务时，才会真正地发展起来。而且，它是在许多情绪体验的基础上形成的，是和爱故乡、爱母校、爱祖国的大好河山与悠久历史等交织在一起的。这种情感与一个人的道德信念、道德理想联系紧密，是由世界观所决定的，因而比较深挚、持久而富有强大的动力作用。

学生道德情感的培养是通过多种方式与途径来进行的。一般要注意以下几个问题：

第一，丰富学生有关的道德观念，并使这些观念与各种情绪体验联结起来。一些优秀教师常常在进行说理教育时，激发学生的内心体验，即所谓动之以情。在学生接触道德事件、接受道德观念或进行道德实践时，通过言语启示激起学生的情绪，使他在领会道德要求的同时伴有积极或消极的体验，并利用舆论使学生获得道德上的满足或受到谴责。

第二，充分利用好的艺术作品与生动事例引起学生道德情感上的共鸣，增加道德实践的间接经验，丰富道德情感的内容。

第三，有意识地培养学生的通情能力。这是与道德情感联系最为紧密的一种能力，指的是设身处地放在对方的位置，去理解他人的想法、态度和情感的能力。有研究结果表明，通情能力强的个体能够很好地应对比较难的社会道德情境，并且会受到同伴的欢迎；而那些欠缺通情能力的个体则容易误解并把别人的意图理解成有敌意的，因而常常导致争吵、打斗和其他反社会行为，并且他们在伤害他人的时候不会感到愧疚或者悔恨。缺乏起码的积极道德情感，这是导致有些学生表现出暴力或攻击性行为的重要原因之一；由于不能设身处地地考虑别人受到这样对待时的感受，因而他们不能很好地管理和控制自己的伤害性行为。国外有专门针对通情能力的训练方法，训练主要从以三方面入手：一是以图片的方式提供给学生假定的情绪、情感情境，然后让学生想象在这种情境中，他人是如何进行情境知觉的；二是引导学生说出他们知觉这种情境的原因，以帮助他们识别情绪、情感的线索，并训练他们用语言来表达情绪、情感的准确度；三是使用暗示的方法，通过表情动作和言语导向，提醒学生对图片中的情绪情境反应给予注意，以便提高学生对他人情绪、情感的敏感性。

第四，教师在与学生互动的时候示范自己的道德情感和通情心；老师不仅要爱憎分明，具有高尚的情操，而且要善于表露真情。如果自己的感情不真实、矫揉造作，自然不会使学生动情。如果教师在颂扬良好品行时不能用真诚唤起学生的敬仰、爱慕之情，在鞭笞劣行时不能以真情实感激起学生的愤慨、羞恶之情，那么从培养道德情感的角度看就是一种失败。

三、导之以行——培养学生的道德行为

人的道德品质是通过行为举止表现出来的，也是在实际行动中形成和发展的。道德行为是受道德认识、道德情感支配和调节的；反过来道德行为又能促进对道德认识的巩固和发展以及道德情感体验的加深和丰富。品德教育的最终目标就是使学生的道德认识、道德情感转化为相应的道德行为。因此，进行道德行为的训练对道德品质的培养与形成具有重大意义。

道德行为的训练，主要包括以下四个方面：

(一) 道德动机的激发

道德动机是推动人们产生和完成道德行为的内在原因。为了训练学生的道德行为，必须激发其道德动机。

当学生的道德认识和道德情感成为推动个人产生道德行为的内部动力时，便转化为道德动机。教师的职责就是要帮助学生做好这个转化工作，引导学生把行动的社会意义和社会理由以及内心的情绪体验作为自己行动的道德动机。在道德行为的训练中，激发由道德信念和道德理想转化而来的道德动机对于道德品质的形成和发展具有重要的意义。

（二）道德行为方式的掌握

一般说来，道德动机和行为的效果是统一的。但有时由于儿童年龄比较小、不善于组织自己的行为，因此可能导致二者之间不尽一致的情况出现。所以在道德动机向具体的道德行为转化的过程中还存在一个方式方法的问题。这就提醒我们，教师在训练学生的道德行为时既要让学生形成明确的动机，又要让学生掌握正确的行为方式。学生年龄越小，对其行为方式的具体指导便越是必要。

指导学生掌握行为方式可以采用多种途径。例如，通过课文或故事的讲述使学生理解某些典范人物行动的合理性；通过学生守则和各项规章制度的讲解，使学生熟知学校生活中最基本的行动要求；组织学生讨论为完成某件事所应采取的行动步骤；给学生一些机会来练习行为的要点并协助他们分析与总结道德行为的成功经验与失败教训等等，都是切实可行的办法。教师一方面要让学生知道道德行为的具体要求、规则、步骤，同时还要启发他们独立地、主动地来选择这些道德行为的方式。

还有一点需要注意的是，老师应该为学生们树立起实践伦理和道德规范的行为榜样，时刻留意自己的言行可能给学生带来的影响。比如有位小学五年级班主任老师，当学生问是否要通过民主选举的方式来产生新一届班委时，他很肯定地回答这是一个必经的程序，并且还趁着这个机会与学生们讨论，在像我国这样的民主国家里投票选举的重要性和每一个公民的责任。再比如一位自然科学老师向同学们承诺，所有同学的测验试卷都会在第二天批改好并反馈到大家手上。第二天同学们问他是否已经弄好，他说："当然了，我在开学初就和大家说好了，做人不能言而无信。"以上这些老师的行为都为学生树立起了实践良好道德准则的活生生的榜样，也能在很大程度上引发学生以类似的道德行为。

（三）道德意志的培养

学生虽然知道某些道德要求和行为方式，但常常会因为经不起外界的引诱或不能在内心战胜不道德的动机，而产生不合要求或不道德的行为。在这种情况下，道德意志起着特别显著的作用。道德意志主要表现在两个方面：一是用正确的道德动机战胜不正确的道德动机；二是排除内外干扰，把由道德动机所引发的道德行动坚持到底。

培养学生的道德意志，可采用以下措施：

（1）利用教材讲解、课外谈话、英雄模范人物报告等方式，使学生获得道德意志的概念和榜样，产生意志锻炼的愿望。要使学生懂得意志是实现理想的手段，一个人只有从高尚的动机出发，时刻将个人的需要、愿望与兴趣等服从于社会的义务，才谈得上发展道德意志。

（2）通过完成学习任务、遵守课堂与学校的纪律、执行委托的任务以及校外无监督的文明行为等方式来锻炼学生的意志。为了使学生获得锻炼的信心，可以先给一些简单的、短期内能够实现的任务，然后再提出比较复杂的、需要较长时间努力才能完成的任务。为了激发学生的主动性和自制力，在教学或组织课外活动的过程中也可给学生提出一些不能立刻引起兴趣但是必须完成的任务，并适当地设置一些外部障碍。

（3）针对意志类型采取不同的教育措施。学生的意志品质有着各种差异。对于软弱、易受暗示或执拗、顽固的学生，应从自觉性、原则性和灵活性方面来培养；对于畏首畏尾、优柔寡断或冒失、轻率的学生，要培养他们大胆、果断与沉着、耐心的品质；对于萎靡不振或过分活跃、缺乏自制力的学生要调动他们的积极性或提高他们控制行动的能力；对于缺乏精力或毅力的学生，则要不断激励他们的奋发向上与坚韧精神。

（四）道德行为习惯的养成

培养学生的道德品质，单靠动机教育和行动方式的指导是不够的，还必须通过不断实践使道德行为变成经常性的自动化了的行为习惯。形成道德行为习惯是使一个人由不经常的道德行动转化为道德品质的重要一步。比如，从小养成作业精确、整洁、遵守作息时间、积极参加劳动等习惯，久而久之，就会形成工作的准确性、爱清洁、准时和勤劳等优良品质。这种自动化的行为习惯不仅可以使个体感到实现这些道德行动是件比较容易的事，并且一旦这种习惯受阻就会引起消极体验，从而成为把道德行为坚持下去的一种内在驱力。

良好习惯是在生活过程和教育过程中通过模仿、简单重复与有意练习形成与培养起来的。为此，教师不但要给学生提供良好的榜样而且要创设重复良好行为的情境。要使学生明确练习的目的、意义与各阶段的要求，按规定方式不间断地坚持下去；要让学生知道练习的结果与成败的原因，及时给予强化与反馈；要使学生知道坏习惯的害处，增强克服坏习惯的信心；要细致耐心地做好个别工作，并注意反复。此外，还可运用如铭记警句、集体舆论、合理奖惩等方法以在巩固好习惯的同时抑制坏习惯的滋生。

为了培养儿童的良好习惯，教师和家长要正确运用表扬与批评。一般说来，赞扬的效果优于指责，但这两者又都比放任自流强。对儿童不断地指责比不断地赞扬会更快地失去效果。但有的研究认为，赞扬与指责的效果是相对的，它们取决于以下三个因素：一是学生过去受赞扬或受指责的历史，对于过去受批评多的学生，赞扬将更起作用。二是学生自我卷入的程度，如果学生重视或关心这件事，赞扬或批评都起更大的作用。三是学生与评论者的关系及对后者的看法，如果双方关系融洽，并认为评论是善意的，那么无论赞扬或批评都将获得好的效果，否则就差，甚至会起相反作用。总的说来，在教育工作中还是要以表扬为主。

第三节　品德的矫正

在培养学生的道德品质时，教师除了对全体学生进行正面的道德引导和教育外，还要对少数品德不良的学生给予足够的注意并实行专门化的品德矫正。所谓品德不良，指的是学生经常违反道德准则或犯有严重的道德过错而又尚未达到违法犯罪的地步。如果对品德不良的学生不及时加以矫正，他们就有可能走上违法犯罪的道路，同时还会影响其他学生道德品质的健康发展。

一、品德不良学生的心理特点

学生品德不良通常表现为故意违反纪律、恶作剧、好打架、无礼貌、爱撒谎、小偷小摸、损坏公物等，这种学生的心理特点是：在认识上秉持错误或偏激的价值取向，道德观念模糊，是非、善恶不分；在情感上与家长、教师对立，爱憎不明，感情反常，情绪不稳定、易冲动；在性格上意志薄弱、缺乏自制力、无法延迟满足；在行为上有不少坏习惯，不愿受纪律的约束；在自我评价上既自尊又自卑，等等。

二、学生品德不良的原因

儿童的不良品德是社会环境和教育的不良影响通过儿童内部心理活动产生的，是外因通过内因起作用的结果。

（一）客观原因

1. 社会环境的不良影响

社会是学生的大课堂，社会的影响是无孔不入、潜移默化的。从目前来看，造成学生品德不良的社会原因主要有以下几个方面：一是各种不法分子的引诱、教唆；二是黄色书刊和不良网络文化的毒害；三是某些人腐朽生活方式的侵蚀。

2. 家庭的不良教育

有不良行为的学生的家庭，常有下列情况：父母或其他亲人中有某种恶习或不轨行为，给学生提供了直接模仿的不良榜样；学生的不良行为得到家长的默许、包庇，甚至为家长所纵容；家长无原则地溺爱袒护和采取粗暴压制的教育方式，或家庭成员教育方式不一致；由于父母不和、离婚、再婚、亡故、分居两地等家庭结构的破坏，或父母工作繁忙及其他原因无暇管教子女。

3. 学校教育工作上的缺点

学校老师在教育观点或教育方法上的错误，如忽视经常性思想工作；对品德不良学生不能一分为二；教育方法简单粗暴；学校与家庭教育脱节等，都可能给学生不良品德的蔓延与恶化提供条件。

（二）主观原因

学生品德不良的主观原因是由学生的心理因素造成的。从发展上来看，中小学生是处于独立性和依赖性、自觉性和幼稚性盘结交错的时期。一般来讲，学生不良品德形成的内部原因大致有以下几个：

1. 缺乏正确的道德观念

有的学生由于道德上的无知，分不清什么善、恶、美、丑，往往凭个人欲望和兴趣，有意无意做出一些不道德的事。有的学生把尊敬老师看成是"溜须拍马"，把向老师反映情况说成是"告密"；把包庇同学的错误看做"讲义气"，把破坏纪律当作"英雄行为"，等等。还有的学生接受了社会上一些错误的甚至反动的道德观，专门干损人利己、违法乱纪的勾当。

2. 意志力薄弱

有些学生虽然懂得道德行为准则，但是由于意志力薄弱，不能用正确的观念战胜强烈的个人欲望，当二者发生冲突时，往往不能控制住自己。

3. 好奇心和盲目模仿

青少年好奇心强，什么事都想试一试，越是神秘的东西，就越想试探一下。他们还喜欢模仿，特别是盲目模仿消极的东西。有些不道德的行为就是由于好奇和模仿引起的。

4. 由偶然失足到养成不良习惯

不良行为在开始时，常是偶然发生，因从中得到满足的情绪体验便一而再、再而三地重复，终于形成恶习。习惯一旦形成，重复此类行为的惯性将是非常强大的，它会使人在类似的情境中自然而然地采取相应的行为，并因此而产生愉快的情绪体验。因此，不良行为习惯若不予根除、任其发展，就必然会导致学生的品行不良。

5. 某些需要没有得到合理的满足

作为社会性的个体，学生在基本的生理和安全需要之上还有很多更高层次的社会性需要，如被尊重、被认可、被关怀、被肯定的需要等等，然而如果这些需要不能通过积极的途径得以充分的满足，就可能采用抵触的、破坏性的、有悖于道德的方式扭曲地表达出来。比如学生希望获得归属感并得到群体的关怀与尊重的需要如果在学校不能得以满足时，他们可能就会转向校外的失足青少年团体中去寻求满足和尊重，他们可能就会为了获得团体的认可而去做一些不道德的事情甚至违法犯罪。

三、学生品德不良的矫正

青少年的世界观尚未定型、可塑性很大。在不良的环境下容易变坏，而在有利的条件下可以变好。对品德不良学生的教育是一项艰巨、细致而又复杂的工作，需要学校、家庭、社区、媒体积极配合、共同努力。在教育过程中要考虑他们的心理特点，采取更加有力的教育措施。具体说来，要注意以下几个问题：

（一）了解他们不良道德行为的动机

驱使学生干出反道德行为的动机，常常比较隐晦复杂，不易了解。而且，同样一种不道德的行为在不同的学生身上，又可能有不尽相同的心理上的意义。因此教师必须深入了解，以便对症下药，采取相应的措施。

（二）消除他们的疑惧心理与对抗情绪

犯有严重道德过错的学生，对周围的人往往有一种对立情绪，常常以沉默、回避或粗暴无礼的态度对待老师和同学。在这种情况下，训斥或说教都是无济于事的。为了消除这种心理障碍，教师和集体必须满腔热情地从多方面关心他们，诚心诚意地帮助他们，使他们体察到教师的善意，体验到集体的温暖，增强对于周围人们的信任感。只有这样，他们才会乐于接近教师并接受指导；乐于参加集体活动，并从中得到教益。

（三）培养并利用他们的自尊心

自尊心是一种个人要求受到社会和他人尊重的感情。它是学生积极向上、努力克服缺点的内部动力之一。自尊心的缺乏是由于过多受到指责、惩罚、嘲讽与歧视所造成的。因此，教师要尊重学生，更多地采用赞许、表扬、奖励、给予信任性委托等方法唤起并利用他们的自尊心，并要教育集体成员，正确对待和热情帮助这些学生，杜绝一切伤害学生自尊心的做法。

（四）培养他们的集体荣誉感

青少年时期的同伴关系对个体的成长而言有着非常重要的意义，因而这一时期的学生对于班集体往往有着特殊的情感，集体荣誉感是其中具有积极意义的情感之一。集体荣誉感指的是人们意识到作为集体成员的一种有尊严的情绪体验，它促使人们珍视集体的荣誉并根据集体的要求与利益行动而养成自觉为集体服务的精神。一般说来，学生更容易保持和发扬那些受到集体舆论支持和鼓励的良好行动。

（五）帮助他们去掉自卑心理，恢复自信心

即使是一个品德不良的学生，在他的内心深处也同时存在着自卑感和自尊心两方面的因素，只是在现实的生活学习情境中，令他们丧失自信心的种种经历和体验占据了主导地位，因此教师要善于发现他们身上的积极因素和各种闪光的思想苗头，对他们多鼓励、表扬，使他们看到自己的长处和进步，增强改正错误的信心。模范班主任刘纯朴老师，有一次对班上的一个不爱学习、经常打架的学生说："你体育好，三育中有一育好。"这个学生听了很高兴，心想："从来没有人说我好，刘老师说我有一育好，我得好好干！"于是他便开始积极锻炼身体。在校运动会期间，刘老师组织班里的同学都来关心他：帮他借跑鞋、扶跳杆等；当他得了名次，刘老师又表扬他为集体争了光；后来还安排同学帮他补课，使他慢慢增强了信心并开始努力学习，打架的不良行为自然也减少了。

很多实践已经证明，强化和奖励是矫正品德不良学生的一种很有效的方式。但是在有些时候，仅仅是正向的强化并不能很好地起到矫正那些有着长期不良行为的学生的作用，在这种时候，奖励可以和惩罚、批评配合起来使用，目的是给这些学生以反省和思考，提高他们改正的效率。但是老师要注意的是要慎用批评，如果没有考虑到学生的自尊心和其他心理因素的影响，批评就很可能不但达不到预期的效果反而会使矛盾更为激化。为此，要求我们必须注意批评的方法、讲究批评的艺术，以下是可以参考的几点注意事项：①批评要及时。在不良行为发生之后要及时批评。如果时过境迁之后再批评，不仅效果不好，有时还会被学生误以为是老师故意找麻烦，从而激起他们的对抗情绪；②批评要就事论事，不要小题大做，无限上纲；③批评应尽量个别进行，不要过分张扬。这样做是为了保护对方的自尊心，给对方尽量留面子；④批评时不要和别人比较，免得分散注意力或制造不必要的人际矛盾；⑤批评时要注意创造一种良好的沟通气氛，

注意自己的姿态、表情和语气；⑥批评时应允许被批评者辩解和说明情况，这样不仅可以弄清楚问题的实质，也可以使对方心悦诚服；⑦批评时要关注对方的感受。我们要永远记住，感受的沟通在批评中是最重要的，它会直接影响批评的效果。

（六）提高他们辨别是非的能力

是非观念与是非感的欠缺，是一些学生常犯错误的原因之一。为此，可以采用说理教育、严格要求、组织舆论、开展批评、以奖为主、奖惩分明、树立榜样、正面引导等方法，提高学生辨别是非的能力。

（七）引导他们锻炼抵制诱因的意志力

在矫正不良行为的初期，切断诱因是必要的，如让学生更换环境或暂时避开某些诱因；当学生已经转变到一定程度时，可创设情境使其得到锻炼的机会，从而培养独立地抵制外部诱因的能力。当然在不良行为习惯消除的过程中还可能出现多次的反复，即学生转变后又重犯错误。这是一种自然的现象，品德不良学生的进步不可能是直线的，因此在出现反复时教师不能灰心气馁，要找出反复的原因并在反复中努力发现积极因素，从而更耐心、更细致地做好教育和引导工作。

（八）教给他们处理冲突的建设性方法与途径

由于很多品德不良的学生都不具备理性地解决问题和冲突的技能，因此他们常常在遇到事情和矛盾时倾向于采取粗暴而偏执的应对方式，仅仅以一己的利益为出发点自行解决，从而导致了很多行为问题和不道德现象的发生。针对这一问题，国外有专门协助这些学生练习冲突解决技巧的项目，下面是一个调解员指导同伴通过五个步骤来解决冲突的例子：

1. 共同确定这个冲突是什么，让双方对问题的定义达成一致，并且把问题从人们的个体特征中分离开来。

2. 交换位置和观点，站在对方的角度来讨论问题。

3. 反转观点，鼓励每个学生从对方的观点来理解问题。

4. 想一个对双方都有利的办法，构想出允许双赢的备选方案。

5. 鼓励学生达成双方都能接受的共识。

通过上面的几个步骤，卷入冲突中的学生不仅解决了他们自己的问题，而且在此过程中还学会了调节其他人的争执。根据项目设计者提供的信息，那些实行了学生冲突解决和同伴调节训练项目的学校在管理方面出现的问题比那些未实行的学校少得多，这不仅表现在课堂上也表现在学校的其他场合；另外，学生还继续在学校和家里使用这些冲突解决策略。因此，在试图消除学生的品德不良的行为的同时，如果能辅以这一类的实用技巧训练，让学生能体会到积极应对方式所带来的效果，他们也就增强了改变以前的那些不良行为的动机。

总之，老师在对不良品德的学生进行教育时要具体情况具体分析，针对每个人的年龄、性别、性格特点、错误轻重、态度好坏等，采取不同的教育措施，努力做到一把钥匙开一把锁，使不良品德的矫正收到实效，真正有助于学生身心的健康成长。

第十五章
心理卫生与
学校心理咨询

人，不但要有健康的身体，还要有健全的
精神；保持身体健康要注意生理卫生，保持精
神健康则要关注心理卫生。

第一节　心理卫生概述

一、什么是心理卫生

在我国数千年的文明史中，一向十分重视心理卫生。所谓修身必须养性，便是古人讲究心理卫生的明证。早在战国时期成书的《内经》，就对心理因素在人体疾病的发生（如"喜怒不节，则伤脏，脏伤则病起"）、诊断（如"失神者死、得神者生"）、治疗（如"一日治神，二日养身"）和预防（如"精神内守，病安从来"）中的作用作了系统的总结，充满了生理与心理相互制约（如"形神相即"、"因郁而致病"、"因病而致郁"）的朴素辩证法思想。

近代的心理卫生运动是 20 世纪初由美国人比尔斯（C. W. Beers）倡导的。比尔斯毕业于耶鲁大学，他有个哥哥患了癫痫症，由于惧怕此病有遗传性使他天天忧虑终致心理失常而自杀，后经人救起被送至精神病医院治疗三年方获痊愈。他因亲身体验了精神病人处境的悲惨，同时感叹社会对于精神病愈后人员的轻视与偏见，乃激发宏愿，决心致力于精神病院体制和环境的改善以及心理疾病的救治与预防。他将自己在精神病院中的生活写成一本书，题为《自觉的心》。该书于 1908 年出版后，社会上不少人把它视为"疯话"，幸而当时著名心理学家詹姆士（W. James）和精神病学家梅易尔（A. Meyer）看了这本书后给予了深切的同情和热烈的支持，才纠正了世人的态度。在詹、梅二氏的赞助下，比尔斯邀集同仁于当年在故乡康乃狄格成立了世界上第一个心理卫生组织—康州心理卫生协会，翌年美国成立全国心理卫生委员会，其后心理卫生运动得以在世界范围内推行。1930 年在美国召开了第一届国际心理卫生大会，并正式成立国际心理卫生委员会，1948 年改组为世界健康联合会；1959—1960 年该会与联合国世界卫生组织及联合国教科文组织共同举办国际心理健康年，呼吁全人类都来关注心理卫生。70 年代后，心理学中的人本主义思潮盛行。人本主义者指出，过去的心理卫生工作过多地集中于个体心理不健康的一面，而对人心理的健康这一面关心不够，特别是忽视了个体的心理调节与适应的潜能。随着实际和理论上的推进，到 80 年代心理卫生的涵义又有了新的扩展。传统的三级预防（初级预防是提供心理卫生知识、防止心理疾病的发生；中级预防是及早发现心理异常、迅速干预；三级预防是抑制心理疾病的发展、使病人尽快复原。)功能有了新的涵义:第一,防止心理疾病;第二,完善心理调节;第三,健全个体与社会。当今心理卫生的着眼点已放在健康人的心理保健上、放在对个体生命全程发展的指导上。

心理卫生运动虽已有近百年的历史,但对什么是心理卫生却没有一个公认的定义。被引用较多的是《简明大不列颠百科全书》的定义:"心理卫生包括一切旨在维持和改进心理健康的种种措施,诸如精神疾病的康复及预防、减轻充满冲突的世界带来的精神压力以及使人处于能按其身心潜能进行活动的健康水平。"综合各家之言,一般认为心理卫生一词包括三方面的涵义:①关于如何保持心理健康的科学;②表示健康的精神状态;③指与心理保健相关的服务工作。而心理卫生要达到的目的是:预防和矫治各种心理疾病以及不良适应行为、保持和促进个人与社会的心理健康。

心理卫生工作的主要关注对象一般是正常人和轻微心理失调者;心理卫生包括的范围很广,因此并非只是少数医师或临床心理学者的责任,家庭、学校、社会各部门均应给予足够的重视。

二、心理卫生的重要性

人作为一个整体,其身体与精神是互相依附、彼此制约的。可是人们一般对生理卫生非常熟悉也能自觉重视,但却较少留意到日常生活中的心理卫生。比方说,现代人都重视营养,每日吃的东西营养搭配均衡;但大家可能却没有意识到吃饭也有心理卫生,如果吃的时候心情不愉快或对什么事情耿耿于怀则会在很大程度上影响到消化腺的分泌,最终导致无法消受这些丰富的营养。再举个例子,我们都对居住地的自然环境有较高的要求,如临河而居、通风透光、幽静清新等等,但却不曾将居住的社区人文环境放在一个较为重要的位置;而事实上邻里的和睦、家庭的温馨才是更能给人带来持久幸福的源泉。人对自然环境的适应是很快的,当初再令你心动的居室也能在短期内让你觉得"不过如此",反而是精神的因素能够给人带来持久的内心满足;若缺少了后者,再好的良辰美景在你眼中也不过是残花败柳,只会平添几分惆怅和伤感,所谓"境由心造"讲的正是这个道理。这些事例都说明了生理卫生与心理卫生是密切联系、相辅相成、缺一不可的。

联合国世界卫生组织(WHO)对健康的定义是:"健康,不但是没有身体缺陷和疾病,还要有良好的生理、心理状态和社会适应能力。"随着医药卫生事业的发展,身体疾病对人类健康的威胁已变得相对小些了,而心理适应不良甚至失常者却逐渐增多。据报道,美国有 1/10 的人口患有严重的心理疾病，全国所有医院的病床总数，有一半以上被精神病患者所占用，这表示单是精神病患者即超过其他所有不同种类疾病的总和。这只是指严重到非住院不可的病人而言，其他患轻微心理疾病者，其人数之多，可想而知。事实上，精神疾病已经成为一个给全世界都带来巨大挑战的问题。世界精神病协会前会长、现任香港大学精神治疗学系主任麦列菲博士指出：全球十大造成人们无法正常思考和行动的病因中有 5 种是由精神疾病引起的。难怪国外有专家惊叹：精神疾病时代已经悄然来临，人类由躯体疾病时代进入精神疾病时代，精神疾病将是 21 世纪的流行病。

我国民众的心理卫生状况同样也不容乐观：据在北京召开的世界精神病协会 1997 年会发表的数字，目前我国有 5％的人存在不同程度的心理障碍，13％的人患有不同程度的精神疾病。据我国卫生部提供的数字，在 20世纪 50 年代，我国精神病总发病率为 2.7％，20 世纪 80 年代以来呈上升趋势，目前已达 13.47％，上涨了 5 倍。而据北京心理危机研究与干预中心的调查也显示：近年来，我国每年平均有 28.7 万人自杀死亡，另有 200 万人自杀未遂。自杀成为我国 15～34 岁人群的首位死因，全部人群的第五位死因。其实自杀现象的大量发生还仅是心理健康这一最大问题的冰山之一角。各个阶层、各个年龄段的人，几乎都受到心理疾病和精神疾患的困扰。可以说，没有哪一个人对心理疾病有终身免疫的能力。对中国 22 个城市的协作调查显示：儿童青少年行为问题的检出率为 13％，在人际关系、情绪稳定性和学习适应方面的问题尤为突出。中学与大学生心理障碍，表现焦虑不安、恐怖、神经衰弱与抑郁的约占 16％。在精神疾病的背后更令人担心的是公众精神疾病知识的欠缺，这直接影响了精神障碍的预防与早期发现。因此，2004 年 9 月 20 日国家卫生部发文指出：精神问题为重大公共卫生问题和突出的社会问题，需加强非精神卫生专业医护人员以及其他从事精神卫生工作者的培育，并首次将"自杀防止条例"列入重点防范讨论工作。

上述这些不断攀升的数据让我们非常震惊，而震惊之余究其原因，很大程度上可以从我们当前的社会发展给人带来的种种压力中觅到踪迹。心理学上谈压力一般将其分为两类：一类是急性的刺激或创伤，另一类是持续（慢性）的压力。前者来势汹涌，影响或长或短；后者虽不强烈但却是持续不断地存在，最为重要的是，这一类压力几乎是我们每个人都会经常遇上的，也是最能影响我们身心健康的。说起这类压力我们自然都不会陌生：从当前大的社会环境来讲，正处在社会转型期的个体可能会产生大量的价值危机，因为价值观的多元带来了更多的选择焦虑，长期的价值冲突和混乱必然导致个体的认同出现危机。除此之外，人口密度持续增加也使得升学、就业等各种竞争日渐加剧等；同时密度增加人际接触增多使冲突的机会也相应增多；科技的发展同样显示出了它负性的一面，在我们这个通信科技已经十分发达的社会，人与人之间的直接交往反而正在减少，情感联系也渐趋淡化。

人处于压力下的身心状态称为应激，当长期的应激得不到很好的调节和缓解，紧张与压力累积到一定程度就会导致个体的全面"枯竭"，引发大量的生理、心理问题。现在，"社会—心理—生物"的医学模式开始重点关注主要由人的心理因素所导致的躯体疾病（如癌症、冠心病、高血压、偏头痛、哮喘、溃疡等），学术上叫做心身疾病。美国心理学家曾经用猴子做实验来探讨压力与健康之间的关系。在正式实验之前，心理学家先让猴子学会"看到红灯闪烁就要拉扳手以逃避电击"的条件反射，使猴子将红灯的闪烁看作一个危险的信号并对此保持相当的警惕。正式实验开始后，心理学家只是用红灯照射猴子但并不真正给以电击，但是猴子因为有前面的学习经验，所以仍然习惯性地拉扳手以逃避电击。就这样连续做了 3 个星期，每天的时间长达 6 小时，最后的结果是猴子死于严重的消化道溃疡。心理学家通过实验证明了长期持续的心理紧张能导致严重的身心疾病甚至死亡。

研究表明，人的心理疾病除少部分是与生俱来的外，大多数都是在成长过程中受到各种因素的影响渐渐累积而成的。这就是说，儿童时期虽不是精神病充分发作的时期，却是不健康行为孕育的时期，幼年时某些轻微的不良适应即可酿成日后难以挽救的心理疾病。一种行为问题的发展总是开始时比较轻微，要改变它比较容易；到了酝酿成型就很难改变了，故对学校中有心理问题的儿童必须及早予以辅导、矫正。另一方面，良好的心理调节功能也是自幼年开始在后续的生命历程中不断增强的。我们的教育目的是要培育全面发展的一代新人，而心理的健康实为不可缺少的条件，因此推行心理卫生在今日学校教育中尤有迫切之感。

三、心理健康的标准

心理卫生的目的在于促进心理健康，因此对什么是心理健康的界定是讨论很多相关问题的重要前提。但由于常态与变态是相对而言的，事实上两者是处于一个仅有程度之分的连续体的两端，因此对心理健康的定义一直没有一个确切的标准。但是心理学家们还是提供了一些可供判断心理健康的思路：

（一）如何区分常态与变态

心理学者们对于常态变态的区分，多从以下几方面入手：

1. 统计分析

有人采用统计学上常态分布的概念来区分常态与变态，在分布中接近于平均数者为常态，偏于两极端者为变态，即走"众数思路"—大多数人表现出的状态就是健康状态。但此种纯以数量来区分心理的常态与变态的方法并不是十分合理的，因为并非在任何时候大多数人的行为所代表的就是健康。例如在中世纪，从意大利遍及欧洲都曾出现鞭笞己身之狂热以避上帝指责，陷入这种狂热之中的男女老幼何止千百万人，能说这种行为和心理是正常的吗？又如在我国十年动乱中，像张志新等敢于坚持真理的人并不是社会的众数，但能说他们是心理变态吗？此外，按这种思路就会将天才与白痴一样看做变态，这显然是不够妥当的。

2. 社会规范

与此相类似，还有的学者以个人行为是否符合社会规范来划分常态与变态，这个标准也不完善。

首先，不同社会文化或同一社会中不同阶层的人其行为规范有所不同，况且从时间维度来看社会规范也并非总是一成不变的，有的以前被视之为变态的可能在后来被视为正常，反之亦然。就以"同性恋"是否是病态为例：早些时候人们一直认为同性恋是一种变态的性心理，因此在心理治疗时也多采用行为主义的方法（如厌恶疗法）来试图矫正这种偏差的性取向；但是随着社会的发展和文明的进步，同性恋目前已经不再被视为一种病态了。早在1973年，美国心理协会和美国精神医学会就将同性恋行为从疾病分类系统去除了。1980年，《精神疾病诊断与统计手册》第三版（DSM—Ⅲ）也不再视同性恋为精神疾病，只是将"自我认同困难同性恋"（指对自己同性恋取向不满意且持续感到明显困扰的个体）仍归属于心理疾病的一种。在中国内地，同性恋者的权益近年来也得到改善。2001年4月20日，第三版《中国精神障碍分类与诊断标准》将"同性恋"从精神疾病名单中剔除，实现了中国同性恋非病理化。此外，同性恋婚姻或者同性恋同居关系目前也在许多国家（如荷兰、芬兰、挪威、丹麦、德国、英国等）得到了法律的承认和保护。

其次，在某些情况下，社会规范本身也可能是不合理的，如中国封建社会的缠足。因此对于违反社会规范的人（如改革者）不可一概视之为心理异常。

3. 生活适应

人们还常以行为是否有破坏性、是否扰乱别人等生活适应性来作为区别常态与变态的标准。但这也不是完全可靠的，有一些精神病患者对于周围事物毫无兴趣，言语、行动均大量减少，整日生活在自己的幻想之中，也从不给别人添麻烦，但他们并不能算做正常人。因此教师不能只注意顽皮捣蛋的学生，一些具有退缩特征的孩子表面看来极守规矩，却很可能是心理不太健康的。

4. 主观感受

有心理疾病的人常会感受到情绪和身体痛苦，于是有人试图从个人主观的感受来划分常态与变态。此种区分亦有局限，因为任何人都难免短时出现上述症状，而且有些病人看上去无忧无虑、泰然自得、乐似神仙，但实际上却可能是躁狂症患者或精神分裂症患者。

5. 心理测验

在西方，临床上普遍采用将心理测验的结果和其他相关的个人资料综合在一起作为诊断常态与变态的依据。这些测验有的是测量感知觉和运动的、有的是测量智力的、有的是测量一般个性倾向的，如韦克斯勒智力量表、明尼苏达多相个性调查表等就是常用的诊断工具。但目前真正有效的测验还不太多，而且适用于一种文化环境的测验不见得能同样有效地适用于另一种文化环境；更重要的是测验必须由受过专业训练的人员实施并解释结果。

此处列举的几种区分方法都不是完美无缺的。到目前为止，还没有任何一个标准能独立地将"正常"和"异常"的行为完全区分开来。所以，我们在使用"变态"一词时务必小心，不要随便给别人或自己的行为冠以此类名称或贴上一个负面的标签。一个比较谨慎的方法是，在判断一个个体是否为病态时，应该根据实际情况用上述标准的组合以取各自的优势并克服每种标准的不足，在此基础上再结合相关资料（如个人成长史、家庭环境、一贯的行为特征等）作出尽量稳妥的判断。

（二）心理健康者的特点

以上所讨论的是如何区别行为的常态与变态问题，至于怎样才是心理健康则更难以确切回答。心理学者和卫生专家们一般把心理健康的人所具有的特点作为标准，被多数人接受的有以下几条：

1. 正视现实

心理健康的人能和现实保持良好的接触，对周围的事物有清醒的、客观的认识；既有高于现实的理想，又不沉迷于过多的幻想；对生活中各项问题、各种困难和矛盾均能以切实的方法加以处理而不企图逃避，处处表现出积极进取的精神。

2. 了解自己

心理健康的人具有自知之明，不但了解自己的优点、缺点及各方面条件，还了解自己的能力、性格、爱好以及情绪与动机，并据此安排自己的生活、学习与工作，从而在求学、谋职或恋爱等方面做出正确抉择，增加成功的机会。

3. 善与人处

心理健康的人乐于与人交往，既对别人施予感情，也能欣赏并接受别人的感情，因而能和多数人建立良好关系；在与人相处时，积极的态度（如尊敬、信任、喜悦等）多于消极的态度（如嫉妒、怀疑、憎恶等）并善于发现别人的长处。

4. 情绪乐观

心理健康的人心胸开朗，情绪稳定、乐观，常向光明处去看，不往黑暗处去钻，善于调节以保持良好的心态；热爱生活、积极向上、对未来总是充满希望。

5. 自尊自制

心理健康的人谦而不卑、自尊自重；在社会交往中既不狂妄自大，也不退缩畏惧；在行为上独立自主，既能有所为、又能有所不为，只要是好的就主动去做，只要是坏的就自我克制，纵有引诱亦不为所动。

6. 乐于工作

心理健康的人能把自己的聪明才智在工作中发挥出来并能从工作中得到满足感，工作对他不是负担而是乐趣。

7. 热爱生活

心理健康的人珍惜生命、热爱生活，对每天的平凡生活仍有新鲜感和幸福感。

四、健康心理的培养

要保持心理健康，必须在平时注意个性修养、陶冶性情。一个总的指导思想是应该秉持唯物主义的世界观，用辩证的思维来看待身边的人和事。

苏格拉底说过，真正能带给我们快乐的，不是知识而是智慧。思维方式是最深的智慧。

我们在多年心理健康的研究和实务工作基础上，结合我国古代太极图与西方的心理治疗理论提出了保持心理健康的"阴阳辨证认知法"。太极图是完满而灵动的人生哲理的形象化：其一，万事万物、皆有阴阳，预示任何事物都有正反两面；其二，阳中有阴、阴中有阳，预示任何事物都不是纯粹单一的成分；其三，阴阳互动、此消彼长，预示事物的正面和反面是可以相互转化的，这与我们今天提倡的辩证法有异曲同工之妙。我们每个人都可能存在一些不合理的信念，第一类是片面性——以点带面，以偏赅全，只见树木，不见森林。第二类是绝对化——追求绝对完美和绝对真理，不懂得白中有黑，黑中有白。第三类是静止论——认为好就永远好，坏就永远坏，看不到事物的发展变化。当我们面临困境的时候，应该努力变片面为全面，变绝对为相对，变静止为发展，这样就能摆脱烦恼、走出困境。

（一）树立正确的人生观

只有认清人生的意义、树立远大理想，才能忍人之所不忍，处人之所不处，经受得住各种挫折，不被人生过程中许多暂时的苦难吓倒。要牢记"天将降大任于斯人也，必先苦其心志、劳其筋骨、饿其体肤、空乏其身、行拂乱其所为……"当代的保尔——张海迪就是凭着对人生的达观与执著谱写了一曲感动世人的身残志坚、顽强乐观的人生乐章。

（二）从积极的角度看问题

据说有两个皮鞋商去非洲扩展市场，当他们惊异地发现非洲人大都不穿鞋时，一个皮鞋商懊恼不已，沮丧地说，这里的人都不穿鞋，那我的鞋可怎么卖啊？而另一个皮鞋商却暗地里窃喜：这里的人都没有鞋穿，那我的鞋市场该有多大啊！这个故事生动地向我们展示了积极思维和消极思维的差异。事实上，所有消极的想法都是我们内心的恶魔。很多时候，我们所遭遇的失败和挫折本身并不构成对我们的打击，反而是我们如何去解读这些失败和挫折的信息和意义才对我们的心理产生了极大的影响。正因为如此，不同的人面对同一件事情才有了不同的反应和后续的行为与感受。当我们内心的想法变了的时候，我们的整个状态也开始跟着有所转变并最终导向积极和成功。

（三）了解并接纳现实的自我

一个人对自己的一切不仅要有全面而客观的了解，而且需要坦然承认并欣然接纳。因为在个人所具备的条件中，有很多是不能改变的，如容貌、生理缺陷、家庭出身等。如果只了解自己而不能接受自己，势必将增加个人的不安与痛苦。有些人狂妄自大，觉得怀才不遇而愤世嫉俗，是因为缺乏自知之明；另一些人过分自卑，自觉在社会中毫无价值，因而憎恨、拒绝自己。一个人只有欣然接受自己，才能避免心理冲突；唯有接受现实的自我，才能根据社会和时代的需要创造出理想的自我。有句话说得很好：上帝给了我智慧去改变我所能改变的事物，去接受我所不能改变的事物；最重要的是上帝还给了我智慧去分辨二者之间的差异。因此，做一个有着这样人生智慧的人，必将是快乐而幸福的。

（四）确定合适的抱负水准

人应该有超越现实的理想，但不顾现实可能地蛮干却要碰得头破血流。只有眼睛望着理想，而双脚踏着现实才能立于不败之地。为此，要了解社会对个人的要求是什么，哪些是环境所允许的，哪些是不允许的，其变化趋势如何，等等。要善于将个人的优缺与环境的利弊四个因素综合起来分析，挖掘环境的有利因素，发挥个人的优势，一方面与命运搏斗、改造客观，另一方面调整主观、确定合适的抱负水准以避免做出对自己造成重大挫折的事。

（五）在事业中获得心理的满足

每当我们完成一件工作，一种轻松喜悦之感便油然而生，克服困难越多、工作成绩越好，这种感觉便越强烈。工作可以使人发觉自己的价值并产生成就感、进而获得社会和团体的承认，而这些都是作为群体性动物的人的基本社会性需求，这些需求的满足对维护个人的心理健康具有极大的助益。一个在事业上入了迷的人很少有这样那样的苦恼。在某些国家，有所谓"工作疗法"与"职业疗法"就是通过有组织的工作或职业活动，使心理失常者因获得成就上的满足而达到正常适应的目的。

（六）积极参与社会活动，主动与人交往

心理不健康者常在情绪上有很大困扰，而情绪的困扰又多半表现在人际关系上。轻则自己有孤独、恐惧、焦虑之感，重则对人有怀疑、敌对、攻击之举。人有交际的需要，与亲属、朋友、同学、同事交往能使人在心理上得到安全感，个人的苦闷有地方倾诉就不易积存郁结。相反，性格孤僻、与他人老死不相往来的人一旦遇到挫折便会感到有苦无处诉，当负性的情绪郁积在内心并达到无法忍受的程度时，常常就会以一些极具破坏性的方式发泄出来，给自己、他人和社会均带来很大的伤害。近年来我们的社会中出现了好几例大学生伤害他人和动物的事件，如清华学子硫酸泼熊、

复旦研究生虐猫以及震惊全国的马加爵事件，里面的肇事学生都有着某种性格和认知上的缺陷，并缺乏正常的人际交往和朋友之谊。因此，经常参加一些职业性或学术性团体的活动，不但能密切与他人的关系，还可以获得学习与发展的机会并保持情绪和心理的健康。

（七）积极参加文体活动，注意用脑卫生

文武之道、一张一弛。在工作学习之余参加各种文体活动，使紧张刻板的生活得到调剂，不但能消除疲劳、使人精神焕发，从而提高工作效率；还能解除苦闷、改善情绪、增加生活的乐趣。因此保持紧张而有秩序的工作、规律而有节奏的生活，再加上常常有适量且活泼的娱乐，这样张弛有度的生活习惯将使我们的身心更加健康。

第二节 青少年心理卫生

在人生的各个时期都要注意心理卫生。严格说来，心理卫生的实施应该从胎儿开始，因为母亲在妊娠期间的生理、心理变化以及体内外的各种物理、化学刺激，都会影响后代的身心健康。从呱呱坠地的襁褓婴儿到含饴弄孙的退休老人，每个年龄阶段都有各自的心理特点和心理冲突，如不注意心理卫生和保健，轻则适应不良，重则引起各种心理疾病。这里，我们只谈青少年的心理卫生。

一、青少年的心理冲突

人的青少年时期是由童年到成年，由不成熟到成熟的过渡时期。这是个体发育过程中充满生机、最为宝贵的一个阶段，同时也是最易产生心理冲突和行为过失的危险年龄阶段，因此，注意心理卫生尤有必要。

青少年时期又叫青春期，具体是指从第二性征出现至性成熟及身体发育完全的一段时间，其开始和结束年龄很难做截然的划分。一般观察认为，女孩子从十一二岁即开始青春萌动，到十七八岁基本发育成熟；男孩子则要迟两年左右。

人到了青春期，身体形态、各器官系统以及内分泌等都会发生一系列变化，尤其是生殖系统发育异常迅速。由于心理水平和知识经验一时不能适应生理上的急速发育并且常常是前者远远落后于后者，因而很容易导致个体身心失衡，从而引起一系列的心理冲突。总之，这是一个半幼稚半成熟的时期，青少年既有独立性，又存在很强的依赖性，在很多时候遇到挫

折了还要回到成人温暖的怀抱，但是他们需要更多的是抚慰和支持而不是说教和管制；他们的内心既有一定程度的开放性，又有很强的闭锁性，因而他们对于知心朋友可以毫无保留，但是父母老师却常常苦于他们三缄其口；他们对自己的情绪有了一定的控制能力，但是情绪仍然很不稳定，可能因为一点称心愉快的事情而得意忘形，也可能因为些许委屈而懊丧不已。正是以上这些心理特点使得青少年可塑性很大，然而一旦受到不良影响也很可能就误入歧途。

有人曾到北京市几所工读学校作了调查，发现 13 岁左右是少年开始犯错误的高峰年龄；湖北省少管所对 160 名被管少年做了统计，其中 13 岁开始犯错误的占 67％。一个十几岁的孩子处于这种生理、心理突变、社会影响日增、知识经验不足等多种矛盾的旋涡中，稍有疏忽就会在外界消极事物的引诱和自身感情冲动的夹击下被生活的激流卷入深渊。作为家长和教师，必须了解这一时期孩子的心理特点，因势利导，使他们能安然度过这个所谓"危险阶段"，健康地成长起来。

二、青少年的情绪教育

教育不应止于知识与技能的传授，而应以完善个性为目的。过去我们虽然提出了德、智、体全面发展的方针，但在实际执行时对其中每一方面的理解都不够全面，有些人在成年后仍然在情绪上表现得非常幼稚，其原因之一就是缺乏情绪教育。

情绪教育的目的是要使儿童和青少年的情绪获得正常发展并趋于成熟，以促进他们的心理健康。情绪的成长既需要适当环境的滋养和陶冶，也需要对情绪的宣泄和调节作有针对性的辅导。

情绪教育乃是家庭、学校和社会共同的责任（其中家庭的影响大于学校和社会），父母和师长都应具备有关青少年心理及心理卫生的基本知识，不要完全以成人的标准来衡量孩子和学生；同时教育者还需留意自己的言行对青少年的影响，争取做一个好的榜样。

具体来讲，实施情绪教育应注意以下几个问题：

(一) 防止"情绪饥饿"

虽然愉快的和不愉快的情绪皆有其价值，不过适度的愉快情绪更为健全的身心发展所必需。如果一个人从小被剥夺了愉快的情绪体验而引起"情绪饥饿"，必然会有碍他身心的正常发展。中国有古训叫做"不打不成材"、"严师出高徒"，因而导致了我们的家庭和学校教育都奉行严格管教的政策，由此也带来了有关孩子情绪发展的问题。有些家庭的管教过严、经常对孩子叱责打骂，或者父母丧失、离婚、感情不和，这些都可能使子女经常处于情绪的紧张状态之中，缺乏温情与欢乐，难免出现"情绪饥饿"现象。学校的教师如果缺少对学生的适当的鼓励和表扬、责骂和处罚的次数太多或不合理，学生在集体中遭到否定、排斥和不平等待遇，也很容易导致"情绪饥饿"。如果这些情况长期持续下去得不到改善，青少年就很难保持一种健康和谐的情绪状态，他们不是变得顽固、冷酷、残忍，就是变得孤僻、怯懦、自卑。因此家庭和学校都应该努力营造一种轻松和谐的气氛，在支持性和滋养性的环境中促进青少年健康情绪的形成以及和谐身心的发展。

（二）避免过分保护

有的家长对孩子过于溺爱，孩子过着衣来伸手、饭来张口的生活，一切需求都可以满足。另一方面，有的家长和教师又对孩子的自由活动严加限制，只让他们在界定的范围内以所容许的行为模式来从事活动，做个"乖孩子""好学生"。这些做法所带来的严重后果是养成了孩子对父母和成人的过分依赖，处处需要父母的帮助，遇事退缩无主意，逃避责任且易受他人影响；同时他们对情绪的控制力和对挫折的耐受力都较低，对批评特别敏感。这种孩子长大后难以适应复杂多变的现实生活。

（三）不要过度放任

有的家长对孩子只知给予，不知要求，对其行为不加任何限制，任其为所欲为。这样的孩子往往自私、霸道、爱发脾气，常常攻击别人，为了达到自己的目的可以不择手段。事实上，无论是过分严厉、压制还是过分保护或者是放纵都不利于孩子情绪的健康发展，因此家长和教师既要尽量避免使孩子遭受重大精神打击和接连不断的挫折，又要提供适度的挫折环境以锻炼儿童的挫折耐受力，有意地让他们在艰苦环境中磨练，由挫折失败中获取经验。

三、当好青少年的引渡人

（一）对青少年的独立性既要尊重又要引导

一般来说，学龄前儿童一切需求仰之于父母，以父母的话作为判断是非的标准；入小学后，教师取代家长成了孩子内心至高无上的权威；到了小学高年级特别是进入中学后，随着自我意识的发展，青少年对父母和老师的话不再唯命是从，开始突显和张扬自己作为一个成人的"独立性"。因此，这时的教育者不应再把他们视作不能独立行为的幼儿，更不应该忽视

371

甚而压制他们独立自主的要求。

　　青少年要求独立处理个人生活，这是心理发展水平的进步。做父母和老师的要尊重他们的人格，爱护他们的独立性。对孩子爱之深、责之切乃人之常情，但不要事事关心、事事追问，要给他们以应有的行动和言论自由，鼓励他们独立思考，多采用商量而不是命令的方式，在非原则问题上允许其自作主张，让孩子有机会学习自己做选择并承担相应后果和责任。但是，不能将尊重孩子的独立性等同于放任不管，很多时候过分放纵恰恰是子女走上犯罪道路的根源。由于青少年的认识能力和道德感都还未发展成熟，对人、对事以及对自我的评价往往是不客观、不全面和不稳定的，因此一旦他们失去了成人的指导，便会如无舵的小船，只能随波逐流。由此看来，随着孩子进入青春期以及独立需求的不断增加，父母和教师的教育责任不仅没有减少，反而是更加艰巨，只是形式和方法上需要更灵活也更审慎。

（二）把青少年的过剩精力引上正确轨道

　　青少年朝气蓬勃、精力充沛，他们最怕的是寂寞，让一个十几岁的孩子安静地坐上半天是很困难的。把青少年的过失行为乃至犯罪归结为精力过剩自然有些不妥，但"无事生非"却是常有的现象，每当青少年无所事事时，他们就会自己想出一些消闲的方法，如不顾后果地恶作剧、打架斗殴、说下流话、看黄色书等。因此，青少年旺盛的精力和单调的生活之间的矛盾是教育者必须要引起重视的一个问题。

　　青少年的好奇心强，求知欲旺盛，家长和教师可以充分利用孩子的这一心理特点，除了督促、帮助他们学好各门功课外，也应该指导他们的课外阅读并培养他们多方面的兴趣，还可以组织他们开展各种各样的文化活动、体育活动、科学实验活动、社会公益活动等，将他们过剩的精力导向健康的途径。要注意的是占据青少年过剩的精力并不是要增加他们的课业负担。学习负担太重，剥夺了正当的娱乐和休息会使他们的头脑长期处于紧张状态，不但会使学习效率降低，而且不利于学生的心理和身体健康。

（三）注意青少年的社群活动

　　青少年的相伴性很强，他们的思考和行为极易受伙伴们有形无形的影响。父母和老师认为对的，他未必接受；而同伴奉行的，他总认为是好的。他们认为能否被同伴了解和接纳是很重要的事，因而从服装、发式到举止言谈、价值观念都尽量与伙伴趋于一致。为了不被同伴所摒弃，他们常常盲目地甚至被迫接受一些自己不赞同的意见，甚至做一些自己不赞成的事，目的仅仅是为了讨好伙伴以寻求一种归属感。

从另一个方面来看，这种相伴也是一种社群活动，它是人类除了生理需要之外的一种交际的需要。青少年时期良好的同伴关系可以为他们将来进入社会建立更大范围的人际关系打下基础，那些在小时候缺乏社群活动经验的孩子，长大后很可能在团体中适应不良。

因此，作为家长和教师，对青少年的社群活动既不要过多限制，又要经常关心和过问。对他们所接触的环境与同伴要进行审慎的考察，若发现其与不三不四的人来往要及早制止。要积极引导孩子多接触品德良好、热爱学习的伙伴，多参加班级、学校、少先队、共青团组织的各种集体活动，这样既可以使他们增长知识，又能满足他们的社群需要，培养团结友爱、互相帮助的高尚道德品质。

（四）要对青少年进行适当的性教育

青少年时期是性的觉醒和成熟期。随着年龄的增长，这种性机能的成熟本是十分自然的事，然而由于青少年对自己进入青春期后的身体形态和生理变化往往缺少必要的心理准备，学校和家庭又常常因为"谈性色变"而难以提供能符合他们需要的适当的性教育，使得这些处于性萌动期的孩子只能任由自己的内心苦苦挣扎而得不到成人的健康指引，甚至会由此而导致一些性方面的心理困扰，以及在性冲动的驱使下尝试一些有损于他们身心健康发展的性行为，甚至还有些人因为求爱不成或中途情变而酿成令人扼腕痛惜的一幕幕血案。

随着目前社会的发展和信息传播的加速，在给青春期的孩子提供健康的性教育方面，我们的家庭和学校担负着越来越重要而又刻不容缓的责任。然而虽然性教育的重要性在理论上早已得到充分的论证，但在实际推行时常常又会引发很多的争议。不少家长和老师都担心性教育会收到相反的效果，其中一个突出的担忧是恐怕性知识成为青少年的一种刺激，促使他们去做出种种尝试，因此还不如保留孩子的那份"无知"；其次就是恐怕在进行性教育后，青少年的性知识增多了，就可以有备无患地去胡作非为；再者就是我们都将在公共场合谈论与性有关的话题作为禁忌，特别在学生面前会觉得很尴尬而难以启齿；另一方面人们常常自然地认为性是人的本能因而是无须教导的。由于上述种种原因，在我们的家庭和学校推行有效的性教育仍然是一件任重而道远的事。但事实上通过学校和家庭这种公开而正规的途径推行正确的性教育并没有想象中的那么可怕，教育者大可不必过分担忧。首先，"无知者无畏"，目前社会很多少女堕胎、未婚妈妈等令人痛心的事例，大都是因为孩子对性的知识以及滥交或堕胎可能对人的身心造成的巨大伤害缺乏认识而导致的。而相关的研究数据也显示，当青少年缺乏性教育的时候，他们往往更可能进行不负责任的性活动，结果这些行为给他们带来了羞辱和身心的损伤；再者，即使我们不通过正规的途径给青少年提供健康的性知识，在现代通信已经十分发达的情况下，他们也总是能从各种途径获取自己想了解的东西，而很多不健康的影视和书刊是他们获取性知识的重要来源，这反而是我们更为担忧的。因为这些知识中有很多夸大、扭曲的成分甚至是带有诱惑性、煽动性的。青少年如果沉溺于这些东西，常常会走向歧途，这将严重影响到他们的学业和身心发展。

我国的香港地区在对青少年的性教育方面做过许多有益的尝试并积累了相关的经验，可以为我们在内地推行青少年的性教育提供很多可借鉴的启示。香港的学者蔡元云认为，一个全面而有效的性教育课程应该涉及人的生理、心理和精神三个层面的需要，包括知识的传授和态度、观念以及生活方式的培养，而绝不仅仅是狭义的性知识。首先是提供与性有关的知识，包括性生理和性心理的成长过程与特征；其次是培养对性有正确的态度，即接纳性为生命中重要的一部分，从两性平等的基础去认识两性的角色，此外还要对两性之间的关系持正确的态度；第三则是建立健康的性价值观，即正确的性、爱、婚姻、家庭观念和健康的性道德标准。在具体开展性教育的过程中，老师要采用灵活有效的教学方法，尤其要改变传统的单向式的讲授，设法吸引学生的高度参与并尽量避免说教和死板的程序或者是有太多个人的价值评判。只有这样才能营造起一种安全的表达氛围，使学生真正愿意与成人或同伴就性的问题或自己的困惑进行交流。学习的具体形式可以是多种多样的，如利用视听教材、座谈、阅读报告、角色扮演、辩论、谈心信箱、小组讨论、调查研究等。如果有一些学生的问题不适宜公开地在课堂进行讨论，还应该辅以个别的心理咨询，作为对课堂性教育形式的必要补充。此外，学校还应该邀请家长也参与到对孩子进行性教育的过程中来，并整合当地的社区资源如健康教育工作者、医生、护士或社区的有关机构，共同为青少年的性教育添砖加瓦。

第三节 学校心理咨询

近年来，社会各界尤其是教育部门越来越重视学生的心理健康问题，教育部在 1999 年颁发了《关于加强中小学生心理健康教育的若干意见》，

2002 年又颁发了《中小学心理健康教育指导纲要》。在普遍开设以学生互动体验为主的心理健康活动课的同时，心理咨询（亦称心理辅导）也在各级各类学校逐渐开展起来。本节拟对学校心理咨询的有关内容作一概要介绍。

一、学校心理咨询的性质、对象和任务

（一）学校心理咨询的定义

学校心理咨询是心理咨询人员运用心理学的原理和方法，对在校学生的学习、交往、择业等问题给予直接或间接的辅导帮助，并对一般心理障碍或轻微精神疾患进行诊断、矫治以促进学生适应和发展的过程。

从上述定义可以看出，学校心理咨询是由学校心理咨询人员与求询者进行特定交往的一种过程。由于学校心理咨询人员接受过专门训练，了解和掌握咨询工作所需的心理学理论与技术，因而在交往过程中起着主导作用。求询者（在校学生）是咨询过程中的主体，这种情况是就学校心理咨询的一种形式——直接咨询而言的。学校心理咨询还有另一种形式，即间接咨询，这是由学校心理咨询人员对教师、学校行政人员和学生家长所进行的咨询。这里咨询过程中的主体变成了教师、学校行政人员和学生家长。虽然间接咨询的最终目的仍然是对在校学生的心理问题给予辅导帮助，但这种辅导帮助却不是学校心理咨询人员在咨询过程中直接给予的，而是经过了教师、学校行政人员和学生家长这一中介环节的间接工作。因此，我们称学校心理咨询是由咨询人员对在校学生给予直接或间接辅导帮助的过程。

在学校，心理咨询人员除对学生的学习、交往、择业等问题给予辅导帮助外，还对求询学生的一般心理障碍或轻微精神疾患负有诊治的责任，这是因为心理咨询同心理治疗有着密切的联系。在有些情况下，咨询过程本身就是对求询者的一种心理治疗，因而在对学校心理咨询下定义的时候，我们便把"对一般心理障碍或轻微精神疾患进行诊断、矫治"也列入了学校心理咨询的"过程"之中。当然，学校心理咨询对心理障碍或精神疾患的诊治受许多条件限制，较为严重的心理障碍或重性精神疾病如精神分裂症的治疗就不是学校心理咨询的服务范围，对于这一类问题要转介到合适的专业机构。

学校心理咨询奉行的是发展取向的教育模式，而不是治疗取向的医学模式，咨询的目的是促进学生的适应和发展。

在理解学校心理咨询的定义时，还有一点应当注意的是，我们这里所

说的学校心理咨询，其范围仅限于普通初等学校、中等学校（含普通中学、职业技术学校、中等专业学校）和普通高等学校；用通俗的说法也就是限于小学生、中学生、大学生的心理问题咨询。

基于这一考虑，我们在定义中特意使用了"在校学生"这一术语，以便和广义的各级各类学校的学生，特别是多种形式的成人学校学生加以区别。

（二）学校心理咨询的学科性质

传统上人们认为学校心理咨询应当属于咨询心理学，它是咨询心理学原理在学校领域的具体应用；从咨询心理学的发展来看，其最初的起源也植根于学校心理咨询的实践之中，因而这种说法是不无道理的。的确，在咨询心理学发展的早期，学校心理咨询特别是对青年学生的职业指导，曾在咨询工作中占有极其重要的地位。但是，随着咨询心理学向社会各方面的渗透和扩展，学校心理咨询的内容在咨询心理学中的比重逐渐下降，有关学校心理咨询的工作逐步由在学校从事心理服务的学校心理学工作者所接替。因此，现在学校心理咨询与咨询心理学的联系，已远远不如几十年前那样密切、那样牢固了。不过，我们仍可把学校心理咨询看做咨询心理学的传统工作领域之一。

此外，我们还可把学校心理咨询看做是学校心理学这门独立的心理学学科的重要研究内容和工作领域。学校心理学是通过学校心理学工作者的直接、间接服务，来研究和解决教育过程中的心理学问题的一门应用学科。学校心理学工作者的基本角色功能是心理评估、心理咨询、心理干预、心理服务协调和参与学校的管理与决策。正如舒尔茨（D. P. Schllltz）所概括的："学校心理学领域涉及在学校情境中的测验与咨询（包括行为的和职业的），也涉及所有年级水平（幼儿园、小学、初中、高中、大学、研究生和专业人员、成人等）的学校管理和课程设置。"可见，心理咨询在学校心理学中占有重要位置。从当前学校心理咨询的发展特点来看，散布于社会上的一些学校心理咨询人员也有逐步纳入学校心理学组织体系的趋向。

总之，我们认为应当这样表述学校心理咨询的学科性质：学校心理咨询是介于咨询心理学和学校心理学之间、正在处于分化之中、具有逐步纳入学校心理学体系趋向的应用心理学的独特领域。

（三）学校心理咨询的对象

学校心理咨询的对象包括三种情况：第一种情况是心理正常的在校学生，特别是年龄较大的大中学生，当他们在学校、家庭和社会遇到诸如学习、交往、择业等方面的问题时，便有可能找学校心理咨询人员寻求帮助；第二种情况是心理偏常的大中学校学生，其中既有在认知、情感、意志、行为等方面存在障碍的学生，也有存在一定的心理疾病症状的学生；第三种情况是学校的教师、行政人员和学生家长，其中以小学阶段的教师和学生家长为多，因为这一年龄阶段的学生心理发展还很不成熟，他们尚难客观、准确地反映个人的心理问题，因而更多地需要教师和家长的协助。

在上述学校心理咨询的对象当中，应把第一种情况和第三种情况作为咨询的重点，因为对正常学生直接或间接的指导帮助，能促进他们的心理健康与全面发展，这是当代教育对学校心理咨询的客观要求，也是现代学校心理咨询重视发展和预防的必然结果；而对第二种情况即存有心理偏常或轻微心理疾患学生的诊治，则是在预防无效情况下的补救措施，是对少数学生的个别服务。尽管这种服务是必要的，有时由于难度较大还要花费咨询人员较多的时间和精力，但它毕竟不是学校心理咨询的主要对象，这一点是必须明确的。

（四）学校心理咨询的任务

在明确了学校心理咨询的对象之后，再来讨论学校心理咨询的任务就比较容易理解了。我们认为，学校心理咨询的基本任务是围绕学校的培养目标，充分发挥学校心理咨询人员的主动性和专业技能，为提高广大学生的心理素质、改善学校的心理社会环境、增进学生的社会适应力服务，并积极承担心理偏常学生的矫治工作，以最大限度地促进全体学生身心的健康发展。具体来说，学校心理咨询包括以下四方面的任务。

第一，向求询的学校教师、行政人员和学生家长提供心理学的知识和指导，帮助他们明确学生在不同年龄发展阶段的心理特点、发展任务和应对策略，积极创设有利于学生最佳发展的心理社会环境，促进学生德、智、体、美全面发展。

第二，依据一定的心理学原理对广大求询学生实施科学的学习辅导和行为辅导，并运用有关职业或专业信息与测量工具对毕业生进行升学和就业辅导。

第三，贯彻预防为主的方针，深入了解学生在学校生活和社会适应上遇到的困难、挫折和冲突，通过心理健康活动课帮助学生正确认识自我、增强调控自我、承受挫折以及适应环境的能力；培养学生健全的人格和良好的个性心理品质，努力提高全体学生的心理素质和心理健康水平．这是学校心理咨询的基础和工作重点。

第四，面向少数有情绪和行为障碍的学生，开展补救性和矫治性的心理咨询与辅导，使他们尽快摆脱困扰，调节自我，恢复和提高心理健康水平，增强发展自我的能力。对于极少数有严重心理疾患的学生，能够及时识别，并转介到专业心理治疗机构，同时予以密切配合，以尽快治愈疾患，帮助学生重返校园生活。

二、学校心理咨询的内容、原则和形式

（一）学校心理咨询的内容

学校心理咨询的内容非常广泛。如果按照学校心理咨询的任务加以归纳，大体可分为以下四方面的内容。

1. 以教育发展为中心的咨询内容

这方面的咨询内容主要包括：不同年龄阶段学生的身心特点与发展规律；童年期、青春期、青年期的发展目标与影响因素；家庭、学校、同辈集体和社会环境在发展中的作用；促进学生最佳发展的教育、教学方式和途径；智力发展、个性发展和品德发展的结构、关系与措施，等等。

2. 以校园辅导为中心的咨询内容

这方面的咨询内容主要有：掌握教材感到困难的心理机制和对策；感知、记忆、理解、应用书本知识的科学方法和规律；良好学习习惯的培养和不良学习习惯的纠正；增强学习动机的途径和方式；课外学习与课内学习的关系和衔接；学习方法的自我检查和调整；应试技能的训练和提高；人际交往的原则和技巧；重大转折时期的环境适应和自我心理调节；个人与集体的关系及其矛盾处理；个人专长的确定和兴趣的培养；升学时的专业选择，就业前的职业定向和准备，等等。

3. 以心理卫生为中心的咨询内容

这方面的咨询内容主要是：心理健康的标准；不同时期学生的心理卫生原则和要求；影响学生心理卫生的条件和因素；不同应激源对学生情绪健康的影响；心理挫折、冲突所导致的心理危机及其预防；问题行为的早期发现和预防；吸烟、饮酒等不良习惯对学生的身心危害及其矫正；青春期性心理卫生的原则和对策；中学生早恋的原因和引导；大学生的异性交往和恋爱导向；不良性格对心理健康的影响，等等。

4. 以心理治疗为中心的咨询内容

这方面的咨询内容主要是学生常见心理障碍的评估、治疗和护理问题。儿童期常见心理障碍的咨询内容主要包括：儿童退缩、口吃、遗尿等行为障碍的成因和矫治；儿童多动症、厌学症、学习困难综合症的表现和治疗；

儿童过度焦虑反应、强迫行为的发病机理和治疗。青春期、青年期常见心理障碍的咨询内容主要包括：神经衰弱、焦虑性神经症、恐怖性神经症、强迫性神经症、抑郁性神经症、疑病性神经症、癔病等神经官能症的致病因素和治疗；病态人格、性行为变态的原因和矫治。

（二）学校心理咨询的原则

1. 平等性原则

平等性原则是指在咨询过程中，学校心理咨询人员要从尊重、信任学生的立场出发，努力和咨询对象建立友好信赖的关系，以确保咨询工作的顺利进行并取得圆满的咨询结果。由于师生关系在教育与受教育意义上的不平等地位，平等性原则对于学校心理咨询显得尤为重要。在实际的咨询工作中，咨询师不应以老师的权威来压制甚至恐吓学生，也不能因为兼有教育者的身份就认为有权利将自己的价值观强加在来访的学生身上。

2. 发展性原则

这一原则是指在咨询过程中，学校心理咨询人员要以发展变化的观点看待来访者的问题，不仅要在问题的分析和本质的把握中善于用发展的眼光做动态考察，而且在对问题的解决和咨询结果的预测上也要有发展的观点。来访者所反映的问题总有一个发生、发展和将来如何变化的历史过程。发展性咨询不仅要了解个体心理问题已有的发展历程和现状，更重要的还要提示个体今后发展的可能方向，要对学生的发展目标和发展道路有恰当的把握并给予相应的指导。只有这样才能达到发展性咨询的目的，并为学生的学习和生活注入新的希望与动力。

3. 保密性原则

这一原则是指在一般情况下，学校心理咨询人员有责任对来访者的谈话内容及咨询过程中涉及的任何个人资料均予以保密。保密是学校心理咨询的一项重要原则，它既是咨询双方建立和维系信赖关系的基础，又是关乎学校心理咨询信誉的大问题，因此应给予足够的重视。但是由于学校环境的特殊性和学校心理咨询老师的双重身份，这一原则常常使实务工作者陷入矛盾和尴尬的境地。比如说有的老师得知自己的学生到过心理咨询中心，于是来向咨询老师打听学生的问题和严重情况；学校领导也可能要求咨询老师定期汇报来访学生的相关情况以便学校有一个总体把握；当学生家长送孩子来咨询后，也需要咨询老师给他们详细的反馈信息。可以说这些教育者的动机都是为了学生好，但是作为专业的咨询师来讲，仍然应该在充分地通情和肯定他们的动机的前提下，把握住自己的专业原则，对上述这些问题做出妥善的应对处理。当然替来访者保守秘密也并不是说咨询过程中的一切内容在任何时候都不能被公开，保密原则在实施时也有一些特殊情况。一般来讲，如涉及以下几个方面的问题，咨询师是应该打破保密原则的。首先，如果来访者的问题已经涉及法律或者是被法庭传唤等情况下，咨询师应该遵守法律的规定将咨询内容公开；其次，如果在咨询过程中预见到可能出现自杀、自残或危害他人与社会等危急情况时，也是可以协调多方关系来寻求解决之道的。第三，如果因为教学、科研和其他工作的需要而不得不引用某些案例时，也是可以公开相关的个案情况的，不过在这样做的时候，最好能事先征得来访者的同意，并要对案例内容作技术性处理，要隐去任何能识别出来访者身份的相关信息。总之，在心理咨询的保密原则上，重要的并不是形式上的公开或保密，而是在于是否将来访者的利益放在第一位。一个比较好的做法是，在咨询开初达成咨询协议时首先向来访者说明上述相关情况；在咨询过程中若真正面临是否保密的选择时，也应尽量在公开之前与来访者做充分的探讨，例如公开的原因和对来访者带来的影响，并要留意观察来访者的反应并对此做相应的辅导。最后，通过咨询师真诚的工作让来访者认识到，无论保密与否都是为了维护他的长远和根本利益。

4. 预防重于治疗的原则

这一原则是指学校心理咨询人员不仅应重视求询学生心理异常或心理障碍的诊治工作，更应重视咨询过程中心理卫生知识的宣传教育，只有把后一项工作做好了，使预防重于治疗的思想深入人心，才能更好地发挥学校心理咨询在促进学生心理健康方面的作用。要切实贯彻落实预防重于治疗的原则，除了应在咨询过程中向广大来访者大力宣传普及心理卫生知识之外，咨询人员还应注意加强对学生心理障碍的分析和研究工作，努力掌握学生各种常见心理障碍发生、发展的一般规律，这不仅对矫治求询学生的心理障碍有积极意义，更重要的是可以依据这种规律性的认识来促进学生常见心理障碍的早期发现及早期防治。

（三）学校心理咨询的种类

学校心理咨询的种类按照不同的标准可有多种划分。比如，按照咨询的对象可以划分为直接咨询和间接咨询；按咨询的形式可分为个别咨询和团体咨询；按照咨询的途径可以划分为通信咨询、电话咨询、现场咨询、门诊咨询等。由于前面部分已经对直接咨询和间接咨询有所涉及，这里就不多做解释；而按照不同标准划分的咨询形式也有交叉和重叠的地方，因此下面只从学校心理咨询最常见的几种形式分别加以介绍。

1. 个体面询

这是学校心理咨询最常用的形式。所谓个体面询指的是咨询师与求询者一对一地面对面直接进行交流互动的咨询活动。个体面询具有保密性强、易于交流、讨论问题深入、连续性好和因人制宜等优点，但这种咨询形式也有费时多、效率低等不足。

2. 团体咨询

心理咨询除了"一对一"个别咨询这种常见的形式外，还有团体咨询或称小组咨询。团体咨询是指将有共同或类似问题的来访者，以组建小组的形式开展咨询。团体咨询由于成员之间的互动而有特别的价值。学生作为成长中的个体，很多都是发展性的问题而颇具共性；再加上学校环境易于组织，团体咨询又较个体咨询影响面更广、效率更高，因此在目前的学校心理健康教育工作中应大力提倡并开展团体咨询。而众多的理论研究和实践经验也表明，诸如考试焦虑、社交障碍等问题采用团体咨询的形式收效更为明显，因为学生可以在团体的氛围中寻求支撑和归属，感觉到自己并不是孤军奋战；而学到的新的社交技巧也可以马上在团体中进行试验并得到真实的反馈。这里举一真实的团体咨询案例以供大家对这方式有更直观和详尽的了解。

北京师范大学郑日昌教授曾在 20 世纪 90 年代针对一些中学生在咨询过程中反映的考试焦虑问题组织了一次较大规模的团体咨询活动。100 多名学生组成一个临时团体，先由咨询师就求询者的考试焦虑问题进行集中分析和指导，然后要每个团体成员填写一份《考试焦虑自我检查表》，对个人的考试焦虑问题进行自我评定和分析。在此基础上，咨询师又对全体求询者实施团体放松治疗。《中国青年报》曾对这次团体咨询活动进行了翔实报道。

可见，团体咨询较之个别咨询，在节省咨询的人力和时间、扩大咨询的社会影响、集中解决学生中一些共同的和比较迫切的心理问题方面具有很大的优越性。团体心理咨询对于帮助那些具有害羞、孤独等人际交往障碍的学生，更有其特殊的功效。通常将此类学生编为 10 人左右的小组，进行多向交流，形成浓厚的团体互动气氛，从而有助于参加者问题的解决或障碍的排除。当然，团体心理咨询也有其固有的局限，主要是个人深层的问题不便暴露，个体的问题差异也难以照顾。因此，在团体咨询中注意适当的个别辅导，将团体咨询与个别咨询有机结合起来，取长补短，是选择学校心理咨询形式应当注意的一个问题。

3. 通信咨询

由学校心理咨询机构以通信或电子邮件方式对求询学生、教师、学校行政人员和学生家长所提出的心理问题给予解答、指导的咨询形式称通信咨询。

通信咨询的优点是不受居住条件限制，有问题者能随时通过信件诉说自己的苦恼或愿望；咨询机构在选择专家答疑解难时可有较大的回旋余地；对于那些不善口头表达或较为拘谨的求询者来说，通信咨询的优点更是显而易见的。

不过，通信咨询也有一些不足之处。一方面，通信咨询的效果受求询者的书面表达能力、理解能力和个性特点的影响。假如求询者书面表达能力差，问题的叙述过于简单、含糊或前后矛盾，咨询人员便无法根据来信内容作出正确判断；如果求询者做事草率粗心，信件书写潦草，字迹难辨，姓名、地址不详或错漏，也将给咨询工作带来很大麻烦。另一方面，通信咨询还具有往返周期长、咨询双方缺乏非言语交流、咨询帮助浮于表面和不够灵活等缺点。

当然，通信咨询的上述缺点和不足，经过咨询双方的共同努力，是可以得到一定程度的弥补的。就求询者来说，首先要求在书写求询信件时要认真、全面，一定要把自己需要解决的问题的来龙去脉写清楚，同时应提供必要的背景信息。如本人的家庭状况，学校中的班级气氛和人际关系情况，个人的学习成绩、兴趣爱好和社会交往等。这样，才有利于咨询师做出全面的分析和准确的判断，进而提出恰如其分的指导性意见。其次，求询信件写好之后，写信人应回过头来将整个信件内容仔细检查一遍，看看问题是否叙述清楚，有无遗漏或笔误，信件末尾的署名、联系电话、通讯地址和邮政编码是否齐全和工整，这些看起来很小的事情，对于提高通信咨询效率却有着重要作用。就学校心理咨询机构的工作人员来说，则应本着对求询者关心、负责的精神，精心处理每一封来信，及时函复求询者提出的问题，并力争使每封回信在字里行间都饱含对求询者的深切关怀、热情鼓励和殷切期待，同时在中肯分析的基础上附有切实可行的指导措施。这样，才能使通信咨询的功能得到最有效的发挥。

4. 电话咨询

电话咨询是利用通话方式对求询者给予忠告、劝慰或对知情人进行危机处置指导的一种咨询形式。这种咨询形式一般用于紧急情况的处理。例如，某个学生由于极度紧张、恐惧或孤独抑郁而产生轻生的想法，这时可以利用电话咨询首先稳住危机者的情绪，或请指导教师、家长等知情人做好危机者的监护工作，然后组织有关咨询人员赶赴现场，对危机者的问题进行妥善处理。

在国外，目前已有许多国家设置了电话咨询的专用线路，用于心理危机的紧急干预和自杀的防治。由于电话咨询对具有心理危机或自杀意念的人可以起到缓冲、防范和指导的作用，因而许多人热情地称颂这种专线咨询电话为"温暖线""希望线""生命线"。

近年来，我国在热线咨询方面也做了许多有益的尝试。下面简单介绍国内几条比较有影响的热线：

北京回龙观医院在 2002 年 12 月成立心理危机研究与干预中心，面向全国免费开通了 800-8101117 心理危机干预热线，为公众提供直接、便捷、人性化的专业性服务，在一年半的时间里，国内各省市及海外共有约 11 万人次拨打该热线，被接听的来电达 4 万余人次。众多面临生命危机的来电者在与专业接线员的沟通交谈中放弃了自杀的念头，重新找回生活的勇气。

华夏心理则专门针对创伤后的心理危机提供免费的心理援助。无论是经历了台风、车祸还是抢劫等灾难，只要个体感觉自己仍然还有心理上的困扰或无法投入正常生活和工作，都可以接通这一条充满温情的热线。

在非典肆虐期间，北京师范大学心理学院的老师们也将自己丰富的专业知识与非典时期的特殊情况结合起来，开通了一条专门抗击非典的心理咨询热线，及时为疫区群众缓解了心理压力、筑起了坚固的心理防线。

上面这几条都是针对全社会的心理帮助热线，北师大心理咨询中心还开通了一条专门针对大中小学生及其家长的心理热线——"雪绒花学生心理帮助热线"，服务的主要内容包括学生学习困难和考试焦虑问题、学校生活的适应、人际交往、行为习惯、亲子关系以及青春期教育等问题。

在其他省市也有为社会的和谐以及个人的幸福默默付出的心理热线。随着我国现代化进程的加快和电信事业的发展，电话咨询包括专线咨询将逐步得到推广和普及，并真正为提高国民的心理健康做出重要的贡献。

除此之外，近年来随着电脑的普及，还出现了网络咨询和通过视频的咨询，为学校心理咨询开辟了一个新天地。